CMEC
教育部高等学校机械类专业教学指导委员会规划教材

汽车控制理论与应用

李以农　郑　玲　编著

清华大学出版社
北京

内容简介

本书从汽车工程的要求出发，深入浅出地介绍了现代控制理论的基础知识及其在车辆工程领域中的应用，包括现代控制理论基础、最优控制理论、PID控制原理、滑模控制、模糊控制、鲁棒控制、预瞄控制等控制方法在汽车工程中的应用，最后介绍了控制理论在智能驾驶系统中的应用。本书内容范围涵盖现代控制理论基础、智能控制、汽车理论等专业领域。

本书可作为车辆工程专业、载运工具运用工程专业、交通运输专业以及其他相关专业的高年级或研究生教材，也可供车辆、交通运输等有关行业的工程技术人员参考。

图书在版编目(CIP)数据

汽车控制理论与应用/李以农，郑玲编著. —北京：清华大学出版社，2021.9(2023.11重印)
教育部高等学校机械类专业教学指导委员会规划教材
ISBN 978-7-302-58919-8

Ⅰ. ①汽… Ⅱ. ①李… ②郑… Ⅲ. ①汽车—控制系统—高等学校—教材 Ⅳ. ①U463

中国版本图书馆CIP数据核字(2021)第171772号

责任编辑：许 龙
封面设计：常雪影
责任校对：欧 洋
责任印制：沈 露

出版发行：清华大学出版社
网 址：http://www.tup.com.cn，http://www.wqbook.com
地 址：北京清华大学学研大厦A座 邮 编：100084
社 总 机：010-83470000 邮 购：010-62786544
投稿与读者服务：010-62776969，c-service@tup.tsinghua.edu.cn
质量反馈：010-62772015，zhiliang@tup.tsinghua.edu.cn
印 装 者：三河市人民印务有限公司
经 销：全国新华书店
开 本：185mm×260mm 印 张：12.75 字 数：309千字
版 次：2021年9月第1版 印 次：2023年11月第2次印刷
定 价：42.00元

产品编号：091867-01

前　言
FOREWORD

随着汽车信息化、智能化、网络化的发展，各专业学科之间的渗透和交叉已成为必然趋势，这就要求车辆工程及其相关专业的学生了解和掌握控制理论的基础知识，并了解控制理论在汽车工程中的应用。本书旨在结合当前智能网联汽车的发展，进一步拓宽车辆工程及其相关专业学生的专业知识面，学会和掌握用交叉学科的知识和方法分析问题、解决问题的能力，为今后的就业或科学研究打下坚实的理论基础。本书可作为车辆工程专业、载运工具运用工程专业、交通运输专业以及相关专业的高年级或研究生教材，也可供车辆、交通运输等有关行业的工程技术人员参考。

本书从汽车工程的要求出发，深入浅出地介绍了现代控制理论的基础知识，重点介绍在当前智能车辆发展中使用广泛的智能控制方法及其应用。

本书是在重庆大学何渝生教授编写的《汽车控制理论基础及应用》(1995 年，重庆大学出版社)的基础上首先扩编为内部讲义，从 2004 年开始在本科生、研究生专业选修课及学位必修课中使用 16 年。目前，根据汽车控制技术发展趋势，有些内容已不能适应当前的发展需要，故对原有内容进行了大幅增减和修改。

本书共分 11 章。第 1 章介绍了汽车控制系统的种类以及汽车控制系统的构成及其特征；第 2 章介绍了现代控制理论的基础；第 3 章介绍了线性系统的可控性与可观测性、状态反馈与状态观测器；第 4 章主要讨论了线性系统的李雅普诺夫稳定性分析；第 5 章介绍了最优控制及其在汽车工程中的应用，重点介绍了具有二次型性能指标的线性系统的最优控制，在此基础上列举了最优控制在汽车悬架、发动机隔振系统、自动变速器换挡控制方面的应用；第 6 章介绍了 PID 控制方法及其在汽车动力传动系统、智能汽车路径跟踪控制方面的应用；第 7 章介绍滑模控制及其在汽车车轮防抱死、车速跟踪控制方面的应用；第 8 章介绍了模糊控制的方法，并以汽车半主动悬架、防抱死制动系统为例分析了模糊控制的应用；第 9 章介绍了鲁棒控制的基本方法及其在汽车转向系统中的应用；第 10 章介绍了在智能汽车中应用较多的模型预测控制方法，并以汽车速度控制为例介绍了模型预测控制的应用；最后第 11 章从人—车—环境系统出发介绍了车—路系统以及人—车系统的控制，并对人—车—环境系统的发展趋势给予了概括。

为了便于加深对基础理论的理解并掌握各种控制方法的应用，在每章后都配有相应的习题，在介绍完各类控制方法后都给出了一些具体应用实例。

本书撰写过程中应用了一些国内外期刊等文献资料，以充实应用实例，在此向有关参考文献的作者表示感谢。另外在本书的撰写过程中研究生张紫微、邹亚林、屈顺娇、张海桥、曾迪、郑浩、王安杰等在文字编排、绘图仿真等方面进行了细致的工作，在此表示衷心的感谢！本书得到重庆大学教材建设专项基金资助，在此一并感谢。

由于作者水平有限，书中难免存在不足之处，敬请广大读者批评指正。

作　者

2020 年 7 月

目　录

CONTENTS

第 1 章

绪　论

随着社会、经济的发展，汽车成为人类密不可分的伙伴。汽车技术的发展是人类文明史的见证。从 2009 年开始，中国已成为全球第一汽车生产大国和最大的汽车消费国。据中国汽车工业协会统计数据，2017 年中国汽车产销量均超过 2800 万辆(2901.54 万辆和 2887.89 万辆)，创全球历史新高，连续九年蝉联全球第一，我国汽车工业已进入总量较高的平稳发展阶段。然而，汽车的发展也带来了一些负面的影响，如随着汽车保有量的增加，交通条件、安全、环境污染也成了日益严重的问题。汽车的安全、节能和环保是当今汽车技术发展的主要方向。

汽车作为一种最为普及的交通工具，其结构从传统意义上来讲包括发动机、底盘、车身等。其性能指标主要包括动力性、燃油经济性、操纵稳定性、制动性、平顺性、安全性、通过性、排放等。汽车追求的高速、安全、舒适、低油耗、低排放等，使这些性能指标很难在传统意义上的纯机械系统中得到进一步的提高。

随着电子技术、计算机技术、控制理论和网络技术的飞速发展，同时为了适应环境、适应社会和满足人类不断实现完美的追求，控制系统在汽车上的应用越来越广泛，并极大地促进了汽车性能的提高。如防抱死制动系统、电控悬架系统、四轮驱动系统、四轮转向系统、巡航控制系统、车身控制系统、牵引力控制系统、自动防碰撞系统、TPMS、TVS、ESP、VDC、CAN 通信、X-by-Wire、动力控制系统等典型的汽车电控系统都能切实地提高汽车的某些性能。这些控制系统不仅可对现有机械系统进行性能改进，在很大程度上还会影响传统设计方法，从而启发创新的机械系统设计，这种创新设计方案需要结合或依靠电控系统来实现，其中控制理论已成为研究汽车和改进其使用性能的主要工具和方法。

今后汽车控制技术发展的趋势正朝多目标综合控制和智能化、网络化的方向发展。汽车电子控制系统获取内部和外部的信息爆发式增长，功能越来越强大，智能化水平也越来越高。电控系统占汽车整车生产成本的比例也越来越大，从 20 世纪 80 年代初的 2%，到现在超过 30%，随着汽车智能化程度的提高，这一比例将会继续升高。汽车也已经由单纯的机械产品发展为高级的机电一体化产品，成为所谓的“电子汽车”。未来汽车的发展必然随着汽车电控技术的进步而日新月异，信息化、网络化、智能化、人性化控制是汽车电子控制技术必要的发展方向。

1.1　汽车控制系统的种类

现代汽车控制系统主要围绕改善汽车的动力性、经济性、安全性、舒适性等方面开展工作。汽车控制系统可以分为两大类，一类是汽车电子控制系统，包括发动机控制系统、底盘控制系统、车身控制系统；另一类是车载电子设备，包括汽车信息系统、导航系统和娱乐系统。按照功能也可分成动力传动控制、车辆运动(或姿态)控制和车身系统控制。动力传动系统控制又可分为发动机系统控制(包含燃油喷射控制、怠速控制、排放控制、进气及增压控制、稀薄燃烧及缸内直喷控制等)和传动系统控制(包含变速传动系统控制与牵引力控制)。车辆运动(或姿态)控制包含制动系统控制、转向系统控制与悬架系统控制。车身控制系统包括主、被动安全控制系统和舒适性与信息控制系统。

1.1.1 动力传动系统控制

1. 发动机控制系统

发动机电子控制系统(EECS)是通过对发动机点火、喷油、空气与燃油的比率、排放废气等进行电子控制，使发动机在最佳工况状态下工作，以达到提高其整车性能、节约能源、降低废气排放的目的。

1) 电控点火装置(ESA)

电控点火装置由电控单元(ECU)、传感器及其接口、执行器等构成。该装置根据传感器测得的发动机参数进行运算、判断，然后进行点火时刻的调节，可使发动机在不同转速和进气量等条件下，保证在最佳点火提前角下工作，使发动机输出最大的功率和转矩，降低油耗和排放，节约燃料，减少空气污染。

2) 电控燃油喷射(EFI)

电控燃油喷射装置因其性能优越而逐渐取代了机械式或机电混合式燃油喷射系统。当发动机工作时，该装置根据各传感器测得的空气流量、进气温度、发动机转速及工作温度等参数，按预先编制的程序进行运算后与内存中预先存储的最佳工况供油控制参数进行比较和判断，适时调整供油量，保证发动机始终在最佳状态下工作，使其在输出一定功率的条件下，发动机的综合性能得到提高。

3) 废气再循环控制(EGR)

废气再循环控制系统是目前用于降低废气中氮氧化物排放的一种有效措施。其主要执行元件是数控式 EGR 阀，作用是独立地对再循环到发动机的废气量进行准确的控制。ECU 根据发动机的工况适时地调节参与再循环废气的循环率，发动机在负荷下运转时，EGR 阀开启，将一部分排气引入进气管与新混合气混合后进入气缸燃烧，从而实现再循环，并对送入进气系统的排气进行最佳的控制，从而抑制有害气体氮氧化物的生成，降低其在废气中的排出量。

4) 怠速控制(ISC)

怠速控制系统是通过调节空气通道面积以控制进气流量的方法来实现的。主要执行元件是怠速控制阀(ISC)。ECU 根据各传感器的输入信号所决定的目标转速与发动机的实际转速进行比较得出的差值，确定相当于目标转速的控制量，去驱动控制空气量的执行机构，使怠速转速保持在最佳状态附近。

除以上控制装置外，发动机利用电控技术的还有节气门正时、二次空气喷射、发动机增压、燃油蒸气、燃烧室的容积、压缩比等方面，并已在许多车型上得到了应用。

2. 传动系统控制

1）电控自动变速系统（ECAT）

一般来说，汽车驱动轮所需的转速和转矩，与发动机所能提供的转速和转矩有较大差别，因而需要传动系统来改变从发动机到驱动轮之间的传动比，将发动机的动力传至驱动轮，以便能够适应外界负载与道路条件变化的需要。此外，停车、倒车等也靠传动系统来实现，适时地协调发动机与传动系统的工作状况，充分地发挥动力传动系统的潜力，使其达到最佳的匹配，这是变速控制系统的根本任务。ECAT 可以根据发动机的负荷、转速、车速、制动器工作状态及驾驶员所控制的各种参数，经计算、判断后自动地改变挡位，按照换挡特性精确地控制变速比，从而实现变速器换挡的最佳控制，得到最佳挡位和最佳换挡时间。该装置具有传动效率高、低油耗、换挡舒适性好、行驶平稳性好以及变速器使用寿命长等优点。采用电控技术控制变速系统，已经成为当前汽车实现自动变速功能的主要方法。

2）电动机械式自动变速系统（AMT）

AMT（Automated Mechanical Transmission）是在传统固定轴式变速器和干式离合器的基础上，应用电子技术和自动变速理论，以电子控制单元（ECU）为核心，通过液压、电动或气动执行系统控制离合器的分离与接合、选换挡操作以及发动机转速的自动调节，来实现汽车起步、换挡的自动操纵。AMT 系统控制的基本思想是：根据驾驶员的意图（加速踏板、制动踏板、选择器开关等）和车辆的状态（发动机转速、输入轴转速、车速、挡位等），依据设定的规律（换挡规律、离合器接合规律等），借助相应的执行机构（发动机转速控制执行机构、选换挡执行机构、离合器分离和接合执行机构），对车辆的动力传动系统（发动机、离合器、变速器）进行联合操纵。

3）无级自动变速系统（CVT）

CVT（Continuously Variable Transmission）相较于 AMT，传动系统中传统的齿轮传动装置被一种特殊的带传动机构（由一对滑轮与钢带组成）所取代。CVT 通过控制传动滑轮半径，实现无级传动。结构上滑轮是由两个锥形盘组成的 V 形结构，两锥形盘在液力系统驱动下相对独立运动。控制中，根据发动机转矩、转速传感器信息，结合经济性、动力性控制目标，变速器控制器（TCU）输出液压系统液压阀开度，控制两锥形盘相对接近或分离，进而挤压钢带，导致其沿滑轮径向运动，实现滑轮传动半径的控制。由于 CVT 系统没有了换挡过程，平顺性极佳，选择合适的传动比，可以保证车辆经济性、动力性、排放综合提升。

4）双离合变速系统（DCT）

DCT（Dual Clutch Transmission）结构原理与 AMT 相近，通过控制离合器接合，完成换挡过程。DCT 针对 AMT 换挡过程中动力中断，导致换挡冲击，设计了两个独立的离合器，分别传递奇数挡位和偶数挡位的动力。换挡控制中，TCU 输出需求挡位，系统控制相应挡位齿轮啮合组。最后控制两离合器交替滑摩切换完成换挡过程，实现了无动力中断换挡。所以 DCT 可有效提高动力传输效率，缩短换挡时间，改善换挡品质。

1.1.2 车辆运动(或姿态)控制

1. 防抱死制动系统(ABS)与驱动防滑系统(ASR)

汽车防抱死制动系统可以感知制动轮每一瞬时的运动状态,通过控制防止汽车制动时车轮的抱死来保证车轮与地面达到最佳滑移率,从而使汽车在各种路面上制动时,车轮与地面都能达到纵向的峰值附着系数和较大的侧向附着系数,以保证车辆制动时不发生抱死拖滑、失去转向能力等不安全的因素,可使汽车在制动时维持方向稳定性和缩短制动距离,有效地提高行车的安全性。它是应用在汽车上的安全方面最有价值的一项应用。

汽车防抱死制动系统的功能完善和扩展则是驱动防滑系统(ASR),两系统有许多共同组件。该系统利用驱动轮上的转速传感器感受驱动轮是否打滑,当打滑时,控制元件便通过制动或通过节气门降低转速,使之不再打滑。它实质上是一种速度调节器,可以在起步和弯道中速度发生急剧变化时,改善车轮与路面间的纵向附着力,提供最大的驱动力,提高其安全性,维持汽车行驶的方向稳定性。

2. 自动紧急制动系统(AEB)

AEB(Autonomous Emergency Braking)是一种汽车主动安全技术。系统采用雷达测出与前车或者障碍物的距离,然后利用数据分析模块将测出的距离与警报距离、安全距离进行比较,小于警报距离时就进行警报提示,而小于安全距离时即使在驾驶员没有来得及踩制动踏板的情况下,AEB 系统也会启动,使汽车自动制动,从而为安全出行保驾护航。

3. 电子转向助力系统(EPS)

电子转向助力系统采用电动机与电控技术对转向进行控制,利用电动机产生的动力协助驾驶员进行动力转向,系统不直接消耗发动机的动力。EPS 一般是由转矩(转向)传感器、电子控制单元、电动机、减速器、机械转向器以及电源(蓄电池)等构成。汽车在转向时,转矩(转向)传感器会感知转向盘的力矩和拟转动的方向,这些信号会通过数据总线发给电控单元,电控单元会根据转向力矩、拟转的方向等数据信号,向电动机控制器发出动作指令,电动机就会根据具体的需要输出相应大小的转矩,从而产生了助力转向。电子转向助力系统提高了汽车的转向能力和转向响应特性,增加了汽车低速时的机动性以及调整行驶时的稳定性。目前国内中高档轿车应用电子转向助力系统较多。

4. 四轮转向(4WS)

四轮转向控制是由安装在后悬架处,用于操纵后轮的后轮转向机构及前轮转向机构所组成,这样前后四个车轮均能进行转向操纵。采用该控制系统的目的是为了提高汽车在低速时的转向灵活性及在高速行驶时的转向稳定性。

5. 汽车电子稳定控制系统(ESP)

汽车电子稳定控制系统是一个重要的主动安全系统,是汽车防抱死制动系统(ABS)和牵引力控制系统(TCS)功能的进一步扩展,并在此基础上增加了车辆转向行驶时横摆率传感器、侧向加速度传感器和转向盘转角传感器。该系统通过电子控制单元(ECU)监控汽车运行状态,对车辆的发动机及制动系统进行干预,控制前后、左右车轮的驱动力和制动力,以确保车辆行驶的侧向稳定性。

6. 智能悬架系统(ASS)

智能悬架系统能根据悬架装置的瞬时负荷,自动、适时地调整悬架的阻尼特性及悬架弹簧的刚度,以适应瞬时负荷,保持悬架的既定高度,极大地提高了车辆行驶的稳定性、操纵性和乘坐的舒适性。一般有主动悬架与半主动悬架系统等。

7. 巡航控制系统(CCS)

巡航控制(Cruise Control)又称恒速行驶系统,是让驾驶员无须操作加速踏板就能保证汽车以某一固定的预选车速行驶的控制系统。在长途行驶时,可采用巡航控制系统,驾驶员不必经常踩加速踏板,恒速行驶装置将根据行车阻力自动调整节气门开度以调整车速在恒速状态附近。

1.1.3 车身电子安全系统

汽车车身电子安全系统涉及的内容很广泛,例如汽车的视野、娱乐、舒适、通信等。通过电子控制技术,可以有效地实现对以上几个方面内容的控制。视野性是指在汽车驾驶员在驾驶过程中,不改变自己的操作姿势,就可以增加对周围环境的判断,其主要通过对车灯的照明控制以及对汽车反光镜、电动雨刮器、除霜器等多个部分的控制,来方便驾驶员进行控制。而娱乐系统则包括车载音响系统、车载电视系统等。这些都可以让驾驶员在驾驶时缓解疲劳。

1.1.4 汽车信息系统

汽车信息系统(也称为车载信息系统)是一种能使驾驶员在行驶过程中,通过车载电子装备及时了解汽车运行的状况信息和外界信息的装置。车载信息系统包括汽车信息显示系统和信息通信系统两部分。其中,信息显示系统由车况监测部件、车载计算机和电子仪表三部分组成。汽车运行的状况信息可通过观察仪表板的显示来得到,而外界信息需要通过与外界联系的通信设备才能得到。而信息通信系统包括智能汽车导航系统、语音识别系统、V2V 通信技术、实时交通信息咨询系统、动态车辆跟踪与管理系统、信息化服务系统(含网络等)等。

1.2 汽车控制系统的构成及其特征

1.2.1 组成

汽车车型不同,采用的电控系统也不尽相同。但是汽车上每一个电控系统的基本结构都由传感器、电控单元(ECU)和执行器 3 部分组成,如图 1-1 所示,这是汽车电控系统的共同特点。

图 1-1　汽车电控系统的基本结构

现代汽车电控系统中,传感器广泛应用在发动机、底盘和车身的各个系统中。汽车传感器在这些系统中担负着信息的采集和传输的功用,它采集的信息由 ECU 进行处理后,向执行机构发出指令,进行控制。各个系统的控制过程正是依靠传感器及时识别外界的变化和系统本身的变化,再根据变化的信息去控制系统本身的工作。电控单元(ECU)接受人机交互随机指令或定值、程序指令,并接受反馈信号,一般具有信号比较、变换、运算、逻辑等处理功能,是实现控制算法的载体。执行器直接驱动受控对象的部件,把期望的动作要求转变为精确的动作。它可以是电磁元件,如电磁铁、电机等;也可以是液压或气动元件,如液压或气压工作缸及马达。

1.2.2 汽车电控系统特征

1. 目的性

任何汽车电控系统的目的都是为了解决与汽车功能要求有关的问题,而这些问题仅依靠通常的机械系统是难以解决的。例如 ABS 是为了保证车辆在易滑路面上行驶时的安全性;悬架控制用来改善汽车的平顺性、操纵性和稳定性,而动力转向的目的是为了改善停车或低速驾驶时的转向力以及保证在高速行驶时有路感。

总的来说,车辆电子控制系统主要是为了改善如下一些基本功能:

(1) 改善乘坐舒适性。良好的乘坐舒适性应该是车辆在任何路面行驶时,无论法向和侧向运动,颠簸和冲击都较小。

(2) 车辆行驶时的姿态控制。控制车辆在转向、制动和加速时的侧倾、纵倾等运动,保证驾驶员有最舒适的车辆水平位置。

(3) 保证操纵性和稳定性。依靠电子控制系统,车辆能对驾驶员的操纵及时而正确地给予响应,无论在何种速度下都能保证车辆的操纵性和稳定性。另外,车辆应不受侧向风或路面不平度的干扰。

(4) 提高行驶能力极限。汽车电控系统应在任何路面条件和任何行驶工况(加速、制动和转向)下实现最大的轮胎与路面间的附着力。

(5) 自适应操纵系统。当作用在车辆上的惯性力超过轮胎与路面间的附着力极限时,控制系统应能自动地给予转向、制动或加速,以避免车辆进入危险状态。

2. 相关性

汽车上各种电子控制系统往往是相互关联的,如果不考虑这种相关性,任一控制系统都会出现非预期的结果。例如车辆上的主动悬架,如果不考虑防滑制动系统的行为,就有可能在紧急制动时导致车辆的上下起伏和纵向摇摆；又如主动悬架可以减小车辆侧倾，却破坏了四轮转向系统(4 WS)的横摆响应；若依靠 4 WS 改善横摆响应，则主动悬架的侧倾收敛效果将会减弱。

3. 层次性

汽车电控系统是有层次的，一般可以分成三个层次，如图 1-2 所示。第一层次是车辆综合控制系统。第二层次是各个子系统，如制动控制系统、转向控制系统、悬架控制系统和动力传动控制系统等。一辆车前后、左右四个制动装置或四个悬架装置的控制系统则属于第三层次。

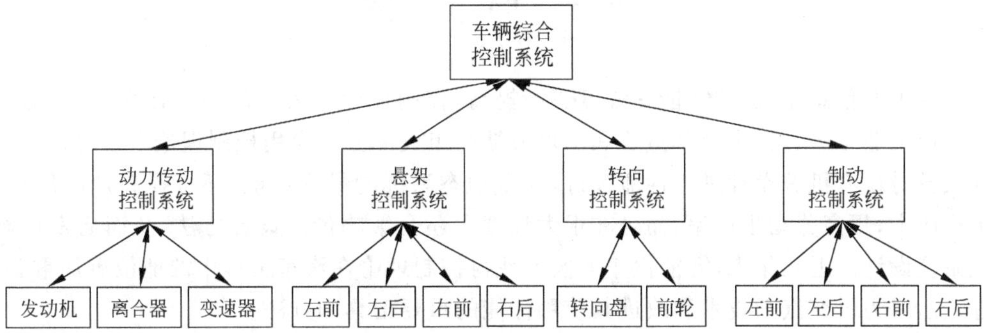

图 1-2　控制系统的层次性

若把人—车—环境系统控制看作一个单独的控制层次，这样和前面三个层次加在一起就成了四个层次。

4. 随机性

由于汽车在不同的气候环境和道路条件下行驶，且它的行驶工况又是动态变化的，因而汽车作为一个系统，是动态的、不确定的或随机的。

第2章

现代控制系统的数学描述

2.1 概　　述

随着工业信息化、制造智能化程度逐渐提高，控制理论作为一门科学技术，已成为制造业和其他工业生产过程中极其重要和不可或缺的组成部分。应用控制理论不仅可以使工程设计人员对现有机械设计进行性能改进，获得动态系统的最优性能，还可提高产品质量，降低生产成本，提高劳动生产率，而且在很大程度上还会影响传统设计方法，从而启发创新的机械系统设计。近几年来，智能汽车的发展使得控制理论在汽车工程中的地位更加重要，控制理论已成为研究汽车技术和改进其使用性能的重要工具和方法。

2.1.1 控制系统的基本概念与分类

1. 控制系统的基本概念

控制理论所研究的系统都可以定义为由若干元件组成，用来完成某种给定任务的一种组合。若系统在输入或干扰的作用下，能将输出量保持在希望的数值上时，则将这种系统称为自调节系统。

控制系统除被控对象外还包括三大部分：传感器、控制器和执行机构。控制器与被控对象构成一个相互作用的整体。凡是一些对象相互作用、相互制约，组成一个具有一定运动规律的整体，就称为系统。控制系统的性能和行为在很大程度上取决于控制器所接收的信息。这些信息可以来自系统的外部，即系统输入端的参考输入信号，也可以来自被控对象的输出端，即反映被控对象的行为或状态的信息。

把从被控对象输出端获得的信息，通过中间环节再送到控制器的输入端，称为反馈。中间环节称为反馈环节。将传送反馈信息的载体称为反馈信号。

2. 控制系统的分类

1）按有无反馈分类

控制系统的结构按有无反馈可分为开环与闭环控制系统。一个控制系统如果在其控制器所接收的信息来源中不包含来自被控对象输出端的反馈信息，则称为开环系统，其输入量与输出量的关系如图2-1所示。如在良好道路环境下，操作熟练的驾驶员知道怎样的输入能够产生期望的输出，也即以开环模式驾驶，车辆可在无任何校正的情况下沿期望的路径行驶；采用按时基控制的交通管制系统，即红绿灯转换由定时机构控制，与路口各侧的车辆流量及行人流量无关，这种交通管制系统也是一种开环控制系统，如图 2-2 所示。

图 2-1　开环控制系统

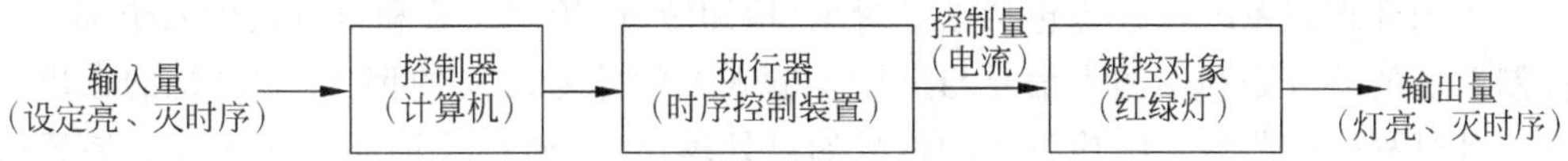

图 2-2　十字路口的红绿灯定时控制系统

一个控制系统，如果在其控制器的信息来源中有来自被控对象输出端的信息，或者说凡是系统的输出信号对控制作用能有直接影响的系统都称为闭环系统，也叫闭环反馈控制系统。它是一种能对输出量与参考输入量进行比较，并力图保持两者之间的既定关系的反馈控制系统。图 2-3 是闭环控制系统的输出量与输入量之间关系的方框图。上述交通管制系统中若对各路口的车辆流量及行人流量进行不断测量，并将这种信息传递到发出通行信号的中心控制计算机上，则这种系统就变成了闭环控制系统。汽车可以视为由若干部件组成的物理系统，如果把环境、汽车和驾驶员看作一个统一的整体，便可以构成一个闭环系统。在此系统中，驾驶员操纵的转向盘使汽车转向，同时驾驶员通过眼睛、手和身体等感知来测量汽车的转向效果，并经过头脑比较和判断来修正转向盘的操纵，这显然是一个通过驾驶员把输出反馈到输入，而构成的人工闭环系统，如图 2-4 所示。其中，驾驶员是“感受”“测量”元件和“判断”“指令”元件，汽车是被控或调节对象，行驶方向则是需要调节的参数。在路况复杂、交通环境差的情况下，如大转弯、超车、制动频繁时，驾驶员注意力高度集中观测车辆实际路径，并以此为反馈信号，持续不断地对控制输入进行校正，即以闭环控制模式驾驶。驾驶员的眼睛相当于视觉传感器，手脚相当于执行器，大脑可视为 CPU。可以看出，闭环系统的特点是利用输入信息与反馈至输入端的参考输入信号之间的误差，对系统进行控制。

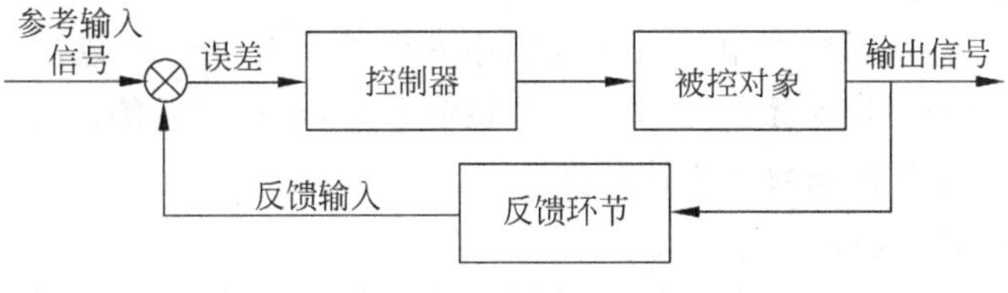

图 2-3　闭环控制系统

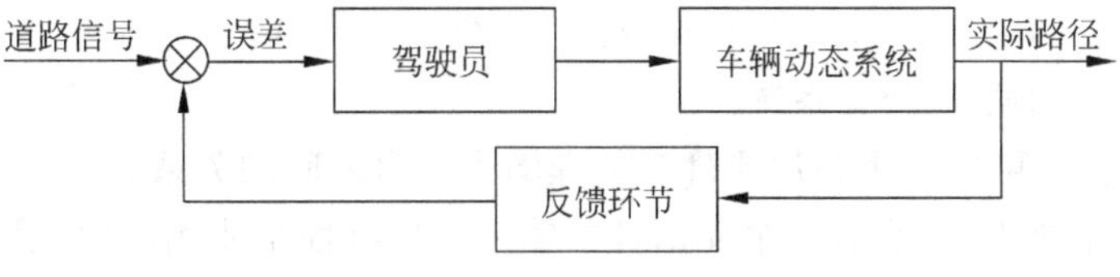

图 2-4　汽车-驾驶员闭环系统

假如在上述系统中不计驾驶员的反馈作用，而把汽车看作是开环系统来分析，此时改变汽车运动状态的输入量(或干扰)主要来自驾驶员操纵转向盘、空气动力(横向风)和路面不平三个方面的作用。驾驶员操纵转向盘的方式可以是给转向盘一个角位移或给转向盘作用一个力矩，在汽车工程控制中，前者称为位置控制，后者称为力控制。可以看出，这种汽车开环系统的特点是系统的输出参数对输入控制没有影响，其输入与输出量的关系取决于系统的动力学特性。

一个闭环控制系统一般应包括被控对象、检测装置、控制装置和执行机构四个部分。闭环控制系统的特点是利用输入信号与反馈至输入处的信号之间的偏差，对系统的输出进行控制。其过程是检测装置将检测到的信号加以处理，然后通过反馈回路送入控制装置或比较装置，并与输入信号进行比较，其偏差就是控制装置或比较装置的输出，用它来控制被控对象，使其输出满足预定的要求。

闭环系统的优点是采用了反馈，因而使系统响应对外界干扰或内部系统参数变化不敏感，这样对于给定的控制系统，就可采用不太精密的和成本较低的元件来构成精确的控制系统。相反，开环控制系统就不能做到这一点。但是，在闭环控制系统中往往会出现极重要的稳定性问题，这是因为闭环系统很容易引起过调，从而造成系统产生等幅振荡或变幅振荡。而对于开环系统来说，稳定性不是问题。因此从稳定性的观点出发，建造一个开环系统比较容易。综上所述，当系统预先知道输入量，且不存在任何扰动时，可采用开环控制系统；当系统存在着无法预计的扰动及元件参数存在着无法预计的变化时，应采用闭环控制系统。

2）按系统的输出变化规律分类

（1）自调节系统。

在外界干扰下，系统的输出仍能基本保持为常量的系统。

（2）随动系统。

在外界条件作用下，系统的输出能相应于输入在广阔范围内按任意规律变化的系统。例如，炮瞄雷达系统就是随动系统。飞机的位置是输入，高射炮的指向是输出，高射炮随飞机位置的变动而变动。

（3）程序控制系统。

在外界条件作用下，系统的输出按预定程序变化的系统，例如，数控机床进给系统就是程序控制系统，显然程序控制系统可以是开环控制系统，也可以是闭环控制系统。

3）按系统的物理现象和数学描述分类

（1）线性系统与非线性系统。

如果在动态系统中，每个环节的输入输出特性都是线性的，系统的性能可以用线性常微分方程来描述。如

$$\ddot{y}(t)+a\dot{y}(t)+by(t)=cr(t)$$

则称为线性系统。如质量-弹簧系统。

线性系统特点：可以应用叠加原理来处理输入输出之间的关系。

如果在动态系统中，只要有一个元部件的输入输出特性是非线性的，就要用非线性微分方程来描述其性能，则称为非线性系统。如

$$\ddot{y}(t)+y(t)\dot{y}(t)+y^2(t)=r(t)$$

例如汽车中的齿轮传动啮合系统、悬架系统等。

非线性系统基本特点：不可以应用叠加原理来处理输入输出之间的关系。

(2) 定常系统与时变系统。

系统内部的作用不随时间而变化，描述系统性能的线性微分方程中的各项系数是常数，这类系统就是定常系统。如

$$\ddot{y}(t)+a\dot{y}(t)+by(t)=cr(t)$$

如果线性微分方程中的系数不是常数，而是时间的函数，这类系统就是时变系统。如方程

$$\ddot{y}(t)+a(t)\dot{y}(t)+b(t)y(t)=c(t)r(t)$$

(3) 集中、分布参数系统。

根据自变量的个数为 1 还是大于 1，可将系统的微分方程分为常微分方程和偏微分方程，它们所描述的系统又可分别称为集中参数系统和分布参数系统。如方程

$$\ddot{y}(t)+a\dot{y}(t)+by(t)=cr(t)$$

所描述的系统就是集中参数系统。方程

$$a(x)\frac{\partial^2 y(t,x)}{\partial t^2}+b(t)\frac{\partial^2 y(t,x)}{\partial x^2}=u(x)$$

所描述的系统就是分布参数系统。

(4) 连续系统与离散系统。

组成系统的各个环节的输入信号和输出信号都是时间的连续信号就称为连续系统。连续系统一般采用微分方程进行分析。

离散系统是指控制系统中各环节的输入信号和输出信号均为离散信号的系统。其特征是只有在离散时刻才有数值，在两个离散时刻之间是没有信号的，如脉冲信号和数字信号等。离散系统的动态性能要用差分方程来描述：

$$y(k+3)+a_2y(k+2)+a_1y(k+1)+a_0y(k)=b_0u(k)$$

式中，k 表示采样时刻。

当用数字计算机分析、设计系统时，特别是在进行实时控制时，需要将连续系统化为离散系统。

(5) 确定性系统与随机性系统。

如果被控对象数学模型的结构和参数都是确定的，同时系统的全部输入又均为时间的确定函数，则系统的输出相应也是确定的，这种系统就称为确定性系统。

如果系统的输入信号中含有不确定的随机量，这时系统的输出必然也是不确定的，这种系统就称为随机性系统。

(6) 单输入-单输出、多输入-多输出系统。

按照系统的输入变量和输出变量的个数是一个还是多个，可将系统分为单输入-单输出、多输入-多输出系统。

2.1.2　控制系统的质量指标

虽然不同的控制系统有不同的功能，但它们有着共同的性能要求。评价一个控制系统的好坏，有着多种质量指标，如动态指标、稳态指标、可靠性指标等。下面主要介绍由系统的

稳态和动态性能所决定的质量指标。

1. 稳定性

一个处于静止或平衡工作状态的系统，当受到激励时，就可能偏离原平衡状态；当激励消失后，经过一段瞬态过程，系统能恢复到原平衡状态时，则系统称为稳定的。

任何系统在扰动的作用下都会偏离原平衡状态产生初始偏差。所谓稳定性就是指当扰动消除后，由初始状态恢复原平衡状态的性能；若系统可恢复平衡状态，则称系统是稳定的，否则是不稳定的。稳定性是系统的固有特性，对线性系统来说，它只取决于系统的结构、参数，而与初始条件及外作用无关。

在闭环控制系统中，各种控制元件和被控对象在响应中的时延是产生不稳定的根源。因为当系统已达到平衡位置时，系统中固有的时延却可能导致一个反方向的校正量，这一校正量其实是应当在前一个时刻产生出来的、用以校正当时的误差的；当满足一定的条件时，这种反方向校正的作用将持续下去，导致系统产生等幅振荡或增幅振荡，即导致系统不稳定。

2. 稳态响应与系统精度

对稳定系统，当时间 $t\to\infty$ 时，系统的输出响应 $y_s=\lim\limits_{t\to\infty}y(t)$ 称为系统的稳态响应。系统精度又称为系统的静态准确度，可用系统稳态误差表征。

系统的稳态误差可定义为系统稳态响应值与期望值之差。在实际控制系统中，稳定性和精度往往是相互联系的。稳定性提高往往导致精度下降；精度提高可能会使系统不稳定。

衡量控制系统性能的另一个重要指标是增益。它与系统的稳态误差有关。一般来说，当系统的开环增益较大时，其稳态误差将减小。

3. 瞬态响应

瞬态响应是指系统在某一输入信号作用下，其输出量从初始状态到进入稳定状态前的响应过程，也称动态响应或过渡过程。通常要求系统的瞬态响应的持续时间短，振荡不太强，瞬态响应的常用指标是系统的过渡过程时间和超调量，是反映系统快速性的性能指标。

衡量控制系统快速性的另一个重要指标是带宽，带宽与过渡过程的品质有很大的关系。带宽越宽，系统的快速性越好。但同时带宽与控制系统的精度、稳定性也都有密切的关系。带宽太大时，可能使噪声引起的误差增大，或引起结构谐振。所以，必须综合考虑来选择带宽。

4. 灵敏度

系统中元件参数改变对系统响应的影响可用灵敏度来表示。它是反映系统快速性的性能指标。由于环境条件的变化、元件的不精确及老化等，都将引起系统参数的改变，从而引起输出的改变。所以对控制系统来说，要求灵敏度越低越好；灵敏度过高，将要求元件参数十分精确，否则将引起输出的很大波动，这将提高系统的成本。分析结果表明，闭环系统的灵敏度低于开环系统，这也是闭环系统的一大优点。

5. 抗干扰性

控制系统在工作中受外界干扰(如电磁干扰等)，这就要求系统能够有良好的抗干扰能力，能对干扰的影响加以抑制，而对有用信号能迅速、准确地响应。所以，系统的抗干扰性直接与系统的稳态精度有关，它是衡量控制性能品质的一个重要指标。抗干扰能力强，表明系统对干扰的影响不敏感，根据输入信号，依然能做出迅速、准确的反应。

灵敏度和抗干扰性两个指标结合起来，称为系统的稳健性指标。一个控制系统如果具有低的灵敏度和良好的抗干扰性，则称为系统是稳健的。

如何使控制系统性能满足上述指标，即如何保护系统的稳定性、准确性、快速性和稳健性，是控制理论需要研究的中心问题，也是控制系统的分析与综合中考虑问题的出发点。但这几项指标常常是互相矛盾的，需要视具体问题综合考虑。

2.1.3　控制理论发展的概况

控制理论的发展大致可以分为三个阶段。第一个阶段是 20 世纪 30 年代以波德(Bode)和奈奎斯特(Nyguist)为首发展起来的以频率响应特性方法为代表的古典控制理论。古典控制理论以系统的传递函数为工具，在频域范围内研究系统的外部特性。

随着航空航天事业的发展，20 世纪五六十年代形成以多变量控制、状态空间方法为特征的现代控制理论，主要代表有卡尔曼(Kalman)的滤波器、贝尔曼(Bellman)的动态规划和李亚普诺夫(Lyapunov)的稳定性理论等。这是控制理论发展的第二个阶段。现代控制理论采用状态空间方法，在时域内研究多变量系统的内部与外部特性。

虽然古典控制理论应用较广，但是有它的局限性。对于线性系统的多输入多输出系统，如用古典控制理论中的传递函数来描述，其表达式将会是众多和浩繁的。另外对于非线性系统与时变系统就更无法应用传递函数来研究了。在利用古典控制理论来分析时，需要较多地采用图解法或利用诺模图的方法进行作图或试凑。这种方法在一定程度上取决于使用者的经验，不易得到最优控制，此外，古典控制理论中的频域方法在计算高阶系统的各种指标或传递函数时比较麻烦。由于技术的进步，使得控制的性能向更高的目标前进，这不仅意味着处理更复杂、更大规模的系统成为可能，而且也意味着对系统高性能的追求。古典控制理论中的超调、过渡时间等性能指标被诸如最快时间、最少能量等的最优运行指标所取代，而且最优控制本身在许多场合便意味着使用非线性时变的控制策略，即使原系统本身是线性和定常的。这些要求和问题促进了现代控制理论的产生和发展。

现代控制理论和古典控制理论不论在数学模型上、应用范围上，或是在研究方法上都有很大不同。现代控制理论不仅适用于单输入单输出系统，也适用于多输入多输出系统，而且这些系统既可以是线性的，也可以是非线性的；既可以是定常的，也可以是时变的；既可以是集中参数的，也可以是分布参数的，它适合于解决大型复杂系统的控制问题。它不像古典控制理论那样仅着眼于系统的外部联系，而且还反映系统的内部状态，以及内部与外部状态之间的相互联系，它把系统的内部状态、外部状态均作为变量来处理，并由此建立起系统在状态空间中的表达式(一种比传递函数更为完整的表达式)。现代控制理论便是以这种表达式作为数学模型，采用一种对于控制过程来说比较直接的时域法进行系统分析研究。因此，有可能针对时域给出的性能指标来实现系统的最优控制。但是现代控制理论并不排斥经典控制理论的一些特点，在对动态系统进行分析时，古典控制理论与现代控制理论可以互相补充，相辅相成。但是现代控制理论却有许多古典控制理论所不及的优点，而且还在以日新月异的面貌向前发展。

在现代控制理论中，采用一阶线性或非线性的状态微分方程组的形式来描述系统。由于应用了向量和矩阵等数学工具，因而大大简化了数学表达方法。在古典控制理论中，既要进行大量计算，又比较难于解决的非线性和时变等系统，在现代控制理论中便可迎刃而解。

应用状态空间法对系统进行分析，主要借助于计算机解出状态方程，根据状态方程的解来对系统作出评估，由于不需经过任何变换，在时域内直接求解和分析，因而这种方法较为直观。时域内的一些指标，可按定义根据时间历程的具体数据直接计算出来。如果采用人机对话方式，将系统有关参数的不同值分别输入计算机，根据计算结果就可对各种参数的影响作出评估。

现代控制理论可以在严密的理论基础上，比较方便地得出满足一定性能指标的最优控制系统，或者得到满足一定性能指标的系统最优参数值。对于系统中一些不易直接测量的状态变量，还可采用观测器来重新构造这些变量，给系统的分析和品质改善的实现带来不少方便。

航天探月工程、机器人以及智能车辆等复杂的大系统快速发展使传统控制理论受到很大的冲击。传统的控制理论是建立在精确数学模型基础上——用微分或差分方程来描述，不能反映人工智能过程：推理、分析、学习；不能适应大的系统参数和结构的变化；传统的控制系统输入信息模式单一，丢失许多有用的信息。传统的控制理论通常处理较简单的物理量：电量（电压、电流、阻抗）；机械量（位移、速度、加速度）。

为了克服传统控制理论的局限性，现代控制理论得到进一步的发展，并产生了模拟人类思维和活动的智能控制，这是控制理论发展的第三个阶段。

智能控制是控制理论发展的高级阶段，是一个新兴的学科领域，是与人工智能相结合的控制，主要用来解决那些用传统方法难以解决的复杂系统的控制问题，例如模糊控制、神经网络控制、自适应控制等。

2.2 状态空间描述的基本概念

现代控制理论用状态空间法进行控制系统的分析和综合，比以传递函数为基础的古典控制理论分析设计方法更为直接和方便。为说明如何用状态空间描述和分析控制系统，这里先介绍系统状态、状态变量、状态向量、状态空间等几个基本概念。

1. 系统状态

当系统的所有外部输入已知时，为确定系统未来运动所必要与充分的信息集合，称为系统的状态。系统状态完整、确定地描述了系统的动态行为。

控制系统的状态可理解为描述系统行为的最小一组变量，只要知道在 $t=t_0$ 时刻的这组变量和 $t\geqslant t_0$ 时刻的输入函数，便完全可以确定在任何 $t\geqslant t_0$ 时刻上的系统的行为，这个系统的行为称为系统状态。系统状态完整、确定地描述了系统的动态行为。基于系统状态的概念，控制系统在时刻 t 的行为是由 t_0 时刻的系统的行为和 $t \geqslant t_0$ 时刻的输入函数唯一地确定，而与 t_0 时刻前的行为和输入无关。在分析线性定常系统时，通常取初始时刻 t_0 为零。

2. 状态变量

状态变量指完全描述系统行为的最小变量组中的每一个变量。例如：$x_1(t)$、$x_2(t)$、…、$x_n(t)$构成最小变量组，则其中的每个变量均为状态变量。

在控制系统中，状态变量并非是唯一的，也并非一定是系统的输出及其各阶导数，也不要求状态变量在物理上一定是可控和可观测的。根据不同的选择方法和从不同的角度选择系统状态变量，所得的系统状态方程及输出方程，在形式上可以是不同的。但在同一输入函数的作用下，所得的系统输出函数都是相同的。系统状态变量的选择思路是：系统状态应具备在已知初始状态和输入函数的条件下，可以完全确定系统未来的所有运动状态。系统状态变量的选择原则是：在系统状态方程中，状态变量的选取可以视问题的性质和输入特性而定，但任何状态变量均不包含输入函数的导数；状态变量选取的不是唯一的；但系统状态变量的数目是唯一的。

3. 状态向量

以系统的一组状态变量 $x_1(t)$、$x_2(t)$、…、$x_n(t)$为分量所构成的向量 $\boldsymbol{X}(t)$，并记为

$$\boldsymbol{X}(t)=[x_1(t),x_2(t),\cdots,x_n(t)]^{\mathrm{T}}$$

只要给定了在 $t \geqslant t_0$ 的输入 $u(t)$和起始状态 $\boldsymbol{X}(t_0)$，则状态向量 $\boldsymbol{X}(t)$就能唯一地确定任何 $t \geqslant t_0$ 时的系统状态，如图 2-5 所示。

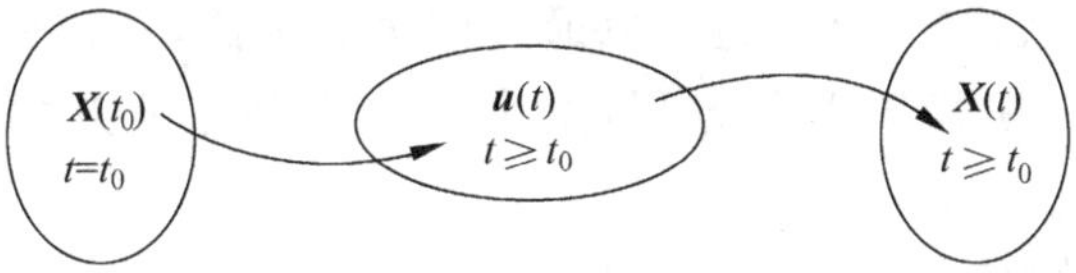

图 2-5 系统状态的变换

4. 状态空间

以状态向量 $\boldsymbol{X}(t)$的分量 $x_1(t)$、$x_2(t)$、…、$x_n(t)$为坐标轴，构成的 n 维空间称为状态空间，任意的状态 $\boldsymbol{X}(t)$都可以用状态空间中的一个相点来描述。

有了上述几个基本概念，就可以着手研究描述控制系统的状态空间表达式的列写方法。列写系统状态空间表达式的方法很多，主要的方法有根据系统微分方程或差分方程、传递函数、方框图直接列写系统状态空间表达式。其中重点介绍由微分方程、差分方程尤其是由系统方框图直接列写系统状态空间表达式的方法。在用系统方框图直接列写系统状态空间表达式方法中，由于引进了状态反馈方程、状态传递方程，从而极大地简化了复杂控制系统、多输入多输出控制系统状态空间表达式的列写过程。

2.3 线性连续系统的状态空间表达式

在现代控制理论中，可以用系统的状态方程和输出方程来描述系统的动态行为，状态方程和输出方程合起来称作系统的状态空间表达式或动态方程。

2.3.1 状态方程与输出方程

状态空间描述是对系统的内部描述，是基于系统内部分析的一类数学模型，需要涉及两个数学方程：一个是反映系统内部变量组和输入变量组间因果关系的数学表达式，称状态方程；另一个是表征系统内部变量组及输入变量组和输出变量组间转换关系的数学表达式，称输出方程。

对于一个连续控制系统，通过向量表示法，可以将描述 n 阶系统动态特性的微分方程表示成一阶矩阵微分方程，若向量分量是选定的状态变量，则上述一阶矩阵微分方程称为连续系统的状态方程。

设系统的控制输入为：u_1、u_2、…、u_r，它们也是时间 t 的函数。则 $\boldsymbol{U}(t)=(u_1,u_2,\cdots u_r)^{\mathrm{T}}$ 称为输入向量。

表示系统状态向量 $\boldsymbol{X}(t)$ 随系统输入向量 $\boldsymbol{U}(t)$ 以及时间 t 变化的规律的方程就是控制系统的状态方程，如式(2-1)所示。

$$\dot{\boldsymbol{X}}(t)=\boldsymbol{F}(\boldsymbol{X},\boldsymbol{U},t) \tag{2-1}$$

式中，$\boldsymbol{F}=(f_1,f_2,\cdots,f_n)^{\mathrm{T}}$ 是一个函数向量。

同样，对于一个离散控制系统，也可以通过向量表示法，将描述 n 阶离散系统动态特性的差分方程表示成一阶矩阵差分方程，这个一阶矩阵差分方程称为离散系统的状态方程。

设系统的输出变量为 y_1、y_2、…、y_m，则 $\boldsymbol{Y}(t)=[y_1,y_2,\cdots,y_m]^{\mathrm{T}}$ 称为系统的输出向量。表示输出向量 $\boldsymbol{Y}(t)$ 与系统状态向量 $\boldsymbol{X}(t)$、系统输入向量 $\boldsymbol{U}(t)$ 以及时间 t 的关系的方程就称为系统的输出方程，如式(2-2)所示。

$$\boldsymbol{Y}(t)=\boldsymbol{G}(\boldsymbol{X}(t),\boldsymbol{U}(t),t) \tag{2-2}$$

式中，$\boldsymbol{G}=(g_1,g_2,\cdots,g_m)^{\mathrm{T}}$ 是一个函数向量。

在一般情况下，控制系统的状态变量在暂态过程中是随时间变化的。因此，描述系统状态的方程不是代数方程而应是微分方程，所以状态方程和输出方程常分别表示如下：

$$\dot{\boldsymbol{X}}(t)=\boldsymbol{F}[\boldsymbol{X}(t),\boldsymbol{U}(t)] \tag{2-3}$$

$$\boldsymbol{Y}(t)=\boldsymbol{G}[\boldsymbol{X}(t),\boldsymbol{U}(t)] \tag{2-4}$$

若系统是线性时变系统，则其状态方程和输出方程将变为线性变系数矩阵微分方程：

$$\dot{\boldsymbol{X}}(t)=\boldsymbol{A}(t)\boldsymbol{X}(t)+\boldsymbol{B}(t)\boldsymbol{U}(t) \tag{2-5}$$

$$\boldsymbol{Y}(t)=\boldsymbol{C}(t)\boldsymbol{X}(t)+\boldsymbol{D}(t)\boldsymbol{U}(t) \tag{2-6}$$

式中，$\boldsymbol{A}(t)$是 $n\times n$ 阶矩阵，称为系统矩阵；$\boldsymbol{B}(t)$是 $n\times r$ 阶矩阵，称为控制矩阵或输入矩阵；$\boldsymbol{C}(t)$是 $m\times n$ 阶矩阵，称为输出矩阵；$\boldsymbol{D}(t)$是 $m\times r$ 阶矩阵，称为传递矩阵。这些矩阵中的各元素都是时间的函数。

若线性系统的特性不随时间变化时，则此线性定常系统的状态方程和输出方程将变成常系数矩阵微分方程和矩阵代数方程，即：

$$\dot{\boldsymbol{X}}(t)=\boldsymbol{AX}(t)+\boldsymbol{BU}(t) \tag{2-7}$$

$$\boldsymbol{Y}(t)=\boldsymbol{CX}(t)+\boldsymbol{DU}(t) \tag{2-8}$$

式中，$\boldsymbol{A}$、$\boldsymbol{B}$、$\boldsymbol{C}$、$\boldsymbol{D}$ 分别是 $n\times n$、$n\times r$、$m\times n$、$m\times r$ 阶常数矩阵。

从以上的表达式可知，系统的状态方程是表示系统构造和性质的微分方程式，而输出方程则是一种变量的变换式。无论系统是简单还是复杂，状态方程和输出方程的形式都是完全标准化的，只是 $\boldsymbol{A}$、$\boldsymbol{B}$、$\boldsymbol{C}$、$\boldsymbol{D}$ 矩阵的结构不同而已。状态方程(2-7)和输出方程(2-8)可用图 2-6 所示的方框图表示。在方框图中的方框内是矩阵符号或积分符号，各方框的输入和输出箭头上标明了相应的各种变量。

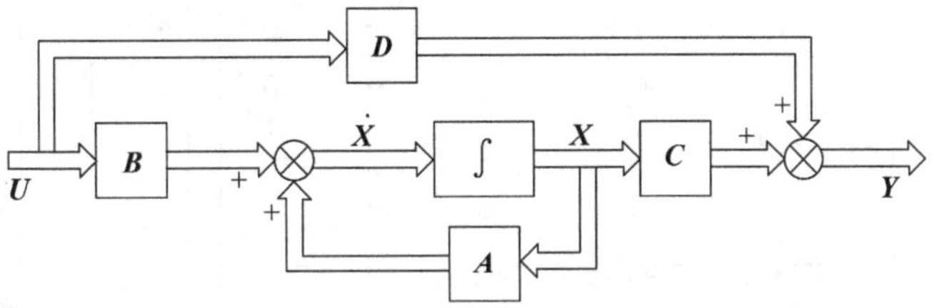

图 2-6　系统状态方程与输出方程方框图

2.3.2　线性定常连续系统的状态方程及输出方程

1. 由系统微分方程列写状态方程及输出方程

在描述线性定常连续系统的动态特性的微分方程中，经常见到输入函数含导数项和输入函数不含导数项两种系统，根据系统状态变量的选择思路和选择原则，这两种系统的状态方程的列写方法是不同的，为此，下面分别加以介绍。

1) 输入函数不含导数项时 n 阶线性定常连续系统的状态方程及输出方程

设线性定常系统的运动方程可用下述微分方程描述，即：

$$y^{(n)}+a_1y^{(n-1)}+a_2y^{(n-2)}+\cdots+a_{n-1}y^{(1)}+a_ny=u \tag{2-9}$$

式中，y、$y^{(i)}(i=1,2,\cdots,n)$分别为系统的输出及其各阶导数；u 为系统的输入函数(即被控对象的控制输入)；a_1、a_2、$\cdots$、a_n 为常系数。

式(2-9)为输入函数 u 不含导数项的 n 阶线性定常连续系统的微分方程，其中输入函数 u、输出函数 y 及其各阶导数项 $y^{(i)}(i=1,2,\cdots,n)$均为时间 t 的函数，为书写方便，将时间 t 略去。

由式(2-9)可知，对于上述线性定常系统，若已知初始条件 $y(0)$、$y(0)^{(i)}(i=1,2,\cdots,n-1)$及 $t\geqslant 0$ 时刻的输入函数 u，则系统在任何 $t\geqslant 0$ 时刻的行为便可完全确定。因此，可以选取 y 及 $y^{(i)}(i=1,2,\cdots,n)$为系统状态变量。即选取

$$\begin{cases} x_1 = y \\ x_2 = \dot{y} \\ x_3 = \ddot{y} \\ \vdots \\ x_n = y^{(n-1)} \end{cases} \tag{2-10}$$

则式(2-9)所示的一阶线性定常连续系统的微分方程,可以写成 n 个一阶常微分方程,即

$$\begin{cases} \dot{x}_1 = x_2 \\ \dot{x}_2 = x_3 \\ \dot{x}_3 = x_4 \\ \vdots \\ \dot{x}_n = -a_n x_1 - a_{n-1} x_2 - a_{n-2} x_3 - \cdots - a_1 x_n + u \end{cases} \tag{2-11}$$

或写成一阶矩阵微分方程形式

$$\begin{bmatrix} \dot{x}_1 \\ \dot{x}_2 \\ \vdots \\ \dot{x}_{n-1} \\ \dot{x}_n \end{bmatrix} = \begin{bmatrix} 0 & 1 & 0 & \cdots & 0 \\ 0 & 0 & 1 & \cdots & 0 \\ \vdots & \vdots & \vdots & & \vdots \\ 0 & 0 & 0 & \cdots & 1 \\ -a_n & -a_{n-1} & -a_{n-2} & \cdots & -a_1 \end{bmatrix} \begin{bmatrix} x_1 \\ x_2 \\ \vdots \\ x_{n-1} \\ x_n \end{bmatrix} + \begin{bmatrix} 0 \\ 0 \\ \vdots \\ 0 \\ 1 \end{bmatrix} u \tag{2-12}$$

记

$$\dot{\boldsymbol{X}} = \begin{bmatrix} \dot{x}_1 \\ \dot{x}_2 \\ \vdots \\ \dot{x}_{n-1} \\ \dot{x}_n \end{bmatrix}, \quad \boldsymbol{A} = \begin{bmatrix} 0 & 1 & 0 & \cdots & 0 \\ 0 & 0 & 1 & \cdots & 0 \\ \vdots & \vdots & \vdots & & \vdots \\ 0 & 0 & 0 & \cdots & 1 \\ -a_n & -a_{n-1} & -a_{n-2} & \cdots & -a_1 \end{bmatrix}, \quad \boldsymbol{X} = \begin{bmatrix} x_1 \\ x_2 \\ \vdots \\ x_{n-1} \\ x_n \end{bmatrix}, \quad \boldsymbol{B} = \begin{bmatrix} 0 \\ 0 \\ \vdots \\ 0 \\ 1 \end{bmatrix}$$

则式(2-12)可以写成

$$\dot{\boldsymbol{X}} = \boldsymbol{A}\boldsymbol{X} + \boldsymbol{B}u \tag{2-13}$$

式中,$\boldsymbol{X}$,$\dot{\boldsymbol{X}}$ 为状态向量及其一阶导数,均为 n 维;$\boldsymbol{A}$ 为 $n \times n$ 常系数矩阵,称为系统矩阵;$\boldsymbol{B}$ 为 $n \times 1$ 常系数矩阵,称为输入矩阵。

式(2-11)或式(2-13)称为线性定常连续系统式(2-9)的状态方程。根据系统状态变量的选取,其输出方程可写成:

$$y = x_1 \tag{2-14}$$

或写成矩阵方程形式为

$$\boldsymbol{Y} = \begin{bmatrix} 1 & 0 & \cdots & 0 \end{bmatrix} \begin{bmatrix} x_1 \\ x_2 \\ \vdots \\ x_n \end{bmatrix} = \boldsymbol{C}\boldsymbol{X} \tag{2-15}$$

式中，$\boldsymbol{C}=[1\quad 0\quad \cdots\quad 0]$称为输出矩阵。

式(2-13)及式(2-15)所示的状态方程及输出方程即是应用状态空间法分析和设计线性定常连续系统时，描述系统动态特性的标准状态空间表达式。应当指出，n 阶线性定常连续系统，它的状态变量只有 n 个。下面举例加以说明。

例 2.1　设某控制系统的动态特性可用下述微分方程描述

$$\dddot{y}+5\ddot{y}+6\dot{y}+12y=u$$

试列写其状态方程及输出方程。

解：根据式(2-10)，因为系统为 3 阶系统，因而可选取 $x_1=y$、$x_2=\dot{y}$、$x_3=\ddot{y}$ 为系统的状态变量，则通过状态变量的选取及根据系统微分方程，系统的状态方程可写成：

$$\begin{cases}\dot{x}_1=x_2\\ \dot{x}_2=x_3\\ \dot{x}_3=-12x_1-6x_2-5x_3+u\end{cases}$$

写成矩阵微分方程形式为

$$\dot{\boldsymbol{X}}=\boldsymbol{A}\boldsymbol{X}+\boldsymbol{B}u$$

式中，$\boldsymbol{A}=\begin{bmatrix}0 & 1 & 0\\ 0 & 0 & 1\\ -12 & -6 & -5\end{bmatrix}$，$\boldsymbol{B}=\begin{bmatrix}0\\0\\1\end{bmatrix}$，$\dot{\boldsymbol{X}}=\begin{bmatrix}\dot{x}_1\\ \dot{x}_2\\ \dot{x}_3\end{bmatrix}$，$\boldsymbol{X}=\begin{bmatrix}x_1\\x_2\\x_3\end{bmatrix}$。

根据上述状态变量的选取，其输出方程为

$$y=x_1=[1\quad 0\quad 0]\begin{bmatrix}x_1\\x_2\\x_3\end{bmatrix}=\boldsymbol{C}x$$

例 2.2　设某控制系统可用图 2-7 所示系统方框图描述。试列写该系统的状态方程及输出方程。

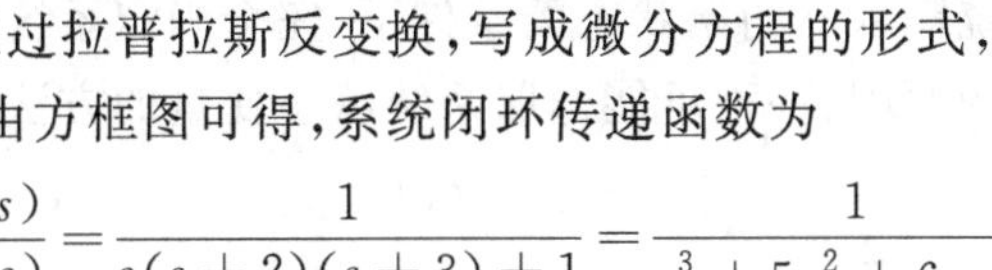

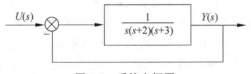

图 2-7　系统方框图

解：对于用方框图描述的系统，根据微分方程列写状态方程时，首先应根据方框图写出系统的闭环传递函数，通过拉普拉斯反变换，写成微分方程的形式，再根据系统微分方程列写系统状态方程。为此由方框图可得，系统闭环传递函数为

$$\frac{Y(s)}{U(s)}=\frac{1}{s(s+2)(s+3)+1}=\frac{1}{s^3+5s^2+6s+1}$$

根据闭环传递函数可求得系统运动微分方程为

$$\dddot{y}+5\ddot{y}+6\dot{y}+y=u$$

由于该系统为三阶系统，因此可选择状态变量为 $x_1=y$，$x_2=\dot{y}$，$x_3=\ddot{y}$，则可写出系统的状态方程为

$$\begin{cases}\dot{x}_1 = x_2 \\ \dot{x}_2 = x_3 \\ \dot{x}_3 = -x_1 - 6x_2 - 5x_3 + u\end{cases}$$

写成矩阵微分方程的形式为

$$\dot{\boldsymbol{X}} = \boldsymbol{A}\boldsymbol{X} + \boldsymbol{B}u$$

式中，$\dot{\boldsymbol{X}} = \begin{bmatrix}\dot{x}_1 \\ \dot{x}_2 \\ \dot{x}_3\end{bmatrix}$，$\boldsymbol{X} = \begin{bmatrix}x_1 \\ x_2 \\ x_3\end{bmatrix}$，$\boldsymbol{A} = \begin{bmatrix}0 & 1 & 0 \\ 0 & 0 & 1 \\ -1 & -6 & -5\end{bmatrix}$，$\boldsymbol{B} = \begin{bmatrix}0 \\ 0 \\ 1\end{bmatrix}$。

其输出方程为

$$y = x_1 = \begin{bmatrix}1 & 0 & 0\end{bmatrix}\begin{bmatrix}x_1 \\ x_2 \\ x_3\end{bmatrix}$$

2）输入函数含导数项时 n 阶线性定常连续系统的状态方程及输出方程

设 n 阶线性定常连续系统可由下列微分方程描述

$$y^{(n)} + a_1 y^{(n-1)} + \cdots + a_{n-1}\dot{y} + a_n y = b_0 u^{(n)} + b_1 u^{(n-1)} + \cdots + b_{n-1}\dot{u} + b_n u \quad (2\text{-}16)$$

如果按照上述输入函数不含导数项的 n 阶线性定常连续系统选取状态变量的方法，直接选取系统状态变量，将式(2-16)直接改写成一阶微分方程组，即：

$$\begin{cases}\dot{x}_1 = x_2 \\ \dot{x}_2 = x_3 \\ \dot{x}_3 = x_4 \\ \vdots \\ \dot{x}_n = -a_n x_1 - a_{n-1}x_2 - a_{n-2}x_3 - \cdots - a_1 x_n + b_0 u^{(n)} + b_1 u^{(n-1)} + \cdots + b_{n-1}\dot{u} + b_n u\end{cases}$$

分析上式可知，上述一阶微分方程组中，包含输入函数及其各阶导数项。假如输入函数是一个阶跃函数，其一阶导数项 $\dot{u}$ 便是一个 δ 脉冲函数，而其一阶以上导数项 $u^{(i)}$（$i=2,3,\cdots,n$）便是高阶脉冲函数，则由上述方程组表示的系统状态轨迹将产生无穷大的跳跃。因此，即使在已知输入函数 u 的作用下，系统状态也不可能由上述状态向量唯一地确定，即在此时可能得不到唯一的解。所以在 n 阶线性定常连续系统微分方程中，输入函数含有导数项时，不能直接将系统的输出函数 y 及其各阶导数项 $y^{(i)}$ 作为系统的状态变量。因为这组变量不具备在已知系统输入和初始状态的条件下，完全确定系统的未来运动状态的特性。根据选取系统状态变量的原则，一种可能选取系统状态变量的方法为

$$\begin{cases}x_1 = y - b_0 u \\ x_2 = \dot{x}_1 - h_1 u \\ x_3 = \dot{x}_2 - h_2 u \\ \vdots \\ x_n = \dot{x}_{n-1} - h_{n-1}u\end{cases} \quad (2\text{-}17)$$

式中

$$
\begin{cases}
h_1 = b_1 - a_1 b_0 \\
h_2 = (b_2 - a_2 b_0) - a_1 h_1 \\
h_3 = (b_3 - a_3 b_0) - a_2 h_1 - a_1 h_2 \\
\vdots \\
h_n = (b_n - a_n b_0) - a_{n-1} h_1 - a_{n-2} h_2 - \cdots - a_2 h_{n-2} - a_1 h_{n-1}
\end{cases}
$$

于是可得系统的状态方程为

$$
\begin{cases}
\dot{x}_1 = x_2 + h_1 u \\
\dot{x}_2 = x_3 + h_2 u \\
\vdots \\
\dot{x}_{n-1} = x_n + h_{n-1} u \\
\dot{x}_n = -a_n x_1 - a_{n-1} x_2 - a_{n-2} x_3 - \cdots - a_1 x_n + h_n u
\end{cases}
\tag{2-18}
$$

写成矩阵形式为

$$
\dot{\boldsymbol{X}} = \boldsymbol{A}\boldsymbol{X} + \boldsymbol{B}u \tag{2-19}
$$

式中，$\dot{\boldsymbol{X}} = \begin{bmatrix} \dot{x}_1 \\ \dot{x}_2 \\ \vdots \\ \dot{x}_{n-1} \\ \dot{x}_n \end{bmatrix}$，$\boldsymbol{A} = \begin{bmatrix} 0 & 1 & 0 & \cdots & 0 \\ 0 & 0 & 1 & \cdots & 0 \\ \vdots & \vdots & \vdots & & \vdots \\ 0 & 0 & 0 & \cdots & 1 \\ -a_n & -a_{n-1} & -a_{n-2} & \cdots & -a_1 \end{bmatrix}$，$\boldsymbol{X} = \begin{bmatrix} x_1 \\ x_2 \\ \vdots \\ x_{n-1} \\ x_n \end{bmatrix}$，$\boldsymbol{B} = \begin{bmatrix} h_1 \\ h_2 \\ \vdots \\ h_{n-1} \\ h_n \end{bmatrix}$。

其输出方程为

$$
y = x_1 + b_0 u = \boldsymbol{C}\boldsymbol{X} + \boldsymbol{D}u \tag{2-20}
$$

式中，$\boldsymbol{C} = [1 \quad 0 \quad \cdots \quad 0]$，$\boldsymbol{D} = b_0$。

例 2.3 设控制系统的运动微分方程为

$$
\ddot{y} + 8\dot{y} + 5y = \dot{u} + 2u
$$

试列写该系统状态方程及输出方程。

解：由系统运动微分方程可知，其 $a_1 = 8, a_2 = 5, b_0 = 0, b_1 = 1, b_2 = 2$。

根据式(2-17)选取状态变量为

$$
\begin{cases}
x_1 = y - b_0 u \\
x_2 = \dot{x}_1 - h_1 u
\end{cases}
$$

式中，$h_1 = b_1 - a_1 b_0 = b_1 = 1$。即

$$
x_1 = y, \quad x_2 = \dot{x}_1 - u
$$

又

$$
h_n = h_2 = (b_2 - a_2 b_0) - a_1 h_1 = (2 - 0) - 8 \times 1 = -6
$$

于是根据式(2-18)可得该系统的状态方程为

$$
\begin{cases}
\dot{x}_1 = x_2 + u \\
\dot{x}_2 = -a_2 x_1 - a_1 x_2 + h_2 u \\
\quad\; = -5x_1 - 8x_2 - 6u
\end{cases}
$$

或
$$\begin{bmatrix}\dot{x}_1\\ \dot{x}_2\end{bmatrix}=\begin{bmatrix}0 & 1\\ -5 & -8\end{bmatrix}\begin{bmatrix}x_1\\ x_2\end{bmatrix}+\begin{bmatrix}1\\ -6\end{bmatrix}u$$

其输出方程为
$$y=x_1=[1 \quad 0]\begin{bmatrix}x_1\\ x_2\end{bmatrix}$$

当 n 阶线性定常连续系统运动方程中含有输入函数的导数项时，还可以采用另一种方法求取系统的状态方程和输出方程。

设 n 阶线性系统由下列微分方程描述

$$y^{(n)}+a_1y^{(n-1)}+\cdots+a_{n-1}\dot{y}+a_ny=b_0u^{(n)}+b_1u^{(n-1)}+\cdots+b_{n-1}\dot{u}+b_nu$$

通过拉普拉斯变换，可作出如图 2-8 所示的系统方框图。经等效变换可得如图 2-9 所示的系统方框图。引进中间变量 z 之后，经拉普拉斯反变换，其微分方程为

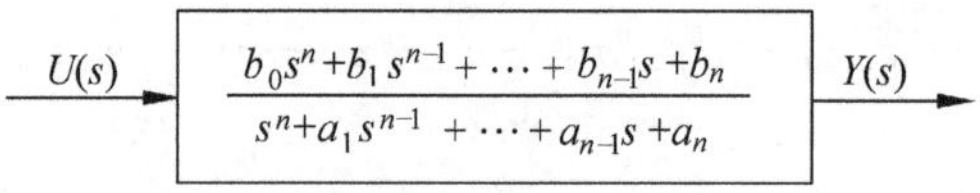

图 2-8　n 阶线性系统方框图

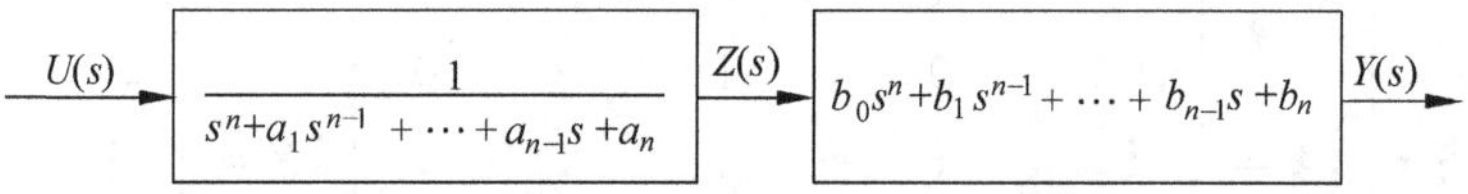

图 2-9　等效变换后 n 阶线性系统方框图

$$\begin{cases}z^{(n)}+a_1z^{(n-1)}+\cdots+a_{n-1}\dot{z}+a_nz=u\\ y=b_0z^{(n)}+b_1z^{(n-1)}+\cdots+b_{n-1}\dot{z}+b_nz\end{cases}\tag{2-21}$$

对于式(2-21)，可以仿照输入函数不含导数项系统的状态变量选取方法选取系统的状态变量，即：

$$\begin{cases}x_1=z\\ x_2=\dot{z}\\ \vdots\\ x_{n-1}=z^{(n-2)}\\ x_n=z^{(n-1)}\end{cases}$$

其相应的系统状态方程为

$$\begin{bmatrix}\dot{x}_1\\ \dot{x}_2\\ \vdots\\ \dot{x}_{n-1}\\ \dot{x}_n\end{bmatrix}=\begin{bmatrix}0 & 1 & 0 & \cdots & 0\\ 0 & 0 & 1 & \cdots & 0\\ \vdots & \vdots & \vdots & & \vdots\\ 0 & 0 & 0 & \cdots & 1\\ -a_n & -a_{n-1} & -a_{n-2} & \cdots & -a_1\end{bmatrix}\begin{bmatrix}x_1\\ x_2\\ \cdots\\ x_{n-1}\\ x_n\end{bmatrix}+\begin{bmatrix}0\\ 0\\ \vdots\\ 0\\ 1\end{bmatrix}u\tag{2-22}$$

相应的输出方程为

$$y=b_0\begin{bmatrix}-a_n & -a_{n-1} & \cdots & -a_1\end{bmatrix}\begin{bmatrix}x_1\\x_2\\\vdots\\x_n\end{bmatrix}+b_0u+\begin{bmatrix}b_n & b_{n-1} & \cdots & b_1\end{bmatrix}\begin{bmatrix}x_1\\x_2\\\vdots\\x_n\end{bmatrix} \tag{2-23}$$

若 $b_0=0$,则上述输出方程为

$$y=\begin{bmatrix}b_n & b_{n-1} & \cdots & b_1\end{bmatrix}\begin{bmatrix}x_1\\x_2\\\vdots\\x_n\end{bmatrix} \tag{2-24}$$

应当指出,对含有输入函数导数项的运动方程可分别应用上述两种方法列写系统状态方程及输出方程,它们在形式上虽有所不同,但在同一输入函数的作用下,所得的系统输出函数都是完全相同的。下面仍以例 2.3 为例说明利用这种方法列写系统状态方程及输出方程。

例 2.4　设控制系统的运动微分方程为

$$\ddot{y}+8\dot{y}+5y=\dot{u}+2u$$

试列写系统状态方程及输出方程。

解:将系统微分方程进行拉普拉斯变换,可得系统传递函数为

$$\frac{Y(s)}{U(s)}=\frac{s+2}{s^2+8s+5}$$

引进中间变量 z,即

$$\frac{Y(s)Z(s)}{U(s)Z(s)}=\frac{s+2}{s^2+8s+5}$$

取

$$\frac{Z(s)}{U(s)}=\frac{1}{s^2+8s+5}$$

$$Y(s)=(s+2)Z(s)$$

其微分方程为

$$\begin{cases}\ddot{z}+8\dot{z}+5z=u\\ y=\dot{z}+2z\end{cases}$$

选取状态变量为 $x_1=z, x_2=\dot{z}$,则系统状态方程为

$$\begin{cases}\dot{x}_1=x_2\\ \dot{x}_2=-5x_1-8x_2+u\end{cases}$$

写成矩阵形式为

$$\begin{bmatrix}\dot{x}_1\\\dot{x}_2\end{bmatrix}=\begin{bmatrix}0 & 1\\-5 & -8\end{bmatrix}\begin{bmatrix}x_1\\x_2\end{bmatrix}+\begin{bmatrix}0\\1\end{bmatrix}u$$

其输出方程为

$$y=2x_1+x_2=\begin{bmatrix}2 & 1\end{bmatrix}\begin{bmatrix}x_1\\x_2\end{bmatrix}$$

3）多输入多输出线性定常连续系统的状态方程及输出方程

多输入多输出线性定常连续系统也是一种常见的系统，由微分方程列写多输入多输出系统状态方程的方法与单输入单输出系统状态方程的列写方法基本相同。n 阶多输入多输出线性定常连续系统的状态空间表达式的一般形式为

$$\dot{\boldsymbol{X}}=\boldsymbol{AX}+\boldsymbol{Bu} \tag{2-25}$$

$$\boldsymbol{Y}=\boldsymbol{CX}+\boldsymbol{Du} \tag{2-26}$$

式中，$\boldsymbol{X}=\begin{bmatrix}x_1\\x_2\\\vdots\\x_n\end{bmatrix}$；$\boldsymbol{u}=\begin{bmatrix}u_1\\u_2\\\vdots\\u_r\end{bmatrix}$；$\boldsymbol{Y}=\begin{bmatrix}y_1\\y_2\\\vdots\\y_m\end{bmatrix}$；$\boldsymbol{A}=\begin{bmatrix}a_{11}&a_{12}&\cdots&a_{1n}\\a_{21}&a_{22}&\cdots&a_{2n}\\\vdots&\vdots&&\vdots\\a_{n1}&a_{n2}&\cdots&a_{nn}\end{bmatrix}$；

$\boldsymbol{B}=\begin{bmatrix}b_{11}&b_{12}&\cdots&b_{1r}\\b_{21}&b_{22}&\cdots&b_{2r}\\\vdots&\vdots&&\vdots\\b_{n1}&b_{n2}&\cdots&b_{nr}\end{bmatrix}$；$\boldsymbol{C}=\begin{bmatrix}c_{11}&c_{12}&\cdots&c_{1n}\\c_{21}&c_{22}&\cdots&c_{2n}\\\vdots&\vdots&&\vdots\\c_{m1}&c_{m2}&\cdots&c_{mn}\end{bmatrix}$；$\boldsymbol{D}=\begin{bmatrix}d_{11}&d_{12}&\cdots&d_{1r}\\d_{21}&d_{22}&\cdots&d_{2r}\\\vdots&\vdots&&\vdots\\d_{m1}&d_{m2}&\cdots&d_{mr}\end{bmatrix}$。

4）多输入多输出系统的传递函数矩阵

在经典控制理论中，单输入单输出系统之间的信号传递关系可用传递函数来表示。将传递函数的概念推广到多输入多输出系统，从而可建立传递函数矩阵的概念。下面将介绍由状态空间表达式来确定系统的传递函数矩阵。

对多输入多输出定常连续系统的状态方程(2-25)和输出方程(2-26)，若 $\boldsymbol{D}=0$，则为

$$\begin{cases}\dot{\boldsymbol{X}}=\boldsymbol{AX}+\boldsymbol{Bu}\\\boldsymbol{Y}=\boldsymbol{CX}\end{cases} \tag{2-27}$$

根据传递函数的定义，在零初始条件下，输出的拉普拉斯变换与输入的拉普拉斯变换之比就是传递函数，对上述状态方程取拉普拉斯变换得：

$$s\boldsymbol{X}(s)=\boldsymbol{AX}(s)+\boldsymbol{BU}(s)$$

则

$$(s\boldsymbol{I}-\boldsymbol{A})\boldsymbol{X}(s)=\boldsymbol{BU}(s)$$

进一步整理得

$$\boldsymbol{X}(s)=(s\boldsymbol{I}-\boldsymbol{A})^{-1}\boldsymbol{BU}(s)$$

再对输出方程进行拉普拉斯变换可得：

$$\boldsymbol{Y}(s)=\boldsymbol{CX}(s)=\boldsymbol{C}(s\boldsymbol{I}-\boldsymbol{A})^{-1}\boldsymbol{BU}(s)$$

根据传递函数定义可得：

$$\boldsymbol{T}(s)=\frac{\boldsymbol{Y}(s)}{\boldsymbol{U}(s)}=\boldsymbol{C}(s\boldsymbol{I}-\boldsymbol{A})^{-1}\boldsymbol{B}=\begin{bmatrix}T_{11}(s)&\cdots&T_{1r}(s)\\\vdots&&\vdots\\T_{m1}(s)&\cdots&T_{mr}(s)\end{bmatrix} \tag{2-28}$$

注意此时的 $\boldsymbol{T}(s)$ 为 $m\times r$ 矩阵，其中的元素 $T_{ij}(s)=\dfrac{y_i(s)}{u_j(s)}(i=1\sim m,j=1\sim r)$，表征了第 j 个输入对第 i 个输出的传递关系。可见传递函数矩阵反映了多输入多输出系统输入与输出信号之间复杂交叉的耦合关系。用传递函数矩阵表示这种关系是很明了的。

例 2.5 设单输入单输出系统的状态空间表达式为

$$\dot{\boldsymbol{X}}=\begin{bmatrix}-5 & -1\\ 3 & -1\end{bmatrix}\boldsymbol{X}+\begin{bmatrix}2\\5\end{bmatrix}u$$

$$y=[1\quad 2]\boldsymbol{X}$$

求系统的传递函数矩阵。

解：由状态方程和输出方程可知：

$$\boldsymbol{A}=\begin{bmatrix}-5 & -1\\ 3 & -1\end{bmatrix},\quad \boldsymbol{B}=\begin{bmatrix}2\\5\end{bmatrix},\quad \boldsymbol{C}=[1\quad 2],\quad \boldsymbol{D}=0$$

由式(2-28)可知：

$$\boldsymbol{H}(s)=\boldsymbol{C}(s\boldsymbol{I}-\boldsymbol{A})^{-1}\boldsymbol{B}$$

$$s\boldsymbol{I}-\boldsymbol{A}=s\begin{bmatrix}1 & 0\\ 0 & 1\end{bmatrix}-\begin{bmatrix}-5 & -1\\ 3 & -1\end{bmatrix}=\begin{bmatrix}s+5 & 1\\ -3 & s+1\end{bmatrix}$$

$$(s\boldsymbol{I}-\boldsymbol{A})^{-1}=\frac{\mathrm{adj}(s\boldsymbol{I}-\boldsymbol{A})}{|s\boldsymbol{I}-\boldsymbol{A}|}=\frac{1}{(s+2)(s+4)}\begin{bmatrix}s+1 & -1\\ 3 & s+5\end{bmatrix}$$

所以 $\boldsymbol{H}(s)=\boldsymbol{C}(s\boldsymbol{I}-\boldsymbol{A})^{-1}\boldsymbol{B}=[1\quad 2]\dfrac{1}{(s+2)(s+4)}\begin{bmatrix}s+1 & -1\\ 3 & s+5\end{bmatrix}\begin{bmatrix}2\\5\end{bmatrix}=\dfrac{12s+59}{(s+2)(s+4)}$

2. 由系统方框图直接列写状态方程及输出方程

上述列写系统状态方程及输出方程的方法是以系统微分方程或系统传递函数为基础的，而在线性控制系统中，它的数学模型常以系统方框图的形式给出，这是由于系统方框图形象地描述系统信号流向及其各物理量之间的相互关系。当然，根据系统方框图，求出系统闭环传递函数，进而通过拉普拉斯反变换，同样可求得系统微分方程，根据系统微分方程或系统闭环传递函数列写系统状态方程及输出方程。这对于简单的控制系统来说是容易做到的，但对于复杂系统或多输入多输出系统来说，求取闭环传递函数并不是一件轻而易举的事，有的甚至很难求得。因而需要研究直接利用系统方框图列写系统状态方程及输出方程的方法。

为了直接利用系统方框图列写系统状态方程及输出方程，需要引进状态传递方程及状态反馈方程。引进上述两个方程之后，将使问题极大地简化，避免了一些不必要的错误发生。下面以具体实例加以说明。

例 2.6 设某控制系统的方框图如图 2-10 所示。试直接由系统方框图列写系统状态方程及输出方程。

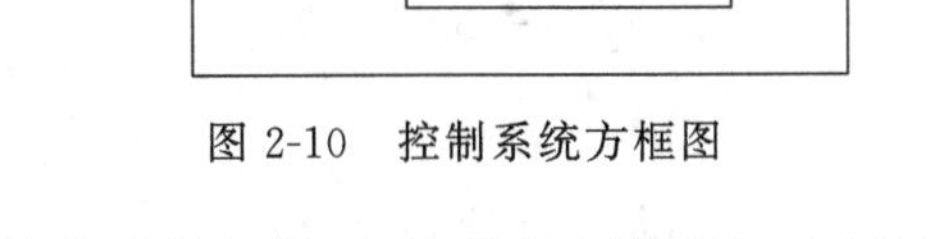

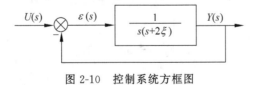

图 2-10 控制系统方框图

解：对于这个较为简单的系统来说，求取其闭环传递函数并不是件难事，但为了说明问题，这里直接利用系统方框图列写系统状态方程及输出方程。

由系统方框图，直接可以得到：

$$\frac{Y(s)}{\varepsilon(s)}=\frac{1}{s(s+2\xi)}$$

其微分方程为

$$\ddot{y}+2\xi\dot{y}=\varepsilon$$

取系统状态变量 $x_1=y, x_2=\dot{y}$，则系统状态方程可列写为

$$\begin{cases}\dot{x}_1=x_2\\ \dot{x}_2=\varepsilon-2\xi x_2\end{cases}$$

式中，$\varepsilon=u-y=u-x_1$，该方程称为状态反馈方程，代入系统状态方程中并写成矩阵状态微分方程形式得：

$$\begin{bmatrix}\dot{x}_1\\ \dot{x}_2\end{bmatrix}=\begin{bmatrix}0 & 1\\ -1 & -2\xi\end{bmatrix}\begin{bmatrix}x_1\\ x_2\end{bmatrix}+\begin{bmatrix}0\\ 1\end{bmatrix}u$$

其输出方程为

$$y=x_1=\begin{bmatrix}1 & 0\end{bmatrix}\begin{bmatrix}x_1\\ x_2\end{bmatrix}$$

例 2.7 复合控制系统如图 2-11 所示。

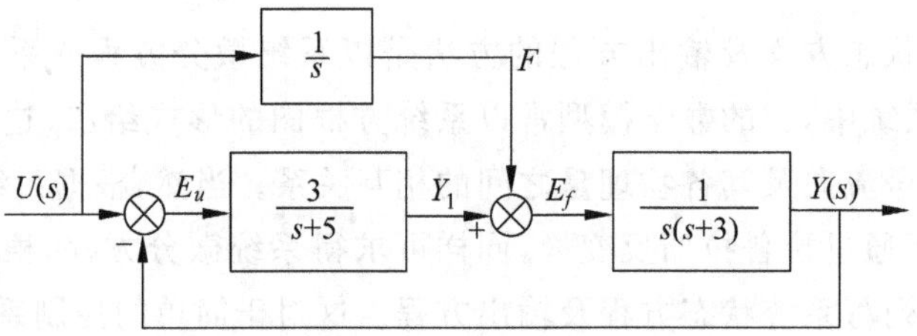

图 2-11 复合控制系统方框图

试直接利用系统方框图列写系统状态方程及输出方程。

解：由系统方框图可知，该系统由三个基本方框组成，分别写成：

$$\frac{F(s)}{U(s)}=\frac{1}{s},\quad \frac{Y_1(s)}{E_u(s)}=\frac{3}{s+5},\quad \frac{Y(s)}{E_f(s)}=\frac{1}{s^2+3s}$$

其微分方程为

$$\dot{f}=u,\quad \dot{y}_1+5y_1=3e_u,\quad \ddot{y}+3\dot{y}=e_f$$

选取状态变量 $x_1=f, x_2=y_1, x_3=y, x_4=\dot{y}$，则系统状态方程为

$$\begin{cases}\dot{x}_1=u\\ \dot{x}_2=-5x_2+3e_u\\ \dot{x}_3=x_4\\ \dot{x}_4=-3x_4+e_f\end{cases}$$

状态反馈方程为

$$e_u=u-x_3$$

状态传递方程为

$$e_f = x_1 + x_2$$

代入后写成矩阵形式为

$$\dot{\boldsymbol{X}} = \begin{bmatrix} 0 & 0 & 0 & 0 \\ 0 & -5 & -3 & 0 \\ 0 & 0 & 0 & 1 \\ 1 & 1 & 0 & -3 \end{bmatrix} \boldsymbol{X} + \begin{bmatrix} 1 \\ 3 \\ 0 \\ 0 \end{bmatrix} u$$

输出方程为

$$y = x_3 = \begin{bmatrix} 0 & 0 & 1 & 0 \end{bmatrix} \boldsymbol{X}$$

2.3.3　线性时变连续系统的状态方程及输出方程

设描述 n 阶线性时变系统的微分方程为

$$y^{(n)} + a_1(t)y^{(n-1)} + a_2(t)y^{(n-2)} + \cdots + a_{n-1}(t)\dot{y} + a_n(t)y = u \tag{2-29}$$

式中，系数 $a_i(t)(i=1,2,\cdots,n)$部分或全部为时间的函数。

若选取 $x_1=y, x_2=\dot{y}, x_3=\ddot{y}, \cdots, x_n=y^{(n-1)}$ 为系统状态变量，则由方程(2-29)可得如下状态方程：

$$\begin{bmatrix} \dot{x}_1 \\ \dot{x}_2 \\ \vdots \\ \dot{x}_{n-1} \\ \dot{x}_n \end{bmatrix} = \begin{bmatrix} 0 & 1 & 0 & \cdots & 0 \\ 0 & 0 & 1 & \cdots & 0 \\ \vdots & \vdots & \vdots & & \vdots \\ 0 & 0 & 0 & \cdots & 1 \\ -a_n(t) & -a_{n-1}(t) & -a_{n-2}(t) & \cdots & a_1(t) \end{bmatrix} \begin{bmatrix} x_1 \\ x_2 \\ \vdots \\ x_{n-1} \\ x_n \end{bmatrix} + \begin{bmatrix} 0 \\ 0 \\ \vdots \\ 0 \\ 1 \end{bmatrix} u \tag{2-30}$$

或写成：

$$\dot{\boldsymbol{X}} = \boldsymbol{A}(t)\boldsymbol{X} + \boldsymbol{B}u \tag{2-31}$$

式中，$\boldsymbol{A}(t)$为系数矩阵，$\boldsymbol{B}$ 为常向量，即

$$\boldsymbol{A}(t) = \begin{bmatrix} 0 & 1 & 0 & \cdots & 0 \\ 0 & 0 & 1 & \cdots & 0 \\ \vdots & \vdots & \vdots & & \vdots \\ 0 & 0 & 0 & \cdots & 1 \\ -a_n(t) & -a_{n-1}(t) & -a_{n-2}(t) & \cdots & a_1(t) \end{bmatrix}, \quad \boldsymbol{B} = \begin{bmatrix} 0 \\ 0 \\ \vdots \\ 0 \\ 1 \end{bmatrix}$$

其中，系数矩阵 $\boldsymbol{A}(t)$为时间 t 的函数。

输出方程为

$$y = x_1 \tag{2-32}$$

对于 n 阶多输入多输出线性时变连续系统，其状态空间表达式的一般形式可写为

$$\dot{\boldsymbol{X}} = \boldsymbol{A}(t)\boldsymbol{X} + \boldsymbol{B}(t)\boldsymbol{u} \tag{2-33}$$

$$\boldsymbol{Y} = \boldsymbol{C}(t)\boldsymbol{X} + \boldsymbol{D}(t)\boldsymbol{u} \tag{2-34}$$

式中，$\boldsymbol{X}=\begin{bmatrix}x_1\\x_2\\\vdots\\x_n\end{bmatrix}$；$\boldsymbol{u}=\begin{bmatrix}u_1\\u_2\\\vdots\\u_r\end{bmatrix}$；$\boldsymbol{Y}=\begin{bmatrix}y_1\\y_2\\\vdots\\y_m\end{bmatrix}$；$\boldsymbol{A}(t)=\begin{bmatrix}a_{11}(t) & a_{12}(t) & \cdots & a_{1n}(t)\\a_{21}(t) & a_{22}(t) & \cdots & a_{2n}(t)\\\vdots & \vdots & & \vdots\\a_{n1}(t) & a_{n2}(t) & \cdots & a_{nn}(t)\end{bmatrix}$；

$\boldsymbol{B}(t)=\begin{bmatrix}b_{11}(t) & b_{12}(t) & \cdots & b_{1r}(t)\\b_{21}(t) & b_{22}(t) & \cdots & b_{2r}(t)\\\vdots & \vdots & & \vdots\\b_{n1}(t) & b_{n2}(t) & \cdots & b_{nr}(t)\end{bmatrix}$；$\boldsymbol{C}(t)=\begin{bmatrix}c_{11}(t) & c_{12}(t) & \cdots & c_{1n}(t)\\c_{21}(t) & c_{22}(t) & \cdots & c_{2n}(t)\\\vdots & \vdots & & \vdots\\c_{m1}(t) & c_{m2}(t) & \cdots & c_{mn}(t)\end{bmatrix}$；

$\boldsymbol{D}(t)=\begin{bmatrix}d_{11}(t) & d_{12}(t) & \cdots & d_{1r}(t)\\d_{21}(t) & d_{22}(t) & \cdots & d_{2r}(t)\\\vdots & \vdots & & \vdots\\d_{m1}(t) & d_{m2}(t) & \cdots & d_{mr}(t)\end{bmatrix}$

$\boldsymbol{A}(t)$、$\boldsymbol{B}(t)$、$\boldsymbol{C}(t)$、$\boldsymbol{D}(t)$ 中的元素部分或全部是时间 t 的函数。

列写线性时变系统状态方程及输出方程的方法，类似于前述线性定常系统。

例 2.8 线性时变系统的微分方程为

$$\ddot{y}-ty=3u$$

试列写其状态方程及输出方程。

解：选取状态变量为 $x_1=y,x_2=\dot{y}$，则系统状态方程由微分方程写出为

$$\begin{cases}\dot{x}_1=x_2\\\dot{x}_2=tx_1+3u\end{cases}$$

其输出方程为

$$y=x_1$$

写成矩阵形式有：

$$\begin{cases}\dot{x}=\begin{bmatrix}0 & 1\\t & 0\end{bmatrix}x+\begin{bmatrix}0\\3\end{bmatrix}u\\y=\begin{bmatrix}1 & 0\end{bmatrix}x\end{cases}$$

例 2.9 设线性时变系统的微分方程为

$$\ddot{y}+\mathrm{e}^t\dot{y}+t(\mathrm{e}^t-1)y=u$$

试列写其状态方程及输出方程

解：选取 $x_1=y$、$x_2=\dot{y}$ 为该系统的状态变量，则系统的状态方程为

$$\begin{cases}\dot{x}_1=x_2\\\dot{x}_2=-t(\mathrm{e}^t-1)x_1-\mathrm{e}^tx_2+u\end{cases}$$

根据系统状态变量的选取可得系统输出方程为

$$y=x_1$$

写成矩阵形式有：

$$\begin{cases}\dot{x}=\begin{bmatrix}0 & 1\\-t(\mathrm{e}^t-1) & -\mathrm{e}^t\end{bmatrix}x+\begin{bmatrix}0\\1\end{bmatrix}u\\y=\begin{bmatrix}1 & 0\end{bmatrix}x\end{cases}$$

2.4　线性状态方程的解

本节将根据前面已经建立起来的状态方程来求出它在时域中的自由响应和强迫响应，以便进一步计算出评价控制系统的性能指标。这里主要研究的是线性系统，因为这种系统最简单又最重要，虽然大量的系统是非线性的，但通常是可以在合理的精度范围内，近似地把它考虑成线性系统来加以处理。

线性时变系统的状态方程为

$$\dot{\boldsymbol{X}}(t)=\boldsymbol{A}(t)\boldsymbol{X}(t)+\boldsymbol{B}(t)\boldsymbol{U}(t) \tag{2-35}$$

它是一个线性非齐次微分方程，由微分方程理论可知，它的解是对应的齐次方程的通解和非齐次方程特解之和，因此本节首先研究齐次状态方程的解。

2.4.1　线性定常齐次状态方程的解

系统的定常齐次方程

$$\dot{\boldsymbol{X}}(t)=\boldsymbol{A}\boldsymbol{X}(t) \tag{2-36}$$

满足初始条件 $t=0$ 时，$\boldsymbol{X}(0)=\boldsymbol{X}_0$ 的通解可在时域内直接求得。

求解线性定常齐次状态方程的方法与纯量一阶常微分方程非常类似，可假设齐次状态方程的解为时间的幂级数，即假设

$$\boldsymbol{X}(t)=b_0+b_1t+b_2t^2+b_3t^3+\cdots b_kt^k+\cdots \tag{2-37}$$

式中，b_i 是待定的系数列阵，当 $t=0$ 时

$$b_0=\boldsymbol{X}(0)=\boldsymbol{X}_0$$

在 A 是常数矩阵的情况下，将式(2-37)及导数代入式(2-36)得

$$b_1+2b_2t+3b_3t^2+\cdots+kb_kt^{k-1}+\cdots=A(b_0+b_1t+b_2t^2+b_3t^3+\cdots+b_kt^k+\cdots)$$

由于此式对所有的时间 t 都成立，因此等式两端同次幂前的系数应相等，即：

$$\begin{aligned}
&b_0=\boldsymbol{X}_0\\
&b_1=\boldsymbol{A}b_0=\boldsymbol{A}\boldsymbol{X}_0\\
&b_2=\frac{1}{2}\boldsymbol{A}b_1=\frac{1}{2}\boldsymbol{A}^2\boldsymbol{X}_0\\
&b_3=\frac{1}{3}\boldsymbol{A}b_2=\frac{1}{3}\boldsymbol{A}\cdot\frac{1}{2}\boldsymbol{A}^2\boldsymbol{X}_0=\frac{1}{3!}\boldsymbol{A}^3\boldsymbol{X}_0\\
&\vdots\\
&b_k=\frac{1}{k}\boldsymbol{A}b_{k-1}=\frac{1}{k}\boldsymbol{A}^2\frac{1}{k-1}b_{k-2}=\cdots=\frac{1}{k!}\boldsymbol{A}^k\boldsymbol{X}_0
\end{aligned}$$

将这些系数代入解的幂级数表达式(2-37)，便可求得常系数线性齐次方程的解，即

$$\boldsymbol{X}(t)=\left(I+\boldsymbol{A}t+\frac{1}{2!}\boldsymbol{A}^2t^2+\frac{1}{3!}\boldsymbol{A}^3t^3+\cdots\frac{1}{k!}\boldsymbol{A}^kt^k+\cdots\right)\boldsymbol{X}_0=\mathrm{e}^{\boldsymbol{A}t}\boldsymbol{X}_0 \tag{2-38}$$

式中，

$$\mathrm{e}^{\boldsymbol{A}t}=\boldsymbol{I}+\boldsymbol{A}t+\frac{1}{2!}\boldsymbol{A}^2t^2+\frac{1}{3!}\boldsymbol{A}^3t^3\cdots\frac{1}{k!}\boldsymbol{A}^kt^k+\cdots \tag{2-39}$$

称为矩阵指数函数(matrix expontial funtion)。

由于矩阵指数在状态方程的解中起着至关重要的作用,故有必要对其性质作较详细的讨论,而这些性质又是计算矩阵指数的理论基础。矩阵指数的性质如下:

(1) $\mathrm{e}^{\boldsymbol{A}\cdot 0}=\boldsymbol{I}$ (2-40)

(2) $\mathrm{e}^{\boldsymbol{A}t}\cdot\mathrm{e}^{\boldsymbol{A}\tau}=\mathrm{e}^{\boldsymbol{A}(t+\tau)}$ (2-41)

因

$$\begin{aligned}\mathrm{e}^{\boldsymbol{A}t}\cdot\mathrm{e}^{\boldsymbol{A}\tau}&=\left(1+\boldsymbol{A}t+\frac{1}{2!}\boldsymbol{A}^2t^2+\cdots\right)\left(1+\boldsymbol{A}\tau+\frac{1}{2!}\boldsymbol{A}^2\tau^2\cdots\right)\\&=1+\boldsymbol{A}(t+\tau)+\frac{1}{2!}\boldsymbol{A}^2(t+\tau)^2+\frac{1}{3!}\boldsymbol{A}^3(t+\tau)^3+\cdots\\&=\mathrm{e}^{\boldsymbol{A}(t+\tau)}\end{aligned}$$

(3) $[\mathrm{e}^{\boldsymbol{A}t}]^{-1}=\mathrm{e}^{-\boldsymbol{A}t}$ (2-42)

由式(2-41)和式(2-40)可知

$$\mathrm{e}^{\boldsymbol{A}t}\cdot\mathrm{e}^{-\boldsymbol{A}t}=\mathrm{e}^{\boldsymbol{A}(t-\tau)}=\mathrm{e}^{\boldsymbol{A}\cdot 0}=\boldsymbol{I}$$

另一方面:

$$\mathrm{e}^{\boldsymbol{A}t}\cdot[\mathrm{e}^{\boldsymbol{A}t}]^{-1}=\boldsymbol{I}$$

比较以上两式便可得到:

$$[\mathrm{e}^{\boldsymbol{A}t}]^{-1}=\mathrm{e}^{-\boldsymbol{A}t}$$

此式表明矩阵指数的逆矩阵是 $\mathrm{e}^{-\boldsymbol{A}t}$,即 $\mathrm{e}^{\boldsymbol{A}t}$ 求逆时,只需将 $\mathrm{e}^{\boldsymbol{A}t}$ 中的 A 异号即得:

(4) $\frac{\mathrm{d}}{\mathrm{d}t}\mathrm{e}^{\boldsymbol{A}t}=\boldsymbol{A}\mathrm{e}^{\boldsymbol{A}t}=\mathrm{e}^{\boldsymbol{A}t}\cdot\boldsymbol{A}$ (2-43)

此式表明 $\mathrm{e}^{\boldsymbol{A}t}$ 和 A 是可以交换的,此性质可证明如下:

$$\begin{aligned}\frac{\mathrm{d}}{\mathrm{d}t}\mathrm{e}^{\boldsymbol{A}t}&=\frac{\mathrm{d}}{\mathrm{d}t}\left(\boldsymbol{I}+\boldsymbol{A}t+\frac{\boldsymbol{A}^2t^2}{2!}+\frac{\boldsymbol{A}^3t^3}{3!}+\cdots\right)\\&=\boldsymbol{A}+\boldsymbol{A}^2t+\frac{\boldsymbol{A}^3t^2}{2!}+\cdots\\&=\boldsymbol{A}\left(\boldsymbol{I}+\boldsymbol{A}t+\frac{\boldsymbol{A}^2t^2}{2!}+\frac{\boldsymbol{A}^3t^3}{3!}+\cdots\right)=\boldsymbol{A}\cdot\mathrm{e}^{\boldsymbol{A}t}\\&=\left(\boldsymbol{I}+\boldsymbol{A}t+\frac{\boldsymbol{A}^2t^2}{2!}+\frac{\boldsymbol{A}^3t^3}{3!}+\cdots\right)\boldsymbol{A}=\mathrm{e}^{\boldsymbol{A}t}\cdot\boldsymbol{A}\end{aligned}$$

(5) $\int_0^t\mathrm{e}^{\boldsymbol{A}\tau}\mathrm{d}\tau=[\mathrm{e}^{\boldsymbol{A}t}-\boldsymbol{I}]\boldsymbol{A}^{-1}$ (2-44)

将式(2-39)代入直接积分得:

$$\begin{aligned}\int_0^t\mathrm{e}^{\boldsymbol{A}\tau}\mathrm{d}\tau&=\int_0^t\left(\boldsymbol{I}+\boldsymbol{A}t+\frac{\boldsymbol{A}^2t^2}{2!}+\frac{\boldsymbol{A}^3t^3}{3!}+\cdots\right)\mathrm{d}\tau\\&=\left(t+\frac{\boldsymbol{A}t^2}{2!}+\frac{\boldsymbol{A}^2t^3}{3!}+\frac{\boldsymbol{A}^3t^4}{4!}+\cdots\right)\boldsymbol{A}\boldsymbol{A}^{-1}\\&=\left(\boldsymbol{I}-\boldsymbol{I}+\boldsymbol{A}t+\frac{\boldsymbol{A}^2t^2}{2!}+\frac{\boldsymbol{A}^3t^3}{3!}+\cdots\right)\boldsymbol{A}^{-1}\end{aligned}$$

$$=[e^{\boldsymbol{A}t}-\boldsymbol{I}]\boldsymbol{A}^{-1}$$

(6) $e^{\boldsymbol{A}t}=L^{-1}\{[s\boldsymbol{I}-\boldsymbol{A}]^{-1}\}$ (2-45)

对式(2-43)两端取拉普拉斯变换得：

$$sL[e^{\boldsymbol{A}t}]-e^{\boldsymbol{A}\cdot 0}=\boldsymbol{A}L[e^{\boldsymbol{A}t}]$$

$$L[e^{\boldsymbol{A}t}]=[s\boldsymbol{I}-\boldsymbol{A}]^{-1}$$

两端取拉普拉斯逆变换得：

$$e^{\boldsymbol{A}t}=L^{-1}\{[s\boldsymbol{I}-\boldsymbol{A}]^{-1}\}$$

这个关系也可由直接对状态方程式(2-36)两端取拉普拉斯变换求得：

$$s\boldsymbol{X}(s)-\boldsymbol{X}_0=\boldsymbol{A}\boldsymbol{X}(s)$$

由此可解出：

$$\boldsymbol{X}(s)=(s\boldsymbol{I}-\boldsymbol{A})^{-1}\boldsymbol{X}_0$$

两端取拉普拉斯逆变换得：

$$\boldsymbol{X}(t)=L^{-1}\{[s\boldsymbol{I}-\boldsymbol{A}]^{-1}\}\boldsymbol{X}_0 \tag{2-46}$$

根据微分方程解的唯一性，由式(2-38)和式(2-46)可得：

$$e^{\boldsymbol{A}t}=L^{-1}\{(s\boldsymbol{I}-\boldsymbol{A})^{-1}\}$$

当 $\boldsymbol{A}$ 的阶次较低时，式(2-45)所表示的关系提供了一种计算矩阵指数较为简便的方法。

例 2.10　已知系统的状态方程和初始条件为

$$\begin{bmatrix}\dot{x}_1\\ \dot{x}_2\end{bmatrix}=\begin{bmatrix}0 & 1\\ -1 & 0\end{bmatrix}\begin{bmatrix}x_1\\ x_2\end{bmatrix}\qquad \begin{bmatrix}x_1(0)\\ x_2(0)\end{bmatrix}=\begin{bmatrix}1\\ 1\end{bmatrix}$$

试求此状态方程的解。

解：将状态方程中的系数矩阵

$$\boldsymbol{A}=\begin{bmatrix}0 & 1\\ -1 & 0\end{bmatrix}$$

代入式(2-39)直接计算矩阵指数函数

$$e^{\boldsymbol{A}t}=\boldsymbol{I}+\boldsymbol{A}t+\frac{\boldsymbol{A}^2t^2}{2!}+\frac{\boldsymbol{A}^3t^3}{3!}+\frac{\boldsymbol{A}^4t^4}{4!}+\cdots$$

$$=\begin{bmatrix}1 & 0\\ 0 & 1\end{bmatrix}+\begin{bmatrix}0 & 1\\ -1 & 0\end{bmatrix}t+\frac{1}{2!}\begin{bmatrix}0 & 1\\ -1 & 0\end{bmatrix}^2t^2+\frac{1}{3!}\begin{bmatrix}0 & 1\\ -1 & 0\end{bmatrix}^3t^3+\frac{1}{4!}\begin{bmatrix}0 & 1\\ -1 & 0\end{bmatrix}^4t^4+\cdots$$

$$=\begin{bmatrix}1 & 0\\ 0 & 1\end{bmatrix}+\begin{bmatrix}0 & t\\ -t & 0\end{bmatrix}+\frac{1}{2!}\begin{bmatrix}-t^2 & 0\\ 0 & -t^2\end{bmatrix}+\frac{1}{3!}\begin{bmatrix}0 & -t^3\\ t^3 & 0\end{bmatrix}+\frac{1}{4!}\begin{bmatrix}t^4 & 0\\ 0 & t^4\end{bmatrix}+\cdots$$

$$=\begin{bmatrix}1-\dfrac{t^2}{2!}+\dfrac{t^4}{4!}+\cdots & t-\dfrac{t^3}{3!}+\dfrac{t^5}{5!}+\cdots\\ -t+\dfrac{t^3}{3!}-\dfrac{t^5}{5!}+\cdots & 1-\dfrac{t^2}{2!}+\dfrac{t^4}{4!}+\cdots\end{bmatrix}=\begin{bmatrix}\cos t & \sin t\\ -\sin t & \cos t\end{bmatrix}$$

代入式(2-38)可求得齐次状态方程的解

$$\boldsymbol{X}(t)=\begin{bmatrix}X_1(t)\\ X_2(t)\end{bmatrix}=e^{\boldsymbol{A}t}\cdot\boldsymbol{X}_0=\begin{bmatrix}\cos t & \sin t\\ -\sin t & \cos t\end{bmatrix}\begin{bmatrix}1\\ 1\end{bmatrix}=\begin{bmatrix}\cos t+\sin t\\ -\sin t+\cos t\end{bmatrix}$$

例 2.11 已知系统状态方程的系数矩阵为

$$\boldsymbol{A}=\begin{bmatrix}0 & 1\\ 0 & 1\end{bmatrix}$$

试用拉普拉斯变换法求矩阵指数 $\mathrm{e}^{\boldsymbol{A}t}$。

解：根据式(2-45)可得：

$$\begin{aligned}\mathrm{e}^{\boldsymbol{A}t}&=L^{-1}([s\boldsymbol{I}-\boldsymbol{A}])^{-1}\\&=L^{-1}\left(\begin{bmatrix}s & 0\\ 0 & s\end{bmatrix}-\begin{bmatrix}0 & 1\\ 0 & 1\end{bmatrix}\right)^{-1}=L^{-1}\left(\begin{bmatrix}s & -1\\ 0 & s-1\end{bmatrix}\right)^{-1}\\&=L^{-1}\left[\frac{\operatorname{adj}\begin{pmatrix}s & -1\\ 0 & s-1\end{pmatrix}}{\begin{vmatrix}s & -1\\ 0 & s-1\end{vmatrix}}\right]=L^{-1}\left[\frac{\begin{vmatrix}s-1 & 1\\ 0 & s\end{vmatrix}}{s(s-1)}\right]=L^{-1}\begin{bmatrix}\dfrac{1}{s} & \dfrac{1}{s(s-1)}\\ 0 & \dfrac{1}{s-1}\end{bmatrix}\\&=\begin{bmatrix}1 & \mathrm{e}^{t}-1\\ 0 & \mathrm{e}^{t}\end{bmatrix}\end{aligned}$$

2.4.2 线性时变齐次状态方程的解

在前节中，状态方程的解都是以 $t=0$ 作为起始时间。在一般情况下也可以 $t=t_0$ 作为初始时间，其状态变量的初值为 $\boldsymbol{X}(t_0)=\boldsymbol{X}_0$，则线性定常齐次状态方程的解可写成如下形式：

$$\boldsymbol{X}(t)=\mathrm{e}^{\boldsymbol{A}(t-t_0)}\boldsymbol{X}(t_0)=\boldsymbol{\Phi}(t,t_0)\boldsymbol{X}(t_0)\tag{2-47}$$

上式表明，任意时刻 t 的状态 $\boldsymbol{X}(t)$ 是以初始状态 $\boldsymbol{X}(t_0)$ 以一定方式（$\mathrm{e}^{\boldsymbol{A}(t-t_0)}$）转移到任意状态 $\boldsymbol{X}(t)$ 的，显然，$\mathrm{e}^{\boldsymbol{A}(t-t_0)}$ 表征了这种转换方式，因而称它为状态转移矩阵，现用符号 $\boldsymbol{\Phi}(t,t_0)$ 表示，对于线性定常系统，则：

$$\boldsymbol{\Phi}(t,t_0)=\mathrm{e}^{\boldsymbol{A}(t-t_0)}\tag{2-48}$$

对于线性时变系统的齐次状态方程

$$\dot{\boldsymbol{X}}(t)=\boldsymbol{A}(t)\boldsymbol{X}(t)\tag{2-49}$$

其解仍可用状态转移矩阵的形式来表示：

$$\boldsymbol{X}(t)=\boldsymbol{\Phi}(t,t_0)\boldsymbol{X}(t_0)\tag{2-50}$$

但它不满足式(2-48)的关系，而它应满足状态方程。即 $\boldsymbol{\Phi}(t-t_0)$ 可取代 $\boldsymbol{X}(t)$ 在齐次状态方程中的位置。即满足微分方程

$$\dot{\boldsymbol{\Phi}}(t,t_0)=\boldsymbol{A}(t)\boldsymbol{\Phi}(t,t_0)\tag{2-51}$$

和初始条件 $t=t_0$ 时，

$$\boldsymbol{\Phi}(t_0,t_0)=\boldsymbol{I}\tag{2-52}$$

证明如下：

如将式(2-50)及其导数代入式(2-49)便可求得：

$$\dot{\boldsymbol{\Phi}}(t,t_0)\boldsymbol{X}(t_0)=\boldsymbol{A}(t)\boldsymbol{\Phi}(t,t_0)\boldsymbol{X}(t_0)$$

因为对任何初值上式均可成立，所以：

$$\dot{\boldsymbol{\Phi}}(t,t_0)=\boldsymbol{A}(t)\boldsymbol{\Phi}(t,t_0)$$

由式(2-50)知，在 $t=t_0$ 时直接可以得到：

$$\boldsymbol{\Phi}(t_0,t_0)=\boldsymbol{I}$$

由此证得状态转移矩阵所满足的微分关系。相反，也不难证得满足此关系式(2-51)的状态转移矩阵所确定的解式(2-50)必须满足线性时变系统的齐次状态方程。

对式(2-49)两端积分，并根据初始状态可得：

$$\boldsymbol{X}(t)=\boldsymbol{X}(t_0)+\int_{t_0}^{t}\boldsymbol{A}(\tau_1)\boldsymbol{X}(\tau_1)\mathrm{d}\tau_1 \tag{2-53a}$$

在上式中，令 $t=\tau_1$，得：

$$\boldsymbol{X}(\tau_1)=\boldsymbol{X}(t_0)+\int_{t_0}^{\tau_1}\boldsymbol{A}(\tau_2)\boldsymbol{X}(\tau_2)\mathrm{d}\tau_2$$

代入式(2-53a)得：

$$\begin{aligned}\boldsymbol{X}(t)&=\boldsymbol{X}(t_0)+\int_{t_0}^{t}\boldsymbol{A}(\tau_1)\left[\boldsymbol{X}(t_0)+\int_{t_0}^{\tau_1}\boldsymbol{A}(\tau_2)\boldsymbol{X}(\tau_2)\mathrm{d}\tau_2\right]\mathrm{d}\tau_1\\&=\boldsymbol{X}(t_0)+\int_{t_0}^{t}\boldsymbol{A}(\tau_1)\boldsymbol{X}(t_0)\mathrm{d}\tau_1+\int_{t_0}^{t}\boldsymbol{A}(\tau_1)\int_{t_0}^{\tau_1}\boldsymbol{A}(\tau_2)\boldsymbol{X}(\tau_2)\mathrm{d}\tau_2\mathrm{d}\tau_1\end{aligned} \tag{2-53b}$$

在式(2-53a)中再令 $t=\tau_2$，将所得的 $\boldsymbol{X}(\tau_2)$ 代入式(2-53b)中，如此反复地进行这样的迭代，最后可得系统齐次方程式(2-49)的解，即：

$$\begin{aligned}\boldsymbol{X}(t)=\Big[&\boldsymbol{I}+\int_{t_0}^{t}\boldsymbol{A}(\tau_1)\mathrm{d}\tau_1+\int_{t_0}^{t}\boldsymbol{A}(\tau_1)\int_{t_2}^{\tau_1}\boldsymbol{A}(\tau_2)\mathrm{d}\tau_2\mathrm{d}\tau_1+\\&\int_{t_0}^{t}\boldsymbol{A}(\tau_1)\int_{t_0}^{\tau_1}\boldsymbol{A}(\tau_2)\int_{t_0}^{\tau_2}\boldsymbol{A}(\tau_3)\mathrm{d}\tau_3\mathrm{d}\tau_2\mathrm{d}\tau_1+\cdots\Big]\boldsymbol{X}(t_0)\end{aligned} \tag{2-54}$$

比较上式和式(2-50)便可求得时变系统状态转移矩阵的无穷级数表达式，即：

$$\begin{aligned}\boldsymbol{\Phi}(t,t_0)=\boldsymbol{I}&+\int_{t_0}^{t}\boldsymbol{A}(\tau_1)\mathrm{d}\tau_1+\int_{t_0}^{t}\boldsymbol{A}(\tau_1)\int_{t_0}^{\tau_1}\boldsymbol{A}(\tau_2)\mathrm{d}\tau_2\mathrm{d}\tau_1+\\&\int_{t_0}^{t}\boldsymbol{A}(\tau_1)\int_{t_0}^{\tau_1}\boldsymbol{A}(\tau_2)\int_{t_0}^{\tau_2}\boldsymbol{A}(\tau_3)\mathrm{d}\tau_3\mathrm{d}\tau_2\mathrm{d}\tau_1+\cdots\end{aligned} \tag{2-55}$$

对于 A 是常数矩阵的定常系统，由上式便可求得：

$$\begin{aligned}\boldsymbol{\Phi}(t,t_0)=\boldsymbol{\Phi}(t,t_0)&=\boldsymbol{I}+\int_{t_0}^{t}\boldsymbol{A}\mathrm{d}\tau_1+\int_{t_0}^{t}\boldsymbol{A}\int_{t_0}^{\tau_1}\boldsymbol{A}\mathrm{d}\tau_2\mathrm{d}\tau_1+\int_{t_0}^{t}\boldsymbol{A}\int_{t_0}^{\tau_1}\boldsymbol{A}\int_{t_0}^{\tau_2}\boldsymbol{A}\mathrm{d}\tau_3\mathrm{d}\tau_2\mathrm{d}\tau_1+\cdots\\&=\boldsymbol{I}+\boldsymbol{A}(t-t_0)+\frac{\boldsymbol{A}^2}{2!}(t-t_0)^2+\frac{\boldsymbol{A}^3}{3!}(t-t_0)^3+\cdots\\&=\mathrm{e}^{\boldsymbol{A}(t-t_0)}\end{aligned}$$

这与原来研究的结果一致，如式(2-39)和式(2-48)所示。

例 2.12　已知时变系统的状态方程及初始状态为

$$\begin{bmatrix}\dot{x}_1(t)\\\dot{x}_2(t)\end{bmatrix}=\begin{bmatrix}0&1\\0&t\end{bmatrix}\begin{bmatrix}x_1(t)\\x_2(t)\end{bmatrix},\quad\begin{bmatrix}x_1(0)\\x_2(0)\end{bmatrix}=\begin{bmatrix}1\\1\end{bmatrix}$$

试求此系统状态方程的解。

解：根据系统矩阵

$$\boldsymbol{A}=\begin{bmatrix}0 & 1\\0 & t\end{bmatrix}$$

计算式(2-55)中各项,即:

$$\int_0^t \boldsymbol{A}(\tau)\mathrm{d}\tau=\int_0^t\begin{bmatrix}0 & 1\\0 & \tau\end{bmatrix}\mathrm{d}\tau=\begin{bmatrix}0 & t\\0 & t^2/2\end{bmatrix}$$

$$\begin{aligned}\int_0^t \boldsymbol{A}(\tau_1)\int_0^{\tau_1}\boldsymbol{A}(\tau_2)\mathrm{d}\tau_2\mathrm{d}\tau_1 &=\int_0^t\begin{bmatrix}0 & 1\\0 & \tau_1\end{bmatrix}\int_0^{\tau_1}\begin{bmatrix}0 & 1\\0 & \tau_2\end{bmatrix}\mathrm{d}\tau_2\mathrm{d}\tau_1\\ &=\int_0^t\begin{bmatrix}0 & 1\\0 & \tau_1\end{bmatrix}\begin{bmatrix}0 & \tau_1\\0 & \tau_1^2/2\end{bmatrix}\mathrm{d}\tau_1\\ &=\int_0^t\begin{bmatrix}0 & \tau_1^2/2\\0 & \tau_1^3/2\end{bmatrix}\mathrm{d}\tau_1=\begin{bmatrix}0 & t^3/6\\0 & t^4/8\end{bmatrix}\end{aligned}$$

$\vdots$

将它们代入式(2-55)便可求得状态转移矩阵:

$$\begin{aligned}\boldsymbol{\Phi}=(t,0)&=\boldsymbol{I}+\int_0^t\boldsymbol{A}(\tau_1)\mathrm{d}\tau_1+\int_0^t\boldsymbol{A}(\tau_1)\int_0^{\tau_1}\boldsymbol{A}(\tau_2)\mathrm{d}\tau_2\mathrm{d}\tau_1+\cdots\\ &=\begin{bmatrix}1 & 0\\0 & 1\end{bmatrix}+\begin{bmatrix}0 & t\\0 & t^2/2\end{bmatrix}+\begin{bmatrix}0 & t^3/6\\0 & t^4/8\end{bmatrix}+\cdots\\ &=\begin{bmatrix}1 & t+t^3/6+\cdots\\0 & 1+t^2/2+t^4/8+\cdots\end{bmatrix}\end{aligned}$$

代入式(2-50)便可求得线性时变系统的响应:

$$\begin{aligned}\boldsymbol{X}(t)&=\boldsymbol{\Phi}(t,0)\boldsymbol{X}(0)\\ &=\begin{bmatrix}1 & t+t^3/6+\cdots\\0 & 1+t^2/2+t^4/8+\cdots\end{bmatrix}\begin{bmatrix}1\\1\end{bmatrix}=\begin{bmatrix}1+t+t^3/6+\cdots\\1+t^2/2+t^4/8+\cdots\end{bmatrix}\end{aligned}$$

2.4.3 状态转移矩阵

根据前面的论述,可将状态矩阵的概念归纳为:凡满足如下矩阵微分方程及初始条件

$$\dot{\boldsymbol{\Phi}}(t,t_0)=\boldsymbol{A}(t)\boldsymbol{\Phi}(t,t_0),\quad \boldsymbol{\Phi}(t_0,t_0)=\boldsymbol{I}$$

的$\boldsymbol{\Phi}(t,t_0)$统称为状态矩阵,而任何线性时变系统齐次方程的解均可表示为

$$\boldsymbol{X}(t)=\boldsymbol{\Phi}(t,t_0)\boldsymbol{X}(t_0)\tag{2-56}$$

它表示系统在没有外输入时的自由运动$\boldsymbol{X}(t)$,这实质上是初始状态的一个变换,是初始状态在状态矩阵$\boldsymbol{\Phi}(t,t_0)$作用下的状态转移。这种变换或转移是借助于状态转移矩阵$\boldsymbol{\Phi}(t,t_0)$来实现的。若将$\boldsymbol{X}(t)$表示为状态空间中通过初始状态的轨迹,则此轨迹将完全由状态转移矩阵$\boldsymbol{\Phi}(t,t_0)$来决定。由此可见,状态转移矩阵对于系统分析的重要意义。

状态转移矩阵$\boldsymbol{\Phi}(t,t_0)$是一个$n\times n$阶矩阵函数,即:

$$\boldsymbol{\Phi}(t,t_0)=\begin{bmatrix}\Phi_{11}(t,t_0) & \Phi_{12}(t,t_0) & \cdots & \Phi_{1n}(t,t_0)\\ \Phi_{21}(t,t_0) & \Phi_{22}(t,t_0) & \cdots & \Phi_{2n}(t,t_0)\\ \vdots & & & \\ \Phi_{n1}(t,t_0) & \Phi_{n2}(t,t_0) & \cdots & \Phi_{nn}(t,t_0)\end{bmatrix} \tag{2-57}$$

于是可把齐次状态方程的解也写成矩阵展开式：

$$\begin{bmatrix}x_1(t)\\ x_2(t)\\ \vdots\\ x_n(t)\end{bmatrix}=\begin{bmatrix}\Phi_{11}(t,t_0) & \Phi_{12}(t,t_0) & \cdots & \Phi_{1n}(t,t_0)\\ \Phi_{21}(t,t_0) & \Phi_{22}(t,t_0) & \cdots & \Phi_{2n}(t,t_0)\\ \vdots & & & \\ \Phi_{n1}(t,t_0) & \Phi_{n2}(t,t_0) & \cdots & \Phi_{nn}(t,t_0)\end{bmatrix}\begin{bmatrix}x_1(t_0)\\ x_2(t_0)\\ \vdots\\ x_n(t_0)\end{bmatrix} \tag{2-58}$$

当 $x_1(t_0)=1, x_2(t_0)=x_3(t_0)\cdots=x_n(t_0)=0$ 时，则可由上式求得：

$$\Phi_{11}(t,t_0)=x_1(t),\quad \Phi_{21}(t,t_0)=x_2(t),\cdots,\Phi_{n1}(t,t_0)=x_n(t)$$

由此可知，$\Phi_{i1}(t,t_0)$是初始状态 $x_1(t_0)=1$，而其他初始状态变量均为零时，相应状态变量的响应 $x_i(t)$。

状态转移矩阵具有如下性质：

(1) $\boldsymbol{\Phi}(t_0,t_0)=\boldsymbol{I}$

(2) $\boldsymbol{\Phi}(t,t_0)=\boldsymbol{\Phi}(t,t_1)\boldsymbol{\Phi}(t_1,t_0)$

由 $\boldsymbol{X}(t)=\boldsymbol{\Phi}(t,t_0)\boldsymbol{X}(t_0)$可得：

$$\boldsymbol{X}(t_1)=\boldsymbol{\Phi}(t_1,t_0)\boldsymbol{X}(t_0)$$

代入式(2-50)[$\boldsymbol{X}(t)=\boldsymbol{\Phi}(t,t_0)\boldsymbol{X}(t_0)=\boldsymbol{\Phi}(t,t_1)\boldsymbol{X}(t_1)$]得：

$$\boldsymbol{\Phi}(t,t_0)=\boldsymbol{\Phi}(t,t_1)\boldsymbol{\Phi}(t_1,t_0)$$

此性质表明，系统的状态转移过程可分作几步来完成，即先从 $\boldsymbol{X}(t_0)$转到 $\boldsymbol{X}(t_1)$，然后再从 $\boldsymbol{X}(t_1)$转移到 $\boldsymbol{X}(t_2)\cdots\boldsymbol{X}(t_3)\cdots$直到 $\boldsymbol{X}(t)$。

(3) $\boldsymbol{\Phi}(t_0,t)\boldsymbol{\Phi}(t,t_0)=\boldsymbol{I}$

在性质 2 中令 $t=t_0$，并利用性质 1 的关系可得：

$$\boldsymbol{\Phi}(t_0,t_0)=\boldsymbol{\Phi}(t_0,t_1)\boldsymbol{\Phi}(t_1,t_0)=\boldsymbol{I}$$

令 $t_1=t$，便可证得此关系：

$$\boldsymbol{\Phi}(t_0,t)\boldsymbol{\Phi}(t,t_0)=\boldsymbol{I}$$

(4) $\boldsymbol{\Phi}^{-1}(t,t_0)=\boldsymbol{\Phi}(t_0,t)$

用$\boldsymbol{\Phi}^{-1}(t,t_0)$右乘性质 3 的两端便可证得此关系：

$$\boldsymbol{\Phi}(t_0,t)\boldsymbol{\Phi}(t,t_0)\boldsymbol{\Phi}^{-1}(t,t_0)=\boldsymbol{\Phi}^{-1}(t,t_0)$$

即：

$$\boldsymbol{\Phi}^{-1}(t,t_0)=\boldsymbol{\Phi}(t_0,t)$$

由此性质很容易求得状态转移矩阵的逆矩阵，另外还可推出系统的转移的可逆性。

用$\boldsymbol{\Phi}^{-1}(t,t_0)$左乘状态方程的齐次解[见式(2-50)]，即：

$$\boldsymbol{\Phi}^{-1}(t,t_0)\boldsymbol{X}(t)=\boldsymbol{\Phi}^{-1}(t,t_0)\boldsymbol{\Phi}(t,t_0)\boldsymbol{X}(t_0)$$

或

$$\boldsymbol{X}(t_0)=\boldsymbol{\Phi}^{-1}(t,t_0)\boldsymbol{X}(t)=\boldsymbol{\Phi}(t_0,t)\boldsymbol{X}(t)$$

此关系表明了系统的转移过程是可逆的，即系统的状态非但可从 $\boldsymbol{X}(t_0)$转移成 $\boldsymbol{X}(t)$，也可从时间为 t 的状态 $\boldsymbol{X}(\mathrm{t})$转移成时间为 t_0 的状态 $\boldsymbol{X}(t_0)$，所以状态转移是双向的。

2.4.4 线性系统非齐次状态方程的解

设线性时变系统的状态方程为

$$\dot{\boldsymbol{X}}(t)=\boldsymbol{A}(t)\boldsymbol{X}(t)+\boldsymbol{B}(t)\boldsymbol{u}(t) \tag{2-59}$$

设此非齐次方程满足初始条件 $t=t_0$ 时，

$$\boldsymbol{X}(t)=\boldsymbol{X}(t_0)=\boldsymbol{X}_0$$

的解仍具有齐次方程相同的形式，即可用状态转移矩阵表示为

$$\boldsymbol{X}(t)=\boldsymbol{\Phi}(t,t_0)\boldsymbol{\xi}(t) \tag{2-60}$$

式中，$\boldsymbol{\xi}(t)$是待求的列向量函数，显然有关系：

$$\boldsymbol{\xi}(t_0)=\boldsymbol{X}(t_0)=\boldsymbol{X}_0$$

对式(2-60)求导，并结合式(2-51)和式(2-60)后可得：

$$\begin{aligned}\dot{\boldsymbol{X}}(t)&=\frac{\mathrm{d}}{\mathrm{d}t}[\boldsymbol{\Phi}(t,t_0)\boldsymbol{\xi}(t)]\\&=\frac{\mathrm{d}}{\mathrm{d}t}\boldsymbol{\Phi}(t,t_0)\cdot\boldsymbol{\xi}(t)+\boldsymbol{\Phi}(t,t_0)\dot{\boldsymbol{\xi}}(t)\\&=\boldsymbol{A}(t)\boldsymbol{\Phi}(t,t_0)\boldsymbol{\xi}(t)+\boldsymbol{\Phi}(t,t_0)\dot{\boldsymbol{\xi}}(t)\\&=\boldsymbol{A}(t)\boldsymbol{X}(t)+\boldsymbol{\Phi}(t,t_0)\dot{\boldsymbol{\xi}}(t)\end{aligned} \tag{2-61}$$

将上式和式(2-59)相比较，可得：

$$\boldsymbol{\Phi}(t,t_0)\dot{\boldsymbol{\xi}}(t)=\boldsymbol{B}(t)\boldsymbol{u}(t)$$

用$\boldsymbol{\Phi}^{-1}(t,t_0)$左乘此式两端后，则可得到：

$$\dot{\boldsymbol{\xi}}(t)=\boldsymbol{\Phi}^{-1}(t,t_0)\boldsymbol{B}(t)\boldsymbol{u}(t) \tag{2-62}$$

对上式两端求积分，则可求得待定函数：

$$\begin{aligned}\boldsymbol{\xi}(t)&=\boldsymbol{\xi}(t_0)+\int_{t_0}^{t}\boldsymbol{\Phi}^{-1}(\tau,t_0)\boldsymbol{B}(\tau)\boldsymbol{u}(\tau)\mathrm{d}\tau\\&=\boldsymbol{X}(t_0)+\int_{t_0}^{t}\boldsymbol{\Phi}^{-1}(\tau,t_0)\boldsymbol{B}(\tau)\boldsymbol{u}(\tau)\mathrm{d}\tau\end{aligned} \tag{2-63}$$

将上式代入式(2-60)就可得到方程式(2-59)的解：

$$\begin{aligned}\boldsymbol{X}(t)&=\boldsymbol{\Phi}(t,t_0)\boldsymbol{\xi}(t)\\&=\boldsymbol{\Phi}(t,t_0)\boldsymbol{X}(t_0)+\boldsymbol{\Phi}(t,t_0)\int_{t_0}^{t}\boldsymbol{\Phi}^{-1}(\tau,t_0)\boldsymbol{B}(\tau)\boldsymbol{u}(\tau)\mathrm{d}\tau\\&=\boldsymbol{\Phi}(t,t_0)\boldsymbol{X}(t_0)+\int_{t_0}^{t}\boldsymbol{\Phi}(t,t_0)\boldsymbol{\Phi}^{-1}(\tau,t_0)\boldsymbol{B}(\tau)\boldsymbol{u}(\tau)\mathrm{d}\tau\end{aligned} \tag{2-64}$$

根据状态转移矩阵$\boldsymbol{\Phi}(t,t_0)$的性质 4 知：

$$\boldsymbol{\Phi}(t,t_0)\boldsymbol{\Phi}^{-1}(\tau,t_0)=\boldsymbol{\Phi}(t,t_0)\boldsymbol{\Phi}(t_0,\tau)=\boldsymbol{\Phi}(t,\tau)$$

将上式代入到式(2-64)，最后便可得到线性时变系统非齐次状态方程的解：

$$\boldsymbol{X}(t)=\boldsymbol{\Phi}(t,t_0)\boldsymbol{X}(t_0)+\int_{t_0}^{t}\boldsymbol{\Phi}(t,\tau)\boldsymbol{B}(\tau)\boldsymbol{u}(\tau)\mathrm{d}\tau \tag{2-65}$$

对于线性定常系统的非齐次方程：

$$\boldsymbol{X}(t)=\boldsymbol{A}\boldsymbol{X}(t)+\boldsymbol{B}\boldsymbol{u}(t)$$

与时变系统状态方程式(2-59)相比，两者只是系数矩阵不同，也即只要令式(2-65)中的 $\boldsymbol{A}(t)=\boldsymbol{A}$，$\boldsymbol{B}(t)=\boldsymbol{B}$，便可得到其解。因而完全可利用式(2-65)线性时变系统状态方程解的形式，只要令其中的 $\boldsymbol{\Phi}(t,t_0)=\mathrm{e}^{\boldsymbol{A}(t-t_0)}$、$\boldsymbol{B}(t)=\boldsymbol{B}$ 就可得到线性定常系统的状态响应：

$$\boldsymbol{X}(t)=\mathrm{e}^{\boldsymbol{A}(t-t_0)}\boldsymbol{X}(t_0)+\int_{t_0}^{t}\mathrm{e}^{\boldsymbol{A}(t-\tau)}\boldsymbol{B}\boldsymbol{u}(\tau)\mathrm{d}\tau \tag{2-66}$$

例 2.13　设系统的状态方程为

$$\begin{bmatrix}\dot{x}_1\\ \dot{x}_2\end{bmatrix}=\begin{bmatrix}0 & 1\\ -2 & -3\end{bmatrix}\begin{bmatrix}x_1\\ x_2\end{bmatrix}+\begin{bmatrix}0\\ 1\end{bmatrix}\boldsymbol{u}(t)$$

其初始条件为 $t=0$ 时，

$$\boldsymbol{X}(0)=\begin{bmatrix}x_1(0)\\ x_2(0)\end{bmatrix}=\begin{bmatrix}0\\ 0\end{bmatrix}$$

试求系统在单位阶跃干扰函数 $\boldsymbol{u}(t)=\boldsymbol{I}(t)$ 作用下的解。

解：由状态方程可写出：

$$\boldsymbol{A}=\begin{bmatrix}0 & 1\\ -2 & -3\end{bmatrix}\quad \boldsymbol{B}=\begin{bmatrix}0\\ 1\end{bmatrix}$$

用拉氏变换关系式(2-45)求系统的状态转移矩阵：

$$\boldsymbol{\Phi}(t)=\mathrm{e}^{\boldsymbol{A}t}=L^{-1}[(s\boldsymbol{I}-\boldsymbol{A})^{-1}]$$

式中，$s\boldsymbol{I}-\boldsymbol{A}=\begin{bmatrix}s & 0\\ 0 & s\end{bmatrix}-\begin{bmatrix}0 & 1\\ -2 & -3\end{bmatrix}=\begin{bmatrix}s & -1\\ 2 & s+3\end{bmatrix}$

$$(s\boldsymbol{I}-\boldsymbol{A})^{-1}=\frac{1}{s^2+3s+2}\begin{bmatrix}s+3 & 1\\ -2 & s\end{bmatrix}=\begin{bmatrix}\dfrac{s+3}{(s+1)(s+2)} & \dfrac{1}{(s+1)(s+2)}\\ \dfrac{-2}{(s+1)(s+2)} & \dfrac{s}{(s+1)(s+2)}\end{bmatrix}$$

代入式(2-45)得：

$$\begin{aligned}\boldsymbol{\Phi}(t)&=\mathrm{e}^{\boldsymbol{A}t}=L^{-1}[(s\boldsymbol{I}-\boldsymbol{A})^{-1}]\\ &=\begin{bmatrix}2\mathrm{e}^{-t}-\mathrm{e}^{-2t} & \mathrm{e}^{-t}-\mathrm{e}^{-2t}\\ -2\mathrm{e}^{-t}+2\mathrm{e}^{-2t} & -\mathrm{e}^{-t}+2\mathrm{e}^{-2t}\end{bmatrix}\end{aligned} \tag{a}$$

将式(a)代入式(2-66)可求得在单位阶跃干扰作用下的响应：

$$\begin{aligned}\boldsymbol{X}(t)&=\mathrm{e}^{\boldsymbol{A}t}\boldsymbol{X}(0)+\int_{t_0}^{t}\mathrm{e}^{\boldsymbol{A}(t-\tau)}\boldsymbol{B}\boldsymbol{u}(\tau)\mathrm{d}\tau\\ &=\mathrm{e}^{\boldsymbol{A}t}\boldsymbol{X}(0)+\int_{t_0}^{t}\begin{bmatrix}2\mathrm{e}^{-(t-\tau)}-\mathrm{e}^{-2(t-\tau)} & \mathrm{e}^{-(t-\tau)}-\mathrm{e}^{-2(t-\tau)}\\ -2\mathrm{e}^{-(t-\tau)}+2\mathrm{e}^{-2(t-\tau)} & -\mathrm{e}^{-(t-\tau)}+2\mathrm{e}^{-2(t-\tau)}\end{bmatrix}\cdot\begin{bmatrix}0\\ 1\end{bmatrix}[\boldsymbol{I}]\mathrm{d}\tau\end{aligned}$$

代入零初始条件 $\boldsymbol{X}(0)=\begin{bmatrix}x_1(0)\\x_2(0)\end{bmatrix}=\begin{bmatrix}0\\0\end{bmatrix}$ 得：

$$\begin{bmatrix}x_1(t)\\x_2(t)\end{bmatrix}=\begin{bmatrix}\dfrac{1}{2}-e^{-t}+\dfrac{1}{2}e^{-2t}\\e^{-t}-e^{-2t}\end{bmatrix}$$

2.5 传递函数及其方框图

传递函数是经典控制理论中对线性系统进行研究、分析与综合的基本数学工具。

2.5.1 传递函数的定义

一般情况下，用下述式子描述输入为 x、输出为 y 的线性常系数常微分方程系统的外部量表现

$$\frac{d^n y}{dt^n}+a_1\frac{d^{n-1}y}{dt^{n-1}}+\cdots+a_n y=b_1\frac{d^{n-1}x}{dt^{n-1}}+\cdots+b_n x \tag{2-67}$$

式中，a_i、b_j 是常数（$i,j=1,2,\cdots,n$，n 是正整数）。

令 $p=d/dt$，则方程式(2-67)化为

$$(p^n+a_1p^{n-1}+\cdots+a_{n-1}p+a_n)y(t)=(b_1p^{n-1}+b_2p^{n-2}+\cdots+b_{n-1}p+b_n)x(t) \tag{2-68}$$

若对上式作拉普拉斯变换，可得：

$$(s^n+a_1s^{n-1}+\cdots+a_{n-1}s+a_n)Y(s)=(b_1s^{n-1}+b_2s^{n-2}+\cdots+b_{n-1}s+b_n)X(s)$$

在外界输入作用前，输入、输出的初始条件为零时，线性定常系统的输出 $y(t)$ 的拉普拉斯变换 $Y(s)$ 与输入 $x(t)$ 的拉普拉斯变换 $X(s)$ 之比，称为该系统的传递函数 $G(s)$，即：

$$G(s)=\frac{L[y(t)]}{L[x(t)]}=\frac{Y(s)}{X(s)}=\frac{b_1s^{n-1}+b_2s^{n-2}+\cdots+b_{n-1}s+b_n}{s^n+a_1s^{n-1}+\cdots+a_{n-1}s+a_n} \tag{2-69}$$

将上式画成方框图，如图 2-12 所示。

由上述可知，若输入已经给定，则系统的输出完全取决于其传递函数。因为

$$Y(s)=G(s)X(s) \tag{2-70}$$

系统有传递函数，组成系统的各环节显然也有传递函数，所以系统的传递函数可化为各环节的传递函数的组合。图 2-12 中方框表示的系统传递函数也可按需要化为某些局部方框的传递函数的组合，如图 2-13 所示。当然，图 2-12 与图 2-13 中的 $G(s)$ 是不相同的。在图 2-13 中，输入 $X(s)$ 加到系统后，产生输出 $Y(s)$，$Y(s)$ 再由分支点通过反馈回路传递函数 $H(s)$ 变为 $B(s)$ 反馈到相加点（即比较环节），与输入 $X(s)$ 进行比较，如果反馈信号 $B(s)$ 不等于 $X(s)$，就产生偏差 $E(s)$，$E(s)$ 作为 $G(s)$ 的输入，使系统继续改变输出。只有当偏差 $E(s)=0$ 时，$G(s)$ 的输入为零，系统的输出才会停止改变。图 2-13 中的 $G(s)$ 称为前向通道传递函数，它是输出 $Y(s)$ 与偏差 $E(s)$ 之比，即：

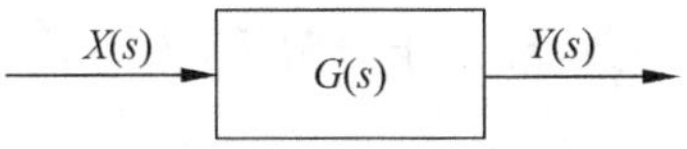

图 2-12　传递函数框图

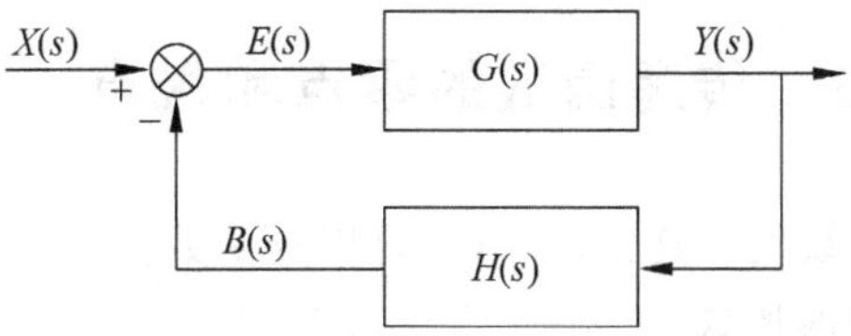

图 2-13　传递函数组合框图

$$G(s)=\frac{Y(s)}{E(s)} \tag{2-71}$$

而图中 $H(s)$称为反馈回路传递函数，即：

$$H(s)=\frac{B(s)}{Y(s)} \tag{2-72}$$

下面进一步给出开环传递函数与闭环传递函数的定义。

开环传递函数 $G_K(s)$定义为：闭环系统的前向通道传递函数 $G(s)$与反馈回路传递函数 $H(s)$的乘积，即：

$$G_K(s)=G(s)H(s) \tag{2-73}$$

或定义为反馈信号 $B(s)$与偏差 $E(s)$之比，即：

$$G_K(s)=\frac{B(s)}{E(s)}=G(s)H(s) \tag{2-74}$$

闭环传递函数 $G_B(s)$定义为：闭环系统的输出信号 $Y(s)$与输入信号 $X(s)$之比，即：

$$G_B(s)=\frac{Y(s)}{X(s)}$$

而

$$Y(s)=G(s)E(s)$$

$$E(s)=X(s)-B(s)=X(s)-H(s)Y(s) \tag{2-75}$$

将上两式中的 $E(s)$消去，得：

$$Y(s)=G(s)[X(s)-H(s)Y(s)]$$

或

$$[1+G(s)H(s)]Y(s)=G(s)X(s)$$

故得：

$$G_B(s)=\frac{Y(s)}{X(s)}=\frac{G(s)}{1+G(s)H(s)} \tag{2-76}$$

显然，系统的输出为

$$Y(s)=\frac{G(s)}{1+G(s)H(s)}X(s) \tag{2-77}$$

若反馈回路传递函数 $H(s)=1$，则系统称为单位反馈系统，由式(2-76)可得其闭环传递函数为

$$G_B(s)=\frac{G(s)}{1+G(s)} \tag{2-78}$$

如果研究整个系统，而无须将系统进行闭环与开环的分析时，则根据图 2-12 可以用 $G(s)$表示整个系统的传递函数。

2.5.2 传递函数的零点和极点

系统的传递函数 $G(s)$是以复变数 s 作为自变量的函数，经因子分解后，$G(s)$可以写成如下一般形式：

$$G(s)=\frac{l(s-z_1)(s-z_2)\cdots(s-z_m)}{(s-p_1)(s-p_2)\cdots(s-p_n)},\quad l\ \text{为常数} \tag{2-79}$$

由复变函数可知，上式中，当 $s=z_j\ (j=1,2,\cdots,m)$时，均能使 $G(s)=0$，故称 $z_1,z_2,\cdots,z_m$ 为 $G(s)$的零点。当 $s=p_i\ (i=1,2,\cdots,n)$时，均能使 $G(s)$的分母为零，$G(s)$取极值，即：

$$\lim_{s\to p_i}\boldsymbol{G}(s)=\infty,\quad i=1,2,\cdots,n$$

称 $p_1,p_2,\cdots,p_n$ 为 $G(s)$的极点。

开环传递函数和闭环传递函数分别有自己的零点和极点，例如，当开环传递函数为

$$G_K(s)=\frac{K}{s(Ts+1)}$$

时，其极点为 $s=0$ 与 $s=-1/T$。当单位反馈［即 $H(s)=1$］时，其闭环传递函数为

$$G_B(s)=\frac{K/[s(Ts+1)]}{1+K/[s(Ts+1)]}=\frac{K}{s(Ts+1)+K}=\frac{K}{Ts^2+s+K}$$

则没有上述两个极点，而有以下两个极点：

$$s_{1,2}=\frac{-1\pm\sqrt{1-4KT}}{2T}$$

实际上，闭环传递函数的极点也就是闭环系统特征方程的根。

在此一并指出，当一个系统传递函数的极点均在复数[s]平面的左半平面内，即特征方程的根的实部均为负数时，此系统称为稳定系统。对一个稳定系统而言，当它受到瞬间干扰之后，它对干扰的响应最终会衰减到零，即系统最终会回到初始的平衡状态。

2.5.3 传递函数矩阵

在经典控制理论中，单输入单输出系统之间的信号传递关系可用传递函数表示。将传递函数的概念推广至多输入多输出系统，从而可建立传递函数矩阵的概念。本节将研究由状态空间表达式来确定系统的传递函数矩阵。

1. 由状态空间表达式确定单输入单输出系统的传递函数

单输入单输出线性定常系统的状态方程和输出方程分别为

$$\boldsymbol{X}=\boldsymbol{AX}+\boldsymbol{B}u \tag{2-80}$$

$$y=\boldsymbol{CX}+Du \tag{2-81}$$

注意在单输入单输出情况下，输入变量 u 和输出变量 y 都是一维的变量。$\boldsymbol{X}$ 为 $n\times1$ 维向量，$\boldsymbol{A}$ 为 $n\times n$ 阶矩阵，$\boldsymbol{B}$ 为 $n\times1$ 阶矩阵，$\boldsymbol{C}$ 为 $1\times n$ 阶矩阵，D 为 1 阶矩阵。

输出 y 与输入 u 在零初始条件下的拉普拉斯变换之比就是传递函数。对以上两式在

零初始条件下进行拉普拉斯变换，得：

$$s\boldsymbol{X}(s)=\boldsymbol{A}\boldsymbol{X}(s)+\boldsymbol{B}\boldsymbol{U}(s) \tag{2-82}$$

$$\boldsymbol{Y}(s)=\boldsymbol{C}\boldsymbol{X}(s)+D\boldsymbol{U}(s) \tag{2-83}$$

对拉普拉斯变换后的状态方程进行整理，得：

$$(s\boldsymbol{I}-\boldsymbol{A})\boldsymbol{X}(s)=\boldsymbol{B}\boldsymbol{U}(s)$$

$$\boldsymbol{X}(s)=(s\boldsymbol{I}-\boldsymbol{A})^{-1}\boldsymbol{B}\boldsymbol{U}(s) \tag{2-84}$$

将式(2-84)代入拉普拉斯变换后的输出方程(2-83)，得：

$$\boldsymbol{Y}(s)=\boldsymbol{C}(s\boldsymbol{I}-\boldsymbol{A})^{-1}\boldsymbol{B}\boldsymbol{U}(s)+D\boldsymbol{U}(s)=[\boldsymbol{C}(s\boldsymbol{I}-\boldsymbol{A})^{-1}\boldsymbol{B}+D]\boldsymbol{U}(s)$$

根据传递函数的定义，可得传递函数

$$G(s)=\frac{\boldsymbol{Y}(s)}{\boldsymbol{U}(s)}=\boldsymbol{C}(s\boldsymbol{I}-\boldsymbol{A})^{-1}\boldsymbol{B}+D \tag{2-85}$$

注意此时 $G(s)$ 为一维变量。

例 2.14　已知单输入单输出系统的状态方程为

$$\dot{\boldsymbol{X}}=\begin{bmatrix}-5 & -1\\ 3 & -1\end{bmatrix}\boldsymbol{X}+\begin{bmatrix}2\\ 5\end{bmatrix}\boldsymbol{u}$$

输出方程为 $y=[1\ 2]\boldsymbol{X}$，求系统的传递函数 $G(s)$。

解：由状态方程和输出方程可知：

$$\boldsymbol{A}=\begin{bmatrix}-5 & -1\\ 3 & -1\end{bmatrix},\quad \boldsymbol{B}=\begin{bmatrix}2\\ 5\end{bmatrix},\quad \boldsymbol{C}=[1\quad 2],\quad D=0$$

由式(2-85)有：

$$G(s)=\boldsymbol{C}(s\boldsymbol{I}-\boldsymbol{A})^{-1}\boldsymbol{B}$$

上式中

$$s\boldsymbol{I}-\boldsymbol{A}=\begin{bmatrix}s+5 & 1\\ -3 & s+1\end{bmatrix}$$

$$(s\boldsymbol{I}-\boldsymbol{A})^{-1}=\frac{\operatorname{adj}(s\boldsymbol{I}-\boldsymbol{A})}{|s\boldsymbol{I}-\boldsymbol{A}|}=\frac{1}{(s+2)(s+4)}\begin{bmatrix}s+1 & -1\\ 3 & s+5\end{bmatrix}$$

将上式左乘 $\boldsymbol{C}$，右乘 $\boldsymbol{B}$，得：

$$G(s)=\boldsymbol{C}(s\boldsymbol{I}-\boldsymbol{A})^{-1}\boldsymbol{B}=[1\quad 2]\frac{1}{(s+2)(s+4)}\begin{bmatrix}s+1 & -1\\ 3 & s+5\end{bmatrix}\begin{bmatrix}2\\ 5\end{bmatrix}=\frac{12s+59}{(s+2)(s+4)}$$

2. 多输入多输出系统的传递函数矩阵

多输入多输出线性定常系统的状态方程和输出方程分别为

$$\dot{\boldsymbol{X}}=\boldsymbol{A}\boldsymbol{X}+\boldsymbol{B}\boldsymbol{U}$$

$$\boldsymbol{Y}=\boldsymbol{C}\boldsymbol{X}+\boldsymbol{D}\boldsymbol{U}$$

注意此时输入 $\boldsymbol{U}$ 为 $r\times 1$ 维向量，输出 $\boldsymbol{Y}$ 为 $m\times 1$ 维向量，$\boldsymbol{X}$ 为 $n\times 1$ 维向量，$\boldsymbol{A}$ 为 $n\times n$ 阶矩阵，$\boldsymbol{B}$ 为 $n\times r$ 阶矩阵，$\boldsymbol{C}$ 为 $m\times n$ 阶矩阵，$\boldsymbol{D}$ 为 $m\times r$ 阶矩阵。

通过与单输入单输出系统相类似的推导，可得到多输入多输出系统的传递函数矩阵为

$$\boldsymbol{G}(s)=\boldsymbol{C}(s\boldsymbol{I}-\boldsymbol{A})^{-1}\boldsymbol{B}+\boldsymbol{D} \tag{2-86}$$

注意此时 $\boldsymbol{G}(s)$ 为 $m\times r$ 阶矩阵，其中的元素 $\boldsymbol{G}_{ij}(s)(i=1\sim m, j=1\sim r)$，表示了第 j 个输

入 u_j 与第 i 个输出 y_i 之间的传递函数。可见传递函数矩阵 $\boldsymbol{G}(s)$ 反映了多输入多输出系统输入与输出信号之间复杂交叉的耦合关系。用传递函数矩阵表示这个复杂的信号关系是非常简单明了的。

3. 闭环系统的传递函数矩阵

以上研究的是开环系统的传递矩阵。若将输出经过反馈引回输入，则可得闭环系统。图 2-14 示出了多输入多输出的闭环系统方块图。其前向通路的传递函数矩阵为 $\boldsymbol{G}_0(s)$，反馈通路的传递矩阵为 $\boldsymbol{H}(s)$。

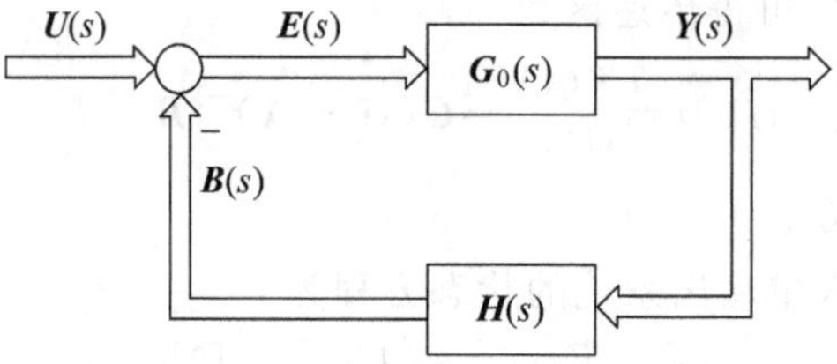

图 2-14 多输入多输出的闭环系统方块图

下面来推导闭环传递矩阵 $\boldsymbol{G}(s)$。注意，由于矩阵乘积的不可交换性，所以矩阵相乘的顺序是很重要的，如图中 $\boldsymbol{B}(s)=\boldsymbol{H}(s)\boldsymbol{Y}(s)$ 不能写成 $\boldsymbol{Y}(s)\boldsymbol{H}(s)$。进而

$$\boldsymbol{Y}(s)=\boldsymbol{G}_0(s)\boldsymbol{E}(s)=\boldsymbol{G}_0(s)[\boldsymbol{U}(s)-\boldsymbol{B}(s)]=\boldsymbol{G}_0(s)[\boldsymbol{U}(s)-\boldsymbol{H}(s)\boldsymbol{Y}(s)]$$

整理上式，得：

$$\boldsymbol{Y}(s)=\{[\boldsymbol{I}+\boldsymbol{G}_0(s)\boldsymbol{H}(s)]^{-1}\boldsymbol{G}_0(s)\}\boldsymbol{U}(s)=\boldsymbol{G}(s)\boldsymbol{U}(s)$$

最后得闭环系统的传递矩阵：

$$\boldsymbol{G}(s)=[I+\boldsymbol{G}_0(s)\boldsymbol{H}(s)]^{-1}\boldsymbol{G}_0(s) \tag{2-87}$$

习 题

1. 什么是状态变量？什么是输出变量？它们在概念上有什么区别？
2. 状态方程与输出方程有什么区别？
3. 为什么说状态空间描述法是一种内部描述，传递函数是一种外部描述？
4. 试将下列微分方程，改写为状态空间表达式，含状态方程和输出方程：
   (1) $\dddot{y}+3\ddot{y}+2\dot{y}+4y=2u$；
   (2) $2\ddot{y}+3\dot{y}=\ddot{u}-2\dot{u}$。
5. 已知系统的状态空间表达式，求系统的传递函数矩阵：

$$\dot{\boldsymbol{X}}=\boldsymbol{AX}+\boldsymbol{BU}$$
$$\boldsymbol{Y}=\boldsymbol{CX}+\boldsymbol{DU}$$

其中，$\boldsymbol{A}=\begin{bmatrix}0&0&0\\0&0&1\\-1&-2&-3\end{bmatrix}$，$\boldsymbol{B}=\begin{bmatrix}1&0\\0&1\\0&0\end{bmatrix}$，$\boldsymbol{C}=\begin{bmatrix}1&1&0\\0&0&1\end{bmatrix}$，$\boldsymbol{D}=\begin{bmatrix}0&0\\0&0\end{bmatrix}$。

6. 机械平移系统如图所示，建立以外力 $f(t)$ 为输入，质量块的位移 y_1、y_2 为输出的状

态空间表达式。

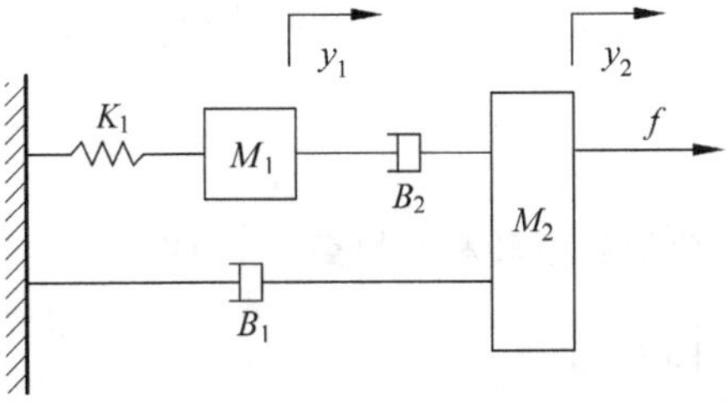

习题 6 图

7. 控制系统的方块图如图 2 所示，画出系统的状态变量图，建立其状态空间表达式。

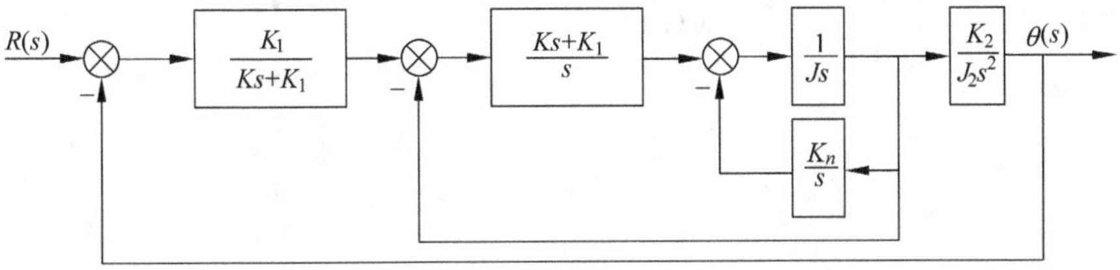

习题 7 图

8. 如图所示为外力 $f(t)$ 作用下双质量系统的振动，已知质量 m_1 和 m_2，阻尼系数 c_1 和 c_2，弹簧刚度系数 k_1，试写此运动系统的状态方程和输出方程。

9. 如图所示为外力 $f(t)$ 作用下的另一个双质量振动系统，已知质量 m_1 和 m_2，阻尼系数 c_1 和 c_2，弹簧刚度系数 k_1 和 k_2，试写此运动系统的状态方程和输出方程。

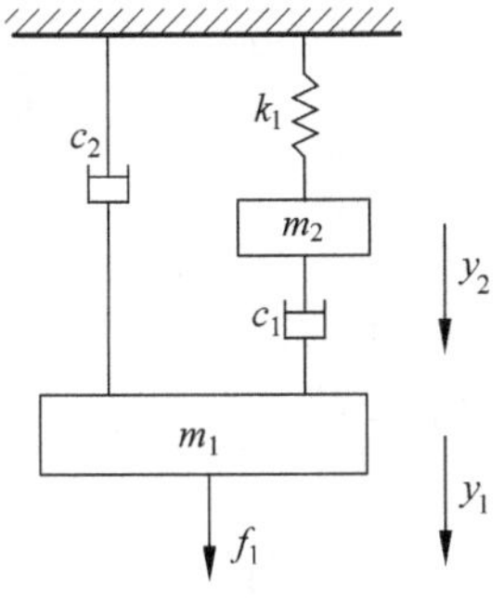

习题 8 图

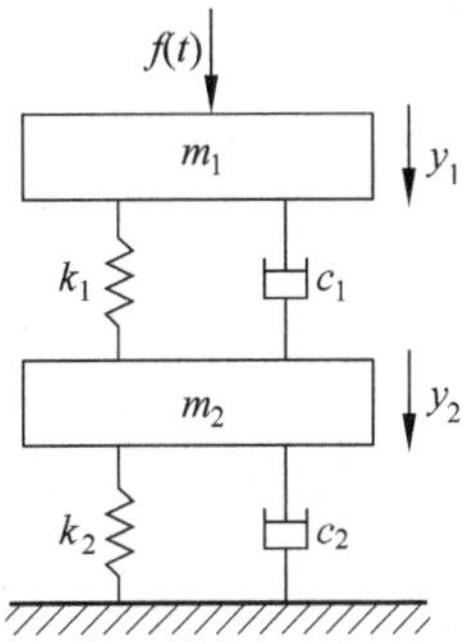

习题 9 图

10. 计算以下矩阵 $\boldsymbol{A}$ 的矩阵指数 $e^{\boldsymbol{A}t}$：

(1) $\boldsymbol{A}=\begin{bmatrix}0 & 1\\ 2 & -3\end{bmatrix}$；　(2) $\boldsymbol{A}=\begin{bmatrix}0 & 1\\ 0 & -2\end{bmatrix}$；　(3) $\boldsymbol{A}=\begin{bmatrix}0 & -4\\ 1 & -4\end{bmatrix}$。

11. 线性定常系统齐次状态方程为 $\dot{\boldsymbol{x}}=\boldsymbol{A}\boldsymbol{x}$，其中 $\boldsymbol{A}$ 为 2×2 的常数阵。已知当 $\boldsymbol{x}(0)=\begin{bmatrix}1\\ -2\end{bmatrix}$ 时，状态方程的解为 $\boldsymbol{x}=\begin{bmatrix}e^{-2t}\\ -2e^{-2t}\end{bmatrix}$；当 $\boldsymbol{x}(0)=\begin{bmatrix}1\\ -1\end{bmatrix}$ 时，状态方程的解为 $\boldsymbol{x}=\begin{bmatrix}e^{t}\\ -e^{-t}\end{bmatrix}$，求系统状态转移矩阵 $\boldsymbol{\Phi}(t)$ 及系统矩阵 $\boldsymbol{A}$。

12. 已知系统状态方程为 $\begin{bmatrix}\dot{x}_1\\\dot{x}_2\end{bmatrix}=\begin{bmatrix}0 & 1\\-2 & -3\end{bmatrix}\begin{bmatrix}x_1\\x_2\end{bmatrix}+\begin{bmatrix}0\\1\end{bmatrix}u$，$\boldsymbol{x}(0)=\begin{bmatrix}0\\1\end{bmatrix}$，试求 $u(t)=\begin{cases}0, t<0\\ \mathrm{e}^{-t}, t\geqslant 0\end{cases}$ 时系统的响应。

13. 求下列线性时变系统的状态转移矩阵 $\boldsymbol{\Phi}(t,0)$：

(1) $\dot{\boldsymbol{x}}(t)=\begin{bmatrix}1 & 0\\0 & 2t\end{bmatrix}\boldsymbol{x}(t)$；

(2) $\dot{\boldsymbol{x}}(t)=\begin{bmatrix}0 & t\\0 & \mathrm{e}^{-t}\end{bmatrix}\boldsymbol{x}(t)$；

(3) $\dot{\boldsymbol{x}}(t)=\begin{bmatrix}-2t & 1\\1 & -2t\end{bmatrix}\boldsymbol{x}(t)$。

第 3 章

控制系统的结构分析

3.1 线性系统的可控性与可观测性

经典控制理论中用传递函数描述系统的输入-输出特性，输出量即被控量，只要系统是因果系统并且是稳定的，输出量便可以受控，且输出量总是可以被测量的，因而不需要提出可控性和可观性的概念。

现代控制理论是建立在用状态空间法描述系统的基础上的。状态方程描述输入 $u(t)$ 引起状态 $x(t)$ 的变化过程；输出方程描述由状态变化所引起的输出 $y(t)$ 的变化，可控性和可观性正是定性地分别描述输入 $u(t)$ 对状态 $x(t)$ 的控制能力，输出 $y(t)$ 对状态 $x(t)$ 的反映能力。

3.1.1 可控性与可观测性的概念

控制系统通常由被控对象（或过程）和控制器所组成，如图 3-1 所示。如果被控对象的状态 $X(t)$ 并不符合预期的要求，甚至还有不稳定现象，那么能否通过控制器向被控对象提供一合适的控制，以使被控对象的状态获得如期的要求，有一个满意的，甚至是最优的性能，且使这样的控制过程成为物理上可实现的，这时至少有两个问题需要解决。

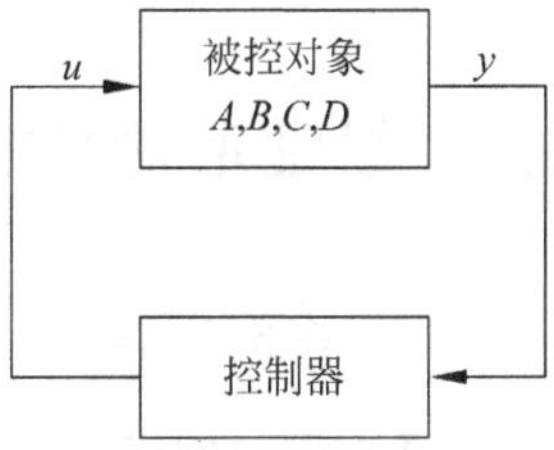

图 3-1　控制系统框图

(1) 由控制器所提供的控制作用是否必然能对系统的所有状态变量起到控制作用。能否使系统在有限的时间内，从任一初始状态转移到希望的状态。

(2) 控制器发出的控制，理所当然地应根据系统的实际状态来确定，但是系统的这些状态往往并不是都可以观测得到的。也就是说，当对系统进行一段时间的观测后，能否由系统的观测值来推断系统的初始状态。

前者便是即将讨论的所谓可控制问题，而后者则是所谓系统的可观测性问题，这是现代控制理论中的两个基础性概念。它从状态的控制能力和状态的测辨能力两个方面，揭示了控制系统的基本属性。现代控制理论中所研究的许多基本问题，如最优控制和最优估计，都是以可控性和可观测性为存在条件的。只有状态完全可控的系统才具有最优控制规律。而且只有状态可观测的系统其状态变量才是最优估计的，虽然大多数实际的工程问题是可控的和可观测的，但如果处理不当，对应的数学模型，可能是不可控和不可观测的。因此在着手进行最优控制设计之前，应研究系统的可控性和可观测性。

粗略地讲，可控性是指控制输入影响每一状态变量的能力，而可观测性是指每一状态变量影响系统输出的能力。例如在图 3-2 所示的某加热系统中，C_1 和 C_2 为混合加热槽的热容量，W 为流量和比热的积，u_1 和 u_2 为此热系统的输入控制量，流体的温度 x_1 和 x_2 是此系统的状态变量。从图中可以看出：控制量 u_2 不但影响 x_2，也影响 x_1，所以对 u_2 来说，x_1 和 x_2 都是可控的。由于 u_1 的作用不能影响上流测的温度 x_2，故对 u_1 来说，x_2 是不可控的。另外，由于温度 x_1 与上流测的温度 x_2 有关系，所以如果把 x_1 作为系统输出 y，系统是完全可观测的。反过来若以 x_2 作为系统的输出 y，则系统不是完全可观测的。下面将较深入地讨论线性定常情况下系统的可控性与可观测的问题。

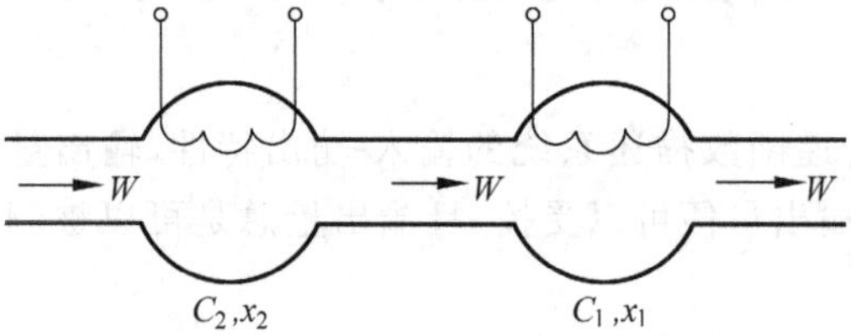

(a)

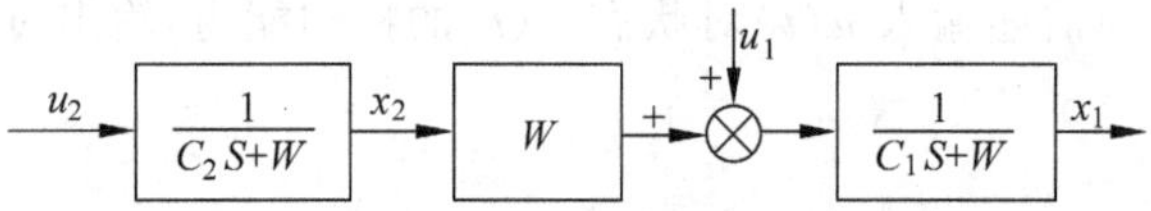

(b)

图 3-2 加热系统

(a) 示意图；(b) 控制系统

3.1.2 线性定常系统的可控性判别准则

1. 可控性的定义

如果在有限时间区间 $t_0<t<t_f$ 内，存在一个任意取值的控制 $u(t)$，能使此系统从初始状态 $x(t_0)$转移到任何另一状态(例如目标状态或终止状态)，则称系统在 $t=t_0$ 是状态可控，如果在有限时间内，对于任何 t_0 下的初态都可控，则称系统为状态完全可控。如果系统有一个或几个状态变量不可控，则称这一状态不可控，或状态不完全可控。从这个定义可知，系统的可控性问题是解决：当对系统施加一定的控制作用时，能否使系统在有限的时间内，从任意初始状态转移到希望的状态。

对于线性定常系统来说，如果在某一有限时间内状态可控，那么以任意时刻为初始时刻的状态，在相应的有限时间内也必可控，这就是说，线性定常系统只要在某时间 $t=t_0$ 是状态可控，那么系统一定属状态完全可控，而且由初态转移到目标状态的时间间隔，也和初始时刻 t_0 的选择无关。

可控性是系统的一种内在性质，是系统在输入作用下其内部状态转移能力的标志，它仅仅决定于系统矩阵 $\boldsymbol{A}$ 和 $\boldsymbol{B}$ 的形态。例如图 3-3 的电桥电路，其状态方程为

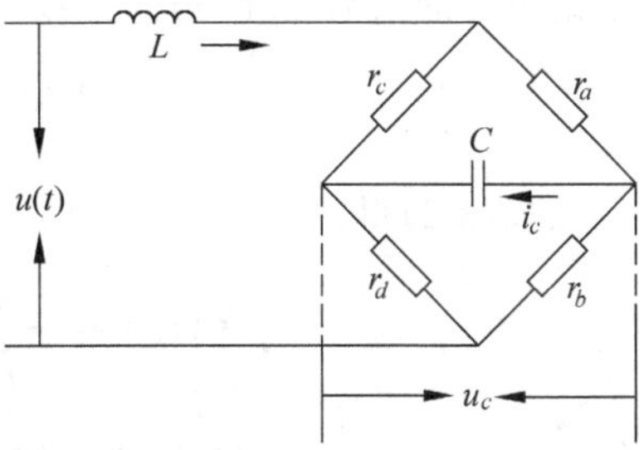

图 3-3 电桥电路

$$\begin{bmatrix}\dot{x}_1\\ \dot{x}_2\end{bmatrix}=\begin{bmatrix}0 & 1\\ -a_2 & -a_1\end{bmatrix}\begin{bmatrix}x_1\\ x_2\end{bmatrix}+\begin{bmatrix}0\\ b\end{bmatrix}u(t)$$

即
$$\dot{x}_1=x_2$$
$$\dot{x}_2=-a_2x_1-a_1x_2+bu(t)$$

而
$$x_1=u_c \qquad x_2=\dot{u}_c=\frac{1}{c}i_c$$

$$a_1=\frac{L(r_a+r_b+r_c+r_d)}{D}+\frac{C(r_ar_br_c+r_ar_br_d+r_ar_cr_d+r_br_cr_d)}{D}$$

$$a_2=\frac{r_ar_c+r_ar_d+r_br_c+r_br_d}{D}$$

$$b=\frac{r_br_c-r_ar_d}{D}$$

$$D=CL(r_ar_b+r_ar_d+r_br_c+r_cr_d)$$

式中，L、C、r_a、r_b、r_c、r_d 分别是电路中的电感、电容和电阻；u_c 和 i_c 分别是电容器的端电压和电流。

从上式可知，只有当电桥不平衡时，即 $r_ar_d\neq r_br_c$（或 $b\neq0$）时，才是可控的。这时状态变量 x_1、x_2 才随控制 $u(t)$ 的变化而变化。但若电桥处于平衡（$r_ar_d=r_br_c$），那么不管 $u(t)$ 如何变化，系统的状态变量 $x_1(t)$、$x_2(t)$ 并不受其影响，这显然是由于电路本身的缘故。由此可见，系统的可控与否是有条件的。

2. 线性定常系统的可控性判别准则

为了数学上处理方便，研究可控性的条件时，规定初始时刻 $t_0=0$，将系统终端状态作为状态空间的原点，即 $\boldsymbol{X}(t_f)=0$，这些条件只需简单地进行坐标变换便可达到。其中 t_f 为终端时间。

连续线性定常的状态方程为

$$\dot{\boldsymbol{X}}(t)=\boldsymbol{AX}(t)+\boldsymbol{Bu}(t)$$

其解可由式(2-66)确定为

$$\boldsymbol{X}(t)=\mathrm{e}^{\boldsymbol{A}(t-t_0)}\boldsymbol{X}(t_0)+\int_{t_0}^{t}\mathrm{e}^{\boldsymbol{A}(t-\tau)}\boldsymbol{Bu}(\tau)\mathrm{d}\tau \tag{3-1}$$

由前面可知，当 $t=t_f$ 时，$X(t_f)=0$，所以式(3-1)可变为

$$\mathrm{e}^{\boldsymbol{A}(t_f-t_0)}\boldsymbol{X}(t_0)+\int_{t_0}^{t_f}\mathrm{e}^{\boldsymbol{A}(t_f-\tau)}\boldsymbol{Bu}(\tau)\mathrm{d}\tau=0$$

两端左乘 $\mathrm{e}^{-\boldsymbol{A}(t_f-t_0)}$ 得：

$$\boldsymbol{X}(t_0)=-\int_{t_0}^{t_f}\mathrm{e}^{\boldsymbol{A}(t_0-\tau)}\boldsymbol{Bu}(\tau)\mathrm{d}\tau \tag{3-2}$$

根据矩阵的余数定理，矩阵指数可表示成有限项之和，即：

$$e^{A(t_0-\tau)}=\sum_{j=0}^{n-1}a_j(t_0-\tau)A^j$$

代入式(3-2)得：

$$X(t_0)=-\sum_{j=0}^{n-1}A^jB\int_{t_0}^{t_f}a_j(t_0-\tau)u(\tau)\mathrm{d}\tau \tag{3-3}$$

令
$$\int_{t_0}^{t_f}a_j(t_0-\tau)u(\tau)\mathrm{d}\tau=\beta_j\quad (j=0,1,2,\cdots,n-1)$$

代入式(3-3)得：

$$\begin{aligned}X(t_0)&=-\sum_{j=0}^{n-1}A^jB\beta_j\\&=-[B\beta_0+AB\beta_1+A^2B\beta_2+\cdots+A^{n-2}B\beta_{n-2}+A^{n-1}B\beta_{n-1}]\\&=-[B\ \vdots\ AB\ \vdots\ A^2B\ \vdots\ \cdots\ \vdots\ A^{n-1}B]\begin{bmatrix}\beta_0\\\beta_1\\\beta_2\\\vdots\\\beta_{n-1}\end{bmatrix}\end{aligned} \tag{3-4}$$

由此可以看出，上式是一个关于 β_j 的非齐次线性方程组。如果 $n\times n$ 阶矩阵

$$\theta=[B\ \vdots\ AB\ \vdots\ A^2B\ \vdots\ \cdots\ \vdots A^{n-1}B]$$

是满秩矩阵，即矩阵 θ 的秩为 n 或 $\mathrm{rank}\theta=n$，则式(3-4)中 β_j 有解，这意味着从式(3-3)中可找得 $u(t)$，将此 $u(t)$ 施加于系统，可使系统在 (t_0,t_f) 间隔内，由初始状态转移到终端状态，根据前面所述的定义，这样的系统是可控的，归纳上述推理，可将可控性判别准则叙述如下。

线性定常控制系统其状态完全可控的必要和充分条件是 $n\times n$ 阶矩阵

$$\theta=[B\ \vdots\ AB\ \vdots\ A^2B\ \vdots\ \cdots\ \vdots\ A^{n-1}B] \tag{3-5}$$

的秩序为 n，即列矢量 $BAB\cdots A^{n-1}B$ 是线性独立的。

例 3.1 图 3-2 所示加热系统的状态方程为

$$\begin{bmatrix}\dot{x}_1\\\dot{x}_2\end{bmatrix}=\begin{bmatrix}-1&1\\0&-2\end{bmatrix}\begin{bmatrix}x_1\\x_2\end{bmatrix}+\begin{bmatrix}1\\0\end{bmatrix}u_1+\begin{bmatrix}0\\2\end{bmatrix}u_1$$

试分析此系统的状态可控性。

解：由状态方程可写出各系数矩阵

$$A=\begin{bmatrix}-1&1\\0&-2\end{bmatrix},\quad B_1=\begin{bmatrix}1\\0\end{bmatrix},\quad B_2=\begin{bmatrix}0\\2\end{bmatrix}$$

由于
$$AB_1=\begin{bmatrix}-1&1\\0&-2\end{bmatrix}\begin{bmatrix}1\\0\end{bmatrix}=\begin{bmatrix}-1\\0\end{bmatrix}$$

$$\theta=[B_1\ \vdots\ AB_1]=\begin{bmatrix}1&-1\\0&0\end{bmatrix}$$

$$\begin{vmatrix} 1 & -1 \\ 0 & 0 \end{vmatrix} = 0, \quad \mathrm{rank}\boldsymbol{\theta} < 2$$

所以对于 u_1 来说,系统状态是不完全可控的。另外,由于

$$\boldsymbol{AB}_2 = \begin{bmatrix} -1 & 1 \\ 0 & -2 \end{bmatrix} \begin{bmatrix} 0 \\ 2 \end{bmatrix} = \begin{bmatrix} 2 \\ -4 \end{bmatrix}$$

$$\boldsymbol{\theta} = [\boldsymbol{B}_2 \quad \boldsymbol{AB}_2] = \begin{bmatrix} 0 & 2 \\ 2 & -4 \end{bmatrix}$$

$$\begin{vmatrix} 0 & 2 \\ 2 & -4 \end{vmatrix} \neq 0, \quad \mathrm{rank}\boldsymbol{\theta} = 2$$

所以对于 u_2 来说,系统的状态是完全可控的。

3.1.3　线性定常系统可观测性判别准则

1. 可观测性定义

如果系统在初始时刻 $t=t_0$ 时的状态 $X(t_0)$,可在一个有限的时间间隔 $t_0 \leqslant t \leqslant t_f$ 内,通过输出变量的观测值 $y(t)$来确定,则称系统在时刻 t_0 的状态 $X(t_0)$为可观测的,如果系统在所讨论的时间区间上均为可观测的,则称系统为完全可观测。对于线性定常系统而言,如在某时刻 t_0 时的状态 $X(t_0)$可观测,则系统一定可观测。

由此定义可以看出,系统的可观测性必然会与状态方程和输出方程两者都有关,而可控性却与状态方程有关。

在通常情况下,一个动力学系统往往不能满足性能上的要求,故需要引进适当的校正装置,使系统能在最优工作状态下进行。这种装置的校正信号,通常是系统状态变量的线性组合,因此有必要研究这些状态变量是否可观测。另外,在实际系统中,不是所有的状态变量都能测量到,因此要解决如何从某些便于测量的状态变量的观测中获得全部状态变量的信号,这种要求也需要我们去研究系统的可观测性。

2. 线性定常系统的可观测性判别准则

系统的状态方程和输出方程分别为

$$\dot{\boldsymbol{X}} = \boldsymbol{AX} + \boldsymbol{Bu}$$
$$\boldsymbol{Y} = \boldsymbol{CX}$$

由式(2-66)可写出方程的解和系统的输出变量:

$$\boldsymbol{Y}(t) = \boldsymbol{CX}(t) = \boldsymbol{C}\mathrm{e}^{\boldsymbol{A}(t-t_0)}\boldsymbol{X}(t_0) + \boldsymbol{C}\int_{t_0}^{t} \mathrm{e}^{\boldsymbol{A}(t-\tau)}\boldsymbol{Bu}(\tau)\mathrm{d}\tau \tag{3-6}$$

根据可观测的定义知,系统是否是可观测的,决定于由式(3-6)确定的输出关系能否求出初始状态变量 $\boldsymbol{X}(t_0)$。令

$$\boldsymbol{K}(t_f) = \boldsymbol{Y}(t) - \boldsymbol{C}\int_{t_0}^{t_f} \mathrm{e}^{\boldsymbol{A}(t-\tau)}\boldsymbol{Bu}(\tau)\mathrm{d}\tau \tag{3-7}$$

是观测值,减去一个已知值,故仍为已知值,将式(3-7)代入式(3-6),并注意矩阵指数有限项

和的表达式：

$$e^{\boldsymbol{A}(t-t_0)}=\sum_{j=0}^{n-1}a_j\boldsymbol{A}^j$$

则可得到关于 $\boldsymbol{X}(t_0)$ 的非齐次代数方程组：

$$\begin{aligned}\boldsymbol{K}(t)&=\boldsymbol{C}e^{\boldsymbol{A}(t-t_0)}\boldsymbol{X}(t_0)\\&=\boldsymbol{C}\sum_{j=0}^{n-1}a_j\boldsymbol{A}^j\boldsymbol{X}(t_0)\\&=\begin{bmatrix}a_0\boldsymbol{I} & a_1\boldsymbol{I} & \cdots & a_{n-1}\boldsymbol{I}\end{bmatrix}\begin{bmatrix}\boldsymbol{C}\\ \cdots\\ \boldsymbol{CA}\\ \cdots\\ \boldsymbol{CA}^2\\ \vdots\\ \cdots\\ \boldsymbol{CA}^{n-1}\end{bmatrix}\begin{bmatrix}x_1(t_0)\\x_2(t_0)\\x_3(t_0)\\ \vdots\\x_n(t_0)\end{bmatrix}\end{aligned}$$

要由此非齐次代数方程解出 $\boldsymbol{X}(t_0)$，必须要求矩阵

$$\boldsymbol{\theta}=\begin{bmatrix}\boldsymbol{C}\\ \cdots\\ \boldsymbol{CA}\\ \cdots\\ \boldsymbol{CA}^2\\ \vdots\\ \cdots\\ \boldsymbol{CA}^{n-1}\end{bmatrix}\tag{3-8}$$

是满秩，即要求

$$\text{rank}\boldsymbol{\theta}=n$$

归纳上述推导，可将系统可观测性判别准则表述如下：

如果系统的可观测性判别矩阵 $\boldsymbol{\theta}$ 是满秩矩阵，则系统是可观测的。从上述分析可知，系统的输入不影响系统的可观测性。

例 3.2 试分析例 3.1 所示加热系统的可观测性。

解：由加热系统的状态方程直接可写出其系统矩阵

$$\boldsymbol{A}=\begin{bmatrix}-1 & 1\\0 & -2\end{bmatrix}$$

若以状态变量 x_1 为输出变量 $y_1(t)$，则可写出：

$$y_1(t)=x_1(t)=\begin{bmatrix}1 & 0\end{bmatrix}\begin{bmatrix}x_1\\x_2\end{bmatrix}=\boldsymbol{C}_1\boldsymbol{X}$$

由此求出对应输出 $y_1(t)$ 的观测矩阵

$$\boldsymbol{C}_1=\begin{bmatrix}1 & 0\end{bmatrix}$$

由于

$$\boldsymbol{C}_1\boldsymbol{A}=[1\quad 0]\begin{bmatrix}-1 & 1\\ 0 & -2\end{bmatrix}=[-1\quad 1]$$

$$\boldsymbol{\theta}=\begin{bmatrix}\boldsymbol{C}_1\\ \boldsymbol{C}_1\boldsymbol{A}\end{bmatrix}=\begin{bmatrix}1 & 0\\ -1 & 1\end{bmatrix}$$

$$\begin{vmatrix}1 & 0\\ -1 & 1\end{vmatrix}=1\neq 0$$

$$\operatorname{rank}\boldsymbol{\theta}=2$$

即系统的可观测性判别矩阵$\boldsymbol{\theta}$ 的秩为 2，它是满秩矩阵，因此当以 x_1 为输出时，此系统是状态完全可观测的。

若以 $x_2(t)$为输出 $y_2(t)$，则：

$$y_2(t)=x_2(t)=[0\quad 1]\begin{bmatrix}x_1\\ x_2\end{bmatrix}=C_2X$$

$$\boldsymbol{C}_2=[0\quad 1]$$

$$\boldsymbol{C}_2\boldsymbol{A}=[0\quad 1]\begin{bmatrix}-1 & 1\\ 0 & -2\end{bmatrix}=[0\quad -2]$$

$$\boldsymbol{\theta}=\begin{bmatrix}\boldsymbol{C}_2\\ \boldsymbol{C}_2\boldsymbol{A}\end{bmatrix}=\begin{bmatrix}0 & 1\\ 0 & -2\end{bmatrix}$$

$$\begin{vmatrix}0 & 1\\ 0 & -2\end{vmatrix}=0$$

$$\operatorname{rank}\boldsymbol{\theta}<2$$

由此可知，若以 $x_2(t)$为输出时，系统的可观测性判别矩阵$\boldsymbol{\theta}$ 不是满秩的，因此系统状态是不完全可观测的。

3.1.4　可控标准形与可观测标准形

1. 可控标准形

由于状态变量选择的非唯一性，故系统的状态空间描述也不是唯一的。一个系统通过变换成简单而典型的形式，对于揭示系统的本质特征是很有意义的，前面已经分析指出系统的可控性是非常重要的，所以有必要介绍系统的可控标准形。若系统的状态空间表达式是可控标准形，那么该系统的状态必是可控的；若系统的状态是可控的，那么系统的状态空间表达式必能变换成可控标准形。

设单输入单输出系统

$$\dot{\boldsymbol{x}}=\boldsymbol{A}\boldsymbol{x}+\boldsymbol{b}u$$

$$\boldsymbol{y}=\boldsymbol{C}\boldsymbol{x}$$

式中，$\boldsymbol{C}$ 为 $1\times n$ 的任意常数阵，若系数矩阵 $\boldsymbol{A}$ 和 $\boldsymbol{b}$ 分别为

$$\bar{\boldsymbol{A}}=\begin{bmatrix}0 & 1 & \cdots & \cdots & 0\\ 0 & 0 & \ddots & \cdots & 0\\ \vdots & \vdots & \vdots & \ddots & \vdots\\ 0 & 0 & \cdots & \cdots & 1\\ -a_0 & -a_1 & \cdots & \cdots & -a_{n-1}\end{bmatrix},\quad \bar{\boldsymbol{b}}=\begin{bmatrix}0\\0\\ \vdots\\ \vdots\\1\end{bmatrix} \tag{3-9}$$

式中，$a_0,a_1,\cdots,a_{n-1}$ 是系统特征方程式的各项系数。则由式(3-9)中 $\bar{\boldsymbol{A}}$ 和 $\bar{\boldsymbol{b}}$ 组成的状态方程为可控标准形。

要把系统的状态空间表达式变换成可控标准形，可按以下步骤进行：

(1) 求系统的可控性矩阵 $\boldsymbol{Q}_c$，并判断系统是否可控(系统可控一定可以变换成可控标准形)。

(2) 计算系统的特征多项式 $\det(s\boldsymbol{I}-\boldsymbol{A})=s^n+a_{n-1}s^{n-1}+\cdots+a_1s+a_0$。

(3) 计算变换矩阵 $\boldsymbol{P}$：

$$\boldsymbol{P}=[\boldsymbol{p}_1\quad \boldsymbol{p}_2\quad \cdots\quad \boldsymbol{p}_n]^{-1}$$

$$[\boldsymbol{p}_1\quad \boldsymbol{p}_2\quad \cdots\quad \boldsymbol{p}_n]=\boldsymbol{Q}_c\begin{bmatrix}a_1 & a_2 & \cdots & a_{n-1} & 1\\ a_2 & & & \iddots & \\ \vdots & \iddots & & & \\ a_{n-1} & \iddots & & 0 & \\ 1 & & & & \end{bmatrix}$$

(4) 计算 $\bar{\boldsymbol{A}}$、$\bar{\boldsymbol{b}}$、$\bar{\boldsymbol{C}}$：

$$\bar{\boldsymbol{A}}=\boldsymbol{P}\boldsymbol{A}\boldsymbol{P}^{-1},\quad \bar{\boldsymbol{b}}=\boldsymbol{P}\boldsymbol{b},\quad \bar{\boldsymbol{C}}=\boldsymbol{C}\boldsymbol{P}^{-1}$$

(5) 得到系统的可控标准形：

$$\dot{\bar{\boldsymbol{x}}}=\bar{\boldsymbol{A}}\bar{\boldsymbol{x}}+\bar{\boldsymbol{b}}\boldsymbol{u}$$

$$\boldsymbol{y}=\bar{\boldsymbol{C}}\bar{\boldsymbol{x}}$$

例 3.3 已知线性定常系统

$$\dot{\boldsymbol{x}}=\begin{bmatrix}-1 & 1 & 0\\ 0 & -1 & 0\\ 0 & 0 & -2\end{bmatrix}\boldsymbol{x}+\begin{bmatrix}0\\1\\1\end{bmatrix}\boldsymbol{u}$$

$$\boldsymbol{y}=[1\quad 1\quad 0]\boldsymbol{x}$$

把它变换成可控标准形。

解：可控性矩阵

$$\boldsymbol{Q}_c=[\boldsymbol{b}\quad \boldsymbol{A}\boldsymbol{b}\quad \boldsymbol{A}^2\boldsymbol{b}]=\begin{bmatrix}0 & 1 & -2\\ 1 & -1 & 1\\ 1 & -2 & 4\end{bmatrix}$$

$\mathrm{rank}\boldsymbol{Q}_c=3$，系统可控。

特征方程式为

$$\det(s\boldsymbol{I}-\boldsymbol{A})=\begin{bmatrix}s+1 & -1 & 0\\ 0 & s+1 & 0\\ 0 & 0 & s+2\end{bmatrix}=s^3+4s^2+5s+2$$

变换矩阵 $\boldsymbol{P}$ 为

$$[\boldsymbol{p}_1 \quad \boldsymbol{p}_2 \quad \boldsymbol{p}_3]=Q_c\begin{bmatrix}5&4&1\\4&1&0\\1&0&0\end{bmatrix}=\begin{bmatrix}2&1&0\\2&3&1\\1&2&1\end{bmatrix}$$

$$\boldsymbol{P}=[\boldsymbol{p}_1 \quad \boldsymbol{p}_2 \quad \boldsymbol{p}_3]^{-1}=\begin{bmatrix}2&1&0\\2&3&1\\1&2&1\end{bmatrix}^{-1}=\begin{bmatrix}1&-1&1\\-1&2&-2\\1&-3&4\end{bmatrix}$$

$$\bar{\boldsymbol{A}}=\boldsymbol{PAP}^{-1}=\begin{bmatrix}0&1&0\\0&0&1\\-2&-5&-4\end{bmatrix},\quad \bar{\boldsymbol{b}}=\boldsymbol{Pb}=\begin{bmatrix}0\\0\\1\end{bmatrix},\quad \bar{\boldsymbol{C}}=\boldsymbol{CP}^{-1}=[4 \quad 4 \quad 1]$$

所以系统的可控标准形为

$$\dot{\bar{\boldsymbol{x}}}=\begin{bmatrix}0&1&0\\0&0&1\\-2&-5&-4\end{bmatrix}\bar{\boldsymbol{x}}+\begin{bmatrix}0\\0\\1\end{bmatrix}\boldsymbol{u}$$

$$\boldsymbol{y}=[4 \quad 4 \quad 1]\bar{\boldsymbol{x}}$$

2. 可观测标准形

由于系统的可控标准形和可观测标准形对系统的分析和综合有着十分重要的意义，前面已经分析了系统的可控标准形，这里介绍系统的可观测标准形。若系统的状态是可观测的，那么系统的状态空间表达式必能变换成可观测标准形；若系统的状态空间表达式是可观测标准形，那么该系统的状态必是可观测的。

设单输入单输出系统

$$\dot{\boldsymbol{x}}=\boldsymbol{Ax}+\boldsymbol{bu}$$
$$\boldsymbol{y}=\boldsymbol{Cx}$$

是可观测的，则存在非奇异变换使其状态方程变为

$$\begin{cases}\dot{\tilde{\boldsymbol{x}}}=\tilde{\boldsymbol{A}}\tilde{\boldsymbol{x}}+\tilde{\boldsymbol{b}}\boldsymbol{u}\\ \boldsymbol{y}=\tilde{\boldsymbol{C}}\tilde{\boldsymbol{x}}\end{cases}$$

其中

$$\tilde{\boldsymbol{A}}=\begin{bmatrix}0&0&\cdots&0&-a_0\\1&0&\cdots&\cdots&-a_1\\\vdots&\ddots&\vdots&\vdots&\vdots\\0&0&\ddots&\cdots&\vdots\\0&0&\cdots&1&-a_{n-1}\end{bmatrix},\quad \tilde{\boldsymbol{b}}=\begin{bmatrix}\beta_0\\\beta_1\\\vdots\\\vdots\\\beta_{n-1}\end{bmatrix},\quad \tilde{\boldsymbol{C}}=[0 \quad 0 \quad \cdots \quad 0 \quad 1] \tag{3-10}$$

式中，$a_0,a_1,\cdots,a_{n-1}$ 是系统特征方程式的各项系数。则式(3-10)所示系统为可观测标准形。

要把系统的状态空间表达式变换成可观测标准形，可按以下步骤进行：

(1) 求系统的可观测性矩阵 $\boldsymbol{Q}_0$，并判断系统是否可观测(系统可观测一定可以变换成可观测标准形)。

(2) 计算变换矩阵 $\boldsymbol{T}$：

$$\boldsymbol{T}=\begin{bmatrix}\boldsymbol{T}_1 & \boldsymbol{A}\boldsymbol{T}_1 & \cdots & \boldsymbol{A}^{n-1}\boldsymbol{T}_1\end{bmatrix}$$

$$\boldsymbol{T}_1=\boldsymbol{Q}_0^{-1}\begin{bmatrix}0\\ \vdots\\ 0\\ \vdots\\ 1\end{bmatrix}$$

(3) 计算 $\widetilde{\boldsymbol{A}}$、$\widetilde{\boldsymbol{b}}$、$\widetilde{\boldsymbol{C}}$：

$$\widetilde{\boldsymbol{A}}=\boldsymbol{T}^{-1}\boldsymbol{A}\boldsymbol{T},\quad \widetilde{\boldsymbol{b}}=\boldsymbol{T}^{-1}\boldsymbol{b},\quad \widetilde{\boldsymbol{C}}=\boldsymbol{C}\boldsymbol{T}$$

(4) 得到系统的可观测标准形：

$$\begin{cases}\dot{\tilde{\boldsymbol{x}}}=\widetilde{\boldsymbol{A}}\tilde{\boldsymbol{x}}+\widetilde{\boldsymbol{b}}\boldsymbol{u}\\ \boldsymbol{y}=\widetilde{\boldsymbol{C}}\tilde{\boldsymbol{x}}\end{cases}$$

例 3.4 已知线性定常系统

$$\begin{cases}\dot{\boldsymbol{x}}=\begin{bmatrix}1 & 2 & 0\\ 3 & -1 & 1\\ 0 & 2 & 0\end{bmatrix}\boldsymbol{x}+\begin{bmatrix}2\\ 1\\ 1\end{bmatrix}\boldsymbol{u}\\ \boldsymbol{y}=\begin{bmatrix}0 & 0 & 1\end{bmatrix}\boldsymbol{x}\end{cases}$$

把它变换成可观测标准形。

解：可观测性矩阵

$$\boldsymbol{Q}_\text{o}=\begin{bmatrix}\boldsymbol{C}\\ \boldsymbol{C}\boldsymbol{A}\\ \boldsymbol{C}\boldsymbol{A}^2\end{bmatrix}=\begin{bmatrix}0 & 0 & 1\\ 0 & 2 & 0\\ 6 & -2 & 2\end{bmatrix}$$

$\text{rank}\boldsymbol{Q}_\text{o}=3$，系统可观测。

变换矩阵 $\boldsymbol{T}$ 为

$$\boldsymbol{T}_1=\boldsymbol{Q}_\text{o}^{-1}\begin{bmatrix}0\\ 0\\ 1\end{bmatrix}=\begin{bmatrix}1/6\\ 0\\ 0\end{bmatrix}$$

$$\boldsymbol{T}=\begin{bmatrix}\boldsymbol{T}_1 & \boldsymbol{A}\boldsymbol{T}_1 & \boldsymbol{A}^2\boldsymbol{T}_1\end{bmatrix}=\begin{bmatrix}1/6 & 1/6 & 7/6\\ 0 & 1/2 & 0\\ 0 & 0 & 1\end{bmatrix}$$

$$\widetilde{\boldsymbol{A}}=\boldsymbol{T}^{-1}\boldsymbol{A}\boldsymbol{T}=\begin{bmatrix}0 & 0 & -2\\ 1 & 0 & 9\\ 0 & 1 & 0\end{bmatrix},\quad \widetilde{\boldsymbol{b}}=\boldsymbol{T}\boldsymbol{b}=\begin{bmatrix}3\\ 2\\ 1\end{bmatrix},\quad \widetilde{\boldsymbol{C}}=\boldsymbol{C}\boldsymbol{T}^{-1}=\begin{bmatrix}0 & 0 & 1\end{bmatrix}$$

所以系统的可观测标准形为

$$\begin{cases}\dot{\tilde{\boldsymbol{x}}}=\begin{bmatrix}0 & 0 & -2\\ 1 & 0 & 9\\ 0 & 1 & 0\end{bmatrix}\tilde{\boldsymbol{x}}+\begin{bmatrix}3\\ 2\\ 1\end{bmatrix}\boldsymbol{u}\\ \boldsymbol{y}=\begin{bmatrix}0 & 0 & 1\end{bmatrix}\tilde{\boldsymbol{x}}\end{cases}$$

3.1.5 对偶原理

系统的可控性与可观测性无论从定义还是从判据来看都是很相似的。它们之间的内在关系是由卡尔曼提出的对偶原理确定的，利用对偶关系可以把系统可控性分析转化为对其对偶系统可观测性的分析。

1. 线性系统的对偶关系

若两个系统 $\Sigma_1(\boldsymbol{A}_1,\boldsymbol{B}_1,\boldsymbol{C}_1)$ 和 $\Sigma_2(\boldsymbol{A}_2,\boldsymbol{B}_2,\boldsymbol{C}_2)$ 满足下列关系：

$$\boldsymbol{A}_1=\boldsymbol{A}_2^{\mathrm{T}},\quad \boldsymbol{B}_1=\boldsymbol{C}_2^{\mathrm{T}},\quad \boldsymbol{C}_1=\boldsymbol{B}_2^{\mathrm{T}} \tag{3-11}$$

则称系统 Σ_1 和 Σ_2 是互为对偶的，即系统 Σ_2 是系统 Σ_1 的对偶系统，反之亦然。

显然，若系统 Σ_1 是一个 r 维输入、m 维输出的 n 阶系统，则其对偶系统 Σ_2 是一个 m 维输入、r 维输出的 n 阶系统，图 3-4 是对偶系统 Σ_1 和 Σ_2 的状态结构图。

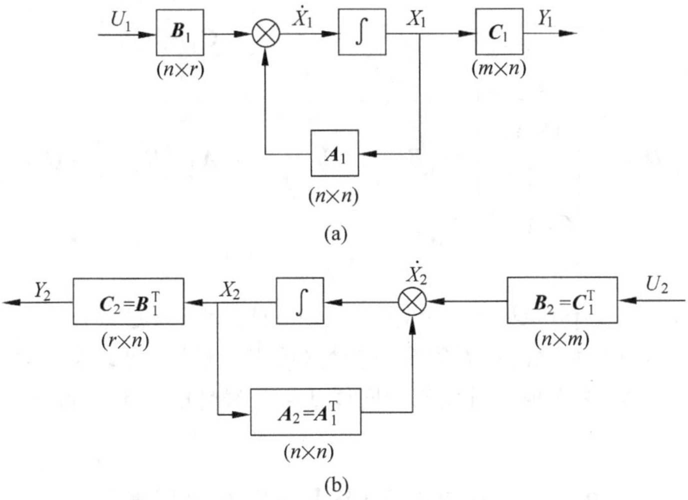

图 3-4　对偶系统状态结构图

(a) 系统 Σ_1；(b) 系统 Σ_2

从图 3-4 可以看出，互为对偶系统状态结构图对偶，即输入端与输出端互换，信号传递方向相反，信号引出点和综合点互换，对应矩阵转置。还可以证明，对偶系统的传递函数阵是互为转置的。对于系统 Σ_1，其传递函数阵是 $m\times r$ 矩阵：

$$\boldsymbol{G}_1(s)=\boldsymbol{C}_1(s\boldsymbol{I}-\boldsymbol{A}_1)^{-1}\boldsymbol{B}_1$$

对于系统 Σ_2，其传递函数阵是 $r\times m$ 矩阵：

$$\begin{aligned}\boldsymbol{G}_2(s)&=\boldsymbol{C}_2(s\boldsymbol{I}-\boldsymbol{A}_2)^{-1}\boldsymbol{B}_2\\&=\boldsymbol{B}_1^{\mathrm{T}}(s\boldsymbol{I}-\boldsymbol{A}_1^{\mathrm{T}})^{-1}\boldsymbol{C}_1^{\mathrm{T}}=\boldsymbol{B}_1^{\mathrm{T}}[(s\boldsymbol{I}-\boldsymbol{A}_1)^{-1}]^{\mathrm{T}}\boldsymbol{C}_1^{\mathrm{T}}\\&=[\boldsymbol{C}_1(s\boldsymbol{I}-\boldsymbol{A}_1)^{-1}\boldsymbol{B}_1]^{\mathrm{T}}=\boldsymbol{G}_1^{\mathrm{T}}(s)\end{aligned}$$

互为对偶系统，其特征方程是相同的，即：

$$\det(s\boldsymbol{I}-\boldsymbol{A}_1)=\det(s\boldsymbol{I}-\boldsymbol{A}_2)$$

2. 对偶原理

系统 Σ_1 状态完全可控(完全可观测)的充要条件与其对偶系统 Σ_2 状态完全可观测(完全可控)的充要条件相同。

证明：系统 Σ_1 的可控性和可观测性矩阵分别为

$$\boldsymbol{Q}_{c1}=[\boldsymbol{B}_1 \quad \boldsymbol{A}_1\boldsymbol{B}_1 \quad \cdots \quad \boldsymbol{A}_1^{n-1}\boldsymbol{B}_1], \quad \boldsymbol{Q}_{o1}=\begin{bmatrix}\boldsymbol{C}_1\\ \boldsymbol{C}_1\boldsymbol{A}_1\\ \vdots\\ \boldsymbol{C}_1\boldsymbol{A}_1^{n-1}\end{bmatrix}$$

系统 Σ_2 的可控性和可观测性矩阵分别为

$$\boldsymbol{Q}_{c2}=[\boldsymbol{B}_2 \quad \boldsymbol{A}_2\boldsymbol{B}_2 \quad \cdots \quad \boldsymbol{A}_2^{n-1}\boldsymbol{B}_2]=\begin{bmatrix}\boldsymbol{C}_1\\ \boldsymbol{C}_1\boldsymbol{A}_1\\ \vdots\\ \boldsymbol{C}_1\boldsymbol{A}_1^{n-1}\end{bmatrix}^{\mathrm{T}}=\boldsymbol{Q}_{o1}^{\mathrm{T}}$$

$$\boldsymbol{Q}_{o2}=\begin{bmatrix}\boldsymbol{C}_2\\ \boldsymbol{C}_2\boldsymbol{A}_2\\ \vdots\\ \boldsymbol{C}_2\boldsymbol{A}_2^{n-1}\end{bmatrix}=[\boldsymbol{B}_1 \quad \boldsymbol{A}_1\boldsymbol{B}_1 \quad \cdots \quad \boldsymbol{A}_1^{n-1}\boldsymbol{B}_1]^{\mathrm{T}}=\boldsymbol{Q}_{c1}^{\mathrm{T}}$$

所以

$$\mathrm{rank}\boldsymbol{Q}_{c1}=\mathrm{rank}\boldsymbol{Q}_{o2}, \quad \mathrm{rank}\boldsymbol{Q}_{o1}=\mathrm{rank}\boldsymbol{Q}_{c2}$$

根据对偶原理，一个系统的状态完全可控性(可观测性)就可以借助其对偶系统的状态完全可观测性(可控性)来实现。对偶原理同样适用于线性时变系统和线性离散系统。

3.2 状态反馈与状态观测器

3.2.1 状态反馈系统的动态方程

状态反馈就是将每一个状态变量按一定的反馈系数送到输入端和参考输入相叠加，将叠加后的偏差作为系统的净控制输入。其结构如图 3-5 所示。

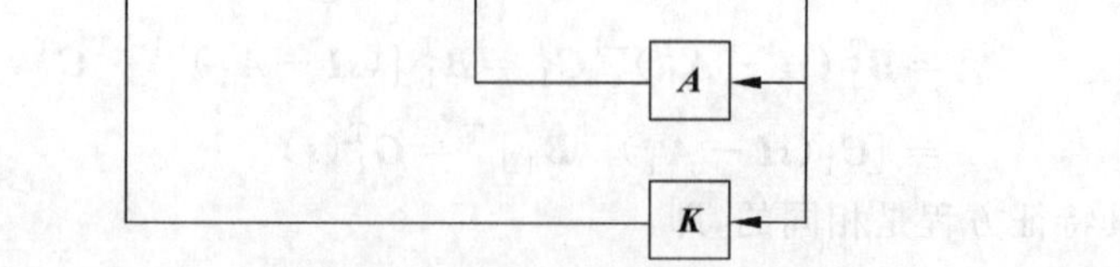

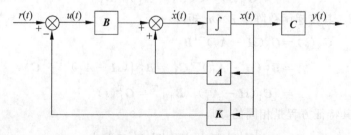

图 3-5 状态反馈系统结构图

假设受控系统 $\Sigma_0(\boldsymbol{A},\boldsymbol{B},\boldsymbol{C})$的状态空间表达式为

$$\begin{cases}\dot{\boldsymbol{x}}=\boldsymbol{A}\boldsymbol{x}+\boldsymbol{B}\boldsymbol{u}\\ \boldsymbol{y}=\boldsymbol{C}\boldsymbol{x}\end{cases}\tag{3-12}$$

式中,$\boldsymbol{A}$ 为 $n\times n$ 矩阵;$\boldsymbol{B}$ 为 $n\times r$ 矩阵;$\boldsymbol{C}$ 为 $m\times n$ 矩阵。

状态线性反馈控制 $\boldsymbol{u}$ 为

$$\boldsymbol{u}=\boldsymbol{r}-\boldsymbol{K}\boldsymbol{x}\tag{3-13}$$

式中,$\boldsymbol{r}$ 为 $r\times 1$ 维参考输入;$\boldsymbol{K}$ 为 $r\times n$ 维状态反馈系数阵或状态反馈增益阵。对于单输入系统,$\boldsymbol{K}$ 为 $1\times n$ 维行向量。

将式(3-13)代入式(3-12)中,可得到状态反馈闭环系统状态空间表达式为

$$\begin{cases}\dot{\boldsymbol{x}}=(\boldsymbol{A}-\boldsymbol{B}\boldsymbol{K})\boldsymbol{x}+\boldsymbol{B}\boldsymbol{u}\\ \boldsymbol{y}=\boldsymbol{C}\boldsymbol{x}\end{cases}\tag{3-14}$$

简记为 $\Sigma_k[(\boldsymbol{A}-\boldsymbol{B}\boldsymbol{K}),\boldsymbol{B},\boldsymbol{C}]$。该系统的闭环传递函数为

$$\boldsymbol{G}_K(s)=\boldsymbol{C}(s\boldsymbol{I}-\boldsymbol{A}+\boldsymbol{B}\boldsymbol{K})^{-1}\boldsymbol{B}\tag{3-15}$$

比较开环系统 $\Sigma_0(\boldsymbol{A},\boldsymbol{B},\boldsymbol{C})$和闭环系统 $\Sigma_k[(\boldsymbol{A}-\boldsymbol{B}\boldsymbol{K}),\boldsymbol{B},\boldsymbol{C}]$可见,状态反馈阵 $\boldsymbol{K}$ 的引入,并不增加系统的维数,也没有增加新的状态变量,但可通过 $\boldsymbol{K}$ 的选择自由地改变闭环系统的特征值,从而使系统获得所要求的性能。

3.2.2　极点配置

系统闭环极点对系统的控制品质在很大程度上起决定性作用,系统的性能指标往往要通过适当地选择闭环极点来实现,即进行极点配置。在现代控制理论中,我们利用状态反馈来实现极点配置。在系统是状态完全能控的条件下,这种极点配置是任意的,即可以根据通过状态反馈在整个 S 平面上任意选择闭环极点。

由于单输入系统根据指定极点所设计的状态反馈矩阵是唯一的,所以这里只讨论单输入系统的极点配置问题。

1. 通过状态反馈可任意配置极点的条件

定理 3.1　线性定常受控系统 $\Sigma_0(\boldsymbol{A},\boldsymbol{B},\boldsymbol{C})$通过状态反馈可以任意配置其闭环极点的充要条件是原开环系统 $\Sigma_0(\boldsymbol{A},\boldsymbol{B},\boldsymbol{C})$的状态完全可控。

证明:充分性。

设原受控系统 $\Sigma_0(\boldsymbol{A},\boldsymbol{B},\boldsymbol{C})$的状态空间表达式为

$$\begin{cases}\dot{\boldsymbol{x}}=\boldsymbol{A}\boldsymbol{x}+\boldsymbol{B}\boldsymbol{u}\\ \boldsymbol{y}=\boldsymbol{C}\boldsymbol{x}\end{cases}\tag{3-16}$$

因为系统 Σ_0 状态完全可控,即可通过非奇异变换 $\boldsymbol{x}=\boldsymbol{p}\tilde{\boldsymbol{x}}$ 化为可控标准形

$$\begin{cases}\dot{\tilde{\boldsymbol{x}}}=\tilde{\boldsymbol{A}}\tilde{\boldsymbol{x}}+\tilde{\boldsymbol{B}}\boldsymbol{u}\\ \boldsymbol{y}=\tilde{\boldsymbol{C}}\tilde{\boldsymbol{x}}\end{cases}\tag{3-17}$$

式中,

$$\widetilde{\boldsymbol{A}}=\boldsymbol{P}^{-1}\boldsymbol{A}\boldsymbol{P}=\begin{bmatrix}0 & 1 & \cdots & 0\\ \vdots & \vdots & \ddots & \vdots\\ 0 & 0 & \cdots & 1\\ -a_n & -a_{n-1} & \cdots & -a_1\end{bmatrix},$$

$$\widetilde{\boldsymbol{B}}=\boldsymbol{P}^{-1}\boldsymbol{B}=\begin{bmatrix}0\\ \vdots\\ 0\\ 1\end{bmatrix},\quad \widetilde{\boldsymbol{C}}=\boldsymbol{C}\boldsymbol{P}=\begin{bmatrix}c_n & c_{n-1} & \cdots & c_1\end{bmatrix}$$

受控系统 Σ_0 的传递函数为

$$G_0(s)=\boldsymbol{C}(s\boldsymbol{I}-\boldsymbol{A})^{-1}\boldsymbol{B}=\frac{c_1s^{n-1}+\cdots+c_{n-1}s+c_n}{s^n+a_1s^{n-1}+\cdots+a_{n-1}s+a_n} \tag{3-18}$$

设对应的状态 $\tilde{\boldsymbol{x}}$ 的状态反馈增益阵为

$$\widetilde{\boldsymbol{K}}=\begin{bmatrix}k_1 & k_2 & \cdots & k_n\end{bmatrix} \tag{3-19}$$

则闭环系统的系统矩阵 $(\widetilde{\boldsymbol{A}}-\widetilde{\boldsymbol{B}}\widetilde{\boldsymbol{K}})$ 为

$$\widetilde{\boldsymbol{A}}-\widetilde{\boldsymbol{B}}\widetilde{\boldsymbol{K}}=\begin{bmatrix}0 & 1 & \cdots & 0\\ \vdots & \vdots & \ddots & \vdots\\ 0 & 0 & \cdots & 1\\ -a_n-\tilde{k}_1 & -a_{n-1}-\tilde{k}_2 & \cdots & -a_1-\tilde{k}_n\end{bmatrix} \tag{3-20}$$

其闭环特征多项式为

$$f(s)=|s\boldsymbol{I}-(\widetilde{\boldsymbol{A}}-\widetilde{\boldsymbol{B}}\widetilde{\boldsymbol{K}})|=s^n+(a_1+\tilde{k}_n)s^{n-1}+\cdots+(a_n+\tilde{k}_1) \tag{3-21}$$

而闭环系统的传递函数为

$$\boldsymbol{G}_{\widetilde{K}}(s)=\widetilde{\boldsymbol{C}}[s\boldsymbol{I}-(\widetilde{\boldsymbol{A}}-\widetilde{\boldsymbol{B}}\widetilde{\boldsymbol{K}})]^{-1}\widetilde{\boldsymbol{B}}=\frac{c_1s^{n-1}+\cdots+c_{n-1}s+c_n}{s^n+(a_1+\tilde{k}_n)s^{n-1}+\cdots+(a_n+\tilde{k}_1)} \tag{3-22}$$

设系统期望的闭环极点为 $s_1,s_2,\cdots,s_n$，则系统期望的闭环特征多项式为

$$f^*(s)=(s-s_1)\cdots(s-s_n)=s^n+a_1^*s^{n-1}+\cdots+a_n^* \tag{3-23}$$

当式(3-21)和式(3-23)两式相等，即 $f(s)=f^*(s)$ 时，闭环系统的极点为期望值，此时，比较两式 s 同次幂的系数，有

$$\begin{aligned}a_1+\tilde{k}_n&=a_1^*\\ a_2+\tilde{k}_{n-1}&=a_2^*\\ &\vdots\\ a_n+\tilde{k}_1&=a_n^*\end{aligned}$$

其中，$a_1,a_2,\cdots,a_n$ 为原开环系统多项式的各系数，为已知量，故对任意给定的期望闭环极点 $s_1,s_2,\cdots,s_n$ 都可以解出 $\tilde{k}_1,\tilde{k}_2,\cdots,\tilde{k}_n$，从而求得对于状态 $\tilde{x}$ 的反馈增益阵 $\widetilde{\boldsymbol{K}}$

$$\widetilde{\boldsymbol{K}}=\begin{bmatrix}\tilde{k}_1 & \tilde{k}_2 & \cdots & \tilde{k}_n\end{bmatrix}=\begin{bmatrix}a_n^*-a_n & a_{n-1}^*-a_{n-1} & \cdots & a_1^*-a_1\end{bmatrix} \tag{3-24}$$

为了得到对应原状态 $\boldsymbol{x}$ 的状态反馈增益阵 $\boldsymbol{K}$，由

$$\boldsymbol{u}=\boldsymbol{r}-\boldsymbol{K}\boldsymbol{x}=\boldsymbol{r}-\boldsymbol{K}\boldsymbol{P}\tilde{\boldsymbol{x}}=\boldsymbol{r}-\widetilde{\boldsymbol{K}}\tilde{\boldsymbol{x}} \tag{3-25}$$

可得到原系统 Σ_0 的状态反馈阵为

$$\boldsymbol{K}=\tilde{\boldsymbol{K}}\boldsymbol{P}^{-1} \tag{3-26}$$

因而只要原系统是可控的，总可以求出状态反馈阵 $\boldsymbol{K}$ 实现极点的任意配置，故定理的充分性得证。

2. K 阵的求法

求取 $\boldsymbol{K}$ 阵一共有两种方法，简述如下。

(1) 利用可控标准形求 $\boldsymbol{K}$ 阵，也称间接法。首先求线性变换 $\boldsymbol{P}$ 阵，令 $\boldsymbol{x}=\boldsymbol{P}\tilde{\boldsymbol{x}}$，将 Σ_0 变换成可控标准形。然后根据要求的极点配置，计算状态反馈阵 $\tilde{\boldsymbol{K}}$，即：

$$\tilde{\boldsymbol{K}}=\begin{bmatrix}\tilde{k}_1 & \tilde{k}_2 & \cdots & \tilde{k}_n\end{bmatrix}=\begin{bmatrix}a_n^*-a_n & a_{n-1}^*-a_{n-1} & \cdots & a_1^*-a_1\end{bmatrix}$$

最后将 $\tilde{\boldsymbol{K}}$ 变换成对原系统 Σ_0 的状态反馈阵 $\boldsymbol{K}$，$\boldsymbol{K}=\tilde{\boldsymbol{K}}\boldsymbol{P}^{-1}$。该方法比较麻烦，但对于高阶系统是一种通用的计算方法，在利用计算机求 $\boldsymbol{K}$ 阵时，通常采用这种方法。

(2) 直接求 $\boldsymbol{K}$ 阵的方法，简称直接法。首先根据要求的极点配置，写出希望的闭环特征多项式，然后令状态反馈闭环系统的特征多项式 $|s\boldsymbol{I}-(\boldsymbol{A}-\boldsymbol{BK})|$ 与希望的特征多项式相等，得到 n 个代数方程。求解这个代数方程组，即可求出 $\boldsymbol{K}$ 阵。这种方法适用于低阶系统手工计算 $\boldsymbol{K}$ 阵的场合。

例 3.5　已知某受控系统状态空间表达式为

$$\begin{cases}\dot{\boldsymbol{x}}=\begin{bmatrix}0 & 1 & 0\\0 & -1 & 1\\0 & 0 & -2\end{bmatrix}\boldsymbol{x}+\begin{bmatrix}0\\0\\1\end{bmatrix}\boldsymbol{u}\\ \boldsymbol{y}=\begin{bmatrix}8 & 0 & 0\end{bmatrix}\boldsymbol{x}\end{cases}$$

求使闭环极点为 -2，$-1\pm \mathrm{j}$ 的状态反馈阵 $\boldsymbol{K}$。

解：(1) 采用间接法。不难看到，所给受控系统是完全可控的，故可由状态反馈任意配置极点，原受控开环系统的特征多项式

$$f(s)=|s\boldsymbol{I}-\boldsymbol{A}|=\begin{bmatrix}s & -1 & 0\\0 & s+1 & -1\\0 & 0 & s+2\end{bmatrix}=s(s+1)(s+2)=s^3+3s^2+2s$$

可见，$a_3=0$，$a_2=2$，$a_1=3$。

期望的闭环特征多项式为

$$f^*(s)=(s+s_1)(s+s_2)(s+s_3)=(s+2)(s+1+\mathrm{j})(s+1-\mathrm{j})=s^3+4s^2+6s+4$$

即得 $a_3^*=4$，$a_2^*=6$，$a_1^*=4$。

由式(3-24)可直接解得：

$$\tilde{\boldsymbol{K}}=\begin{bmatrix}\tilde{k}_1 & \tilde{k}_2 & \tilde{k}_3\end{bmatrix}=\begin{bmatrix}a_3^*-a_3 & a_2^*-a_2 & a_1^*-a_1\end{bmatrix}=\begin{bmatrix}4 & 4 & 1\end{bmatrix}$$

将原系统变换为可控标准形的变换矩阵 $\boldsymbol{P}$ 为

$$\boldsymbol{P}=\begin{bmatrix}1 & 0 & 0\\0 & 1 & 0\\0 & 1 & 1\end{bmatrix}\quad 及 \quad \boldsymbol{P}^{-1}=\begin{bmatrix}1 & 0 & 0\\0 & 1 & 0\\0 & -1 & 1\end{bmatrix}$$

于是所求得的状态反馈阵 $\boldsymbol{K}$ 为

$$\boldsymbol{K}=\widetilde{\boldsymbol{K}}\boldsymbol{P}^{-1}=[4\quad 4\quad 1]\begin{bmatrix}1 & 0 & 0\\0 & 1 & 0\\0 & -1 & 1\end{bmatrix}=[4\quad 3\quad 1]$$

(2) 采用直接法。设状态反馈阵 $\boldsymbol{K}=[k_1\quad k_2\quad k_3]$，则系统状态反馈下的闭环特征多项式为

$$f(s)=|s\boldsymbol{I}-\boldsymbol{A}+\boldsymbol{BK}|=\begin{vmatrix}s & -1 & 0\\0 & s+1 & -1\\k_1 & k_2 & s+2+k_3\end{vmatrix}$$

$$=s^3+(3+k_3)s^2+(2+k_2+k_3)s+k_1$$

期望的特征多项式已由方法(1)求出

$$f^*(s)=s^3+4s^2+6s+4$$

令 $f(s)=f^*(s)$，比较系数即可得到

$$k_1=4,\quad k_2=3,\quad k_3=1$$

与前一方法结果相同。对比两种解法可以看到，在系统阶数较低的情况下，用直接法求解更为简单。但是，如果系统的阶次较高时，则直接计算法就比较复杂了。这时应采用间接法。

上面讨论了通过状态反馈可以任意配置系统极点的条件，以及状态反馈阵 $\boldsymbol{K}$ 的求法。需要指出，虽然在系统可控的条件下，用状态反馈可以任意配置极点，但是却不能改变系统的零点，这一结论可以从式(3-18)和式(3-22)中看出。

3.2.3 状态观测器

由前面的讨论可知，如果一个系统是完全能控的，则利用状态反馈能够任意配置闭环系统的极点，从而有效地改善控制系统的性能。另外，常用的最优控制和解耦控制也都离不开状态反馈。但是，系统的状态变量并非都实际可测。因此，要实现状态反馈，首先要解决状态变脸的测取问题，而建立状态观测器是解决这个问题的有效手段之一。

1. 观测器的模型和定义

设有单变量定常系统 Σ 为

$$\dot{\boldsymbol{x}}=\boldsymbol{Ax}+\boldsymbol{bu} \tag{3-27}$$

$$\boldsymbol{y}=\boldsymbol{Cx} \tag{3-28}$$

其状态 $x_1,x_2,\cdots,x_n$ 不能全部测取到。

先设计一个相似系统 $\hat{\Sigma}$，其状态空间表达式为

$$\dot{\hat{\boldsymbol{x}}}=\boldsymbol{A}\hat{\boldsymbol{x}}+\boldsymbol{bu} \tag{3-29}$$

$$\hat{\boldsymbol{y}}=\boldsymbol{C}\hat{\boldsymbol{x}} \tag{3-30}$$

要求此系统的全部状态变量 $x_1,x_2,\cdots,x_n$ 都能测取到，并且使 $\hat{\boldsymbol{x}}$ 逼近式(3-27)中的 $\boldsymbol{x}$。

由于式(3-27)和式(3-29)有相同的输入 $\boldsymbol{u}$ 和系数阵 $\boldsymbol{A}$、$\boldsymbol{b}$。将两式相减，可得：

$$\frac{\mathrm{d}}{\mathrm{d}t}(\boldsymbol{x}-\hat{\boldsymbol{x}})=\boldsymbol{A}(\boldsymbol{x}-\hat{\boldsymbol{x}}) \tag{3-31}$$

设 $\boldsymbol{x}$ 和 $\hat{\boldsymbol{x}}$ 的初始值分别为 $\boldsymbol{x}_0$ 和 $\hat{\boldsymbol{x}}_0$，则齐次方程(3-31)式的解为

$$\boldsymbol{x}-\hat{\boldsymbol{x}}=\mathrm{e}^{\boldsymbol{A}t}(\boldsymbol{x}_0-\hat{\boldsymbol{x}}_0) \tag{3-32}$$

下面分三种情况讨论。

(1) 若 $\boldsymbol{x}_0=\hat{\boldsymbol{x}}_0$，则 $\boldsymbol{x}-\hat{\boldsymbol{x}}\equiv 0$，即 $\hat{\boldsymbol{x}}(t)=\boldsymbol{x}(t)$。这表明 $\hat{\boldsymbol{x}}$ 完全复现 $\boldsymbol{x}$ 但要求系统 Σ 在每次使用时其初始状态 $\hat{\boldsymbol{x}}_0$ 都和系统 Σ 的初始状态 $\boldsymbol{x}_0$ 完全相等，这实际上是不可能的。

(2) 若 $\boldsymbol{A}$ 阵的特征值中均有负实部，则式(3-32)是渐近稳定的，即必有：

$$\lim_{t\to\infty}[\boldsymbol{x}(t)-\hat{\boldsymbol{x}}(t)]=0$$

这说明 $\hat{\boldsymbol{x}}(t)$ 将不断逼近 $\boldsymbol{x}(t)$，最终复现 $\boldsymbol{x}(t)$。

(3) 若 $\boldsymbol{A}$ 阵的特征值中至少有一个含有正实部，则式(3-32)将是不稳定的，或者 $\boldsymbol{A}$ 阵的特征值虽然都有负实部，但是 $\hat{\boldsymbol{x}}(t)$ 逼近 $\boldsymbol{x}(t)$ 的速度不都理想。可见，这是两种一般的情况。对此，需要对系统 Σ 加以改造，显然应该把式(3-29)所表示的开环形式变成带有反馈的闭环形式。

由于系统 $\hat{\Sigma}$ 和 Σ 中的输出 $\hat{\boldsymbol{y}}$ 和 $\boldsymbol{y}$ 都是能够直接测量的量，而且对于完全能观测的系统，其每个状态变量都能从输出中唯一地确定。因而系统 $\hat{\Sigma}$ 和 Σ 输出量之间的误差就直接反映了状态变量之间的误差，即

$$\hat{\boldsymbol{y}}(t)-\boldsymbol{y}(t)=\boldsymbol{C}[\hat{\boldsymbol{x}}(t)-\boldsymbol{x}(t)]$$

于是，可以利用输出误差来构成负反馈，即将式(3-29)改造为

$$\begin{aligned}\dot{\hat{\boldsymbol{x}}}&=\boldsymbol{A}\hat{\boldsymbol{x}}-\boldsymbol{K}_g(\hat{\boldsymbol{y}}-\boldsymbol{y})+\boldsymbol{bu}\\&=\boldsymbol{A}\hat{\boldsymbol{x}}-\boldsymbol{K}_g\boldsymbol{C}\hat{\boldsymbol{x}}+\boldsymbol{K}_g\boldsymbol{Cx}+\boldsymbol{bu}\\&=(\boldsymbol{A}-\boldsymbol{K}_g\boldsymbol{C})\hat{\boldsymbol{x}}+\boldsymbol{K}_g\boldsymbol{y}+\boldsymbol{bu}\end{aligned} \tag{3-33}$$

式中，$\boldsymbol{K}_g$ 为输出误差反馈矩阵，对单输出系统

$$\boldsymbol{K}_g=\begin{bmatrix}K_{g_1}\\K_{g_2}\\\vdots\\K_{g_n}\end{bmatrix} \tag{3-34}$$

是一个列向量，对 m 维输出的系统，$\boldsymbol{K}_g$ 是 $n\times m$ 阵。

为了研究式(3-33)状态的情况，将式(3-27)和式(3-33)两式相减，得

$$\begin{aligned}\dot{\boldsymbol{x}}-\dot{\hat{\boldsymbol{x}}}&=\boldsymbol{Ax}-\boldsymbol{A}\hat{\boldsymbol{x}}+\boldsymbol{K}_g\boldsymbol{C}\hat{\boldsymbol{x}}-\boldsymbol{K}_g\boldsymbol{Cx}\\&=(\boldsymbol{A}-\boldsymbol{K}_g\boldsymbol{C})(\boldsymbol{x}-\hat{\boldsymbol{x}})\end{aligned} \tag{3-35}$$

此齐次方程的解为

$$\boldsymbol{x}(t)-\hat{\boldsymbol{x}}(t)=\mathrm{e}^{(\boldsymbol{A}-\boldsymbol{K}_g\boldsymbol{C})t}(\boldsymbol{x}_0-\hat{\boldsymbol{x}}_0) \tag{3-36}$$

可见，通过适当地选取反馈阵 $\boldsymbol{K}_g$，就可实现所要求的 $\hat{\boldsymbol{x}}(t)$ 逼近 $\boldsymbol{x}(t)$ 的速度。

在上面讨论的基础上，我们给出状态观测器的定义如下。

定义　设系统$(\boldsymbol{A},\boldsymbol{b},\boldsymbol{c})$的状态变量 x 不能直接测取，可设计一系统 $\hat{\Sigma}$，它以系统$(\boldsymbol{A},\boldsymbol{b},$

$\boldsymbol{c}$)的输入 u 和输出 $\boldsymbol{Y}$ 为输入,它的输出 $\hat{\boldsymbol{x}}(t)$ 满足

$$\lim_{t\to\infty}[\hat{\boldsymbol{x}}(t)-\boldsymbol{x}(t)]=0$$

则称系统 $\hat{\Sigma}$ 为系统($\boldsymbol{A},\boldsymbol{b},\boldsymbol{c}$)的状态观测器。

带有状态观测器的单输出系统如图 3-6 所示,而式(3-33)就是观测器的状态方程,由式(3-33)最后一个等式可以看出,观测器的输入为 u 和 y,而观测器的极点则由($\boldsymbol{A}-\boldsymbol{K}_g\boldsymbol{C}$)的特征值决定。

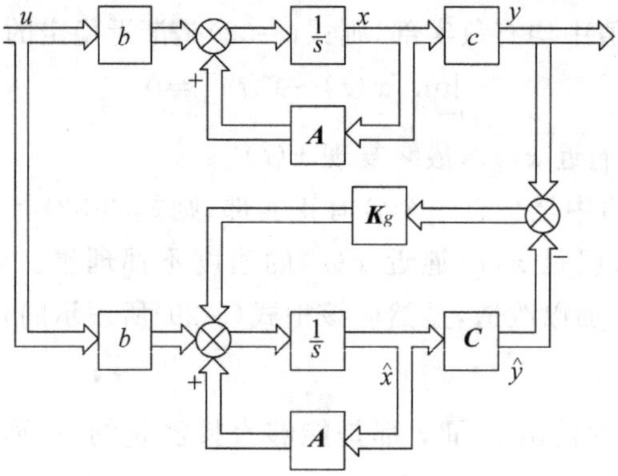

图 3-6 状态观测器的结构图

2. 观测器的设计方法

由式(3-33)或式(3-35)可以看出,观测器的输出状态 $\hat{\boldsymbol{x}}(t)$ 逼近系统($\boldsymbol{A},\boldsymbol{b},\boldsymbol{c}$)的状态 $\boldsymbol{x}(t)$ 的速度取决于 $\boldsymbol{A}-\boldsymbol{K}_g\boldsymbol{C}$ 的特征值。故观测器的设计涉及 $\boldsymbol{A}-\boldsymbol{K}_g\boldsymbol{C}$ 的特征值的配置问题。对此,我们有如下的定理:

定理 3.2 线性定常系统($\boldsymbol{A},\boldsymbol{b},\boldsymbol{c}$)的状态观测器可以任意配置极点,即具有任意逼近速度的充分必要条件是系统($\boldsymbol{A},\boldsymbol{b},\boldsymbol{c}$)完全能观测。

例 3.6 已知系统传递函数为

$$G(s)=\frac{2}{(s+1)(s+2)}$$

设其状态不能直接测取,试设计一状态观测器使($\boldsymbol{A}-\boldsymbol{K}_g\boldsymbol{C}$)的极点为−8,−5。

解:由

$$G(s)=\frac{2}{(s+1)(s+2)}=\frac{2}{s^2+3s+2}$$

可直接写出状态方程的能控标准形为

$$\dot{\boldsymbol{x}}=\begin{bmatrix}0 & 0\\ -2 & -3\end{bmatrix}\boldsymbol{x}+\begin{bmatrix}0\\1\end{bmatrix}\boldsymbol{u}$$

$$\boldsymbol{y}=[2\quad 0]\,\boldsymbol{x}$$

设反馈阵 $\boldsymbol{K}_g$ 为

$$\boldsymbol{K}_g=\begin{bmatrix}k_{g_1}\\ k_{g_2}\end{bmatrix}$$

则观测器的特征多项式为

$$f(s)=|sI-A-K_gC|=\begin{bmatrix} s+2k_{g_1} & -1 \\ 2+2k_{g_2} & s+3 \end{bmatrix}$$

$$=s^2+(2k_{g_1}+3)s+(6k_{g_1}+2+2k_{g_2})$$

所要求的期望特征多项式为

$$f(s)=(s+8)(s+5)=s^2+13s+40$$

令 $f(s)=f^*(s)$，即得：

$$k_{g_1}=5,\quad k_{g_2}=4$$

如果按式(3-33)的前一个等式，可得状态观测器的状态方程为

$$\dot{\hat{\boldsymbol{x}}}=\boldsymbol{A}\hat{\boldsymbol{x}}-\boldsymbol{K}_g(\hat{\boldsymbol{y}}-\boldsymbol{y})+\boldsymbol{b}\boldsymbol{u}$$

$$=\begin{bmatrix} 0 & 1 \\ -2 & -3 \end{bmatrix}\begin{bmatrix} \hat{x}_1 \\ \hat{x}_1 \end{bmatrix}-\begin{bmatrix} 5 \\ 4 \end{bmatrix}(\hat{\boldsymbol{y}}-\boldsymbol{y})-\begin{bmatrix} 0 \\ 1 \end{bmatrix}\boldsymbol{u}$$

对应的实现框如图 3-7 所示。

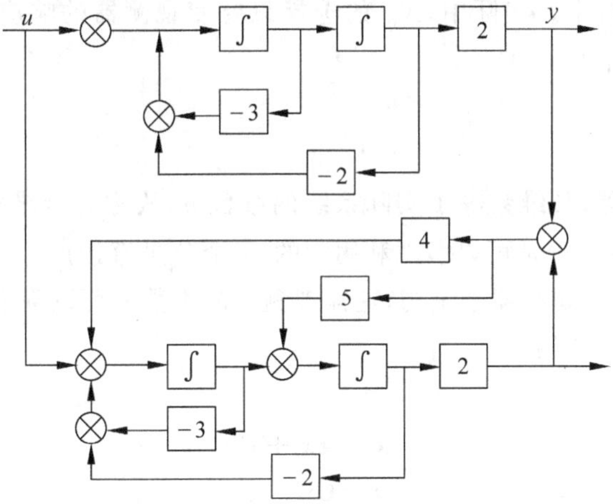

图 3-7　例 3.6 状态结构图 1

如果按式(3-33)的后一个等式，则观测器方程为

$$\dot{\hat{\boldsymbol{x}}}=(\boldsymbol{A}-\boldsymbol{K}_g\boldsymbol{C})\hat{\boldsymbol{x}}-\boldsymbol{b}\boldsymbol{u}+\boldsymbol{K}_g\boldsymbol{y}$$

$$=\begin{bmatrix} 0 & -10 & 1 \\ -2 & -8 & -3 \end{bmatrix}\begin{bmatrix} \hat{x}_1 \\ \hat{x}_2 \end{bmatrix}+\begin{bmatrix} 0 \\ 1 \end{bmatrix}\boldsymbol{u}+\begin{bmatrix} 5 \\ 4 \end{bmatrix}\boldsymbol{y}$$

$$=\begin{bmatrix} -10 & 1 \\ -10 & -3 \end{bmatrix}\begin{bmatrix} \hat{x}_1 \\ \hat{x}_2 \end{bmatrix}+\begin{bmatrix} 0 \\ 1 \end{bmatrix}\boldsymbol{u}+\begin{bmatrix} 5 \\ 4 \end{bmatrix}\boldsymbol{y}$$

其对应的实现框图如图 3-8 所示。

应该指出，虽然在系统($\boldsymbol{A},\boldsymbol{b},\boldsymbol{c}$)能观测的条件下，其状态观测器的极点可以任意配置，从而使观测器的输出状态 $\hat{\boldsymbol{x}}(t)$ 尽可能快地逼近系统的真实状态 $\boldsymbol{x}(t)$，然而实际中观测器极点的配置还要兼顾逼近速度和系统抗干扰能力的要求。如果观测器的反应太快，即观测器的通频带过宽，就会降低抗高频干扰的能力。当 $\boldsymbol{y}$ 和 $\boldsymbol{u}$ 的测量值受到一点干扰时，就会

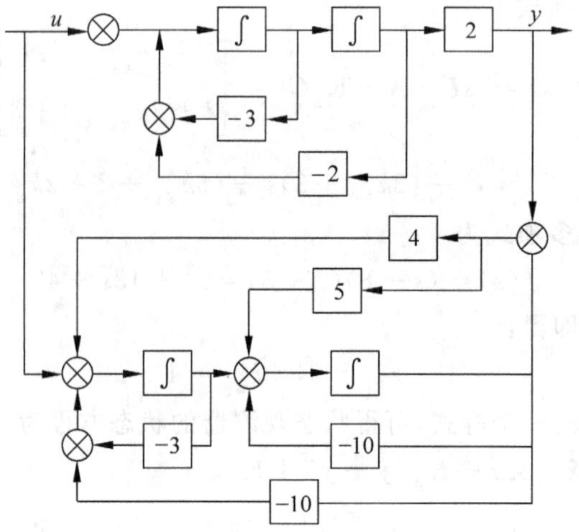

图 3-8　例 3.6 状态结构图 2

对观测器的输出造成较大的影响。因此,设计一个适当的状态观测器,应当是在逼近速度和抗干扰能力两个方面折中。实际中,$\boldsymbol{K}_g$ 的选择只要使观测器的响应速度稍快于被观测系统的响应速度就可以了。

3. 降维观测器

以上介绍的观测器,其维数等于实际系统的维数 n,故称为全维观测器。实际上,系统的输出 $\boldsymbol{y}$ 是能够测量的,于是可以考虑利用它的 m 个分量直接产生 m 个状态分量,其余的 $(n-m)$ 个状态分量再由观测器来重构,这样观测器的维数就可以降低。下面对降维观测器的一般设计方法做简略介绍。

设系统 $(\boldsymbol{A},\boldsymbol{B},\boldsymbol{C})$

$$\dot{\boldsymbol{x}}=\boldsymbol{A}\boldsymbol{x}+\boldsymbol{B}\boldsymbol{u} \tag{3-37}$$

$$\boldsymbol{y}=\boldsymbol{C}\boldsymbol{x} \tag{3-38}$$

是状态能观测的,为了使其中 m 维的 x 能从 y 的测量值直接得到,只需用观测器重构其余的 $(n-m)$ 个状态,下面先对系统 $(\boldsymbol{A},\boldsymbol{B},\boldsymbol{C})$ 进行如下的分解和变换:

(1) 将式(3-37)和式(3-38)分解为

$$\begin{aligned}\begin{bmatrix}\dot{\boldsymbol{x}}_1\\ \dot{\boldsymbol{x}}_2\end{bmatrix}&=\begin{bmatrix}\boldsymbol{A}_{11} & \boldsymbol{A}_{12}\\ \boldsymbol{A}_{21} & \boldsymbol{A}_{22}\end{bmatrix}\begin{bmatrix}\boldsymbol{x}_1\\ \boldsymbol{x}_2\end{bmatrix}+\begin{bmatrix}\boldsymbol{B}_1\\ \boldsymbol{B}_2\end{bmatrix}\boldsymbol{u}\\ \boldsymbol{Y}&=\begin{bmatrix}\boldsymbol{C}_1 & \vdots & \boldsymbol{C}_2\end{bmatrix}\begin{bmatrix}\boldsymbol{x}_1\\ \boldsymbol{x}_2\end{bmatrix}\end{aligned} \tag{3-39}$$

式中,$\boldsymbol{A}_{11}$ 为 $(n-m)\times(n-m)$ 矩阵;$\boldsymbol{A}_{12}$ 为 $(n-m)\times m$ 矩阵;$\boldsymbol{A}_{21}$ 为 $m\times(n-m)$ 矩阵;$\boldsymbol{A}_{22}$ 为 $m\times m$ 矩阵;$\boldsymbol{B}_1$ 为 $(n-m)\times r$ 矩阵;$\boldsymbol{B}_2$ 为 $m\times r$ 矩阵;$\boldsymbol{C}_1$ 为 $m\times(n-m)$ 矩阵;$\boldsymbol{C}_2$ 为 $m\times m$ 矩阵。

(2) 取变换阵

则

$$\boldsymbol{T}=\begin{bmatrix}\boldsymbol{I}_{n-m} & 0\\ -\boldsymbol{C}_2^{-1}\boldsymbol{C}_1 & \boldsymbol{C}_2^{-1}\end{bmatrix}$$

$$\boldsymbol{T}^{-1}=\begin{bmatrix}\boldsymbol{I}_{n-m} & 0\\ \boldsymbol{C}_1 & \boldsymbol{C}_2\end{bmatrix}$$

由 $\boldsymbol{x}=\boldsymbol{T}\bar{\boldsymbol{x}}$，即 $\bar{\boldsymbol{x}}=\boldsymbol{T}^{-1}\boldsymbol{x}$，可将式(3-39)变为

$$\begin{aligned}\dot{\bar{\boldsymbol{x}}}&=\begin{bmatrix}\dot{\bar{x}}_1\\ \dot{\bar{x}}_2\end{bmatrix}=\begin{bmatrix}\bar{\boldsymbol{A}}_{11} & \bar{\boldsymbol{A}}_{12}\\ \bar{\boldsymbol{A}}_{21} & \bar{\boldsymbol{A}}_{22}\end{bmatrix}\begin{bmatrix}\bar{x}_1\\ \bar{x}_2\end{bmatrix}+\begin{bmatrix}\bar{\boldsymbol{B}}_1\\ \bar{\boldsymbol{B}}_2\end{bmatrix}\boldsymbol{u}\\ \boldsymbol{y}&=\begin{bmatrix}0 & \boldsymbol{I}_m\end{bmatrix}\begin{bmatrix}\bar{x}_1\\ \bar{x}_2\end{bmatrix}=\bar{x}_2\end{aligned}\tag{3-40}$$

其中，

$$\begin{aligned}\begin{bmatrix}\bar{\boldsymbol{A}}_{11} & \bar{\boldsymbol{A}}_{12}\\ \bar{\boldsymbol{A}}_{21} & \bar{\boldsymbol{A}}_{22}\end{bmatrix}&=\begin{bmatrix}\boldsymbol{I}_{n-m} & 0\\ \boldsymbol{C}_2^{-1}\boldsymbol{C}_1 & \boldsymbol{C}_2^{-1}\end{bmatrix}\begin{bmatrix}\bar{\boldsymbol{A}}_{11} & \bar{\boldsymbol{A}}_{12}\\ \bar{\boldsymbol{A}}_{21} & \bar{\boldsymbol{A}}_{22}\end{bmatrix}\begin{bmatrix}I_{n-m} & 0\\ \boldsymbol{C}_1 & \boldsymbol{C}_2\end{bmatrix}\\ &=\begin{bmatrix}\boldsymbol{A}_{11}-\boldsymbol{A}_{12}\boldsymbol{C}_1 & \boldsymbol{A}_{12}\boldsymbol{C}_2\\ \boldsymbol{C}_2^{-1}\boldsymbol{C}_1(\boldsymbol{A}_{11}+\boldsymbol{A}_{12}\boldsymbol{C}_1)+\boldsymbol{C}_2^{-1}(\boldsymbol{A}_{21}+\boldsymbol{A}_{22}\boldsymbol{C}_1) & \boldsymbol{C}_2^{-1}(\boldsymbol{C}_1\boldsymbol{A}_{12}+\boldsymbol{A}_{22})\boldsymbol{C}_2\end{bmatrix}\begin{bmatrix}\bar{\boldsymbol{B}}_1\\ \bar{\boldsymbol{B}}_2\end{bmatrix}\\ &=\boldsymbol{T}^{-1}\boldsymbol{B}=\begin{bmatrix}I_{n-m} & 0\\ \boldsymbol{C}_1 & \boldsymbol{C}_2\end{bmatrix}\begin{bmatrix}\boldsymbol{B}_1\\ \boldsymbol{B}_2\end{bmatrix}=\begin{bmatrix}\boldsymbol{B}_1\\ \boldsymbol{C}_1\boldsymbol{B}_1+\boldsymbol{C}_2\boldsymbol{B}_2\end{bmatrix}\end{aligned}$$

这样，由式(3-40)可知，m 维的 $\bar{x}_2$ 就可以从 m 维的 y 中直接得到，待重构的状态只有 $\bar{x}_1$，它是 $n-m$ 维的。令 $\boldsymbol{x}_1$ 对应于子系统 S_1，则变换后的式(3-40)的结构可用图3-9表示。

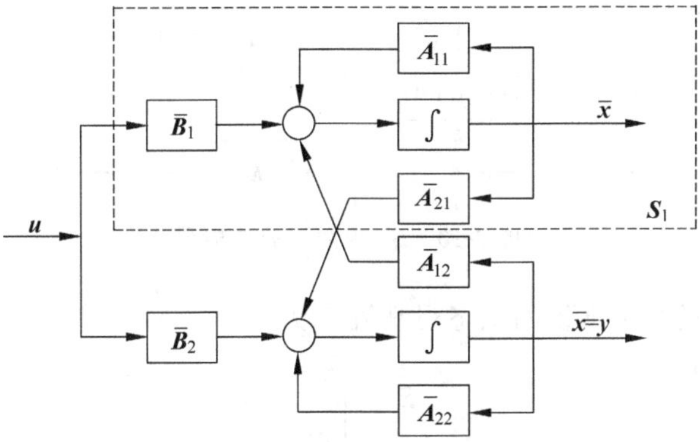

图3-9 降维观测器结构图

(3) 由图3-9可知子系统 $\boldsymbol{x}_1$ 的状态方程和输出方程分别为

$$\dot{\bar{\boldsymbol{x}}}_1=\bar{\boldsymbol{A}}_{11}\bar{\boldsymbol{x}}_1+(\bar{\boldsymbol{A}}_{12}\boldsymbol{y}+\bar{\boldsymbol{B}}_1\boldsymbol{u})=\bar{\boldsymbol{A}}_{11}\bar{\boldsymbol{x}}_1+\boldsymbol{M}\tag{3-41}$$

$$\boldsymbol{\varphi}=\bar{\boldsymbol{A}}_{21}\bar{\boldsymbol{x}}_1=\dot{\bar{\boldsymbol{x}}}_2-\bar{\boldsymbol{A}}_{22}\boldsymbol{y}-\bar{\boldsymbol{B}}_2\boldsymbol{u}=\dot{\boldsymbol{y}}-\bar{\boldsymbol{A}}_{22}\boldsymbol{y}-\bar{\boldsymbol{B}}_2\boldsymbol{u}\tag{3-42}$$

式中，

$$\boldsymbol{M}=\bar{\boldsymbol{A}}_{12}\boldsymbol{y}+\bar{\boldsymbol{B}}_1\boldsymbol{u} \tag{3-43}$$

相当于 S_1 的控制作用,而$\boldsymbol{\varphi}$ 则相当于子系统的 S_1 的输出,$\bar{\boldsymbol{A}}_{21}$ 相当于 S_1 的输出矩阵。

当原系统($\boldsymbol{A}$,$\boldsymbol{C}$)能观测时,子系统 $S_1(\bar{\boldsymbol{A}}_{11},\bar{\boldsymbol{A}}_{21})$也能观测,从而 S_1 的观测器存在并可任意配置极点。对比全维观测器方程式(3-33)

$$\dot{\hat{\boldsymbol{x}}}=(\boldsymbol{A}-\boldsymbol{K}_g\boldsymbol{C})\hat{\boldsymbol{x}}+\boldsymbol{B}\boldsymbol{u}+\boldsymbol{K}_g\boldsymbol{y}$$

并考虑到式(3-42)和式(3-43)两式,可得 S_1 的观测器方程为

$$\begin{aligned}\dot{\bar{\boldsymbol{x}}}_1&=(\bar{\boldsymbol{A}}_{11}-\bar{\boldsymbol{K}}_g\bar{\boldsymbol{A}}_{21})\bar{\boldsymbol{x}}_1+\boldsymbol{M}+\bar{\boldsymbol{K}}_g\boldsymbol{\varphi}\\&=(\bar{\boldsymbol{A}}_{11}-\bar{\boldsymbol{K}}_g\bar{\boldsymbol{A}}_{21})\bar{\boldsymbol{x}}_1+\bar{\boldsymbol{A}}_{12}\boldsymbol{y}+\bar{\boldsymbol{B}}_1\boldsymbol{u}+\bar{\boldsymbol{K}}_g(\dot{\boldsymbol{y}}-\bar{\boldsymbol{A}}_{22}\boldsymbol{y}-\bar{\boldsymbol{B}}_2\boldsymbol{u})\\&=(\bar{\boldsymbol{A}}_{11}-\bar{\boldsymbol{K}}_g\bar{\boldsymbol{A}}_{21})\bar{\boldsymbol{x}}_1+(\bar{\boldsymbol{A}}_{12}-\bar{\boldsymbol{K}}_g\bar{\boldsymbol{A}}_{22})\boldsymbol{y}+(\bar{\boldsymbol{B}}_1-\bar{\boldsymbol{K}}_g\bar{\boldsymbol{B}}_2)\boldsymbol{u}+\bar{\boldsymbol{K}}_g\dot{\boldsymbol{y}}\end{aligned} \tag{3-44}$$

其中,$\bar{\boldsymbol{K}}_g$ 是子系统 S_1 的观测器反馈增益阵,为$(n-m)\times m$ 维。为了消去$\boldsymbol{Y}$,令

$$\bar{\boldsymbol{W}}=\bar{\boldsymbol{x}}_1-\bar{\boldsymbol{K}}_g\boldsymbol{y}$$

即

$$\dot{\bar{\boldsymbol{W}}}=\dot{\bar{\boldsymbol{x}}}_1-\bar{\boldsymbol{K}}_g\dot{\boldsymbol{y}}$$

代入式(3-44)中得 S_1 的观测器方程为

$$\dot{\bar{\boldsymbol{W}}}=(\bar{\boldsymbol{A}}_{11}-\bar{\boldsymbol{K}}_g\bar{\boldsymbol{A}}_{21})\bar{\boldsymbol{x}}_1+(\bar{\boldsymbol{A}}_{12}-\bar{\boldsymbol{K}}_g\bar{\boldsymbol{A}}_{22})\boldsymbol{y}+(\bar{\boldsymbol{B}}_1-\bar{\boldsymbol{K}}_g\bar{\boldsymbol{B}}_2)\boldsymbol{u} \tag{3-45}$$

而子系统 S_1 的观测值由

$$\bar{\boldsymbol{x}}_1=\bar{\boldsymbol{W}}+\bar{\boldsymbol{K}}_g\boldsymbol{y} \tag{3-46}$$

给出,S_1 的观测器结构如图 3-10 所示。

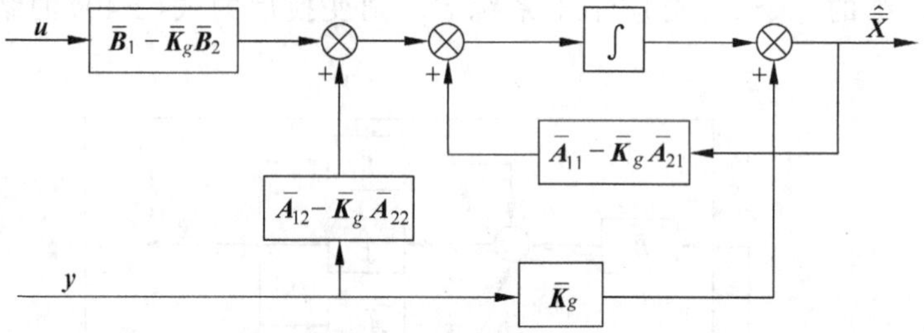

图 3-10 S_1 观测器的结构图

至此,得变换后的整个系统的状态观测值 $\bar{\boldsymbol{x}}$ 为

$$\bar{\boldsymbol{x}}=\begin{bmatrix}\bar{\boldsymbol{x}}_1\\\boldsymbol{y}\end{bmatrix} \tag{3-47}$$

(4) 原系统($\boldsymbol{A}$,$\boldsymbol{B}$,$\boldsymbol{C}$)的 n 个状态观测值为

$$\hat{\boldsymbol{x}}=\boldsymbol{T}\bar{\boldsymbol{x}}=\begin{bmatrix}\boldsymbol{I}_{n-m} & 0\\-\boldsymbol{C}_2^{-1}\boldsymbol{C}_1 & \boldsymbol{C}_2^{-1}\end{bmatrix}\begin{bmatrix}\bar{\boldsymbol{x}}_1\\\boldsymbol{y}\end{bmatrix}=\begin{bmatrix}\bar{\boldsymbol{x}}_1\\-\boldsymbol{C}_2^{-1}\boldsymbol{C}_1\bar{\boldsymbol{x}}_1+\boldsymbol{C}_2^{-1}\boldsymbol{y}\end{bmatrix}=\begin{bmatrix}\hat{\boldsymbol{x}}_1\\\hat{\boldsymbol{x}}_2\end{bmatrix}$$

对应原系统的状态观测器结构如图 3-11 所示。

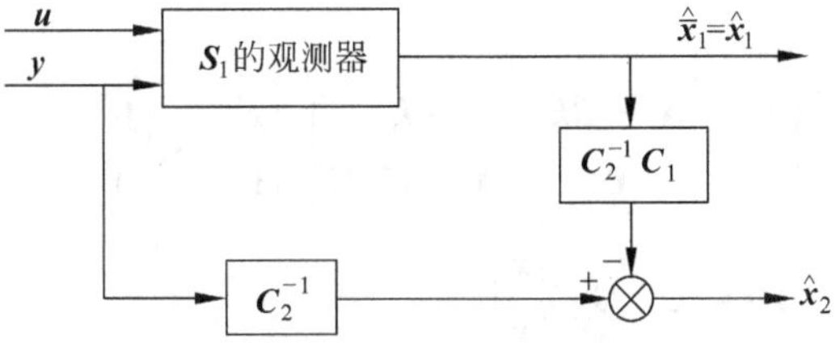

图 3-11　原系统状态观测器结构图

4. 带有状态观测器的状态反馈闭环系统的分析

设系统$(\boldsymbol{A},\boldsymbol{B},\boldsymbol{C})$

$$\dot{\boldsymbol{x}}=\boldsymbol{A}\boldsymbol{x}+\boldsymbol{B}\boldsymbol{u} \tag{3-48}$$

$$\boldsymbol{y}=\boldsymbol{C}\boldsymbol{x} \tag{3-49}$$

是能控又能观测的。现在要对系统$(\boldsymbol{A},\boldsymbol{B},\boldsymbol{C})$进行状态反馈，但系统的状态变量不能全部可测得。于是要先设计状态观测器。由式(3-33)得知，其 n 维状态观测器方程为

$$\dot{\hat{\boldsymbol{x}}}=(\boldsymbol{A}-\boldsymbol{K}_g\boldsymbol{C})\hat{\boldsymbol{x}}+\boldsymbol{K}_g\boldsymbol{y}+\boldsymbol{B}\boldsymbol{u} \tag{3-50}$$

在得到状态观测值的基础上，引入状态反馈控制律

$$\boldsymbol{u}=\boldsymbol{v}-\boldsymbol{K}\hat{\boldsymbol{x}} \tag{3-51}$$

将式(3-49)、式(3-51)代入式(3-48)及式(3-50)，得：

$$\dot{\boldsymbol{x}}=\boldsymbol{A}\boldsymbol{x}+\boldsymbol{B}\boldsymbol{v}-\boldsymbol{B}\boldsymbol{K}\hat{\boldsymbol{x}}$$

$$\dot{\hat{\boldsymbol{x}}}=(\boldsymbol{A}-\boldsymbol{K}_g\boldsymbol{C})\hat{\boldsymbol{x}}+\boldsymbol{K}_g\boldsymbol{C}\boldsymbol{x}+\boldsymbol{B}\boldsymbol{v}-\boldsymbol{B}\boldsymbol{K}\hat{\boldsymbol{x}}$$

由此得整个闭环系统得状态方程为

$$\begin{bmatrix}\dot{\boldsymbol{x}}\\ \dot{\hat{\boldsymbol{x}}}\end{bmatrix}=\begin{bmatrix}\boldsymbol{A} & -\boldsymbol{B}\boldsymbol{K}\\ \boldsymbol{K}_g\boldsymbol{C} & \boldsymbol{A}-\boldsymbol{K}_g\boldsymbol{C}-\boldsymbol{B}\boldsymbol{K}\end{bmatrix}\begin{bmatrix}\boldsymbol{x}\\ \hat{\boldsymbol{x}}\end{bmatrix}+\begin{bmatrix}\boldsymbol{B}\\ \boldsymbol{B}\end{bmatrix}\boldsymbol{v} \tag{3-52}$$

$$\boldsymbol{y}=\begin{bmatrix}\boldsymbol{C} & \boldsymbol{0}\end{bmatrix}\begin{bmatrix}\boldsymbol{x}\\ \hat{\boldsymbol{x}}\end{bmatrix} \tag{3-53}$$

对应的闭环系统框图如图 3-12 所示。

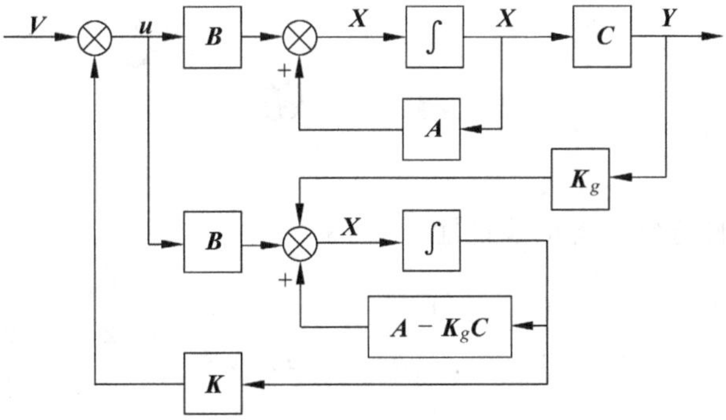

图 3-12　带有状态观测器的状态反馈闭环系统结构图

引入变换

$$\begin{bmatrix}\boldsymbol{x}\\ \tilde{\boldsymbol{x}}\end{bmatrix}=\begin{bmatrix}\boldsymbol{I} & \boldsymbol{0}\\ -\boldsymbol{I} & \boldsymbol{I}\end{bmatrix}\begin{bmatrix}\boldsymbol{x}\\ \hat{\boldsymbol{x}}\end{bmatrix}=\begin{bmatrix}\boldsymbol{x}\\ \hat{\boldsymbol{x}}-\boldsymbol{x}\end{bmatrix}$$

则式(3-52)和式(3-53)变为

$$\begin{bmatrix} \dot{\boldsymbol{x}} \\ \dot{\tilde{\boldsymbol{x}}} \end{bmatrix} = \begin{bmatrix} \boldsymbol{A}-\boldsymbol{B}\boldsymbol{k} & \boldsymbol{B}\boldsymbol{k} \\ \boldsymbol{0} & \boldsymbol{A}-\boldsymbol{K}_g\boldsymbol{C} \end{bmatrix} \begin{bmatrix} \boldsymbol{x} \\ \tilde{\boldsymbol{x}} \end{bmatrix} + \begin{bmatrix} \boldsymbol{B} \\ 0 \end{bmatrix} \boldsymbol{v} \tag{3-54}$$

$$\boldsymbol{Y} = [\boldsymbol{C} \quad 0] \begin{bmatrix} \boldsymbol{x} \\ \tilde{\boldsymbol{x}} \end{bmatrix} \tag{3-55}$$

由此我们可得如下几点结论：

(1) 采用 n 维状态观测器的状态反馈系统共 $2n$ 维，其特征多项式为

$$| s\boldsymbol{I}-\boldsymbol{A}+\boldsymbol{B}\boldsymbol{K} | \cdot | s\boldsymbol{I}-\boldsymbol{A}+\boldsymbol{K}_g\boldsymbol{C} |$$

可见，闭环系统的极点为直接状态反馈时的闭环极点加上观测器的极点，因此状态反馈阵 $\boldsymbol{K}$ 的设计和状态观测器的反馈阵 $\boldsymbol{K}_g$ 的设计可以独立进行，这种特性称之为分离特性，它对于系统的设计是极其有用的。

(2) $\tilde{\boldsymbol{x}}$ 是观测器的输出状态 $\hat{\boldsymbol{x}}$ 和原系统的真实状态 $\boldsymbol{x}$ 之差，当 $\hat{\boldsymbol{x}}(0)=\boldsymbol{x}(0)$ 时，有：

$$\tilde{\boldsymbol{x}}(t) \equiv 0$$

此时式(3-54)变为

$$\dot{\boldsymbol{x}} = (\boldsymbol{A}-\boldsymbol{B}\boldsymbol{K})\boldsymbol{x} + \boldsymbol{B}\boldsymbol{v}$$

和直接状态反馈时相同。当 $\hat{\boldsymbol{x}}(0) \neq \boldsymbol{x}(0)$ 时，$\tilde{\boldsymbol{x}}(t)$ 将按 $e^{(\boldsymbol{A}-\boldsymbol{K}_g\boldsymbol{C})t}$ 所决定的速度收敛到零。

(3) 采用 n 维观测器进行状态反馈后，系统的传递函数阵和直接状态反馈时相同。这可证明如下：

直接状态反馈时，系统闭环传递函数

$$\begin{aligned} \boldsymbol{G}_B(s) &= [\boldsymbol{C} \quad \boldsymbol{0}] \begin{bmatrix} s\boldsymbol{I}-\boldsymbol{A}+\boldsymbol{B}\boldsymbol{K} & -\boldsymbol{B}\boldsymbol{K} \\ \boldsymbol{0} & s\boldsymbol{I}-\boldsymbol{A}+\boldsymbol{K}_g\boldsymbol{C} \end{bmatrix}^{-1} \begin{bmatrix} \boldsymbol{B} \\ \boldsymbol{0} \end{bmatrix} \\ &= [\boldsymbol{C} \quad \boldsymbol{0}] \begin{bmatrix} (s\boldsymbol{I}-\boldsymbol{A}+\boldsymbol{B}\boldsymbol{K})^{-1} & * \\ \boldsymbol{0} & (s\boldsymbol{I}-\boldsymbol{A}+\boldsymbol{K}_g\boldsymbol{C})^{-1} \end{bmatrix} \begin{bmatrix} \boldsymbol{B} \\ \boldsymbol{0} \end{bmatrix} \\ &= \boldsymbol{C}(s\boldsymbol{I}-\boldsymbol{A}+\boldsymbol{B}\boldsymbol{K})^{-1}\boldsymbol{B} = \boldsymbol{G}_B(s) \end{aligned}$$

式中，* 表示此元素的具体数值无关紧要。

习　题

1. 判别下列线性定常系统的能控性：

(1) $\dot{\boldsymbol{x}} = \begin{bmatrix} 0 & 1 & 0 \\ 0 & 0 & 1 \\ -2 & -4 & -6 \end{bmatrix} \boldsymbol{x} + \begin{bmatrix} 1 \\ 2 \\ 1 \end{bmatrix} \boldsymbol{u}$；　(2) $\dot{\boldsymbol{x}} = \begin{bmatrix} 3 & 0 & 0 & 0 \\ 0 & 2 & 0 & 0 \\ 0 & 0 & 5 & 1 \\ 0 & 0 & 0 & 5 \end{bmatrix} \boldsymbol{x} + \begin{bmatrix} 1 & 0 \\ 0 & 2 \\ 0 & 0 \\ 1 & 0 \end{bmatrix} \boldsymbol{u}$。

(3) $\dot{\boldsymbol{x}} = \begin{bmatrix} 6 & 1 & 0 & 0 \\ 0 & 6 & 0 & 0 \\ 0 & 0 & 6 & 1 \\ 0 & 0 & 0 & 6 \end{bmatrix} \boldsymbol{x} + \begin{bmatrix} 0 & 0 \\ 1 & 2 \\ 0 & 0 \\ 2 & 1 \end{bmatrix} \boldsymbol{u}$

2. 判别下列线性定常系统的能观测性：

(1) $\dot{x}=\begin{bmatrix}0&1&0\\0&0&1\\-2&-4&-3\end{bmatrix}x,y=[1\quad 4\quad 2]x$；

(2) $\dot{x}=\begin{bmatrix}-3&1&0\\0&-3&0\\0&0&-3\end{bmatrix}x,y=\begin{bmatrix}1&0&4\\2&0&8\end{bmatrix}x$；

(3) $\dot{x}=\begin{bmatrix}1&3&2\\1&4&6\\2&1&7\end{bmatrix}x,y=\begin{bmatrix}1&0&0\\2&1&0\end{bmatrix}x$。

3. 线性定常系统的状态空间表达式为

$$\dot{x}=\begin{bmatrix}a&b\\c&d\end{bmatrix}x+\begin{bmatrix}1\\1\end{bmatrix}u$$

$$y=[1\quad 0]x$$

试确定系统完全能控与完全能观测时的 a、b、c、d 值。

4. 线性定常能控系统的状态方程中的 $\boldsymbol{A}$，$\boldsymbol{B}$ 阵为

$$\boldsymbol{A}=\begin{bmatrix}1&-1\\1&1\end{bmatrix},\quad \boldsymbol{B}=\begin{bmatrix}1\\1\end{bmatrix}$$

试将该状态方程变换为能控标准型。

5. 已知能观测系统的 $\boldsymbol{A}$，$\boldsymbol{B}$，$\boldsymbol{C}$ 阵为

$$\boldsymbol{A}=\begin{bmatrix}1&-1\\1&1\end{bmatrix},\quad \boldsymbol{B}=\begin{bmatrix}2\\1\end{bmatrix},\quad \boldsymbol{C}=[-1\quad 1]$$

试将该状态空间表达式变换为能观测标准型。

6. 写出图中所示系统的状态方程，其中 x_1，x_2，x_3 构成状态向量。试确定此系统是否完全能控和完全能观测。

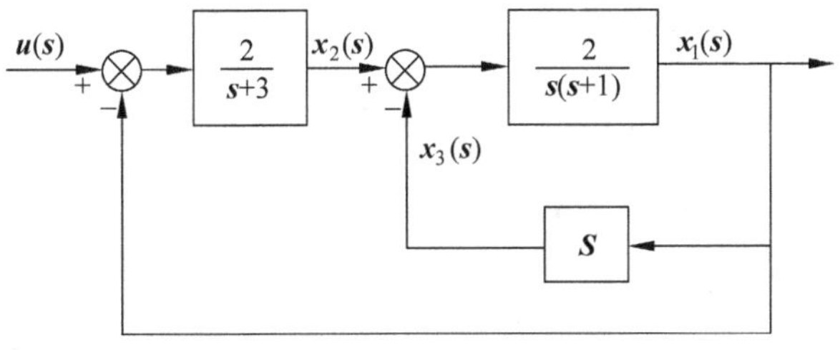

7. 已知系统的状态方程为

$$\dot{X}=\begin{bmatrix}-1&1\\-2&-4\end{bmatrix}X+\begin{bmatrix}0\\1\end{bmatrix}u,\quad y=[1\quad 0]X$$

试用极点配置的方法设计系统，将其极点配置在 -4，-5 处；并设计一个状态观测器，将其极点配置在 -8，-10。

(1) 求出满足要求的 $\boldsymbol{K}$ 阵；

(2) 求出满足要求的 $\boldsymbol{M}$ 阵；

(3) 画出整个系统的方块图。

8. 对于给定系统，有：

$$\boldsymbol{A}=\begin{bmatrix}0 & 1 & 0\\0 & 0 & 1\\0 & 0 & 0\end{bmatrix},\quad \boldsymbol{B}=\begin{bmatrix}0\\0\\1\end{bmatrix},\quad \boldsymbol{C}=\begin{bmatrix}1 & 0 & 0\end{bmatrix}$$

设计一个降维观测器，将其极点配置在－4，－5 处。

第 4 章

李亚普诺夫稳定性分析

稳定性和能控性、能观测性一样，均是系统的结构性质。稳定性是自动控制系统能否正常工作的先决条件。因此，判别系统的稳定性及如何改善其稳定性是系统分析和综合的首要问题。一个动态系统的稳定性，通常指系统的平衡状态是否稳定。简单地说，稳定是指系统在扰动消失后，由初始偏差状态恢复到原平衡状态的性能，其是系统的一个自身动态属性。

对线性定常系统，由经典控制理论可知，可采用劳斯-赫尔维茨代数判据和奈奎斯特频域判断其稳定性，这些方法均基于分析系统特征方程的根在根平面上的分布，不必求解方程，也不必求出特征根，而直接由方程的系数或频率特性曲线判断稳定性。但这种直接判别方法仅适用于线性定常系统，不适用于时变系统和非线性系统。对于非线性系统和时变系统，如果采用求解方程的方法判别稳定性，通常求解工作是很困难的。虽然在经典控制理论中，对非线性系统讨论了基于频率分析的描述函数法和基于时域分析的相平面法，但描述函数法要求系统的线性部分具有良好的滤除谐波的功能，而相平面法只适用于一阶、二阶非线性系统。

基于输入、输出描述法描述的是系统的外部特性，因此，经典控制理论中的稳定性一般指输出(外部)稳定性；状态空间描述法不仅描述了系统的外部特性，且全面揭示了系统的内部特性，因此，借助平衡状态稳定与否的特征所研究的系统稳定性指状态(内部)稳定性。虽然从工程意义上来看，往往更重视系统的输出稳定性，但研究系统因扰动而偏离原静止状态所产生的运动更能深刻揭示系统的稳定性。

李亚普诺夫将判断系统稳定性的问题归纳为两种方法，即李亚普诺夫第一法和李亚普诺夫第二法。

李亚普诺夫第一法(简称李氏第一法或间接法)是通过解系统的微分方程式，然后根据解的性质来判断系统的稳定性，其基本思路和分析方法与经典控制理论一致。对线性定常系统，只需解出全部特征根即可判断稳定性；对非线性系统，则采用微偏线性化的方法处理，即通过分析非线性微分方程的一次线性近似方程来判断稳定性，故只能判断在平衡状态附近很小范围的稳定性。

李亚普诺夫第二法(简称李氏第二法或直接法)的特点是不必求解系统的微分方程式，就可以对系统的稳定性进行分析判断。该方法建立在能量观点的基础上：若系统的某个平衡状态是渐近稳定的，则随着系统的运动，其存储的能量将随时间增长而不断衰减，直至$t\to\infty$时，系统运动趋于平衡状态而能量趋于极小值。由此，李亚普诺夫创立了一个可模拟系统能量的“广义能量”函数，根据这个标量函数的性质来判断系统的稳定性。由于该方法不必求解系统的微分方程就能直接判断其稳定性，故又称为直接法，其最大优点在于对任何复杂系统都适用，而对于运动方程求解困难的高阶系统、非线性系统及时变系统的稳定性分析，则更能显示出优越性。应用李氏第二法稳定理论的关键在于能否找到一个合适的“广义能量”函数，通常称此函数为李亚普诺夫函数。然而，目前对一般非线性系统尚未找到构造李亚普诺夫函数的通用方法。

下面主要介绍李氏第二法关于稳定性分析的理论及其应用。

4.1 李亚普诺夫稳定性的基本概念

4.1.1 平衡状态

稳定性是系统在平衡状态下受到扰动后，系统自由运动的性质。它与外部输入无关。对于系统自由运动，令输入 $\boldsymbol{u}=\boldsymbol{0}$，系统的齐次状态方程为

$$\dot{\boldsymbol{x}}=\boldsymbol{f}(\boldsymbol{x},t) \tag{4-1}$$

式中，$\boldsymbol{x}$ 为 n 维状态向量，且显含时间变量 t；$\boldsymbol{f}(\boldsymbol{x},t)$ 为线性或非线性，定常或时变的 n 维向量函数，其展开式为

$$\dot{x}_i=f_i(x_1,x_2,\cdots,x_n,t), \quad i=1,2,\cdots,n \tag{4-2}$$

式(4-1)的解为

$$\boldsymbol{x}(t)=\boldsymbol{\Phi}(t;\ x_0,t_0) \tag{4-3}$$

式中，t_0 为初始时刻；$\boldsymbol{x}(t_0)=\boldsymbol{x}_0$ 为状态向量的初始值。

式(4-3)描述了系统式(4-1)在 n 维状态空间的状态轨线。若在式(4-1)所描述的系统中，存在状态点 $\boldsymbol{x}_e$，当系统运动到达该点时，系统状态各分量维持平衡，不再随时间变化，即 $\dot{\boldsymbol{x}}|_{\boldsymbol{x}=\boldsymbol{x}_e}=\boldsymbol{0}$，该类状态点 $\boldsymbol{x}_e$ 即为系统的平衡状态，即：若系统式(4-1)存在状态向量 $\boldsymbol{x}_e$，对所有时间 t，都使

$$\boldsymbol{f}(\boldsymbol{x}_e,t)\equiv\boldsymbol{0} \tag{4-4}$$

成立，则称 $\boldsymbol{x}_e$ 为系统的平衡状态。由平衡状态在状态空间中所确定的点，称为平衡点。

式(4-4)为确定式(4-1)所描述系统平衡状态的方程。

对线性定常系统

$$\dot{\boldsymbol{x}}=\boldsymbol{A}\boldsymbol{x} \tag{4-5}$$

其平衡状态 $\boldsymbol{x}_e$ 应满足代数方程 $\boldsymbol{A}\boldsymbol{x}_e\equiv\boldsymbol{0}$。解此方程，若 $\boldsymbol{A}$ 非奇异，则系统存在唯一的平衡状态 $\boldsymbol{x}_e=\boldsymbol{0}$，即状态空间原点为系统唯一的平衡点；但若 $\boldsymbol{A}$ 奇异，则系统存在无穷多个平衡状态。

对非线性系统，平衡方程式(4-4)的解可能有多个，视系统方程而定。

例 4.1 设系统的状态方程为$\begin{cases}\dot{x}_1=-x_1\\ \dot{x}_2=x_1+x_2-x_2^3\end{cases}$，求其平衡状态。

解：其平衡状态应满足平衡方程式(4-3)，即：

$$\begin{cases}\dot{x}_1=-x_1=0\\ \dot{x}_2=x_1+x_2-x_2^3=0\end{cases}，即\begin{cases}-x_1=0\\ x_1+x_2-x_2^3=0\end{cases}$$

解之，得系统存在 3 个孤立的平衡状态

$$x_{e_1}=\begin{bmatrix}0\\0\end{bmatrix},\quad x_{e_2}=\begin{bmatrix}0\\1\end{bmatrix},\quad x_{e_3}=\begin{bmatrix}0\\-1\end{bmatrix}$$

应该指出，因为对于任意一个孤立的非零平衡状态，均可通过坐标变换移至 $\boldsymbol{x}_e=\mathbf{0}$ 处，故为了方便，本章只讨论式(4-1)所描述的系统在平衡状态 $\boldsymbol{x}_e=\mathbf{0}$ 处的稳定性问题。

4.1.2　范数

n 维状态空间中，向量 $\boldsymbol{x}$ 的长度(即 $\boldsymbol{x}$ 到坐标原点的距离)，称为向量 $\boldsymbol{x}$ 的范数，并用 $\|\boldsymbol{x}\|$ 表示，即：

$$\|\boldsymbol{x}\|=\sqrt{x_1^2+x_2^2+\cdots+x_n^2}=(\boldsymbol{x}^{\mathrm{T}}\boldsymbol{x})^{\frac{1}{2}}\tag{4-6}$$

而向量$(\boldsymbol{x}-\boldsymbol{x}_e)$的长度(即 $\boldsymbol{x}$ 到 $\boldsymbol{x}_e$ 的距离)称为$(\boldsymbol{x}-\boldsymbol{x}_e)$的范数，并用 $\|\boldsymbol{x}-\boldsymbol{x}_e\|$ 表示，即：

$$\|\boldsymbol{x}-\boldsymbol{x}_e\|=\sqrt{(x_1-x_{e_1})^2+(x_2-x_{e_2})^2+\cdots+(x_n-x_{e_n})^2}\tag{4-7}$$

在 n 维状态空间中，若用点集 $S(\varepsilon)$表示以 $\boldsymbol{x}_e$ 为中心、ε 为半径的超球域，那么，$\boldsymbol{x}\in S(\varepsilon)$，则表示

$$\|\boldsymbol{x}-\boldsymbol{x}_e\|=\sqrt{(x_1-x_{e_1})^2+(x_2-x_{e_2})^2+\cdots+(x_n-x_{e_n})^2}\leqslant\varepsilon\tag{4-8}$$

设 $\boldsymbol{x}_e$ 为系统的平衡状态，有扰动使系统在 $t=t_0$ 时的状态为 $\boldsymbol{x}(t_0)=\boldsymbol{x}_0$，若用点集 $S(\delta)$表示以 $\boldsymbol{x}_e$ 为中心、δ 为半径的闭球域，那么，系统的初始条件 $\boldsymbol{x}_0\in S(\delta)$，则可用初始偏差向量$(\boldsymbol{x}_0-\boldsymbol{x}_e)$的范数表示，即：

$$\|\boldsymbol{x}_0-\boldsymbol{x}_e\|\leqslant\delta\tag{4-9}$$

另外，用点集 $S(\varepsilon)$表示以 $\boldsymbol{x}_e$ 为中心、ε 为半径的闭球域，那么，若式(4-1)的解 $\boldsymbol{x}(t)=\boldsymbol{\Phi}(t;x_0,t_0)\in S(\varepsilon)$，即系统式(4-1)在 n 维状态空间中从初始条件$(t_0,\boldsymbol{x}_0)$出发的运动轨迹均位于闭球域 $S(\varepsilon)$内。则可用范数表示为

$$\|\boldsymbol{\Phi}(t;x_0,t_0)-\boldsymbol{x}_e\|\leqslant\varepsilon,\quad t\geqslant t_0\tag{4-10}$$

4.2　李亚普诺夫稳定性定义

4.2.1　李亚普诺夫意义下稳定

设 $\boldsymbol{x}_e$ 为动力学系统(4-1)的平衡状态，若对任意实数 $\varepsilon>0$，都对应存在另一实数 $\delta(\varepsilon,t_0)>0$，使当

$$\|\boldsymbol{x}_0-\boldsymbol{x}_e\|\leqslant\delta(\varepsilon,t_0)\tag{4-11}$$

时，系统式(4-1)从任意初始状态 $\boldsymbol{x}(t_0)=\boldsymbol{x}_0$ 出发的解都满足

$$\|\boldsymbol{\Phi}(t;x_0,t_0)-\boldsymbol{x}_e\|\leqslant\varepsilon,\quad t_0<t<\infty\tag{4-12}$$

则称平衡状态 $\boldsymbol{x}_e$ 为李亚普诺夫意义下稳定，其中，$\delta(\varepsilon,t_0)$与 ε 和 t_0 有关；若 δ 与 t_0 无关，则称这种平衡状态 $\boldsymbol{x}_e$ 是一致稳定的。对定常系统而言，δ 与 t_0 无关，稳定的平衡状态一定为一致稳定。

上述稳定性的定义中,范数 $\|\boldsymbol{\Phi}(t;x_0,t_0)-\boldsymbol{x}_e\|\leqslant\varepsilon$ 表示式(4-1)的解 $\boldsymbol{x}(t)=\boldsymbol{\Phi}(t;x_0,t_0)$ 的所有各点均位于以 $\boldsymbol{x}_e$ 为中心、ε 为半径的闭球域 $S(\varepsilon)$ 内;与此对应,可找到另一个以 $\boldsymbol{x}_e$ 为中心、δ 为半径的闭球域 $S(\delta)$,其限制了初始状态 $\boldsymbol{x}_0$ 允许取值的范围,即 $\|\boldsymbol{x}_0-\boldsymbol{x}_e\|\leqslant\delta$。李亚普诺夫意义下稳定是指当 t 无限增加时,从初始状态 $\boldsymbol{x}_0\in S(\delta)$ 出发的状态轨迹(即式(4-1)的解)总不会超出闭球域 $S(\varepsilon)$,即系统状态响应的幅值是有界的。在二维状态空间中,上述李亚普诺夫意义下稳定的几何解释如图 4-1 所示。

4.2.2 渐进稳定(经典控制理论稳定性定义)

设 $\boldsymbol{x}_e$ 为动力学系统式(4-1)的平衡状态。若对任意实数 $\varepsilon>0$,对应存在另一实数 $\delta(\varepsilon,t_0)>0$,使当 $\|\boldsymbol{x}_0-\boldsymbol{x}_e\|\leqslant\delta(\varepsilon,t_0)$ 时,从任意初始状态 $\boldsymbol{x}(t_0)=\boldsymbol{x}_0$ 出发的解都满足

$$\|\boldsymbol{\Phi}(t;x_0,t_0)-\boldsymbol{x}_e\|\leqslant\varepsilon,\quad t\geqslant t_0$$

且对任意小量 $\mu>0$,总有:

$$\lim_{t\to\infty}\|\boldsymbol{\Phi}(t;x_0,t_0)-\boldsymbol{x}_e\|\leqslant\mu \tag{4-13}$$

则称平衡状态 $\boldsymbol{x}_e$ 是渐进稳定的。若 δ 与 t_0 无关,则称这种平衡状态 $\boldsymbol{x}_e$ 是一致渐进稳定的。

渐进稳定的几何意义可以理解为:如果平衡状态 $\boldsymbol{x}_e$ 为李亚普诺夫意义下稳定,且从球域 $S(\delta)$ 内发出的状态轨迹(即式(4-1)的解),当 $t\to\infty$ 时,不仅不超出球域 $S(\varepsilon)$ 之外,而且最终收敛于 $\boldsymbol{x}_e$,则平衡状态 $\boldsymbol{x}_e$ 为渐进稳定。在二维空间中,渐进稳定的几何解释如图 4-2 所示。

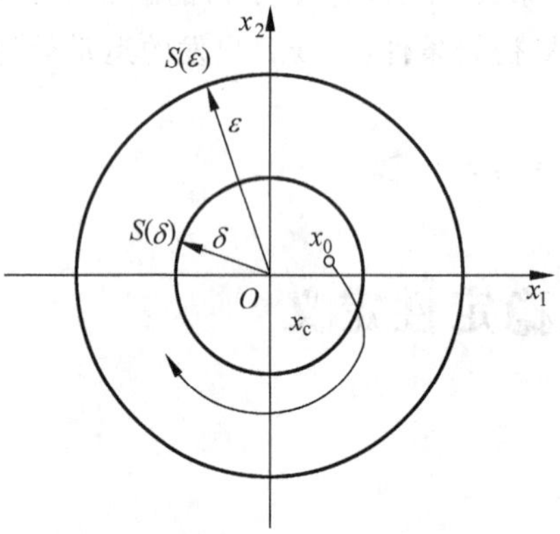

图 4-1 李亚普诺夫意义下稳定

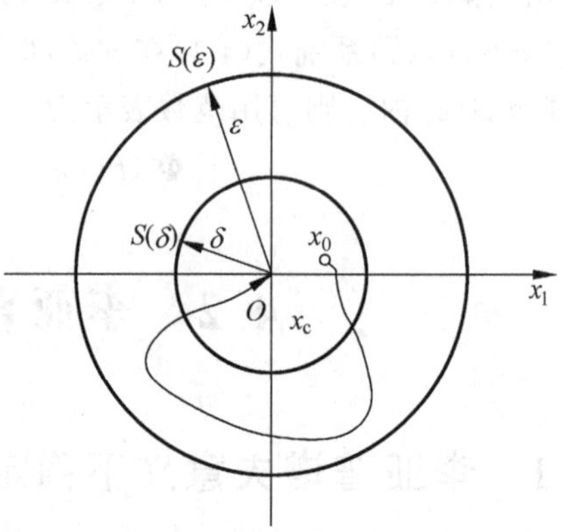

图 4-2 渐进稳定

4.2.3 大范围渐近稳定性

若初始条件扩展至整个状态空间,即 $\delta\to\infty$,$S(\delta)\to\infty$,且平衡状态 $\boldsymbol{x}_e$ 均具有渐近稳定性时,则称此平衡状态 $\boldsymbol{x}_e$ 是大范围渐近稳定的。若 $\boldsymbol{x}_e$ 大范围内渐进稳定,当 $t\to\infty$ 时,由状态空间中任一初始状态 $\boldsymbol{x}_0$ 出发的状态轨迹(即式(4-1)的解)都收敛于 $\boldsymbol{x}_e$。显然,大范围内渐近稳定的必要条件是在整个状态空间只有唯一平衡状态。

在控制工程中确定渐近稳定性的范围是很重要的。对于严格线性的系统，如果平衡状态是渐近稳定的，那必定是大范围内渐近稳定的，这是因为线性系统的稳定性只取决于系统的结构和参数，而与初始条件的大小无关，因此，线性系统的稳定性是全局性的。而对于非线性系统，稳定性与初始条件大小密切相关，使平衡状态 $\boldsymbol{x}_e$ 为渐近稳定的闭球域 $S(\delta)$ 一般是不大的，对多个平衡点的情况更是如此，故通常只能在小范围内渐近稳定。因此，非线性系统的稳定性是局域性的。一般来说，渐进稳定性是个局部的性质，知道渐进稳定性的范围，才能明了这一系统的抗干扰程度，从而可以设法抑制干扰的大小，使它能满足系统稳定性的要求。

4.2.4　不稳定性

设 $\boldsymbol{x}_e$ 为动力学系统式(4-1)的平衡状态，若对某个实数 $\varepsilon>0$ 和另一实数 $\delta>0$，当 $\|\boldsymbol{x}_0-\boldsymbol{x}_e\|\leqslant\delta$ 时，总存在一个初始状态 $\boldsymbol{x}(t_0)=\boldsymbol{x}_0$，使

$$\|\boldsymbol{\Phi}(t;x_0,t_0)-\boldsymbol{x}_e\|>\varepsilon,\quad t\geqslant t_0 \tag{4-14}$$

则称平衡状态 $\boldsymbol{x}_e$ 是不稳定的。

不稳定的几何意义可理解为：对于某个给定的球域 $S(\varepsilon)$，无论球域 $S(\delta)$ 取得多么小，内部总存在一个初始状态 $\boldsymbol{x}(t_0)=\boldsymbol{x}_0$，使得从这一状态出发的轨迹最终会超出球域 $S(\varepsilon)$。在二维状态空间中，不稳定的几何解释如图 4-3 所示。

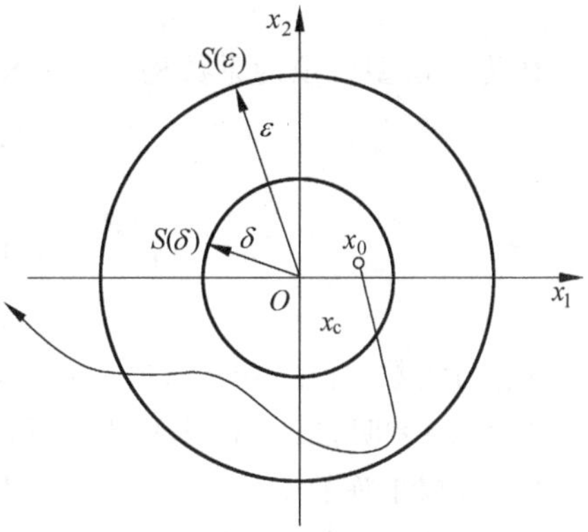

图 4-3　不稳定

应该指出，对于不稳定平衡状态的轨迹，虽然越出了 $S(\varepsilon)$，但并不意味着轨迹一定趋向无穷远处，例如对于非线性系统，轨迹可能趋于 $S(\varepsilon)$ 以外的某个平衡点。不过对于线性系统，从不稳定平衡状态出发的轨迹，理论上一定趋于无穷远。

从上述李亚普诺夫稳定性定义可以看出，只要系统自由运动的状态轨线不超出闭球域 $S(\varepsilon)$（即系统自由响应 $\boldsymbol{x}(t)=\boldsymbol{\Phi}(t;x_0,t_0)$ 有界），则称平衡状态 $\boldsymbol{x}_e$ 为李亚普诺夫意义下稳定。经典控制理论中的稳定性定义与渐近稳定性定义对应。在经典控制理论中，只有渐近稳定的系统才称为稳定系统。只在李亚普诺夫意义下稳定，但不是渐近稳定的系统则称临界稳定系统，这在工程上属于不稳定系统。

4.3　李亚普诺夫稳定性定理

之前已指出，李亚普诺夫稳定性理论提出了判断系统稳定性的两种方法，即李氏第一法（间接法）和李氏第二法（直接法）。李氏第一法利用状态方程解的性质来判断系统的稳定性，其适用于线性定常、线性时变及非线性函数可线性化的情况。李氏第二法无须求解状态

方程而借助于象征广义能量的李亚普诺夫函数 $V(\boldsymbol{x},t)$ 及其对时间的导数 $\dot{V}(\boldsymbol{x},t)$ 的符号特征,直接判断平衡状态的稳定性,其提供了判别所有系统稳定性的通用方法,本节主要讲解李氏第二法。尽管李亚普诺夫函数 $V(\boldsymbol{x},t)$ 的选取并非唯一,且目前尚未找到对任何系统都普遍适用的构造 $V(\boldsymbol{x},t)$ 的一般方法,但实际表明,许多情况下 $V(\boldsymbol{x},t)$ 可取为二次型函数,因此,线性代数理论中的二次型函数及标量函数的定号性是李氏第二法的数学基础之一。

4.3.1 二次型函数及其定号性

1. 二次型函数及二次型的矩阵表达式

二次型函数是一类特殊的标量函数,其可表示为

$$V(\boldsymbol{x})=\sum_{\substack{i=1\\j=1}}^{n}a_{ij}x_ix_j=[x_1\quad x_2\quad\cdots\quad x_n]\begin{bmatrix}a_{11}&a_{12}&\cdots&a_{1n}\\a_{21}&a_{22}&\cdots&a_{2n}\\\vdots&\vdots&&\vdots\\a_{n1}&a_{n2}&\cdots&a_{nn}\end{bmatrix}\begin{bmatrix}x_1\\x_2\\\vdots\\x_n\end{bmatrix}=\boldsymbol{x}^{\mathrm{T}}\boldsymbol{P}\boldsymbol{x} \tag{4-15}$$

式中,$\boldsymbol{P}$ 为二次型各项的系数构成的 $n\times n$ 实对称矩阵,称为二次型式(4-15)的权矩阵,即:

$$\boldsymbol{P}=\begin{bmatrix}a_{11}&a_{12}&\cdots&a_{1n}\\a_{21}&a_{22}&\cdots&a_{2n}\\\vdots&\vdots&&\vdots\\a_{n1}&a_{n2}&\cdots&a_{nn}\end{bmatrix} \tag{4-16}$$

式中,a_{ij} 为实数,且 $a_{ij}=a_{ji}$,$i,j=1,2,\cdots,n$。

式(4-15)表明,二次型函数 $V(\boldsymbol{x})$ 和其权矩阵 $\boldsymbol{P}$ 一一对应,可将二次型函数的定号性扩展到其对应权矩阵的定号性。

若二次型函数的权矩阵 $\boldsymbol{P}$ 为 n 阶实对角矩阵,则对应的二次型只含平方项,称为二次型的标准型,即:

$$V(\boldsymbol{x})=\sum_{i=1}^{n}a_{ii}x_i^2=[x_1\quad x_2\quad\cdots\quad x_n]\begin{bmatrix}a_{11}&0&\cdots&0\\0&a_{11}&\cdots&0\\\vdots&\vdots&&\vdots\\0&0&\cdots&a_{nn}\end{bmatrix}\begin{bmatrix}x_1\\x_2\\\vdots\\x_n\end{bmatrix} \tag{4-17}$$

标准型式(4-17)是二次型函数中的最简单形式。由线性代数理论可知,任意一个二次型都可经线性非奇异变换化为标准型。

2. 标量函数 $V(\boldsymbol{x})$ 的符号和性质

设 $V(\boldsymbol{x})$ 为由 n 维状态向量 $\boldsymbol{x}$ 所定义的标量函数,$\boldsymbol{x}\in\Omega$,且在 $\boldsymbol{x}=\boldsymbol{0}$ 处,恒有 $V(\boldsymbol{x})=\boldsymbol{0}$。对所有在域 Ω 中的任何非零向量 $\boldsymbol{x}$,如果:

(1) $V(\boldsymbol{x})>0$,则称 $V(\boldsymbol{x})$ 为正定的。例如,$V(\boldsymbol{x})=x_1^2+2x_2^2$ 正定。

(2) $V(\boldsymbol{x})\geqslant 0$,则称 $V(\boldsymbol{x})$ 为半正定的。例如,$V(\boldsymbol{x})=(x_1+x_1)^2$ 半正定。

(3) $V(\boldsymbol{x})<0$,即$-V(\boldsymbol{x})$为正定的,则称$V(\boldsymbol{x})$为负定的。例如,$V(\boldsymbol{x})=-(x_1^2+2x_2^2)$负定。

(4) $V(\boldsymbol{x})\leqslant 0$,即$-V(\boldsymbol{x})$为半正定的,则称$V(\boldsymbol{x})$为半负定的。例如,$V(\boldsymbol{x})=-(x_1+x_1)^2$半负定。

(5) $V(\boldsymbol{x})$既可为正值也可为负值,则称$V(\boldsymbol{x})$为不定的。例如,$V(\boldsymbol{x})=x_1x_2+x_2^2$不定。

在式(4-15)中,若$V(\boldsymbol{x})$正定,则称权矩阵$\boldsymbol{P}$是正定的,且记为$\boldsymbol{P}>0$。依次类推,可定义二次型权矩阵$\boldsymbol{P}$的负定、半正定、半负定,并分别记为$\boldsymbol{P}<0$、$\boldsymbol{P}\geqslant 0$、$\boldsymbol{P}\leqslant 0$。可见,二次型函数$V(\boldsymbol{x})=\boldsymbol{x}^{\mathrm{T}}\boldsymbol{P}\boldsymbol{x}$的定号性与其对应的权矩阵$\boldsymbol{P}$的定号性一致,判别$V(\boldsymbol{x})=\boldsymbol{x}^{\mathrm{T}}\boldsymbol{P}\boldsymbol{x}$的符号只要判别实对称矩阵$\boldsymbol{P}$的符号即可。

简单的二次型函数的定号性可根据定义直接判定,复杂的二次型函数的定号性则可由关于实对称矩阵定号性的塞尔维斯特(Sylvester)准则来确定。

3. 塞尔维斯特(Sylvester)准则

(1) 实对称矩阵$\boldsymbol{P}$为正定的充要条件是矩阵$\boldsymbol{P}$的各阶主子行列式均大于零,即在式(4-17)中,有:

$$\Delta_1=a_{11}>0;\quad \Delta_2=\begin{vmatrix}a_{11} & a_{12}\\ a_{21} & a_{22}\end{vmatrix}>0;\quad \cdots;$$

$$\Delta_n=\det\boldsymbol{P}=\begin{vmatrix}a_{11} & a_{12} & \cdots & a_{1n}\\ a_{21} & a_{22} & \cdots & a_{2n}\\ \vdots & \vdots & & \vdots\\ a_{n1} & a_{n2} & \cdots & a_{nn}\end{vmatrix}>0 \tag{4-18}$$

(2) 实对称矩阵$\boldsymbol{P}$为负定的充要条件是矩阵$\boldsymbol{P}$的各阶主子行列式满足

$$(-1)^i\Delta_i>0,\quad i=1,2,\cdots,n \tag{4-19}$$

即:

$$\begin{cases}\Delta_i>0, & i\text{ 为偶数}\\ \Delta_i<0, & i\text{ 为奇数}\end{cases}\quad (i=1,2,\cdots,n)$$

(3) 实对称矩阵$\boldsymbol{P}$为半正定的充要条件是矩阵$\boldsymbol{P}$的前$n-1$阶主子行列式非负,且矩阵$\boldsymbol{P}$的行列式为零,即

$$\begin{cases}\Delta_i\geqslant 0, & i=1,2,\cdots,n-1\\ \Delta_i=0, & i=n\end{cases} \tag{4-20}$$

(4) 实对称矩阵$\boldsymbol{P}$为半负定的充要条件是矩阵$\boldsymbol{P}$的行列式为零(即$\det\boldsymbol{P}=0$),且矩阵$\boldsymbol{P}$的前$n-1$阶主子行列式满足

$$\begin{cases}\Delta_i\geqslant 0, & i\text{ 为偶数}\\ \Delta_i\leqslant 0, & i\text{ 为奇数}\end{cases}\quad (i=1,2,\cdots,n-1) \tag{4-21}$$

例 4.2　已知$V(\boldsymbol{x})=10x_1^2+4x_2^2+x_3^2+2x_1x_2-2x_2x_3-4x_1x_3$,试判断$V(\boldsymbol{x})$是否正定。

解:二次型函数$V(\boldsymbol{x})$可写成矩阵形式,即:

$$V(\boldsymbol{x})=\boldsymbol{x}^{\mathrm{T}}\boldsymbol{P}\boldsymbol{x}=[x_1\quad x_2\quad x_3]\begin{bmatrix}10 & 1 & -2\\ 1 & 4 & -1\\ -2 & -1 & 1\end{bmatrix}\begin{bmatrix}x_1\\ x_2\\ x_3\end{bmatrix}$$

则权矩阵 $\boldsymbol{P}$ 的各阶主子行列式为

$$\Delta_1=10>0,\quad \Delta_2=\begin{vmatrix}10 & 1\\ 1 & 4\end{vmatrix}=39>0,\quad \Delta_3=\det\boldsymbol{P}=\begin{vmatrix}10 & 1 & -2\\ 1 & 4 & -1\\ -2 & -1 & 1\end{vmatrix}=17>0$$

可见，权矩阵 $\boldsymbol{P}$ 的各阶主子行列式均大于零，由 Sylvester 准则可确定二次型 $V(\boldsymbol{x})$ 正定。

4.3.2 李亚普诺夫稳定性的基本定理

定理 4.1 设系统的状态方程为

$$\dot{\boldsymbol{x}}=\boldsymbol{f}(\boldsymbol{x},t) \tag{4-22}$$

且其平衡状态 $\boldsymbol{x}_e=\boldsymbol{0}$，即有：

$$\boldsymbol{f}(\boldsymbol{0},t)=\boldsymbol{0}$$

如果存在一个具有连续一阶偏导数的标量函数 $V(\boldsymbol{x},t)$，且 $V(\boldsymbol{x},t)$ 及其对时间的导数 $\dot{V}(\boldsymbol{x},t)$ 满足以下条件：

(1) $V(\boldsymbol{x},t)$ 是正定的。

(2) $\dot{V}(\boldsymbol{x},t)$ 是负定的。

则系统的平衡状态 $\boldsymbol{x}_e=\boldsymbol{0}$ 是一致渐近稳定的，并称 $V(\boldsymbol{x},t)$ 是系统的一个李亚普诺夫函数。

进一步，若 $V(\boldsymbol{x},t)$ 还满足

(3) $\lim\limits_{\|x\|\to\infty} V(\boldsymbol{x},t)=\infty$。

则系统的平衡状态 $\boldsymbol{x}_e=\boldsymbol{0}$ 是大范围一致渐近稳定的。

定理 4.1 是一个最基本的稳定性判别定理，对所有系统皆适用。但该定理只给出了判断系统平衡状态渐进稳定的充分条件，而非充要条件。即对给定系统，若在平衡状态附近找到满足上述条件的李亚普诺夫函数 $V(\boldsymbol{x},t)$，则可判定该平衡状态是渐近稳定的；但若找不到满足条件的函数 $V(\boldsymbol{x},t)$，并不能判定该平衡状态不是渐近稳定或不稳定的。

例 4.3 已知非线性系统状态方程为

$$\begin{cases}\dot{x}_1=x_2-x_1(x_1^2+x_2^2)\\ \dot{x}_2=-x_1-x_2(x_1^2+x_2^2)\end{cases}$$

试分析其平衡状态的稳定性。

解：由系统平衡状态方程

$$\begin{cases}x_2-x_1(x_1^2+x_2^2)=0\\ -x_1-x_2(x_1^2+x_2^2)=0\end{cases}$$

解出唯一平衡状态 $\boldsymbol{x}_e=\boldsymbol{0}$，即状态空间原点是其唯一平衡状态。

李亚普诺夫函数 $V(\boldsymbol{x})$ 的存在形式并非唯一，许多情况下，可取为正定的二次型函数形式。本例选取标准二次型为李亚普诺夫函数，即 $V(\boldsymbol{x})=x_1^2+x_2^2$，该函数是正定的。$V(\boldsymbol{x})$ 沿任意状态轨迹对时间的导数为

$$\dot{V}(\boldsymbol{x})=2x_1\dot{x}_1+2x_2\dot{x}_2$$

将系统状态方程代入上式，得：

$$\dot{V}(\boldsymbol{x})=2x_1[x_2-x_1(x_1^2+x_2^2)]+2x_2[-x_1-x_2(x_1^2+x_2^2)]=-2(x_1^2+x_2^2)^2$$

显然，有 $\dot{V}(\boldsymbol{0})=0$；且当 $\boldsymbol{x}\neq\boldsymbol{0}$ 时，$\dot{V}(\boldsymbol{x})<0$，故 $\dot{V}(\boldsymbol{x})$ 负定。因此，所选 $V(\boldsymbol{x})=x_1^2+x_2^2$ 是满足定理 4.1 条件的一个李亚普诺夫函数。而且当 $\|x\|\to\infty$ 时，$V(x)\to\infty$，根据定理 4.1，系统在平衡点 $\boldsymbol{x}_e=\boldsymbol{0}$ 处为大范围渐进稳定。

应用李亚普诺夫稳定性基本定理（定理 4.1）的主要困难在于构造实际系统的李亚普诺夫函数，其主要依靠经验和技巧，并无一般规律可循。事实上，对相当一部分系统，要构造一个正定的李亚普诺夫函数 $V(\boldsymbol{x})$，使其满足定理 4.1 中所要求的 $\dot{V}(\boldsymbol{x})$ 为负定这一条件，常常不易做到。为此，李亚普诺夫给出定理 4.2 的形式，将定理 4.1 中的 $\dot{V}(\boldsymbol{x})$ 为负定这一条件放宽到要求 $\dot{V}(\boldsymbol{x})$ 半负定，在此基础上再附加一点条件，来判断渐近稳定性。

定理 4.2（渐进稳定判定定理 2）　设系统的状态方程为

$$\dot{\boldsymbol{x}}=\boldsymbol{f}(\boldsymbol{x},t) \tag{4-23}$$

且其平衡状态 $\boldsymbol{x}_e=\boldsymbol{0}$，即有：

$$\boldsymbol{f}(\boldsymbol{0},t)=\boldsymbol{0}$$

如果存在一个具有连续一阶偏导数的标量函数 $V(\boldsymbol{x},t)$，且 $V(\boldsymbol{x},t)$ 及其对时间的导数 $\dot{V}(\boldsymbol{x},t)$ 满足以下条件：

(1) $V(\boldsymbol{x},t)$ 是正定的；

(2) $\dot{V}(\boldsymbol{x},t)$ 是半负定的；

(3) 但 $\dot{V}(\boldsymbol{x},t)$ 在方程式(4-23)的非零解状态运动轨线上不恒等于零。

则系统在状态空间原点处的平衡状态是渐进稳定的。

进一步，若还有 $\|x\|\to\infty$ 时，$V(\boldsymbol{x})\to\infty$，则系统的平衡状态 $\boldsymbol{x}_e=\boldsymbol{0}$ 是大范围一致渐近稳定的。

在定理 4.2 中，定理 4.1 的条件(2)（$\dot{V}(\boldsymbol{x},t)$ 负定）被放宽为 $\dot{V}(\boldsymbol{x},t)$ 半负定，为了判断渐近稳定性，定理 4.2 提供了附加条件(3)，即 $\dot{V}(\boldsymbol{x},t)$ 在方程式(4-23)的非零解状态运动轨迹上不恒等于零。这是因为 $\dot{V}(\boldsymbol{x},t)$ 既然是半负定的，则在 $\boldsymbol{x}\neq\boldsymbol{0}$ 时，可能会出现 $\dot{V}(\boldsymbol{x},t)=0$，而这时系统自由运动可能有两种情况：

(1) $\dot{V}(\boldsymbol{x},t)\equiv0$，则 $V(\boldsymbol{x},t)=C$，即状态运动轨迹将落在某个特定的曲面 $V(\boldsymbol{x},t)\equiv C$ 上，而不会收敛于 $\boldsymbol{x}_e=\boldsymbol{0}$ 的平衡状态，这可能对应于非线性系统中出现的极限环或线性系统中的临界稳定，系统在原点处的平衡状态为在李亚普诺夫意义下稳定，但非渐近稳定。

(2) $\dot{V}(\boldsymbol{x},t)$ 不恒等于零，只在某个时间段暂时为零，而其他时刻均为负值，则状态运动轨迹不会停留在某一定值 $V(\boldsymbol{x},t)=C$ 上，而是向原点收敛，系统在原点处的平衡状态为渐近稳定。

定理 4.3（判断稳定和不稳定的定理）　设系统的状态方程为

$$\dot{\boldsymbol{x}}=\boldsymbol{f}(\boldsymbol{x},t)$$

其平衡状态为 $\boldsymbol{x}_e=\boldsymbol{0}$，即有：

$$f(\mathbf{0},t)=\mathbf{0}$$

且存在一个具有连续一阶偏导数的标量函数 $V(\boldsymbol{x},t)$。

若 $V(\boldsymbol{x},t)$ 及其对时间的导数 $\dot{V}(\boldsymbol{x},t)$ 满足：

(1) $V(\boldsymbol{x},t)$ 是正定的；

(2) $\dot{V}(\boldsymbol{x},t)$ 是半负定的。

则系统原点处的平衡状态在李亚普诺夫意义下是一致稳定的。

若 $V(\boldsymbol{x},t)$ 及其对时间的导数 $\dot{V}(\boldsymbol{x},t)$ 满足：

(1) $V(\boldsymbol{x},t)$ 是正定的；

(2) $\dot{V}(\boldsymbol{x},t)$ 也是正定的。

则系统在原点处的平衡状态是不稳定的。

例 4.4 设系统的状态方程为

$$\begin{cases}\dot{x}_1=x_2\\ \dot{x}_2=-x_1-x_2\end{cases}$$

试确定平衡状态的稳定性。

解：系统为线性定常系统，且系统矩阵非奇异，故状态空间原点 $\boldsymbol{x}_e=\mathbf{0}$ 为该系统唯一的平衡状态。选取标准二次型作为一个可能的李亚普诺夫函数，即

$$V(\boldsymbol{x})=x_1^2+x_2^2$$

该函数是正定的，$V(\boldsymbol{x})$ 沿任意状态轨迹对时间的导数为

$$\dot{V}(\boldsymbol{x})=2x_1\dot{x}_1+2x_2\dot{x}_2=2x_1x_2+2x_2(-x_1-x_2)=-2x_2^2\leqslant 0$$

可见，$V(\boldsymbol{x})$ 是半负定的。由定理 4.3 知，系统在原点处的平衡状态一定是李亚普诺夫意义下一致稳定的。但为了进一步判定是否渐近稳定，则应判断 $\dot{V}(\boldsymbol{x})$ 在非零解运动轨迹是否恒为零。

设 $\dot{V}(\boldsymbol{x})=-2x_2^2\equiv 0$，则有 $x_2(t)\equiv 0$，即有 $x_2(t)=0$ 和 $\dot{x}_2(t)=0$，代入系统状态方程得 $\dot{x}_1(t)=0$ 和 $x_1(t)=0$。这就表明，只有在状态空间原点 $\boldsymbol{x}_e=\mathbf{0}$，才有 $\dot{V}(\boldsymbol{x})\equiv 0$；而在非零解运动轨迹上，$\dot{V}(\boldsymbol{x})$ 不可能恒等于零。则由定理 4.2 知，$\boldsymbol{x}_e=\mathbf{0}$ 是渐近稳定的平衡状态。又 $\|x\|\to\infty$ 时，$\boldsymbol{V}(\boldsymbol{x})\to\infty$，故进一步可确定系统的平衡状态 $\boldsymbol{x}_e=\mathbf{0}$ 是大范围一致渐近稳定的。

事实上，李亚普诺夫函数 $V(\boldsymbol{x})$ 的存在形式并非唯一，对该例，若另选下列正定二次型函数

$$V(\boldsymbol{x})=\frac{1}{2}\left[(x_1+x_2)^2+2x_1^2+x_2^2\right]=\begin{bmatrix}x_1 & x_2\end{bmatrix}\begin{bmatrix}\frac{3}{2} & \frac{1}{2}\\ \frac{1}{2} & 1\end{bmatrix}\begin{bmatrix}x_1\\ x_2\end{bmatrix}$$

为另一个可能的李亚普诺夫函数。则 $V(\boldsymbol{x})$ 沿任意状态轨迹对时间的导数

$$\dot{V}(\boldsymbol{x})=(x_1+x_2)(\dot{x}_1+\dot{x}_2)+2x_1\dot{x}_1+x_2\dot{x}_2=-(x_1^2+x_2^2)$$

是负定的，因此，所选 $V(\boldsymbol{x})$ 为系统的一个李亚普诺夫函数。又 $\|x\|\to\infty$ 时，$V(\boldsymbol{x})\to\infty$，根

据定理 4.1,原点处的平衡状态在大范围内渐近稳定。

例 4.5 设系统的状态方程为

$$\begin{cases}\dot{x}_1 = ax_2 \\ \dot{x}_2 = -x_1\end{cases}$$

式中,a 为大于零的常数,试分析其平衡状态的稳定性。

解:原点($x_1=0,x_2=0$)是系统的唯一平衡状态。试选下列正定二次型函数

$$V(\boldsymbol{x}) = x_1^2 + ax_2^2$$

为可能的李亚普诺夫函数。则

$$\dot{V}(\boldsymbol{x}) = 2x_1\dot{x}_1 + 2ax_2\dot{x}_2 = 2ax_1x_2 - 2ax_1x_2 \equiv 0$$

可见,在任意非零解运动轨迹上,$\dot{V}(\boldsymbol{x})$恒等于零,因此,系统为在李亚普诺夫意义下稳定,但非渐近稳定。事实上,在任意 $\boldsymbol{x} \neq \boldsymbol{0}$ 上,$\dot{V}(\boldsymbol{x})$均可保持为零,而 $V(\boldsymbol{x})$则保持为某常数,即

$$V(\boldsymbol{x}) = x_1^2 + ax_2^2 = C$$

这表示系统自由运动的相轨迹是一系列以原点为中心的椭圆,即系统的零输入响应为无阻尼等幅振荡,系统为在李亚普诺夫意义下稳定。但在经典控制理论中,这种系统称为不稳定系统。

例 4.6 设系统的状态方程为

$$\begin{cases}\dot{x}_1 = -x_2 \\ \dot{x}_2 = x_1 + x_2\end{cases}$$

试分析其平衡状态的稳定性。

解:原点($x_1=0,x_2=0$)是系统的唯一平衡状态。试选 $V(\boldsymbol{x})$为下列正定二次型函数

$$V(\boldsymbol{x}) = \frac{1}{2}\left[(x_1+x_2)^2 + 2x_1^2 + x_2^2\right] = [x_1 x_2]\begin{bmatrix}\frac{3}{2} & \frac{1}{2} \\ \frac{1}{2} & 1\end{bmatrix}\begin{bmatrix}x_1 \\ x_2\end{bmatrix}$$

$V(\boldsymbol{x})$沿任意状态轨迹对时间的导数

$$\begin{aligned}\dot{V}(\boldsymbol{x}) &= (x_1+x_2)(\dot{x}_1+\dot{x}_2) + 2x_1\dot{x}_1 + x_2\dot{x}_2 \\ &= (x_1+x_2)x_1 - 2x_1x_2 + x_2(x_1+x_2) = x_1^2 + x_2^2\end{aligned}$$

也是正定的。由定理 4.3,该系统在原点处的平衡状态不稳定。

4.4 线性定常系统李亚普诺夫稳定性分析

4.4.1 李亚普诺夫第一法(间接法)

李氏第一法是利用状态方程的解的特性来判断系统稳定性的方法,适用于线性定常、线性时变及非线性函数可线性化的情况。经典控制理论中关于线性定常系统稳定性的各种判

据，均可视为李氏第一法在线性系统中的工程应用。在分析线性定常系统稳定性时，可按经典控制理论的思路，直接由系统矩阵的特征值判断系统的稳定性。

定理 4.4 设线性定常连续系统自由运动的状态方程为

$$\dot{\boldsymbol{x}}=\boldsymbol{A}\boldsymbol{x} \tag{4-24}$$

则系统在 $\boldsymbol{x}_e=\boldsymbol{0}$ 平衡状态渐进稳定的充要条件是系统矩阵 $\boldsymbol{A}$ 的所有特征值均具有负实部。

如前所述，对于由非奇异矩阵 $\boldsymbol{A}$ 描述的线性定常连续系统式(4-24)，因为其只有唯一的平衡状态 $\boldsymbol{x}_e=\boldsymbol{0}$，所以关于平衡状态 $\boldsymbol{x}_e=\boldsymbol{0}$ 的渐近稳定性和“系统的”渐近稳定性完全一致。当平衡状态 $\boldsymbol{x}_e=\boldsymbol{0}$ 渐近稳定时，必是大范围内一致渐近稳定。

4.4.2 李亚普诺夫第二法

定理 4.5 设线性定常连续系统

$$\dot{\boldsymbol{x}}=\boldsymbol{A}\boldsymbol{x} \tag{4-25}$$

式中，$\boldsymbol{x}$ 为 n 维状态向量；系统矩阵 $\boldsymbol{A}$ 为 n 阶非奇异常数阵。则系统平衡状态 $\boldsymbol{x}_e=\boldsymbol{0}$ 为大范围渐近稳定的充要条件是：对任意给定的正定实对称矩阵 $\boldsymbol{Q}$，存在另一个正定实对称矩阵 $\boldsymbol{P}$，满足李亚普诺夫方程

$$\boldsymbol{A}^{\mathrm{T}}\boldsymbol{P}+\boldsymbol{P}\boldsymbol{A}=-\boldsymbol{Q} \tag{4-26}$$

而标量函数

$$V(\boldsymbol{x})=\boldsymbol{x}^{\mathrm{T}}\boldsymbol{P}\boldsymbol{x} \tag{4-27}$$

是系统的一个二次型形式的李亚普诺夫函数。

应用定理 4.5 分析线性定常连续系统的稳定性时应注意如下几点：

(1) 定理 4.5 所阐述的条件与系统矩阵 $\boldsymbol{A}$ 的所有特征值均具有负实部的条件等价，因此，定理 4.5 给出的条件是充分必要条件。实际应用时，常先选取一个正定的实对称矩阵 $\boldsymbol{Q}$，从李亚普诺夫方程式(4-26)求解出对应的实对称矩阵 $\boldsymbol{P}$，然后利用 Sylvester 准则确定矩阵 $\boldsymbol{P}$ 的定号性，进而判断系统的渐进稳定性。

(2) 尽管正定实对称矩阵 $\boldsymbol{Q}$ 形式可任意选取，最终的判断结果不因所选择的正定实对称矩阵 $\boldsymbol{Q}$ 形式不同而不同，但为了方便求解李亚普诺夫方程，通常选取正定实对称矩阵 $\boldsymbol{Q}$ 为单位矩阵 $\boldsymbol{I}$，这时实对称矩阵 $\boldsymbol{P}$ 应按照式(4-28)求解，即：

$$\boldsymbol{A}^{\mathrm{T}}\boldsymbol{P}+\boldsymbol{P}\boldsymbol{A}=-\boldsymbol{I} \tag{4-28}$$

式中，$\boldsymbol{I}$ 为 n 阶单位矩阵。

(3) 有时为了简化求解实对称矩阵 $\boldsymbol{P}$ 的运算，矩阵 $\boldsymbol{Q}$ 也可取为半正定的。这时若由李亚普诺夫方程式(4-26)求解出的实对称矩阵 $\boldsymbol{P}$ 是正定的，则李亚普诺夫函数 $V(\boldsymbol{x})=\boldsymbol{x}^{\mathrm{T}}\boldsymbol{P}\boldsymbol{x}$ 是正定的，而 $V(\boldsymbol{x})$ 沿任意状态轨迹对时间的导数 $\dot{V}(\boldsymbol{x})=\boldsymbol{x}^{\mathrm{T}}(-\boldsymbol{Q})\boldsymbol{x}=-\boldsymbol{x}^{\mathrm{T}}\boldsymbol{Q}\boldsymbol{x}$ 半负定，根据定理 4.3 可判断系统在李亚普诺夫意义下是稳定的。进一步，只要 $\dot{V}(\boldsymbol{x})$ 在系统非零解运动轨迹上不恒为零，根据定理 4.2，可判断系统是渐近稳定的。

例 4.7 设系统的状态方程为

$$\begin{bmatrix}\dot{x}_1\\\dot{x}_2\end{bmatrix}=\begin{bmatrix}0&1\\-1&-1\end{bmatrix}\begin{bmatrix}x_1\\x_2\end{bmatrix}$$

其平衡状态为坐标原点，试判断这一状态的稳定性。

解：设可能的李亚普诺夫函数为

$$V(\boldsymbol{x})=\boldsymbol{x}^{\mathrm{T}}\boldsymbol{P}\boldsymbol{x}$$

其中，$\boldsymbol{P}$ 为实对称矩阵，即 $\boldsymbol{P}=\begin{bmatrix}\boldsymbol{P}_{11} & \boldsymbol{P}_{12}\\ \boldsymbol{P}_{21} & \boldsymbol{P}_{22}\end{bmatrix}$，且有 $\boldsymbol{P}_{12}=\boldsymbol{P}_{21}$，又 $\boldsymbol{P}$ 满足李亚普诺夫方程式(4-26)

$$\boldsymbol{A}^{\mathrm{T}}\boldsymbol{P}+\boldsymbol{P}\boldsymbol{A}=-\boldsymbol{Q}$$

选取正定实对称矩阵 $\boldsymbol{Q}$ 为单位矩阵 $\boldsymbol{I}$，代入上式，得：

$$\begin{bmatrix}0 & -1\\ 1 & -1\end{bmatrix}\begin{bmatrix}\boldsymbol{P}_{11} & \boldsymbol{P}_{12}\\ \boldsymbol{P}_{21} & \boldsymbol{P}_{22}\end{bmatrix}+\begin{bmatrix}\boldsymbol{P}_{11} & \boldsymbol{P}_{12}\\ \boldsymbol{P}_{21} & \boldsymbol{P}_{22}\end{bmatrix}\begin{bmatrix}0 & 1\\ -1 & -1\end{bmatrix}=\begin{bmatrix}-1 & 0\\ 0 & -1\end{bmatrix}$$

考虑到 $\boldsymbol{P}_{12}=\boldsymbol{P}_{21}$，则以上矩阵方程式可展成如下联立方程组

$$\begin{cases}-2\boldsymbol{P}_{12}=-1\\ \boldsymbol{P}_{11}-\boldsymbol{P}_{12}-\boldsymbol{P}_{22}=0\\ 2\boldsymbol{P}_{12}-2\boldsymbol{P}_{22}=-1\end{cases}$$

解出：

$$\boldsymbol{P}=\begin{bmatrix}\boldsymbol{P}_{11} & \boldsymbol{P}_{12}\\ \boldsymbol{P}_{21} & \boldsymbol{P}_{22}\end{bmatrix}=\begin{bmatrix}\boldsymbol{P}_{11} & \boldsymbol{P}_{12}\\ \boldsymbol{P}_{12} & \boldsymbol{P}_{22}\end{bmatrix}=\begin{bmatrix}\frac{3}{2} & \frac{1}{2}\\ \frac{1}{2} & 1\end{bmatrix}$$

则矩阵 $\boldsymbol{P}$ 的各阶主子行列式为

$$\Delta_1=\frac{3}{2}>0,\quad \Delta_2=\det\boldsymbol{P}=\begin{vmatrix}\frac{3}{2} & \frac{1}{2}\\ \frac{1}{2} & 1\end{vmatrix}=\frac{5}{4}>0$$

可见，矩阵 $\boldsymbol{P}$ 的各阶主子行列式均大于零，由 Sylvester 准则，可确定矩阵 $\boldsymbol{P}$ 是正定的。因此，系统在原点处的平衡状态是大范围内渐近稳定的。且系统的李亚普诺夫函数及其导数分别为

$$V(\boldsymbol{x})=\boldsymbol{x}^{\mathrm{T}}\boldsymbol{P}\boldsymbol{x}=[x_1\quad x_2]\begin{bmatrix}\frac{3}{2} & \frac{1}{2}\\ \frac{1}{2} & 1\end{bmatrix}\begin{bmatrix}x_1\\ x_2\end{bmatrix}=\frac{1}{2}(3x_1^2+2x_1x_2+2x_2^2)>0$$

$$\dot{V}(\boldsymbol{x})=\boldsymbol{x}^{\mathrm{T}}(-\boldsymbol{Q})\boldsymbol{x}=\boldsymbol{x}^{\mathrm{T}}(-\boldsymbol{I})\boldsymbol{x}=-(\boldsymbol{x}_1^2+\boldsymbol{x}_2^2)<0$$

在例 4.4 中，已利用李亚普诺夫第二法的有关定理，基于经验采用试探的方法构造李亚普诺夫函数分析了例 4.7 所给系统的稳定性；例 4.7 则根据定理 4.5 提供的判据分析系统的稳定性，所得结论与例 4.4 一致。事实上，定理 4.5 提供了线性定常连续系统构造李亚普诺夫函数的通用方法。

例 4.8　设系统的状态方程为

$$\dot{\boldsymbol{x}}=\begin{bmatrix}-4k & 4k\\ 2k & -6k\end{bmatrix}\boldsymbol{x}$$

其中，$k\neq 0$，试用李亚普诺夫第二法确定使系统成为渐进稳定系统的 k 的取值范围。

解：因 $\det\boldsymbol{A}\neq 0$，故原点是系统的唯一平衡状态，系统的渐近稳定性与原点的渐近稳定性一致。

取 $\boldsymbol{Q}=\boldsymbol{I}$，并令实对称矩阵 $\boldsymbol{P}=\begin{bmatrix}\boldsymbol{P}_{11} & \boldsymbol{P}_{12}\\ \boldsymbol{P}_{21} & \boldsymbol{P}_{22}\end{bmatrix}$，且有 $\boldsymbol{P}_{12}=\boldsymbol{P}_{21}$。代入式(4-26)得：

$$\boldsymbol{A}^{\mathrm{T}}\boldsymbol{P}+\boldsymbol{P}\boldsymbol{A}=\begin{bmatrix}-8k\boldsymbol{P}_{11}+4k\boldsymbol{P}_{12} & 4k(\boldsymbol{P}_{11}-\boldsymbol{P}_{12})+2k(\boldsymbol{P}_{22}-3\boldsymbol{P}_{12})\\ 4k(\boldsymbol{P}_{11}-\boldsymbol{P}_{12})+2k(\boldsymbol{P}_{22}-3\boldsymbol{P}_{12}) & -8k\boldsymbol{P}_{11}+4k\boldsymbol{P}_{12}\end{bmatrix}$$

$$=\begin{bmatrix}-1 & 0\\ 0 & -1\end{bmatrix}$$

将上述矩阵方程展为联立方程组，解得：

$$\boldsymbol{P}=\frac{1}{40k}\begin{bmatrix}7 & 4\\ 4 & 6\end{bmatrix}=\frac{1}{40k}\bar{\boldsymbol{P}}$$

因为 $\bar{\boldsymbol{P}}$ 正定，故只要 $k>0$，即可保证 $\boldsymbol{P}$ 正定，从而保证系统渐进稳定。

本例为了简化求解实对称矩阵 $\boldsymbol{P}$ 的运算，也可取 $\boldsymbol{Q}$ 为半正定的实对称矩阵，即取

$$\boldsymbol{Q}=\begin{bmatrix}0 & 0\\ 0 & 1\end{bmatrix}$$

则 $\dot{V}(\boldsymbol{x})=\boldsymbol{x}^{\mathrm{T}}(-\boldsymbol{Q})\boldsymbol{x}=-x_2^2$ 是半负定的。显然，使 $\dot{V}(\boldsymbol{x})=-x_2^2\equiv 0$ 的条件是 $x_2\equiv 0$，但由系统状态方程推知，此时 $x_1\equiv 0$，这表明只有在状态空间原点才能使 $\dot{V}(\boldsymbol{x})\equiv 0$，而沿系统的任一非零解运动轨迹 $\dot{V}(\boldsymbol{x})$ 均不恒为零。因此按上式选取 $\boldsymbol{Q}$ 为非半正定实对称矩阵是可行的。将所选的半正定实对称矩阵 $\boldsymbol{Q}$ 代入李亚普诺夫方程式(4-26)，并求解出对应的实对称矩阵 $\boldsymbol{P}$，由 $\boldsymbol{P}$ 正定的充要条件，同样可以推出 $k>0$ 的要求，但这样选取 $\boldsymbol{Q}$ 阵可简化求解 $\boldsymbol{P}$ 阵的计算。

习　　题

1. 什么是系统的平衡状态？什么是李亚普诺夫关于稳定性的一般定义？
2. 李亚普诺夫函数具有什么性质？
3. 试判断下列二次型函数的定号性：

(1) $q(x)=-x_1^2-10x_2^2-4x_3^2+6x_1x_2+2x_2x_3$；

(2) $q(x)=\begin{bmatrix}x_1 & x_2 & x_3\end{bmatrix}\begin{bmatrix}1 & 1 & 1\\ 1 & 2 & 0\\ 1 & 0 & 2\end{bmatrix}\begin{bmatrix}x_1\\ x_2\\ x_3\end{bmatrix}$；

(3) $q(x)=x_1^2+2x_2^2+8x_3^2+2x_1x_2+2x_2x_3-2x_1x_3$。

4. 试用李亚普诺夫第二法分析下列线性系统的稳定性：

(1) $\dot{\boldsymbol{x}}=\begin{bmatrix}0 & 1\\ -2 & -2\end{bmatrix}\boldsymbol{x}$；　(2) $\dot{\boldsymbol{x}}=\begin{bmatrix}-1 & 1\\ 2 & -4\end{bmatrix}\boldsymbol{x}$；　(3) $\dot{\boldsymbol{x}}=\begin{bmatrix}1 & 0 & -1\\ 0 & 1 & 0\\ 0 & 0 & 2\end{bmatrix}\boldsymbol{x}$。

5. 试用李亚普诺夫第二法确定使图中所示系统渐近稳定的 K 值范围。

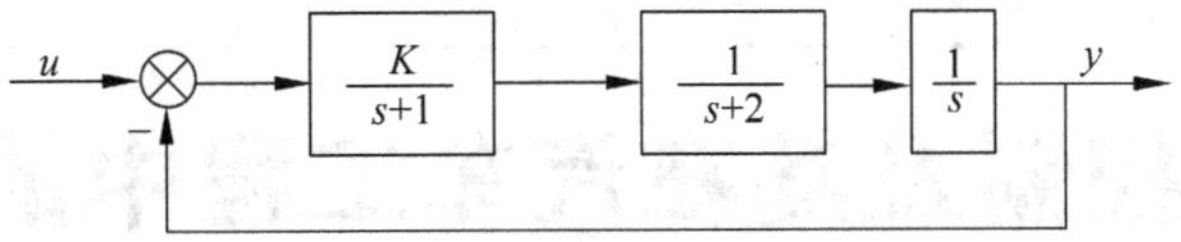

习题 5 图

6. 试用李亚普诺夫第二法确定下列系统原点的稳定性：

$$\begin{cases}\dot{x}_1=-x_1+x_2+x_1(x_1^2+x_2^2)\\ \dot{x}_2=-x_1-x_2+x_2(x_1^2+x_2^2)\end{cases}$$

7. 图中所示为汽车半主动悬架的 2 自由度模型，试根据运动微分方程，写出系统的状态方程和输出方程；说明如何判断系统的稳定性。

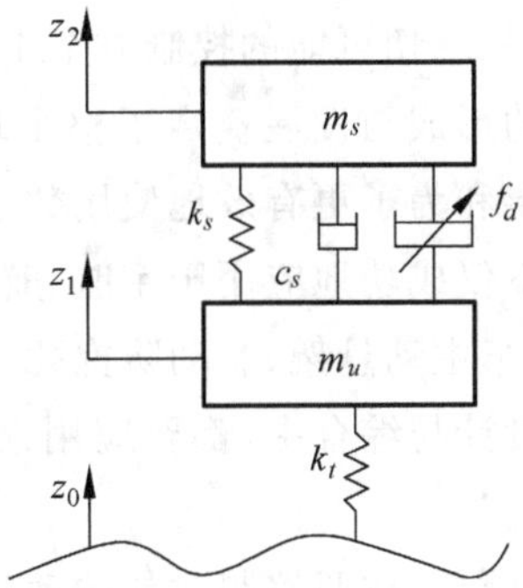

习题 7 图

状态变量：$x_1=z_2, x_2=\dot{z}_2, x_3=z_1, x_4=\dot{z}_1$

$$X=(x_1\quad x_2\quad x_3\quad x_4)^{\mathrm{T}}$$

输出变量：$y_1=\ddot{z}_2, y_2=z_2-z_1, y_3=z_1-z_0$

第5章

最优控制及其在汽车工程中的应用

5.1 概　　述

最优控制理论是研究和解决从一切可能的控制方案中寻找最优解的一门学科。它是现代控制理论的重要组成部分,它的形成与发展奠定了整个现代控制理论的基础。特别是近几十年来,由于高质量控制的需要和为了更有效地使用数字计算机,使最优控制问题受到了很大的重视,目前最优控制理论不仅成功地应用于宇航、航空、航海等领域,而且也在各工业部门中得到了广泛的应用。在汽车主动悬架、制动防抱死、驱动防滑、电动助力转向、电池能量管理、自动变速等控制系统的设计与综合中,都要应用最优控制理论,现代汽车设计必须以最优控制的理论和方法为基础。

最优控制理论所要解决的问题是,按照控制对象的动态特性,从一类允许的控制方案中找出一个最优的控制方案,使系统的运动在由某个初始状态转移到指定的目标状态的同时,给定的性能指标达到最优值。从数学的观点来看,确定最优控制问题可以表述为:在运动方程和允许控制范围的约束下,对以控制函数和运动状态为变量的性能指标函数(称为泛函)求取极值(极大值或极小值)。虽然它是一个变分学问题,但是经典变分理论却不能解决工程实践中所可能遇到的最优控制问题,这就要求人们寻找求解最优控制问题的新途径。在研究最优控制问题的方法中,有两种方法最常用,一种是庞特里雅金的“极小值原理”;另一种是贝尔曼(Richard Bellmam)的“动态规划”。前者发展了经典的变分原理,成为处理闭集性约束变分问题(即工程最优控制问题)的有力工具,后者发展了变分学中的哈密顿雅可比理论,成为解动态系统最优控制的一种非线性规划方法。这两种方法对最优控制理论的形成和发展起了重要的作用。线性系统在二次型性能指标下的最优控制问题则是 R. E. 卡尔曼在 20 世纪 60 年代初提出和解决的。

目前最优控制理论的研究,虽然在分布参数的最优控制、随机最优控制、大系统的最优控制等许多方面都有很大的发展,但仍有许多工程和理论问题尚待解决。因此最优控制仍然是一个活跃的学科领域。

控制系统最优化问题,包括性能指标的合理选择以及最优化控制系统的设计,由于性能指标在很大程度上决定了最优控制性能和最优控制形式,因此选择怎么样的控制指标是很重要的。对于一个给定的系统,要选择一个合适的性能指标是很困难的,尤其是对于复杂的系统更是如此。但应用控制理论的方法,不难求出系统的最优控制规律,使性能指标达到最小(或最大)。

5.2 最优控制问题的提法和数学模型

为了给出控制问题的数学描述,首先介绍几个简单例子来看最优控制问题的提法和解决什么问题。

例 5.1 快速控制问题。

图 5-1 表示一作垂直升降的物体 M,此物体可看作矿井中的提升机或直升机,假设物体内部装有一个能产生控制力 $u(t)$的控制器,以便用它来控制物体的上下运动。由于作用力大小有限,因此在运动过程中应满足约束条件 $|u(t)|<K$,$K=$常数。

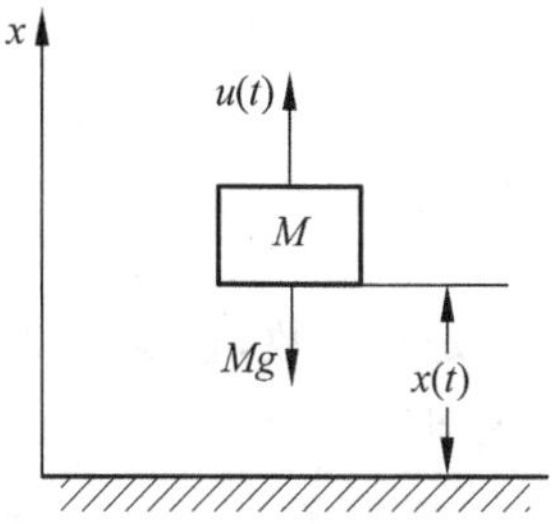

图 5-1 快速升降示意图

设在 $t=t_0$ 时,物体离地面高度为 $x(t_0)$,其垂直运动的速度为 $\dot{x}(t_0)$。现在的问题是:寻找按什么规律变化的作用力 $u(t)$,使物体 M 最快地到达地面,而且要求到达地面时的速度等于零。

为简单起见,设物体 M 的质量为 1。用 $x(t)$表示物体离地面的高度,其方向是向上为正,向下为负。根据牛顿第二定律,可写出物体 M 的运动微分方程式:

$$\frac{\mathrm{d}^2 x}{\mathrm{d}t^2}=u(t)-g$$

选择 $x_1(t)=x(t)$,$x_2(t)=\dot{x}(t)=\dot{x}_1(t)$为状态变量,于是可写出物体 M 的状态方程:

$$\begin{cases}\dfrac{\mathrm{d}x_1(t)}{\mathrm{d}t}=x_2(t)\\[2mm]\dfrac{\mathrm{d}x_2(t)}{\mathrm{d}t}=u(t)-g\end{cases}$$

其初始条件为

$$\begin{cases}x_1(t_0)=x_{10}\\x_2(t_0)=x_{20}\end{cases}$$

于是可把研究的问题变为:寻找一个满足约束条件 $|u(t)|<K$ 的控制作用力,使物体在最短的时间内从初始状态 $\boldsymbol{X}(t_0)=\{x_{10},x_{20}\}^{\mathrm{T}}$ 转移到最终状态 $\boldsymbol{X}(t_f)=\{x_1(t_f),x_2(t_f)\}^{\mathrm{T}}=\{0,0\}^{\mathrm{T}}$,而要使性能指标

$$J=\int_{t_0}^{t_f}\mathrm{d}t=t_f-t_0$$

为最小,这种控制 $u(t)$的方式,称为最优控制 $u(t)$。

例 5.2 最少能量消耗问题。

为了使宇宙飞船在月球表面实现软着陆(到达月球表面时的速度为零),要寻找发动机推力的最优控制规律,以使燃料消耗最少。

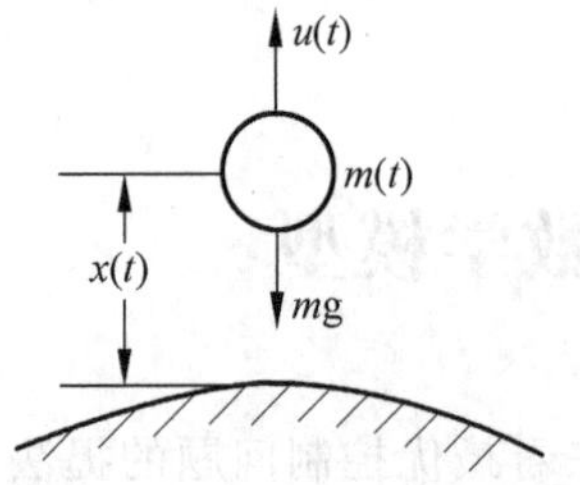

图 5-2 月球上软着陆示意图

飞船的受力情况如图 5-2 所示，用 $x(t)$ 表示飞船离月球面的高度，其方向是向上为正，它的垂直速度可表示为 $v(t)=\dot{x}(t)$，设发动机推力为 $u(t)$，飞船的质量为 $m(t)$，它应包括飞船自身的质量 M 和所带燃料的质量 F，即 $m(0)=M+F$，飞船的初始高度为 $h_0=x(t_0)$，初始速度 $v_0=\dot{x}(t_0)$，选择 $x_1(t)=x(t)$，$x_2(t)=\dot{x}(t)$，$x_3(t)=m(t)$ 为状态变量，由牛顿第二定律可写出飞船的状态方程：

$$\begin{cases}\dot{x}_1(t)=x_2(t)\\ \dot{x}_2(t)=\dfrac{u(t)}{m(t)}-g\\ \dot{x}_3(t)=\dot{m}(t)=-ku(t)\end{cases}\tag{5-1}$$

式中，k 是一常数，它表示控制力与燃料消耗率成正比的比例常数。其初始条件和端点条件为 $t=t_0$ 时

$$\begin{aligned}&x_1(t_0)=h_0,\quad x_2(t_0)=\dot{x}_1(t_0)=v_0\\&m(0)=M+F\end{aligned}\tag{5-2}$$

$t=t_f$ 时

$$x_1(t_f)=0,\quad x_2(t_f)=\dot{x}_1(t_f)=0\tag{5-3}$$

约束条件

$$0\leqslant u(t)\leqslant \alpha\tag{5-4}$$

式中，α 是发动机的最大推力。

要使燃料消耗得最少，也就是要使飞船在着陆时的质量为最大，即要求使目标函数

$$J=m(t_f)\tag{5-5}$$

达到最大值。于是我们的任务是，寻求发动机推力的最优控制规律 $u(t)$，在满足约束条件式(5-4)下，使飞船由初始状态式(5-2)转移到最终状态式(5-3)时，能使性能指标式(5-5)为最大。

根据上述控制问题的实例，可以看出一般最优控制问题包括以下几个内容：

(1) 给出系统或控制对象的状态空间表达式。状态方程反映了受控系统在运动过程中所遵循的运动规律，在集中参数的情况下，其运动规律可以用一组一阶常微分方程来描述。

对于线性系统，其状态方程为

$$\dot{\boldsymbol{X}}(t)=\boldsymbol{A}\boldsymbol{X}(t)+\boldsymbol{B}(t)\boldsymbol{u}(t)\tag{5-6}$$

对于非线性系统其状态空间表达式为

$$\dot{\boldsymbol{X}}(t)=\boldsymbol{f}[\boldsymbol{X}(t),\boldsymbol{u}(t),t]\tag{5-7}$$

式中，$\boldsymbol{X}(t)$ 为 n 维状态矢量；$\boldsymbol{u}(t)$ 为 r 维控制矢量；$\boldsymbol{A}(t)$，$\boldsymbol{B}(t)$ 为时变数矩阵；$\boldsymbol{f}$ 为 n 维矢量值函数。

(2) 给出一组状态变量的初始值及终点值的边界条件。即假定

$$\boldsymbol{X}(t_0)=\boldsymbol{X}_0,\quad \boldsymbol{X}(t_f)=\boldsymbol{X}_f\tag{5-8}$$

动态系统的运动过程，归根到底是状态空间中从一个状态到另一个状态的转移。

如果把这种转移看成是 n 维状态空间 $\mathbf{R}^n$ 中点的运动，则一个动态过程就对应于状态空间中的一条轨迹。在最优控制问题中，初始时刻 $t=t_0$ 的初始状态通常是已知的，即

$\boldsymbol{X}(t_0)=\boldsymbol{X}_0$，而到达终端的时间 t_f 和终端状态 $\boldsymbol{X}(t_f)$ 则因问题而异。就终端时间而言，它可以有两种情况，一种是固定的；另一种是变动的或自由的。

(3) 给出对控制矢量 $\boldsymbol{u}$ 和状态矢量 $\boldsymbol{X}$ 的约束条件。在一般情况下，对控制矢量的约束可看作对 $\boldsymbol{u}$ 的振幅的限制，而对状态变量 $\boldsymbol{X}$ 的约束意味状态空间允许进入一定的区域。

对于每一个控制问题来说，控制变量 $\boldsymbol{u}(t)$ 有一个取值范围。这个取值范围对应于 m 维控制空间 $\mathbf{R}^m$ 中的一个集合 $\boldsymbol{\Omega}$，于是 $\boldsymbol{u}(t)$ 的每一个值对应于集合 $\boldsymbol{\Omega}$ 中的一个元素。凡属集合 $\boldsymbol{\Omega}$ 的控制，称为容许控制。最优控制一定是容许控制，即：

$$u(t)\in\boldsymbol{\Omega}\subseteq\mathbf{R}^m$$

(4) 给出一个合理的性能指标 J。为了衡量系统工作的好坏，应根据系统的实际需要，提出一个度量标准，这个标准就是性能指标或目标函数 J。由于性能指标不仅在很大程度上确定了最优控制性能，而且也在很大程度上确定了最优控制的形式。因此性能指标的选择不仅要考虑系统性能实际需要，而且要考虑在实际中获得最优控制的物理限制。

综上所述，可把一般的最优控制问题叙述如下：

对于状态方程和约束条件为式(5-6)、式(5-7)决定的系统，最优控制问题是寻求一个满足约束条件的控制矢量 $\hat{\boldsymbol{u}}(t)\in\boldsymbol{\Omega}$，使控制系统从状态 $\boldsymbol{X}(t_0)=\boldsymbol{X}_0$ 转移到某一终止状态 $\boldsymbol{X}(t_f)\in\boldsymbol{S}$，且使性能指标为极小，这样的控制 $\hat{\boldsymbol{u}}(t)$ 称为系统的最优控制。

最优控制规律通常取决于，初始状态或初始输出、希望的状态或希望的输出、约束的性质、性能指标的性质等。因此在一种性能指标下的最优控制对另一种性能指标来说，它不一定是最优的。可见，在最优控制问题中，性能指标是非常重要的。因为性能指标的形式，决定了最优控制的形式和复杂程度，它直接影响到实际系统中实现最优控制的可能性。性能指标的确定既要考虑到它能确切地评价系统的性能，又要考虑到数学上处理的方便以及工程上的可能性。

由于实际系统千差万别，要求又各不相同。因此要提出一个能概括一切的统一的性能指标是困难的。在一般情况下，应对不同的问题，选择不同型式的性能指标。例如，在拉格朗日(Lagrange)问题中，性能指标取以下形式：

$$J=\int_{t_0}^{t_f}F(\boldsymbol{X},\boldsymbol{U},t)\,\mathrm{d}t \tag{5-9}$$

若对系统在动态过程结束时的终端状态有要求。为了突出终态性能的影响，在上述性能指标中加上一个完全取决于终态性能的项。即它的性能指标为

$$J=\Phi[\boldsymbol{X}(t_f)]+\int_{t_0}^{t_f}F(\boldsymbol{X},\boldsymbol{U},t)\,\mathrm{d}t \tag{5-10}$$

式中，$\boldsymbol{X}$ 为状态矢量；$\boldsymbol{U}$ 为控制矢量；t_0、t_f 分别为初始时间和终止时间。这一指标也称为综合性能指标。综合性能指标的最优控制问题也称为波尔萨(Bolza)问题。

应该指出：性能指标中最重要的一类是二次型性能指标，它的型式为

$$J=\int_{t_0}^{t_f}(\boldsymbol{X}^\mathrm{T}\boldsymbol{Q}\boldsymbol{X}+\boldsymbol{U}^\mathrm{T}\boldsymbol{R}\boldsymbol{U}+\cdots)\,\mathrm{d}t \tag{5-11}$$

上式中的 $\boldsymbol{Q}$ 和 $\boldsymbol{R}$ 是正定实对称矩阵，在式中起加权作用，故又称为加权矩阵。$\boldsymbol{Q}$ 和 $\boldsymbol{R}$ 常取很简单的形式。这种指标形式的含义可作如下的理解。为理解方便起见，不妨取 $\boldsymbol{Q}$ 和 $\boldsymbol{R}$ 为对角矩阵，设 $\boldsymbol{Q}$ 和 $\boldsymbol{R}$ 的元素各为 $q_1,q_2,\cdots,q_n$ 和 $r_1,r_2,\cdots,r_n$。式(5-11)中的被积函数便成为各变量的平方和，并可写成如下的展开式，即：

$$J=\int_{t_0}^{t_f}(q_1x_1^2+q_2x_2^2+\cdots+q_nx_n^2+r_1u_1^2+r_2u_2^2+\cdots+r_nu_n^2)\mathrm{d}t \tag{5-12}$$

式中的变量可以代表各色各样的物理量。例如在液压及机械系统中它可以是位移、速度、加速度、压力、流量等。如取系统的平衡状态为 $\boldsymbol{X}_l=0$，那么 $\boldsymbol{X}=(x_1,x_2,\cdots,x_n)^{\mathrm{T}}$ 便表示系统偏离平衡状态的偏差或误差。式(5-12)所表示的积分型性能指标，便具有累积偏差的性质。由于采取了偏差平方的形式，从而可以避免累积时正负偏差相互抵消，而形成虚假的最小值。被积函数中，控制作用 u 的平方具有能量的意义，使性能指标为最小，意味着所需的控制能量为最小。用加权矩阵 $\boldsymbol{Q}$ 和 $\boldsymbol{R}$ 对这两部分变量加权，以使这两部分在性能指标中所占的比重不同。不同的比重表示这两部分中对哪一部分的要求更严格些。如果在控制过程中，还要求其他变量为最小，可以将这些变量以二次型的形式一一列入性能指标中。$\boldsymbol{Q}$ 和 $\boldsymbol{R}$ 的形式与数值大小需根据具体系统的情况由设计者加以规定。较好的方法是通过计算机仿真与搜索的方法确定。

二次型性能指标具有较大的优点。它在数学处理上较为简单，应用最优控制理论，可以得到满足这种性能指标的最优控制的解析表达式，且能在较易满足的条件下，用定常线性状态反馈来实现最优控制。因而在很多实际工程系统中获得广泛应用。本书将着重讨论基于二次型性能指标的最优控制问题及其在汽车工程中的应用。

5.3 求解最优控制问题的变分方法

对于上节所述的最优控制问题，如果最优控制存在，总可以通过"硬做"的方法把它找出来。例如根据系统的微分方程 $\dot{\boldsymbol{X}}=f(\boldsymbol{X},\boldsymbol{U},t)$，假定容许控制 u 的一系列数值，计算对应的 $\boldsymbol{X}(t)$，并取出满足边界条件的那些值，然后计算对应的性能指标，最后选取性能指标 J 达到最小的控制 $\hat{\boldsymbol{U}}$。可以想象，这种"硬做"的办法，其计算量是很大的，但是如果能知道最优控制应具备的某些性质或应满足的必要条件，然后根据这些必要条件去求最优控制，这样可能就会方便一些。本节将要介绍的变分法及庞特里雅金原理，就是根据最优控制所应满足的一组必要条件来求最优控制的一种间接方法。

设系统的状态方程和初始条件为

$$\dot{\boldsymbol{X}}(t)=f(\boldsymbol{X},\boldsymbol{U},t),\quad X(0)=X_0 \tag{5-13}$$

欲求控制 $\boldsymbol{U}(t)$，使系统从已知的初始状态 $X(t_0)=X_0$ 转移到终态 $\boldsymbol{X}(t_f)$，并使性能指标

$$J=\int_{t_0}^{t_f}F(\boldsymbol{X},\boldsymbol{U},t)\mathrm{d}t \tag{5-14}$$

达到极小(或极大)。

式中，$\boldsymbol{X}(t)$为 n 维状态矢量；$\boldsymbol{U}(t)$为 r 维控制矢量；$f(\boldsymbol{X},\boldsymbol{U},t)$为 n 维连续可微矢量函数，它应具有一阶偏导数。

为了方便起见，定义 $x_i(t)(i=1,2,\cdots,n)$和 $u_j(t)(j=1,2,\cdots,r)$的一阶变分分别为 δx_i 和 δu_i，并定义 $\boldsymbol{J}$ 的一阶变分为

$$\delta\boldsymbol{J}=\int_{t_0}^{t_f}\left(\sum_{i=1}^{n}\delta x_i\frac{\partial F}{\partial x_i}+\sum_{j=1}^{r}\delta u_j\frac{\partial F}{\partial u_j}\right)\mathrm{d}t$$

$$=\int_{t_0}^{t_f}\left(\delta\boldsymbol{X}^{\mathrm{T}}\frac{\partial F}{\partial\boldsymbol{X}}+\delta\boldsymbol{U}^{\mathrm{T}}\frac{\partial F}{\partial\boldsymbol{U}}\right)\mathrm{d}t \tag{5-15}$$

式中
$$\delta\boldsymbol{X}=\{\delta x_1,\delta x_2,\cdots,\delta x_n\}^{\mathrm{T}},\quad \delta\boldsymbol{U}=\{\delta u_1,\delta u_2,\cdots,\delta u_r\}^{\mathrm{T}}$$
$$\frac{\partial F}{\partial\boldsymbol{X}}=\left\{\frac{\partial F}{\partial x_1},\frac{\partial F}{\partial x_2},\cdots,\frac{\partial F}{\partial x_n}\right\}^{\mathrm{T}},\quad \frac{\partial F}{\partial\boldsymbol{U}}=\left\{\frac{\partial F}{\partial u_1},\frac{\partial F}{\partial u_2},\cdots,\frac{\partial F}{\partial u_r}\right\}^{\mathrm{T}}$$

若控制 $\boldsymbol{U}(t)=\hat{\boldsymbol{U}}(t)$ 和对应的轨迹 $\boldsymbol{X}(t)=\hat{\boldsymbol{X}}(t)$ 是所求的最优控制和最优轨迹，则性能指标达到极值的必要条件为一阶变分等于零，即

$$\delta\boldsymbol{J}=\int_{t_0}^{t_f}\left(\delta\boldsymbol{X}^{\mathrm{T}}\frac{\partial F}{\partial\boldsymbol{X}}+\delta\boldsymbol{U}^{\mathrm{T}}\frac{\partial F}{\partial\boldsymbol{U}}\right)\mathrm{d}t=0 \tag{5-16}$$

其中 $\delta\boldsymbol{X}$ 和 $\delta\boldsymbol{U}$ 都不是任意的，它们必须满足状态方程式(5-13)，即有关系：

$$\delta\dot{\boldsymbol{X}}=\frac{\partial f}{\partial\boldsymbol{X}}\delta\boldsymbol{X}+\frac{\partial f}{\partial\boldsymbol{U}}\delta\boldsymbol{U},\quad \delta\boldsymbol{X}(t)\big|_{t=t_0}=0 \tag{5-17}$$

或
$$\frac{\mathrm{d}}{\mathrm{d}t}(\delta\boldsymbol{X})=\frac{\partial f}{\partial\boldsymbol{X}}\delta\boldsymbol{X}+\frac{\partial f}{\partial\boldsymbol{U}}\delta\boldsymbol{U}$$

显然此式可认为是状态变量为 $\delta\boldsymbol{X}$、作用函数为 $\delta\boldsymbol{U}$ 的状态方程，相应的系统矩阵 $\boldsymbol{A}=\frac{\partial f}{\partial x}$，控制矩阵 $\boldsymbol{B}=\frac{\partial f}{\partial u}$。令 $\boldsymbol{\Phi}(t,t_0)$ 是式(5-17)的状态转移矩阵，于是利用式(2-52)可写出状态方程式(5-17)的非齐次解：

$$\delta X=\boldsymbol{\Phi}(t,t_0)\delta\boldsymbol{X}\big|_{t=t_0}+\int_{t_0}^{t}\boldsymbol{\Phi}(t,\tau)\frac{\partial f(\boldsymbol{X}(\tau),\boldsymbol{U}(\tau),\tau)}{\partial\boldsymbol{U}(\tau)}\delta\boldsymbol{U}(\tau)\mathrm{d}\tau$$
$$=\int_{t_0}^{t}\boldsymbol{\Phi}(t,\tau)\frac{\partial f(\boldsymbol{X}(\tau),\boldsymbol{U}(\tau),\tau)}{\partial\boldsymbol{U}(\tau)}\delta\boldsymbol{U}(\tau)\mathrm{d}\tau$$

将此式代入式(5-16)得：

$$\delta\boldsymbol{J}=\int_{t_0}^{t_f}\left\{\int_{t_0}^{t}\delta\boldsymbol{U}^{\mathrm{T}}(\tau)\left[\frac{\partial f(\hat{\boldsymbol{X}}(\tau),\hat{\boldsymbol{U}}(\tau),\tau)}{\partial\hat{\boldsymbol{U}}(\tau)}\right]^{\mathrm{T}}\boldsymbol{\Phi}^{\mathrm{T}}(t,\tau)\mathrm{d}\tau\right\}\frac{\partial F(\hat{\boldsymbol{X}}(t),\hat{\boldsymbol{U}}(t),t)}{\partial\hat{\boldsymbol{X}}(t)}\mathrm{d}t+$$
$$\int_{t_0}^{t_f}\delta\boldsymbol{U}^{\mathrm{T}}(t)\frac{\partial F(\hat{\boldsymbol{X}}(t),\hat{\boldsymbol{U}}(t),t)}{\partial\hat{\boldsymbol{U}}(t)}\mathrm{d}t$$

调换上式中第一项积分的顺序，并把第二项的积分变量 t 改变为 τ，则可将上式改写为

$$\delta\boldsymbol{J}=\int_{t_0}^{t_f}\delta\boldsymbol{U}^{\mathrm{T}}(\tau)\left\{\left[\frac{\partial f(\hat{\boldsymbol{X}}(\tau),\hat{\boldsymbol{U}}(\tau),\tau)}{\partial\boldsymbol{U}(\tau)}\right]^{\mathrm{T}}\cdot\right.$$
$$\left.\int_{t_0}^{t_f}\boldsymbol{\Phi}^{\mathrm{T}}(t,\tau)\frac{\partial F(\hat{\boldsymbol{X}}(t),\hat{\boldsymbol{U}}(t),t)}{\partial\hat{\boldsymbol{X}}(t)}\mathrm{d}t+\frac{\partial F(\hat{\boldsymbol{X}}(\tau),\hat{\boldsymbol{U}}(\tau),\tau)}{\partial\hat{\boldsymbol{U}}(\tau)}\right\}\mathrm{d}\tau=0$$

因 $\delta\boldsymbol{U}$ 是任意微小的变分，故只有花括号{ }内的被积函数为零，即：

$$\left[\frac{\partial f(\hat{\boldsymbol{X}}(\tau),\hat{\boldsymbol{U}}(\tau),\tau)}{\partial\hat{\boldsymbol{U}}(\tau)}\right]^{\mathrm{T}}\int_{t_0}^{t_f}\boldsymbol{\Phi}^{\mathrm{T}}(t,\tau)\frac{\partial F(\hat{\boldsymbol{X}}(t),\hat{\boldsymbol{U}}(t),t)}{\partial\hat{\boldsymbol{X}}(t)}\mathrm{d}t+$$
$$\frac{\partial F(\hat{\boldsymbol{X}}(\tau),\hat{\boldsymbol{U}}(\tau),\tau)}{\partial\hat{\boldsymbol{U}}(\tau)}=0 \tag{5-18}$$

令

$$\hat{\boldsymbol{\Lambda}}(\tau)=\int_{t_0}^{t_f}\boldsymbol{\Phi}^{\mathrm{T}}(t,\tau)\frac{\partial F(\hat{\boldsymbol{X}}(t),\hat{\boldsymbol{U}}(t),t)}{\partial \hat{\boldsymbol{X}}(t)}\mathrm{d}t \tag{5-19}$$

且 $\hat{\boldsymbol{\Lambda}}(\tau)\mid_{\tau=t_f}=0$

则可将式(5-18)写成：

$$\frac{\partial}{\partial \hat{\boldsymbol{U}}(\tau)}[F(\hat{\boldsymbol{X}}(\tau),\hat{\boldsymbol{U}}(\tau),\tau)+\hat{\boldsymbol{\Lambda}}^{\mathrm{T}}(\tau)f(\hat{\boldsymbol{X}}(\tau),\hat{\boldsymbol{U}}(\tau),\tau)]=0$$

将变量 τ 改为 t，则得更一般的关系式为

$$\frac{\partial}{\partial \hat{\boldsymbol{U}}(t)}[F(\hat{\boldsymbol{X}}(t),\hat{\boldsymbol{U}}(t),t)+\hat{\boldsymbol{\Lambda}}^{\mathrm{T}}(t)f(\hat{\boldsymbol{X}}(t),\hat{\boldsymbol{U}}(t),t)]=0$$

引入哈密顿函数

$$H(\boldsymbol{X}(t),\boldsymbol{U}(t),\boldsymbol{\Lambda}(t),t)=F(\hat{\boldsymbol{X}}(t),\hat{\boldsymbol{U}}(t),t)+\hat{\boldsymbol{\Lambda}}^{\mathrm{T}}(t)f(\hat{\boldsymbol{X}}(t),\hat{\boldsymbol{U}}(t),t) \tag{5-20}$$

便可得到最优控制的必要条件，或使性能指标取极值的必要条件，即：

$$\frac{\partial H(\hat{\boldsymbol{X}}(t),\hat{\boldsymbol{U}}(t),\tilde{\boldsymbol{\Lambda}}(t),t)}{\partial \hat{\boldsymbol{U}}(t)}=0 \tag{5-21}$$

下面再来推导最优控制的另一个必要条件，把式(5-19)对时间求导得：

$$\dot{\hat{\boldsymbol{\Lambda}}}(t)=\frac{\partial}{\partial t}\int_{t}^{t_f}\boldsymbol{\Phi}^{\mathrm{T}}(\xi,t)\frac{\partial F(\hat{\boldsymbol{X}}(\xi),\hat{\boldsymbol{U}}(\xi),\xi)}{\partial \hat{\boldsymbol{X}}(\xi)}\mathrm{d}\xi \tag{5-22}$$

根据积分求导的公式得

$$\frac{\mathrm{d}}{\mathrm{d}t}\int_{x_1(y)}^{x_2(y)}f(x,y)\mathrm{d}x=\int_{x_1(y)}^{x_2(y)}\frac{\partial f(x,y)}{\partial y}\mathrm{d}x+f(x_2,y)\frac{\partial x_2}{\partial y}-f(x_1,y)\frac{\partial x_1}{\partial y}$$

注意关系 $x=\xi, y=t, x_1=t, x_2=t_f=$常数，则可将式(5-22)写为

$$\begin{aligned}\dot{\hat{\boldsymbol{\Lambda}}}=&\int_{t}^{t_f}\frac{\partial}{\partial t}\boldsymbol{\Phi}^{\mathrm{T}}(\xi,t)\cdot\frac{\partial F(\hat{\boldsymbol{X}}(\xi),\hat{\boldsymbol{U}}(\xi),\xi)}{\partial \hat{\boldsymbol{X}}(\xi)}\mathrm{d}\xi-\\&\boldsymbol{\Phi}^{\mathrm{T}}(\xi,t)\frac{\partial F(\hat{\boldsymbol{X}}(\xi),\hat{\boldsymbol{U}}(\xi),\xi)}{\partial \hat{\boldsymbol{X}}(\xi)}\cdot\frac{\partial \xi}{\partial t}\bigg|_{x_1=\xi=t}\end{aligned} \tag{5-23}$$

在求非齐次状态方程式(5-17)时，已指出式中的 $\boldsymbol{\Phi}(t,t_0)$ 是对应的齐次方程

$$\delta\dot{\boldsymbol{X}}=\frac{\partial f}{\partial \boldsymbol{X}}\delta\boldsymbol{X} \tag{5-24}$$

的状态转移矩阵，它应满足

$$\frac{\mathrm{d}}{\mathrm{d}t}[\boldsymbol{\Phi}(t,t_0)]=\frac{\partial f}{\partial X}\boldsymbol{\Phi}(t,t_0),\quad \boldsymbol{\Phi}(t_0,t_0)=\boldsymbol{I}$$

根据状态转移矩阵的性质 4，显然有关系

$$\boldsymbol{\Phi}^{\mathrm{T}}(\xi,t)=[\boldsymbol{\Phi}^{-1}(t,\xi)]^{\mathrm{T}}$$

于是由式(5-24)的伴随方程

$$\delta\dot{\boldsymbol{X}}=-\left(\frac{\partial f}{\partial \hat{\boldsymbol{X}}}\right)^{\mathrm{T}}\delta\boldsymbol{X}$$

的关系便可将式(5-23)中的时间导数因子写为

$$\frac{\partial}{\partial t}\boldsymbol{\Phi}^{\mathrm{T}}(\xi,t)=-\left[\frac{\partial f(\hat{\boldsymbol{X}}(t),\hat{\boldsymbol{U}}(t),t)}{\partial\hat{\boldsymbol{X}}(t)}\right]^{\mathrm{T}}\boldsymbol{\Phi}^{\mathrm{T}}(\xi,t)$$

将它代入式(5-23)，由式(5-19)和式(5-20)，可得：

$$\begin{aligned}\dot{\hat{\boldsymbol{\Lambda}}}&=-\boldsymbol{\Phi}^{\mathrm{T}}(\xi,t)\frac{\partial F(\hat{\boldsymbol{X}}(\xi),\hat{\boldsymbol{U}}(\xi),\xi)}{\partial\hat{\boldsymbol{X}}(\xi)}\bigg|_{\xi=t}-\\&\left[\frac{\partial f(\hat{\boldsymbol{X}}(t),\hat{\boldsymbol{U}}(t),t)}{\partial\hat{\boldsymbol{X}}(t)}\right]^{\mathrm{T}}\cdot\int_t^{t_f}\boldsymbol{\Phi}^{\mathrm{T}}(\xi,t)\frac{\partial F(\hat{\boldsymbol{X}}(\xi),\hat{\boldsymbol{U}}(\xi),\xi)}{\partial\hat{\boldsymbol{X}}(\xi)}\mathrm{d}\xi\\&=-\frac{\partial F(\hat{\boldsymbol{X}}(t),\hat{\boldsymbol{U}}(t),t)}{\partial\hat{\boldsymbol{X}}(t)}-\left[\frac{\partial f(\hat{\boldsymbol{X}}(t),\hat{\boldsymbol{U}}(t),t)}{\partial\hat{\boldsymbol{X}}(t)}\right]^{\mathrm{T}}\hat{\boldsymbol{\Lambda}}(t)\qquad(5\text{-}25)\\&=-\frac{\partial}{\partial\hat{\boldsymbol{X}}(t)}\{F(\hat{\boldsymbol{X}}(t),\hat{\boldsymbol{U}}(t),t)+\hat{\boldsymbol{\Lambda}}^{\mathrm{T}}f(\hat{\boldsymbol{X}}(t),\hat{\boldsymbol{U}}(t),t)\}\\&=-\frac{\partial}{\partial\hat{\boldsymbol{X}}(t)}H\left[\hat{\boldsymbol{X}}(t),\hat{\boldsymbol{U}}(t),\hat{\boldsymbol{\Lambda}}(t),t\right]\end{aligned}$$

$$\boldsymbol{\Lambda}(t)\big|_{t=t_f}=0$$

这就是所求的另一个最优控制的必要条件。至此，获得了在微分等式约束条件式(5-13)下，使性能指标式(5-14)取极值的两个必要条件式(5-21)和式(5-25)，即：

$$\frac{\partial H(\hat{\boldsymbol{X}}(t),\hat{\boldsymbol{U}}(t),\hat{\boldsymbol{\Lambda}},t)}{\partial\hat{\boldsymbol{U}}(t)}=0\qquad(5\text{-}26)$$

$$-\frac{\partial H(\hat{\boldsymbol{X}}(t),\hat{\boldsymbol{U}}(t),\hat{\boldsymbol{\Lambda}},t)}{\partial\hat{\boldsymbol{X}}(t)}=\dot{\hat{\boldsymbol{\Lambda}}}(t)\qquad(5\text{-}27)$$

或简写为

$$H_{\hat{U}}=\hat{\Delta}_{\hat{u}}H=0$$

$$-H_{\hat{X}}=\hat{\Delta}_{\hat{x}}H=\dot{\hat{\boldsymbol{\Lambda}}}(t)$$

例 5.3　设如图 5-3 所示单积分系统的运动方程为

$$\dot{x}=u\qquad(\mathrm{a})$$

试求使系统从状态 $x(0)=x_0$ 转移到 $x(t_f)=x_f$ 的性能指标

$$J=\int_0^{t_f}(\alpha^2x^2+\beta^2u^2)\mathrm{d}t\qquad(\mathrm{b})$$

为极小时的最优控制 u。

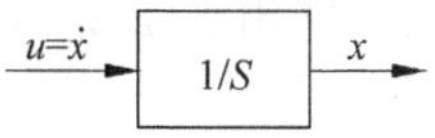

图 5-3　单积分系统

解：将式(a)、式(b)与式(5-13)、式(5-14)比较可得

$$F=\alpha^2x^2+\beta^2u^2$$

$$f=u$$

代入式(5-20)求得哈密顿函数

$$H=\alpha^2x^2+\beta^2u^2+\hat{\boldsymbol{\Lambda}}^{\mathrm{T}}(t)\cdot u$$

由必要条件[见式(5-21)和式(5-25)]可得：

$$H_{\hat{U}}=\frac{\partial H(\hat{\boldsymbol{X}}(t),\hat{\boldsymbol{U}}(t),\hat{\boldsymbol{\Lambda}}(t),t)}{\partial\hat{\boldsymbol{U}}(t)}=2\beta^2\hat{u}+\hat{\boldsymbol{\Lambda}}=0 \tag{c}$$

$$\dot{\hat{\boldsymbol{\Lambda}}}=-H_{\hat{x}}=-\frac{\partial H(\hat{\boldsymbol{X}}(t),\hat{\boldsymbol{U}}(t),\hat{\boldsymbol{\Lambda}},t)}{\partial\hat{\boldsymbol{X}}(t)}=-2\alpha^2\hat{\boldsymbol{x}}(t) \tag{d}$$

或

$$\dot{\hat{\boldsymbol{\Lambda}}}+2\alpha^2\hat{\boldsymbol{x}}(t)=0$$

由式(c)、式(d)消去$\boldsymbol{\Lambda}$可得：

$$\dot{\hat{u}}-\frac{\alpha^2}{\beta^2}\hat{x}=0 \quad 或 \quad \dot{\hat{u}}-r^2\hat{x}=0$$

其中

$$r=\frac{\alpha}{\beta}$$

代入式(a)得：

$$\ddot{\hat{x}}-r^2\hat{\boldsymbol{x}}=0$$

由此可解得：

$$\hat{X}(t)=C_1\mathrm{sh}rt+C_2\mathrm{ch}rt \tag{e}$$

代入初始条件 $t=0,x=x(0)=x_0,\dot{x}=\dot{x}(0)=u(0)$

得：

$$x(0)=C_2,\dot{\hat{x}}(0)=C_1r$$

由此两式解出积分常数 C_1 和 C_2 代入式(e)得：

$$\hat{X}(t)=\frac{u(0)}{r}\mathrm{sh}rt+x(0)\mathrm{ch}rt \tag{f}$$

代入终点条件得：

$$\hat{x}(t_f)=x_f$$

由此式可求得：

$$u(0)=r\,\frac{x_f-x_0\mathrm{ch}rt_f}{\mathrm{sh}rt_f}$$

将上式代入式(f)得：

$$\hat{x}(t)=x_0\mathrm{ch}rt+\frac{x_f-x_0\mathrm{ch}rt_f}{\mathrm{sh}rt_f}\cdot\mathrm{sh}rt$$

若 $t_f\to\infty$，则：

$$\begin{aligned}\hat{x}(t)&=x_0(\mathrm{ch}rt-\mathrm{sh}rt)\\ \hat{u}(t)&=\dot{\hat{x}}(t)=rx_0(\mathrm{sh}rt-\mathrm{ch}rt)\end{aligned} \tag{g}$$

在这种情况下，最优控制 $\hat{u}(t)$为开环控制，因为它仅是初始状态 x_0 和时间 t 的函数。假如 x_0 能用 $x(t)$来表示，就能得到反馈控制，即：

$$x_0=\frac{\mathrm{sh}rt_f}{\mathrm{sh}rt_f\mathrm{ch}rt-\mathrm{ch}rt_f\mathrm{sh}rt}\left[\hat{x}(t)-\frac{x_f}{\mathrm{sh}rt_f}\mathrm{sh}rt\right]$$

将它代入 $\hat{u}(t)$的表达式中，则 $u(t)$是一个关于 $x(t)$的线性反馈函数。若 $t_f\to\infty$ 时，则可得到如下简单的关系：

$$x_0=\frac{1}{\mathrm{ch}rt-\mathrm{sh}rt}\hat{x}(t)=\mathrm{e}^{rt}x(t)$$

代入式(g)得：

$$\hat{u}(t)=-r\hat{x}(t)$$

这种关系的方框图如图 5-4 所示。

从以上的分析可知：当 x_f 和 t_f 固定时，虽然原系统为定常系统，但所求得的最优控制规律却为线性时变的。若 $t_f\to\infty$，则所求得的最优控制规律却为线性定常的。而系数 $r=\frac{\alpha}{\beta}$ 反映了所加控制的“权”，若 r 较大，反映了需要用较大幅度的控制去换取较小的误差；反之，若 r 小，则控制幅度小，导致较大的误差。

例 5.4　图 5-5 所示为磁场控制的直流电机，当电枢电流 I_a 为常值时，其运动方程为

$$\frac{L_f}{R_f}\frac{J}{f}\frac{\mathrm{d}^3\theta}{\mathrm{d}t^3}+\left(\frac{L_f}{R_f}+\frac{J}{f}\right)\frac{\mathrm{d}^2\theta}{\mathrm{d}t^2}+\frac{\mathrm{d}\theta}{\mathrm{d}t}=\frac{K_i}{R_f f}u_f$$

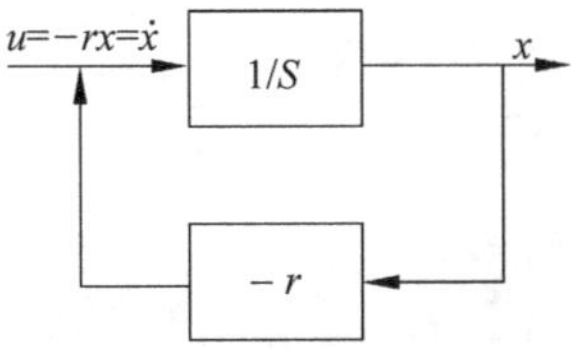

图 5-4　反馈系统框图

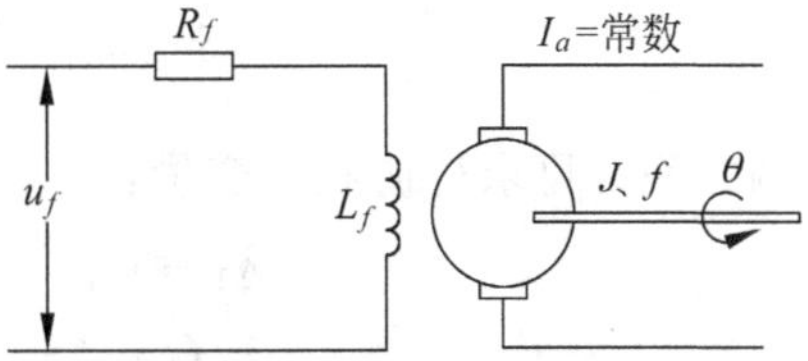

图 5-5　磁场控制的直流电机

若不计励磁回路的电感 L_f 及摩擦阻尼 f 的影响，则可将此运动方程简化为

$$J\frac{\mathrm{d}^2\theta}{\mathrm{d}t^2}=Ku_f$$

式中，J 为转动部分的转动惯量；θ 为电机轴的角位移；u_f 为励磁电压；R_f 为励磁回路的电阻；K_i 为电机常数，$K=\frac{K_i}{R_f}$。

试求此磁场控制的直流电机在规定的时间 $0\leqslant t<t_f$ 内，从初试状态 θ_0 到终态 θ_f 所消耗的能量最小的控制规律，即要求使性能指标

$$J=\int_0^t u_f^2(t)\,\mathrm{d}t \tag{a}$$

为最小的控制。

解：选择 $x_1=\theta, x_2=\dot{x}_1=\dot{\theta}$ 为状态变量，则可由题设的运动微分方程写出系统的状态方程和起始条件与终端条件为

$$\begin{bmatrix}\dot{x}_1\\ \dot{x}_2\end{bmatrix}=\begin{bmatrix}0 & 1\\ 0 & 0\end{bmatrix}\begin{bmatrix}x_1\\ x_2\end{bmatrix}+\begin{bmatrix}0\\ \frac{K}{J}\end{bmatrix}u \tag{b}$$

$$\begin{bmatrix}x_1(0)\\ x_2(0)\end{bmatrix}=\begin{bmatrix}\theta_0\\ 0\end{bmatrix}\qquad\begin{bmatrix}x_1(t_f)\\ x_2(t_f)\end{bmatrix}=\begin{bmatrix}0\\ 0\end{bmatrix} \tag{c}$$

与公式(5-13)和公式(5-14)比较，与本题相应的 $f(\boldsymbol{X},\boldsymbol{U},t)$ 和 $F(\boldsymbol{X},\boldsymbol{U},t)$ 分别为

$$f(\boldsymbol{X},\boldsymbol{U},t)=\begin{bmatrix}0 & 1\\ 0 & 0\end{bmatrix}\begin{bmatrix}x_1\\ x_2\end{bmatrix}+\begin{bmatrix}0\\ \frac{K}{J}\end{bmatrix}u$$

$$F=(\boldsymbol{X},\boldsymbol{U},t)=u^2(t)$$

代入式(5-20)可求得相应的哈密顿函数为

$$\begin{aligned} H(\boldsymbol{X}(t),\boldsymbol{U}(t),\boldsymbol{\Lambda}(t),t) &= F(\hat{\boldsymbol{X}}(t)\cdot\boldsymbol{U}(t)\cdot t)+\boldsymbol{\Lambda}^{\mathrm{T}}(t)f(\boldsymbol{X}(t)\cdot\boldsymbol{U}(t)\cdot t) \\ &= u^2(t)+\begin{bmatrix}\lambda_1 & \lambda_2\end{bmatrix}\begin{bmatrix}x_2 \\ \frac{K}{J}u\end{bmatrix} \\ &= u^2(t)+\lambda_1 x_2+\lambda_2\frac{K}{J}u \end{aligned}$$

代入必要条件式(5-25)得：

$$\begin{cases}\dot{\lambda}_1=-\dfrac{\partial H}{\partial x_1}=0 \\ \dot{\lambda}_2=-\dfrac{\partial H}{\partial x_2}=-\lambda_1\end{cases}$$

对以上两式积分可求得协状态变量：

$$\begin{cases}\lambda_1=C_1 \\ \lambda_2(t)=-(C_1t+C_2)\end{cases}$$

再代入另一个必要条件[见式(5-21)]得：

$$\frac{\partial H}{\partial u}=2u(t)+\lambda_2\frac{K}{J}=0$$

由此解得：

$$u(t)=-\lambda_2\frac{K}{2J}=\frac{K}{2J}(C_1t+C_2) \tag{d}$$

将所求的控制 $u(t)$ 代入状态方程，得：

$$\begin{aligned} x_2(t) &= \int\dot{x}_2(t)\cdot\mathrm{d}t=\int\frac{K}{J}u(t)\mathrm{d}t \\ &= \frac{K^2}{2J^2}\int(C_1t+C_2)\mathrm{d}t=\frac{K^2}{2J^2}\left(\frac{C_1t^2}{2}+C_2t+C_3\right) \\ x_1(t) &= \int x_2(t)\mathrm{d}t=\frac{K^2}{2J^2}\int\left(\frac{C_1t^2}{2}+C_2t+C_3\right)\mathrm{d}t \\ &= \frac{K^2}{2J^2}\left(\frac{C_1t^2}{6}+\frac{C_2t^2}{2}+C_3t+C_4\right) \end{aligned} \tag{e}$$

将式(c)的边界条件代入上两式得：

$$x_1(0)=\theta_0=\frac{K^2}{2J^2}C_4$$

$$x_2(0)=0=\frac{K^2}{2J^2}C_3$$

$$x_1(t_f)=0=\frac{K^2}{2J^2}\left(\frac{C_1t_f^3}{6}+\frac{C_2t_f^2}{2}+C_3t_f+C_4\right)$$

$$x_2(t_f)=0=\frac{K^2}{2J^2}\left(\frac{C_1t_f^2}{2}+C_2t_f+C_3\right)$$

由此可解出：

$$C_1=\frac{24\theta_0 J^2}{t_f^3K^2},\quad C_2=\frac{-12\theta_0 J^2}{t_f^2K^2}$$

$$C_3=0,\quad C_4=\frac{2\theta_0 J^2}{K^2}$$

代入式(d)和式(e)便可求得最优控制电压和状态变量的变化规律，即：

$$u(t)=\frac{6\theta_0 J}{Kt_f^2}\left(\frac{2}{t_f}t-1\right)$$

$$x_1(t)=2\theta_0\frac{t^3}{t_f^3}+3\theta_0\frac{t^2}{t_f^2}+\theta_0$$

$$x_2(t)=6\theta_0 t\left(\frac{t}{t_f}-1\right)/t_f^2$$

5.4　具有二次型性能指标的线性系统的最优控制

为了获得极值控制，采用上节所述的变分法及庞特里雅金原理有可能导致非线性两点边值问题。除特殊情况外，最优问题的解都是很复杂的，通常需借助于数值解。但是由于表达式的形式复杂，难以构成最优反馈系统。

对于线性系统，若取状态变量或控制变量的二次函数的积分作为性能指标函数时，这种状态系统最优化问题称为线性系统二次性能指标的最优控制问题，简称为线性二次型问题或线性调节器问题。在自动控制系统中，线性二次型占有重要地位。一方面，许多控制问题可以化为线性二次型，特别是汽车中的控制问题大多是线性二次型问题；另一方面，这种问题在理论上也比较成熟。应用极小值原理可求得最优解的统一的解析表达式，且可导出一个简单的状态线性反馈控制规律，其计算和工程实现都比较容易。正因为如此，线性二次型问题对于从事自动控制的理论工作者和工程技术人员都具有很大的吸引力。目前对这种最优反馈系统的结构、性质及设计方面已进行了许多有效的研究和应用。可以说，线性二次型问题是现代控制理论及其应用中最富有成果的一部分。因此本节将对此做比较深入的介绍。

5.4.1　二次性指标及其涵义

对于状态方程和输出方程为

$$\begin{cases}\dot{\boldsymbol{X}}(t)=\boldsymbol{A}(t)\boldsymbol{X}(t)+\boldsymbol{B}(t)\boldsymbol{u}(t)\\ \boldsymbol{y}(t)=\boldsymbol{C}(t)\boldsymbol{X}(t)\end{cases}\tag{5-28}$$

的线性控制系统，在工程实际中，总是希望选择一种控制使其输出 $y(t)$ 尽量接近某一理想输出 $y_r(t)$。在经典控制论中，曾提出用偏差 $e(t)=y_r(t)-y(t)$ 的平方积分来评价控制系统的好坏，即用评价函数

$$J=\int_0^{\infty} e^2(t)\mathrm{d}t$$

作为评价反馈系统优劣的准则。就单输入单输出的系统来讲，若系统的零输入$[y_r(t)=0]$响应为 $y(t)$，则：

$$\boldsymbol{J}=\int_0^{\infty} e^2(t)\mathrm{d}t=\int_t^{\infty} y^2(t)\mathrm{d}t \tag{5-29}$$

显然可以看出，使积分式(5-29)足够小的控制 $u(t)$，将使输出 $y(t)$的衰减足够快，这是因为一个有激烈振荡的响应方程式(5-29)的数值不会太小。但是 $y(t)$的衰减越快，控制 $u(t)$的幅度会越大。可以证明，使积分式(5-29)达最小的控制 $u(t)$为无穷大，显然这是不现实的。这是因为任何物理系统，其控制量的大小总是受到限制的。一个具有工程实际意义的设计，必须考虑控制所受的约束。在控制理论中，限制控制量过大的一种办法是在性能指标[式(5-29)]的被积函数中增加一个控制的惩罚项，即：

$$\boldsymbol{J}=\int_0^{\infty}[y^2(t)+\rho u^2(t)]\cdot\mathrm{d}t \tag{5-30}$$

式中，$\rho>0$，是一加权函数，若将式(5-30)作为性能指标函数，即使 J 最小的控制 $u(t)$存在，当 ρ 越大，$u(t)$的幅度越小，当然 $y(t)$的衰减速度也会越慢。若 ρ 取值适当，便会使输出 $y(t)$的衰减速度足够快，而控制 $u(t)$的幅度有不致过大，阻尼也令人满意。

将输出方程式(5-28)代入式(5-30)，得：

$$\begin{aligned}\boldsymbol{J}&=\int_0^{\infty}[\boldsymbol{X}^{\mathrm{T}}(t)\boldsymbol{C}^{\mathrm{T}}(t)\boldsymbol{C}(t)\boldsymbol{X}(t)+\rho\boldsymbol{u}^2(t)]\mathrm{d}t\\&=\int_0^{\infty}[\boldsymbol{X}^{\mathrm{T}}(t)\boldsymbol{Q}(t)\boldsymbol{X}(t)+\rho\boldsymbol{u}^2(t)]\mathrm{d}t\end{aligned} \tag{5-31}$$

其中，$\boldsymbol{Q}(t)=\boldsymbol{C}^{\mathrm{T}}(t)\boldsymbol{C}(t)$，是一个 $n\times n$ 阶非负定对称矩阵。$\boldsymbol{Q}(t)$中各元素的大小表示相应状态分量在性能指标[见式(5-31)]中所占的比重。因此，$\boldsymbol{Q}(t)$阵称为状态加权阵。它的选择是灵活的，前面 $\boldsymbol{Q}(t)=\boldsymbol{C}^{\mathrm{T}}(t)\boldsymbol{C}(t)$仅仅是它的一种特例。对于 $\boldsymbol{Q}(t)$阵不同的选择，将会导致系统品质的明显差异。

对于多输入系统，$\boldsymbol{u}(t)$是一向量。在这种情况下对控制向量的约束可用 $\boldsymbol{u}^{\mathrm{T}}(t)\boldsymbol{R}(t)\boldsymbol{u}(t)$来表示，其中 $\boldsymbol{R}(t)$是 $m\times m$ 正定对称矩阵。实际上，$\boldsymbol{u}^{\mathrm{T}}(t)\boldsymbol{R}(t)\boldsymbol{u}(t)$是一个与控制功率成正比的量，其积分表示控制过程中所消耗的能量，这时性能指标式(5-31)可改写为

$$\boldsymbol{J}=\int_0^{\infty}[\boldsymbol{X}^{\mathrm{T}}(t)\boldsymbol{Q}(t)\boldsymbol{X}(t)+\boldsymbol{u}^{\mathrm{T}}(t)\boldsymbol{R}(t)\boldsymbol{u}(t)]\mathrm{d}t \tag{5-32}$$

其中积分限由 $0\sim\infty$改为从 $t_0\sim t_f$，是表示控制时间(t_0-t_f)是有限的。对于有限时间最优控制问题，使性能指标[见式(5-30)]为最小的控制过程，其状态偏差 $x(t)$，$t\in(t_0\quad t_f)$也会最小。如果实际问题中对终态控制精度要求较高(如宇航会合问题)，为了保证在终端时刻 t_f 的偏差很小，就需要在式(5-32)的基础上增加一个终态二次型的终端性能指标项 $\boldsymbol{X}^{\mathrm{T}}(t_f)\boldsymbol{S}\boldsymbol{X}(t_f)$，于是有：

$$J=\boldsymbol{X}^{\mathrm{T}}(t_f)\boldsymbol{S}\boldsymbol{X}(t_f)+\int_{t_0}^{t_f}[\boldsymbol{X}^{\mathrm{T}}(t)\boldsymbol{Q}(t)\boldsymbol{X}(t)+\boldsymbol{u}^{\mathrm{T}}(t)\boldsymbol{R}(t)\boldsymbol{u}(t)]\mathrm{d}t \tag{5-33}$$

式中的矩阵 $\boldsymbol{S}$、$\boldsymbol{Q}(t)$和 $\boldsymbol{R}(t)$中的每一个元素，都是其对应二次项的系数。二次项的系数应这样来选择，使对于重要的状态偏差分量 $\boldsymbol{X}_i^2(t)$控制分量 $u_p^2(t)$，其系数取大值；对于次要的状态分量 $x_j^2(t)$或控制分量 $u_g^2(t)$，其系数取小值；对于互不相关的状态偏差分量

$\boldsymbol{X}_i(t)\boldsymbol{X}_j(t)$或控制分量 $\boldsymbol{u}_p(t)\boldsymbol{u}_g(t)$，其系数取零值。这样性能指标[见式(5-33)]则更加确切地反映出对系统的实际要求。因此，矩阵 $\boldsymbol{S}$、$\boldsymbol{Q}(t)$ 和 $\boldsymbol{R}(t)$ 是权衡控制过程中各个偏差分量和控制分量重要程度的加权矩阵，从物理意义上看，$\boldsymbol{S}$、$\boldsymbol{Q}(t)$ 至少是非负定的，而 $\boldsymbol{R}(t)$ 则应是正定的。关于这些加权函数的选择，将在本书的后面介绍，下面是在加权矩阵已经选定的情况下来研究线性调节器的最优控制。

5.4.2 线性调节器问题的解

在对线性二次型问题及其性能指标的意义有所了解的基础上，本节将用 5.3 节介绍的变分法和庞特里雅金原理来求此线性调节器问题的最优控制。

设系统可控，其状态方程为

$$\dot{\boldsymbol{X}} = \boldsymbol{A}\boldsymbol{X} + \boldsymbol{B}\boldsymbol{U} = f(\boldsymbol{X}, \boldsymbol{U}, t) \tag{5-34}$$

系统的性能指标为如下形式的二次型函数

$$\boldsymbol{J} = \int_0^{t_f} \frac{1}{2}(\boldsymbol{X}^{\mathrm{T}}\boldsymbol{Q}\boldsymbol{X} + \boldsymbol{U}^{\mathrm{T}}\boldsymbol{R}\boldsymbol{U})\mathrm{d}t = \int_0^{t_f} F(\boldsymbol{X}, \boldsymbol{U}, t)\mathrm{d}t \tag{5-35}$$

试确定系统的最优控制 $Uopt(t)$ 使性能指标[见式(5-35)]具有最小值，这个问题称为线性调节器问题。式中 $\boldsymbol{Q}$、$\boldsymbol{R}$ 为两个正实对称矩阵，$\boldsymbol{X}$ 是 n 维状态矢量，$\boldsymbol{U}$ 为 r 维控制矢量，$\boldsymbol{A}$、$\boldsymbol{B}$、$\boldsymbol{Q}$、$\boldsymbol{R}$ 均可能为时变的。

将公式(5-34)和式(5-35)中的 $f(\boldsymbol{X}, \boldsymbol{U}, t)$、$F(\boldsymbol{X}, \boldsymbol{U}, t)$ 代入式(5-20)，可写出线性调节器系统的哈密顿函数为

$$\begin{aligned} H(\boldsymbol{X}, \boldsymbol{U}, \boldsymbol{\Lambda}, t) &= F(\boldsymbol{X}, \boldsymbol{U}, t) + \boldsymbol{\Lambda}^{\mathrm{T}} f(\boldsymbol{X}, \boldsymbol{U}, t) \\ &= \frac{1}{2}(\boldsymbol{X}^{\mathrm{T}}\boldsymbol{Q}\boldsymbol{X} + \boldsymbol{U}^{\mathrm{T}}\boldsymbol{R}\boldsymbol{U}) + \boldsymbol{\Lambda}^{\mathrm{T}}(\boldsymbol{A}\boldsymbol{X} + \boldsymbol{B}\boldsymbol{U}) \end{aligned} \tag{5-36}$$

根据最优控制的必要条件，如式(5-21)，可得：

$$\frac{\partial H}{\partial \boldsymbol{U}} = \begin{bmatrix} \dfrac{\partial H}{\partial u_1} \\ \dfrac{\partial H}{\partial u_2} \\ \vdots \\ \dfrac{\partial H}{\partial u_r} \end{bmatrix} = 0$$

即：

$$\frac{\partial}{\partial \boldsymbol{U}}(\boldsymbol{\Lambda}^{\mathrm{T}}\boldsymbol{B}\boldsymbol{U}) + \frac{\partial}{\partial \boldsymbol{U}}\left(\frac{1}{2}\boldsymbol{U}^{\mathrm{T}}\boldsymbol{R}\boldsymbol{U}\right) = \boldsymbol{B}^{\mathrm{T}}\boldsymbol{\Lambda} + \boldsymbol{R}\boldsymbol{U} = 0$$

由此可求得系统的最优控制：

$$\boldsymbol{U}_{\mathrm{opt}} = \hat{\boldsymbol{U}} = -\boldsymbol{R}^{-1}\boldsymbol{B}^{\mathrm{T}}\boldsymbol{\Lambda} \tag{5-37}$$

为了求出式中的协状态变量 $\boldsymbol{\Lambda}$，需要利用最优控制的另一个必要条件，如式(5-25)，则：

$$\begin{aligned} \dot{\boldsymbol{\Lambda}} &= -\frac{\partial H}{\partial \boldsymbol{X}} = -\frac{\partial}{\partial \boldsymbol{X}}\left[\frac{1}{2}(\boldsymbol{X}^{\mathrm{T}}\boldsymbol{Q}\boldsymbol{X} + \boldsymbol{U}^{\mathrm{T}}\boldsymbol{R}\boldsymbol{U}) + \boldsymbol{\Lambda}^{\mathrm{T}}(\boldsymbol{A}\boldsymbol{X} + \boldsymbol{B}\boldsymbol{U})\right] \\ &= -\boldsymbol{A}^{\mathrm{T}}\boldsymbol{\Lambda} - \boldsymbol{Q}\boldsymbol{X} \end{aligned} \tag{5-38}$$

将式(5-37)代入式(5-34)得：

$$\dot{\boldsymbol{X}}=\boldsymbol{A}\boldsymbol{X}-\boldsymbol{B}\boldsymbol{R}^{-1}\boldsymbol{B}^{\mathrm{T}}\boldsymbol{\Lambda} \tag{5-39}$$

将式(5-38)和式(5-39)联立写成矩阵型式：

$$\begin{bmatrix}\dot{\boldsymbol{X}}\\ \dot{\boldsymbol{\Lambda}}\end{bmatrix}=\begin{bmatrix}\boldsymbol{A} & -\boldsymbol{B}\boldsymbol{R}^{-1}\boldsymbol{B}^{\mathrm{T}}\\ -\boldsymbol{Q} & -\boldsymbol{A}^{\mathrm{T}}\end{bmatrix}\begin{bmatrix}\boldsymbol{X}\\ \boldsymbol{\Lambda}\end{bmatrix} \tag{5-40}$$

显然可把它视为关于新状态变量$\begin{bmatrix}\boldsymbol{X}\\ \boldsymbol{\Lambda}\end{bmatrix}$的齐次状态方程，其中$\boldsymbol{\Lambda}$是新引入的状态变量，故称为协状态变量。利用状态转移矩阵和边界条件求解此方程时，就会发现状态变量$\boldsymbol{X}$和协状态变量$\boldsymbol{\Lambda}$间存在着某种线性关系，因此可令

$$\boldsymbol{\Lambda}(t)=\boldsymbol{L}(t)\boldsymbol{X}(t) \tag{5-41}$$

式中，$\boldsymbol{L}$为$n\times n$阶矩阵，它可以是时变的。将式(5-41)微分代入式(5-38)得：

$$\dot{\boldsymbol{L}}\boldsymbol{X}+\boldsymbol{L}\dot{\boldsymbol{X}}=-\boldsymbol{A}^{\mathrm{T}}\boldsymbol{L}\boldsymbol{X}-\boldsymbol{Q}\boldsymbol{X}$$

再将式(5-39)代入上式得：

$$\dot{\boldsymbol{L}}\boldsymbol{X}+\boldsymbol{L}\boldsymbol{A}\boldsymbol{X}-\boldsymbol{L}\boldsymbol{B}\boldsymbol{R}^{-1}\boldsymbol{B}^{\mathrm{T}}\boldsymbol{L}\boldsymbol{X}+\boldsymbol{A}^{\mathrm{T}}\boldsymbol{L}\boldsymbol{X}+\boldsymbol{Q}\boldsymbol{X}=0$$

为了使上式对一切$\boldsymbol{X}$均成立，只有$\boldsymbol{X}$的系数矩阵为零，由此便可得到$\boldsymbol{L}$应满足的微分方程：

$$\dot{\boldsymbol{L}}=-\boldsymbol{L}\boldsymbol{A}+\boldsymbol{L}\boldsymbol{B}\boldsymbol{R}^{-1}\boldsymbol{B}^{\mathrm{T}}\boldsymbol{L}-\boldsymbol{A}^{\mathrm{T}}\boldsymbol{L}-\boldsymbol{Q} \tag{5-42}$$

这是一个非线性偏微分方程，一般称为黎卡提方程，求解此方程需要利用它的边界条件。

当性能指标取拉格朗日形式式(5-31)，在$\boldsymbol{X}(t_f)$和$\boldsymbol{U}(t)$无约束的情况下，根据式(5-19)，可得边界条件：

$$\boldsymbol{L}(t_f)=0$$

若性能指标取波尔萨形式：

$$\boldsymbol{J}=\frac{1}{2}\boldsymbol{X}^{\mathrm{T}}(t_f)\boldsymbol{S}\boldsymbol{X}(t_f)+\frac{1}{2}\int_0^{t_f}(\boldsymbol{X}^{\mathrm{T}}\boldsymbol{Q}\boldsymbol{X}+\boldsymbol{U}^{\mathrm{T}}\boldsymbol{R}\boldsymbol{U})\mathrm{d}t$$

可以证明黎卡提方程式(5-42)仍然成立，只是相应的边界条件变为

$$\boldsymbol{L}(t_f)=\boldsymbol{S}(t_f)$$

将式(5-42)求出的$\boldsymbol{L}$矩阵代入式(5-41)和式(5-37)，便可求得线性调节器的最优控制规律，即：

$$\boldsymbol{U}_{\mathrm{opt}}=\hat{\boldsymbol{U}}=-\boldsymbol{R}^{-1}\boldsymbol{B}^{\mathrm{T}}\boldsymbol{\Lambda}=-\boldsymbol{R}^{-1}\boldsymbol{B}^{\mathrm{T}}\boldsymbol{L}\boldsymbol{X} \tag{5-43}$$

由式(5-43)可以看出，最优控制$\hat{\boldsymbol{U}}$与初始状态$\boldsymbol{X}(0)$无关，即不论初始状态如何，由式(5-43)所形成的反馈控制均能使性能指标$\boldsymbol{J}$达到极小。也就是说，在线性调节器中，对于所有的初始状态，按

$$\boldsymbol{U}=-\boldsymbol{R}^{-1}\boldsymbol{B}^{\mathrm{T}}\boldsymbol{L}\boldsymbol{X}=-\boldsymbol{K}\boldsymbol{X} \tag{5-44}$$

构成的反馈控制始终能使系统保持最优。而矩阵

$$\boldsymbol{K}=\boldsymbol{R}^{-1}\boldsymbol{B}^{\mathrm{T}}\boldsymbol{L} \tag{5-45}$$

给出了反馈控制的时变反馈系数或称为最优反馈增益矩阵。

公式(5-44)表明，对于线性调节器问题[见式(5-34)和见式(5-35)]，最优控制是根据全

部状态变量 $\boldsymbol{X}(t)$ 的最优线性负反馈。这是线性二次型问题的一个重要结论。图 5-6 表示了线性二次型问题最优控制框图。

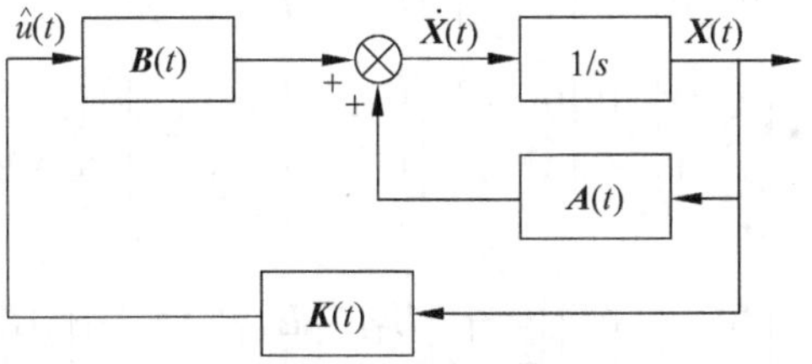

图 5-6　线性二次型问题最优控制框图

当 $\boldsymbol{A}$、$\boldsymbol{B}$、$\boldsymbol{Q}$、$\boldsymbol{R}$ 为定常系统可控，且 $t_f \to \infty$ 时，黎卡提方程式(5-42)将变成一组代数方程

$$-\boldsymbol{LA}-\boldsymbol{A}^{\mathrm{T}}\boldsymbol{L}+\boldsymbol{LBR}^{-1}\boldsymbol{B}^{\mathrm{T}}\boldsymbol{L}-\boldsymbol{Q}=0 \tag{5-46}$$

此方程称为退化的黎卡提方程。当系统的阶数不太高时，可以直接求解此方程，而得到最优反馈控制 $\hat{\boldsymbol{U}}=-\boldsymbol{R}^{-1}\boldsymbol{B}^{\mathrm{T}}\boldsymbol{LX}$，显然，此反馈控制系统不随时间变化。

最后还可指出，对于上述线性定常调节系统，当满足①$(\boldsymbol{A},\boldsymbol{B})$可控；②$(\boldsymbol{A},\boldsymbol{Q})$可观测时，则最优控制的解存在，且是唯一的，同时方程式(5-46)的解为正定。所研究的为闭环系统。

$$\dot{\boldsymbol{X}}=\boldsymbol{AX}+\boldsymbol{Bu}=\boldsymbol{AX}+\boldsymbol{B}(-\boldsymbol{KX})=(\boldsymbol{A}-\boldsymbol{BK})\boldsymbol{X}$$

是大范围渐近稳定的，其性能指标的极小值为

$$\boldsymbol{J}_{\min}=\boldsymbol{X}^{\mathrm{T}}(0)\boldsymbol{LX}(0)$$

例 5.5　若系统的状态方程及输出方程分别为

$$\begin{bmatrix}\dot{x}_1\\ \dot{x}_2\end{bmatrix}=\begin{bmatrix}0 & 1\\ 0 & 0\end{bmatrix}\begin{bmatrix}x_1\\ x_2\end{bmatrix}-\begin{bmatrix}0 & 0\\ 0 & 1\end{bmatrix}\begin{bmatrix}0\\ u\end{bmatrix} \tag{a}$$

$$y=\begin{bmatrix}1 & 0\end{bmatrix}\begin{bmatrix}x_1\\ x_2\end{bmatrix} \tag{b}$$

试求使性能指标

$$\boldsymbol{J}=\frac{1}{2}\int_0^{\infty}(\boldsymbol{X}^{\mathrm{T}}\boldsymbol{QX}+\boldsymbol{U}^{\mathrm{T}}\boldsymbol{RU})\mathrm{d}t \tag{c}$$

达到极小的最优反馈控制增益矩阵 $\boldsymbol{K}$，式中

$$\boldsymbol{Q}=\begin{bmatrix}a_{11} & 0\\ 0 & a_{22}\end{bmatrix}\quad \boldsymbol{R}=\begin{bmatrix}r & 0\\ 0 & r\end{bmatrix}$$
$$\boldsymbol{A}=\begin{bmatrix}0 & 1\\ 0 & 0\end{bmatrix}\quad \boldsymbol{B}=\begin{bmatrix}0 & 0\\ 0 & 1\end{bmatrix} \tag{d}$$

解：系统的最优控制反馈增益矩阵可由式(5-45)得到：

$$\boldsymbol{K}=\boldsymbol{R}^{-1}\boldsymbol{B}^{\mathrm{T}}\boldsymbol{L} \tag{e}$$

对于研究的系统式(e)中的 $\boldsymbol{L}$ 可假设为

$$\boldsymbol{L}=\begin{bmatrix}L_{11} & L_{12}\\ L_{21} & L_{22}\end{bmatrix}$$

它可以用黎卡提方程式(5-46)求得，即：

$$-\begin{bmatrix}L_{11} & L_{12}\\ L_{21} & L_{22}\end{bmatrix}\begin{bmatrix}0 & 1\\ 0 & 0\end{bmatrix}-\begin{bmatrix}0 & 0\\ 1 & 0\end{bmatrix}\begin{bmatrix}L_{11} & L_{12}\\ L_{21} & L_{22}\end{bmatrix}$$

$$+\begin{bmatrix}L_{11} & L_{12}\\ L_{21} & L_{22}\end{bmatrix}\begin{bmatrix}0 & 0\\ 0 & 1\end{bmatrix}\frac{1}{r}\begin{bmatrix}0 & 0\\ 0 & 1\end{bmatrix}\begin{bmatrix}L_{11} & L_{12}\\ L_{21} & L_{22}\end{bmatrix}-\begin{bmatrix}a_{11} & 0\\ 0 & a_{22}\end{bmatrix}=\begin{bmatrix}0 & 0\\ 0 & 0\end{bmatrix}$$

或

$$\begin{bmatrix}0 & L_{11}\\ 0 & L_{21}\end{bmatrix}+\begin{bmatrix}0 & 0\\ L_{11} & L_{12}\end{bmatrix}-\frac{1}{r}\begin{bmatrix}L_{11} & L_{12}\\ L_{21} & L_{22}\end{bmatrix}\begin{bmatrix}0 & 0\\ 0 & 1\end{bmatrix}\begin{bmatrix}L_{11} & L_{12}\\ L_{21} & L_{22}\end{bmatrix}+$$

$$\begin{bmatrix}a_{11} & 0\\ 0 & a_{22}\end{bmatrix}=\begin{bmatrix}0 & 0\\ 0 & 0\end{bmatrix}$$

经矩阵运算后比较两端矩阵元素可得如下代数方程组：

$$\begin{cases}-\dfrac{L_{12}L_{21}}{r}+a_{11}=0\\ L_{11}-\dfrac{L_{12}L_{22}}{r}=0\\ L_{11}-\dfrac{L_{21}L_{22}}{r}=0\\ L_{12}+L_{21}-\dfrac{L_{22}^2}{r}+a_{22}=0\end{cases}$$

由以上方程组可解得：

$$\begin{cases}L_{12}=L_{21}=\pm\sqrt{a_{11}r}\\ L_{22}=\pm\left(a_{22}r+2r\sqrt{a_{11}r}\right)^{\frac{1}{2}}\\ L_{11}=\pm\left(a_{11}a_{22}\pm 2a_{11}\sqrt{a_{11}r}\right)^{\frac{1}{2}}\end{cases}$$

将它们代入式(e)便可得最优控制：

$$\hat{\boldsymbol{u}}=-\boldsymbol{R}^{-1}\boldsymbol{B}^{\mathrm{T}}\boldsymbol{L}\boldsymbol{X}=-\frac{1}{r}(L_{12}x_1+L_{22}x_2)$$

$$=-\frac{1}{r}\left[\sqrt{a_{11}r}\,x_1+\left(a_{22}r+2r\sqrt{a_{11}r}\right)^{\frac{1}{2}}x_2\right] \tag{f}$$

显然，当 L_{12} 和 L_{22} 取另外两组值时，$\hat{u}$ 还可有另外两种形式，根据式(f)可绘出图 5-7 所示的反馈系数系统方框图。要使此反馈系统稳定，其反馈系数必须为负实数，这就决定了 L_{12} 和 L_{22} 应取的符号。

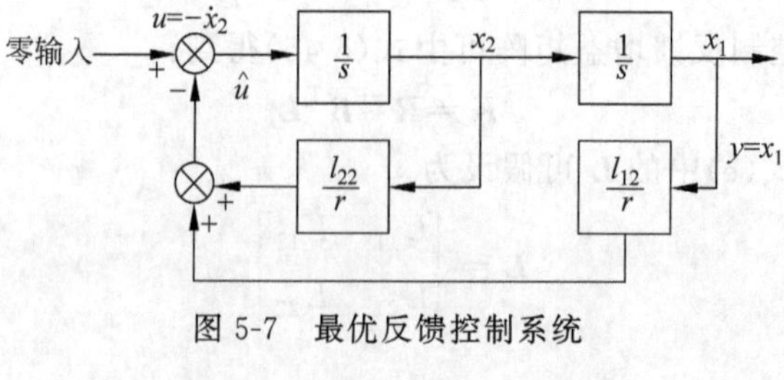

图 5-7 最优反馈控制系统

根据反馈系统的状态方程

$$\dot{x}_1 = x_2$$

$$\dot{x}_2 = -\frac{1}{r}L_{12}x_1 - \frac{1}{r}L_{22}x_2$$

可写出系统的特征方程

$$s^2 + \frac{1}{r}L_{22}s + \frac{1}{r}L_{12} = 0$$

或

$$s^2 + \left[\frac{a_{22}}{r} + 2\sqrt{\frac{a_{11}}{r}}\right]^{\frac{1}{2}} s + \sqrt{\frac{a_{11}}{r}} = 0$$

为了使 s 项的系数取实数，假设括弧内的数为正数，则二阶系统的无阻尼自然振荡频率及阻尼系数分别为

$$\omega_n = \left(\frac{a_{11}}{r}\right)^{\frac{1}{4}}$$

$$\xi = \left[\frac{1}{4}\sqrt{\frac{a_{22}^2}{a_{11}r}} + \frac{1}{2}\right]^{\frac{1}{2}}$$

由此可见，此二阶系数的阻尼系数 $\xi \geqslant \sqrt{0.5}$。

由此例可知，为了实现最优反馈控制，首先碰到的一个问题就是如何选择 a_{11}、a_{22} 及 r，亦即如何选择二次加权矩阵 $\boldsymbol{R}$ 和 $\boldsymbol{Q}$。事实上，在现代控制理论中，性能指标往往不像在经典控制理论中那样具有明显的物理意义，因此一个合理的设计，往往要经过多次反复试验。

为了使用线性二次型设计，首先碰到的一个困难问题是如何把对系统的性能要求转化为对特定的二次型性能指标的要求，即转化为对二次加权矩阵 $\boldsymbol{R}$ 和 $\boldsymbol{Q}$ 的要求。对于线性调节器问题，可以根据系统闭环极点要求来选择二次加权矩阵。

5.5 最优控制在汽车悬架中的应用

图 5-8 表示二自由度的汽车悬架系统模型，其中 M_2 为簧载质量（车身质量）；M_1 为非簧载质量（车轮质量）；λ_1 为轮胎径向刚度；u 为控制力；x_1、x_2 分别为车轮轴与车身的垂直移位；x_0 为道路表面对平均值的偏离，而且

$$\dot{x}_0 = \xi(t) \tag{a}$$

式中，$\xi(t)$为白噪声输入。

根据观察，可以列出如下的运动微分方程式：

$$\dot{x}_1 = x_3$$

$$\dot{x}_2 = x_4$$

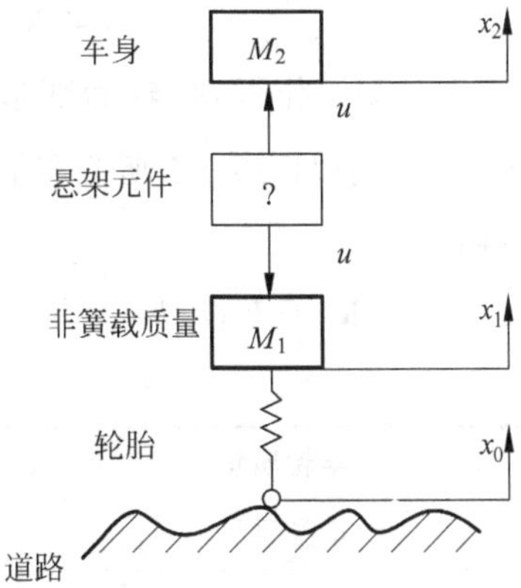

图 5-8　悬架系统模型

$$\dot{x}_3=\lambda_1(x_0-x_1)/M_1-u/M_1 \qquad \text{(b)}$$
$$\dot{x}_4=u/M_2$$

经过转换

$$\hat{x}_1=x_1-x_0,\quad \hat{x}_2=x_2-x_0,\quad \hat{x}_3=x_3,\quad \hat{x}_4=x_4 \qquad \text{(c)}$$

可得如下的状态方程：

$$\frac{\mathrm{d}\hat{\boldsymbol{x}}}{\mathrm{d}t}=\boldsymbol{A}\hat{\boldsymbol{x}}+\boldsymbol{B}u+\boldsymbol{D}\xi \qquad \text{(d)}$$
$$\hat{\boldsymbol{y}}=\boldsymbol{C}\hat{\boldsymbol{x}}$$

式中，$\boldsymbol{A}=\begin{bmatrix}0 & 0 & 1 & 0\\ 0 & 0 & 0 & 1\\ -\lambda_{1/}/M_1 & 0 & 0 & 0\\ 0 & 0 & 0 & 0\end{bmatrix}$，$\boldsymbol{B}=\begin{bmatrix}0\\ 0\\ -1/M_1\\ 1/M_2\end{bmatrix}$，$\boldsymbol{D}=\begin{bmatrix}-1\\ -1\\ 0\\ 0\end{bmatrix}$，$\boldsymbol{C}=\begin{bmatrix}1 & -1 & 0 & 0\\ 1 & 0 & 0 & 0\end{bmatrix}$

系统性能的目标函数取为

$$\boldsymbol{J}=\int_0^{\infty}[\rho u^2+q_1(x_0-x_1)^2+q_2(x_1-x_2)^2]\,\mathrm{d}t \qquad \text{(e)}$$

或者

$$\boldsymbol{J}=\int_0^{\infty}[u^{\mathrm{T}}\boldsymbol{R}u+(\hat{x})^{\mathrm{T}}\boldsymbol{Q}\hat{x}]\,\mathrm{d}t \qquad \text{(f)}$$

式中，$\boldsymbol{R}=[\rho]$，$\boldsymbol{Q}=\begin{bmatrix}q_1 & 0\\ 0 & q_2\end{bmatrix}$。

如果系统的全部状态变量$[x_1(t),x_2(t),x_0(t),\dot{x}_1(t),\dot{x}_2(t)]$都可以直接测量，那么在此情况下的最优控制律为

$$\boldsymbol{u}=-\boldsymbol{B}^{\mathrm{T}}\boldsymbol{P}\hat{\boldsymbol{x}}/\rho=-\boldsymbol{K}\hat{\boldsymbol{x}} \qquad \text{(g)}$$

其中 $\boldsymbol{P}$ 是黎卡提方程的解，即由下式求出：

$$\boldsymbol{PA}+\boldsymbol{A}^{\mathrm{T}}\boldsymbol{P}-\boldsymbol{PBR}^{-1}\boldsymbol{B}^{\mathrm{T}}\boldsymbol{P}+\boldsymbol{Q}=0$$

最优控制律可由状态变量的线性函数给出：

$$u=K_1\hat{x}_1+K_2\hat{x}_2+K_3\hat{x}_3+K_4\hat{x}_4 \qquad \text{(h)}$$

若取悬架工作行程、轮胎变形量和控制力的加权系数分别为 $q_1=1$，$q_2=10$ 和 $\rho=0.8\times10^{-9}$，则根据表 5-1 所列车辆参数就可进行数值计算，并得到如下的完全状态反馈增益矩阵：

$$\boldsymbol{K}=[K_1\quad K_2\quad K_3\quad K_4]=[57234\quad -35355\quad 1386\quad -4827]$$

表 5-1　车辆参数

车轮质量	$M_1=28.58\text{kg}$
车身质量	$M_2=288.9\text{kg}$
轮胎径向刚度	$\lambda_1=155.9\text{kN/m}$

5.6 汽车发动机主动隔振系统最优控制

发动机是汽车主要振动和噪声源之一，目前主要采用发动机悬置隔振和降噪。发动机悬置大多数采用的是橡胶悬置或液阻悬置，起到了较好的隔振和降噪效果。但最近十几年，随着人们对汽车乘坐舒适性要求的提高，发动机引起的振动和噪声问题进一步突出，被动悬置已难以满足隔振和降噪要求。一种较理想的方法是采用主动悬置，即通过对悬置施加能量来改善减振效果。

1. 发动机主动隔振系统模型

发动机主动隔振系统可简化为一个 2 自由度的质量弹簧阻尼系统，其力学模型如图 5-9 所示。m_f 为发动机质量，m_c 为车身质量，k_1 为被动悬置刚度，c_1 为被动悬置阻尼系数，k_2 为轮胎刚度，c_2 为悬架阻尼系数（由于车胎刚度比悬架刚度大一个数量级左右，在发动机隔振中可以不计），x_f 为发动机垂直振动位移，x_c 为车身垂直振动位移，L 为执行器产生的垂直变形量。发动机在不同工况下均产生纵向振动，该振动等效为发动机受到一纵向力，记为 F。

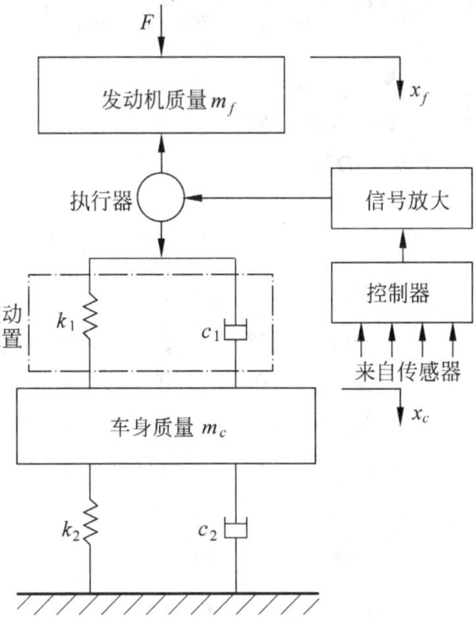

图 5-9 发动机主动隔振系统模型

系统运动方程组可表述如下：

$$m_f\ddot{x}_f=-k_1(x_f-x_c-L)-c_1(\dot{x}_f-\dot{x}_c-\dot{L})+F$$

$$m_c\ddot{x}_c=-k_1(x_f-x_c-L)+c_1(\dot{x}_f-\dot{x}_c-\dot{L})-k_2x_c$$

取状态变量：$x_1=x_f-x_c, x_2=\dot{x}_f, x_3=x_c, x_4=\dot{x}_c$

则：

$$\dot{x}_1=x_2-x_4$$

$$\dot{x}_2=-\frac{k_1}{m_f}x_1-\frac{c_1}{m_f}x_2+\frac{c_1}{m_f}x_4+\frac{k_1}{m_f}L+\frac{c_1}{m_f}L+\frac{F}{m_f}$$

$$\dot{x}_3=x_4$$

$$\dot{x}_4=\frac{k_1}{m_c}x_1+\frac{c_1}{m_c}x_2-\frac{k_2}{m_c}x_3-\frac{c_1}{m_c}x_4-\frac{k_1}{m_c}L-\frac{c_1}{m_c}L$$

设由执行器动作引起被动悬置变形所产生的力为 $f=k_1L+c_1L$，则有：

$$\dot{x}_1=x_2-x_4$$

$$\dot{x}_2=-\frac{k_1}{m_f}x_1-\frac{c_1}{m_f}x_2+\frac{c_1}{m_f}x_4+\frac{f}{m_f}+\frac{F}{m_f}$$

$$\dot{x}_3=x_4$$

$$\dot{x}_4=\frac{k_1}{m_c}x_1+\frac{c_1}{m_c}x_2-\frac{k_2}{m_c}x_3-\frac{c_1}{m_c}x_4-\frac{f}{m_c}$$

选输出变量 $y_1=\ddot{x}_c, y_2=x_f-x_c$；控制量 $\boldsymbol{U}=f$，则：

$$y_1=\frac{k_1}{m_c}x_1+\frac{c_1}{m_c}x_2-\frac{k_2}{m_c}x_3-\frac{c_1}{m_c}x_4-\frac{f}{m_c}$$

$$y_2=x_1$$

$$\dot{\boldsymbol{X}}=\boldsymbol{AX}+\boldsymbol{BU}+\boldsymbol{EF}$$

$$\boldsymbol{Y}=\boldsymbol{CX}+\boldsymbol{DU}$$

其中，

$$\boldsymbol{A}=\begin{bmatrix}0 & 1 & 0 & -1\\ -\frac{k_1}{m_f} & -\frac{c_1}{m_f} & 0 & \frac{c_1}{m_f}\\ 0 & 0 & 0 & 1\\ \frac{k_1}{m_c} & \frac{c_1}{m_c} & -\frac{k_2}{m_c} & -\frac{c_1}{m_c}\end{bmatrix}$$

$$\boldsymbol{B}=\begin{bmatrix}0 & \frac{1}{m_f} & 0 & -\frac{1}{m_c}\end{bmatrix}^{\mathrm{T}}$$

$$\boldsymbol{C}=\begin{bmatrix}\frac{k_1}{m_c} & \frac{c_1}{m_c} & -\frac{k_2}{m_c} & -\frac{c_1}{m_c}\\ 1 & 0 & 0 & 0\end{bmatrix}$$

$$\boldsymbol{D}=\begin{bmatrix}-\frac{1}{m_c}\\ 0\end{bmatrix},\quad \boldsymbol{E}=\begin{bmatrix}0 & \frac{1}{m_f} & 0 & 0\end{bmatrix}^{\mathrm{T}}$$

2. LQ 最优控制器设计

采用主动控制的目的是尽可能降低由于发动机振动而引起的车身加速度 $\ddot{x}_c$、悬置的动挠度 $x_f - x_c$，当然还要考虑执行器所耗能量尽可能小。因此，目标函数取为

$$J = \int_0^{\infty} [q_1 \ddot{x}_c^2 + q_2 (x_f - x_c)^2 + rU^2] \mathrm{d}t$$

其中，q_1、q_2、r 为加权系数，其值可根据对性能指标各分量的不同要求而定。

因为 $\boldsymbol{Y} = [\ddot{x}_c \quad x_f - x_c]^{\mathrm{T}} = [\dot{x}_4 \quad x_1]^{\mathrm{T}}$，所以：

$$J = \int_0^{\infty} (\boldsymbol{Y}^{\mathrm{T}} \boldsymbol{Q} \boldsymbol{Y} + \boldsymbol{U}^{\mathrm{T}} \boldsymbol{R} \boldsymbol{U}) \mathrm{d}t$$

式中，$\boldsymbol{Q} = \begin{bmatrix} q_1 & 0 \\ 0 & q_2 \end{bmatrix}$，$\boldsymbol{R} = r$。

$$\begin{aligned} J &= \int_0^{\infty} [(\boldsymbol{CX} + \boldsymbol{DU})^{\mathrm{T}} \boldsymbol{Q} (\boldsymbol{CX} + \boldsymbol{DU}) + \boldsymbol{U}^{\mathrm{T}} \boldsymbol{RU}] \mathrm{d}t \\ &= \int_0^{\infty} [\boldsymbol{X}^{\mathrm{T}} (\boldsymbol{C}^{\mathrm{T}} \boldsymbol{QC}) \boldsymbol{X} + 2\boldsymbol{X}^{\mathrm{T}} (\boldsymbol{C}^{\mathrm{T}} \boldsymbol{QD}) \boldsymbol{U} + \boldsymbol{U}^{\mathrm{T}} (\boldsymbol{R} + \boldsymbol{D}^{\mathrm{T}} \boldsymbol{D}) \boldsymbol{U}] \mathrm{d}t \end{aligned}$$

设 $\boldsymbol{Q}_n = \boldsymbol{C}^{\mathrm{T}} \boldsymbol{QC}$，$\boldsymbol{N}_n = \boldsymbol{C}^{\mathrm{T}} \boldsymbol{QD}$，$\boldsymbol{R}_n = \boldsymbol{R} + \boldsymbol{D}^{\mathrm{T}} \boldsymbol{D}$，则：

$$J = \int_0^{\infty} (\boldsymbol{X}^{\mathrm{T}} \boldsymbol{Q}_n \boldsymbol{X} + 2\boldsymbol{X}^{\mathrm{T}} \boldsymbol{N}_n \boldsymbol{U} + \boldsymbol{U}^{\mathrm{T}} \boldsymbol{R}_n \boldsymbol{U}) \mathrm{d}t$$

设最优控制量 $\boldsymbol{U}^*(t) = -\boldsymbol{KX}$，则：

$$\boldsymbol{K} = \boldsymbol{R}_n^{-1} (\boldsymbol{N}_n^{\mathrm{T}} + \boldsymbol{B}^{\mathrm{T}} \boldsymbol{P})$$

其中，$\boldsymbol{K}$ 为反馈矩阵；$\boldsymbol{P}$ 由黎卡提方程 $\boldsymbol{PA} + \boldsymbol{A}^{\mathrm{T}} \boldsymbol{P} - \boldsymbol{PBR}_n^{-1} \boldsymbol{B}^{\mathrm{T}} \boldsymbol{P} + \boldsymbol{Q}_n = 0$ 决定。

3. 性能仿真

MATLAB 的控制系统工具箱为设计 LQ 最优控制器提供了 LQR() 函数，该函数的调用格式为

$$[\boldsymbol{K}, \boldsymbol{P}] = \mathrm{LQR}(\boldsymbol{A}, \boldsymbol{B}, \boldsymbol{Q}, \boldsymbol{R}, \boldsymbol{N})$$

式中，$(\boldsymbol{A}, \boldsymbol{B})$ 为给定对象状态方程模型；$\boldsymbol{K}$ 为状态反馈向量，即控制器；$\boldsymbol{P}$ 为黎卡提方程的解。可见，此时反馈系统的性能取决于对加权矩阵 $\boldsymbol{Q}$ 和 $\boldsymbol{R}$ 的选取。

系统仿真参数取值如下：

$$m_f = 75\mathrm{kg}, m_c = 800\mathrm{kg}, k_1 = 30000\mathrm{N/m}, k_2 = 85000\mathrm{N/m}, c_1 = 300\mathrm{N \cdot s/m}$$

$$c_2 = 450\mathrm{N \cdot s/m}, d_{33} = 700 \times 10^{-12} \mathrm{m/v}$$

一个 4 缸发动机的运转速度一般在 6000r/min 以下，而振动噪声源主要是二阶机械振动，即发动机振动频率一般在 200Hz 以下。仿真试验中以正弦信号模拟发动机振动输入，干扰力幅值 100N，频率为 65Hz，即取 $F = 100\sin 408t$。将上述参数代入 A，B，Q_n，R_n，N_n 等的表达式，再利用 MATLAB 的 LQR() 函数可求得反馈阵 $\boldsymbol{K}$，得控制律为

$$f = 23.4(x_f - x_c) + 31.6x_f - 414.6x_c + 180.8x_c$$

发动机输入的干扰信号为叠加了噪声的正弦信号。仿真结果如图 5-10 和图 5-11 所示，从中可以看出，主动隔振系统的隔振性能明显好于被动系统，并且采用主动控制后，原被

动悬置的挠度和执行器的变形量均在设计允许范围之内。仿真过程中，反复验证了干扰在高频段(20～200Hz)频率变化时的隔振效果均较理想。

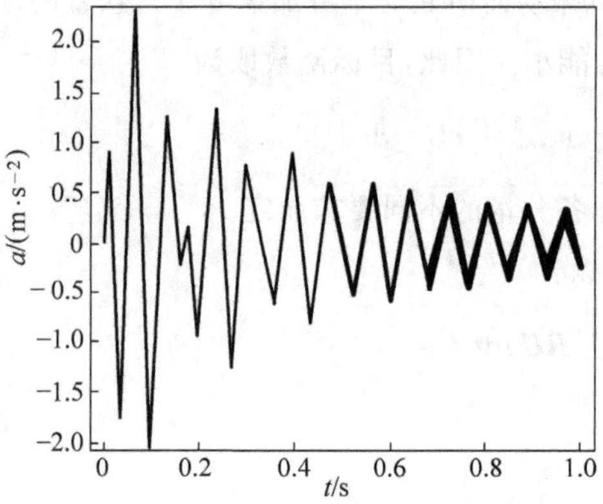

图 5-10 被动隔振系统车身加速度

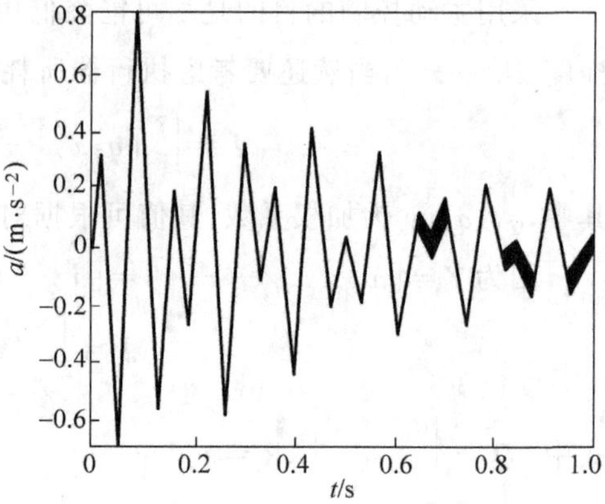

图 5-11 主动隔振系统车身加速度

5.7 电动汽车自动变速器换挡最优控制

1. 电动汽车传动系统动力学模型

图 5-12 中显示的是从驱动电机到整车之间的动力传动模型结构简图，其中变速器输入轴和输出轴均简化为一个弹簧阻尼系统，其余连接部件简化为刚性系统。T_r 和 T_w 分别为道路阻力矩和空气阻力矩。模型采用的变速系统为动力保持型二挡 AMT，结构上由一个单排行星齿轮、一个离心摩擦离合器以及一个带式制动器组成，如图 5-13 所示。

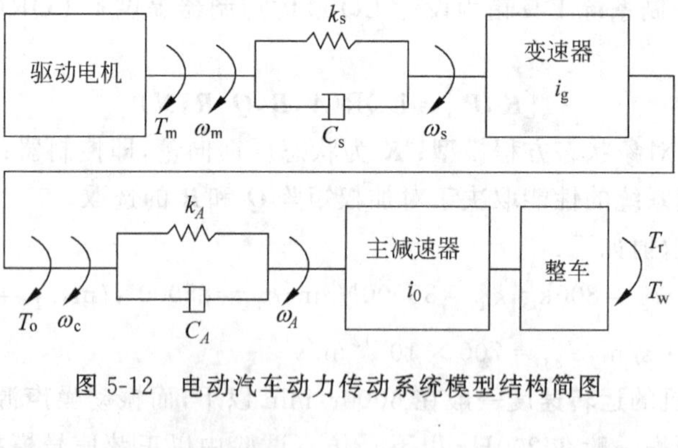

图 5-12 电动汽车动力传动系统模型结构简图

2. 自动变速器换挡过程最优控制

1) 状态空间方程

指定状态变量 $\boldsymbol{x}$ 和控制变量 $\boldsymbol{u}$ 分别为

$$\boldsymbol{x}=(x_1\quad x_2\quad \cdots\quad x_7)^{\mathrm{T}}$$

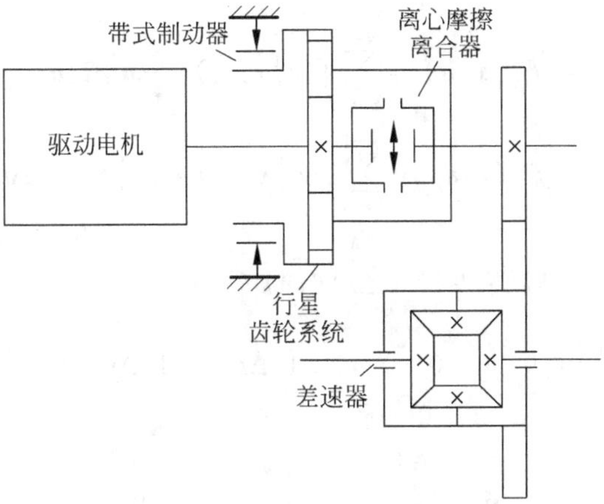

图 5-13 动力保持型二挡 AMT 结构简图

$$=(\omega_r \quad \omega_c \quad \omega_A \quad \theta_c-\theta_A \quad \theta_m-\theta_s \quad a \quad a_1)^T$$

$$\boldsymbol{u}=(\beta \quad T_b \quad T_c)^T$$

式中，β 为驱动电机控制参数。则电机驱动转矩方程变更为

$$T_m=f_m(\alpha_P,\omega_m)\cdot(1+\beta)$$

非线性的状态空间方程为

$$\dot{\boldsymbol{x}}(t)=\boldsymbol{f}(\boldsymbol{x}(t),\boldsymbol{u}(t))$$

为方便控制器的设计，需要将非线性的状态空间方程进行线性化和离散化处理，在换挡控制起始点 x_0 处线性化得到的线性状态空间方程如下：

$$\dot{\boldsymbol{x}}(t)=\boldsymbol{A}\boldsymbol{x}(t)+\boldsymbol{B}\boldsymbol{u}(t)+\boldsymbol{e}(t)$$

$$\boldsymbol{A}(x_0(t),\boldsymbol{u}_0(t))=\frac{\partial f}{\partial \boldsymbol{x}}\Big|_0$$

$$\boldsymbol{B}(x_0(t),\boldsymbol{u}_0(t))=\frac{\partial f}{\partial \boldsymbol{u}}\Big|_0$$

$$\boldsymbol{e}(t)=\dot{\boldsymbol{x}}_0(t)-[\boldsymbol{A}\boldsymbol{x}_0(t)+\boldsymbol{B}\boldsymbol{u}_0(t)]$$

以 Δt 为步长对线性状态空间方程进行离散化，忽略 Δt 的高阶项后得到可以用于控制器设计的线性离散化状态空间方程：

$$\boldsymbol{x}_{k+1}=\boldsymbol{A}_k\boldsymbol{x}_k+\boldsymbol{B}_k\boldsymbol{u}_k+\boldsymbol{e}_k$$

其中

$$\boldsymbol{A}_k=\boldsymbol{I}+\Delta t\cdot\boldsymbol{A}(k\cdot\Delta t),\quad \boldsymbol{B}_k=\Delta t\cdot\boldsymbol{B}(k\cdot\Delta t),$$

$$\boldsymbol{e}_k=[\boldsymbol{x}_k+\Delta t\cdot\dot{\boldsymbol{x}}_0(k\cdot\Delta t)]-[\boldsymbol{A}_k\boldsymbol{x}_k+\boldsymbol{B}_k\boldsymbol{u}_k]。$$

综合以上计算过程可以得到系统状态矩阵、系统控制矩阵以及系统偏差。

2) 最优控制评价指标

为了提高驾驶员的换挡舒适性，同时减少换挡过程中离合器和制动器的摩擦损失，变速器的换挡控制需要确定一系列最优控制 $\{u_0,u_1,\cdots,u_{N-1}\}$，使得评价指标达到最小值。最优控制的评价指标表示为

$$J=J_p+\lambda_f\cdot J_f+\lambda_e\cdot J_e$$

式中，

$$J_p = f_p(\boldsymbol{x},\boldsymbol{u}) = \sum_{k=0}^{N-1} [(\boldsymbol{c}_j^{\mathrm{T}} \boldsymbol{x}_{k+1})^2 + \boldsymbol{u}_k^{\mathrm{T}} \boldsymbol{R}_k \boldsymbol{u}_k]$$

$$J_f = f_f(\boldsymbol{x},\boldsymbol{u}) = \sum_{k=0}^{N-1} [(\boldsymbol{c}_x^{\mathrm{T}} \boldsymbol{x}_{k+1}) \cdot (\boldsymbol{c}_u^{\mathrm{T}} \boldsymbol{u}_k) \cdot \Delta t]$$

$$J_e = f_e(\boldsymbol{x},\boldsymbol{u}) = \sum_{k=N}^{N+M} (\boldsymbol{c}_j^{\mathrm{T}} \boldsymbol{x}_k)^2$$

其中 $\boldsymbol{c}_j^{\mathrm{T}} = [0 \quad 0 \quad 0 \quad 0 \quad 0 \quad 1/\Delta t \quad -1/\Delta t]$

升挡时：$\boldsymbol{c}_x^{\mathrm{T}} = [-1 \quad 1 \quad 0 \quad 0 \quad 0 \quad 0 \quad 0]$

$$\boldsymbol{R}_k = \begin{bmatrix} 1 & & \\ & 0 & \\ & & 1 \end{bmatrix}, \quad \boldsymbol{c}_u^{\mathrm{T}} = \begin{bmatrix} 0 \\ 0 \\ 1 \end{bmatrix}$$

降挡时：

$$\boldsymbol{R}_k = \begin{bmatrix} 1 & & \\ & 1 & \\ & & 0 \end{bmatrix}, \quad \boldsymbol{c}_x^{\mathrm{T}} = [1 \quad 0 \quad 0 \quad 0 \quad 0 \quad 0 \quad 0]$$

评价指标 $\boldsymbol{J}_p$ 用于评价换挡过程的惯性相内汽车的冲击度，$\boldsymbol{J}_f$ 负责评价此过程中的摩擦损失，$\boldsymbol{J}_e$ 则是用于对换挡结束后一段时间内汽车的冲击度进行评价。λ_f 和 λ_e 分别为评价指标 $\boldsymbol{J}_f$ 和 $\boldsymbol{J}_e$ 的权重系数，其大小需要根据评价指标内 3 个部分之间的相对重要程度进行设定。

可以看出，评价指标 $\boldsymbol{J}$ 与换挡过程中每一步的状态量 x_k 和控制量 u_k 相关，在换挡过程中随着状态量 x_k 的不断改变，需要反复在线求解最优控制量，这种方式计算量较大。因此，考虑接合动态规划与最优控制，将评价指标 $\boldsymbol{J}$ 与换挡控制起始点 x_0 相关联：

$$\begin{aligned}\boldsymbol{x}_k &= \boldsymbol{A}_{k-1}\boldsymbol{x}_{k-1} + \boldsymbol{B}_{k-1}\boldsymbol{u}_{k-1} + \boldsymbol{e}_{k-1} \\ &= \left(\prod_{i=0}^{k-1}\boldsymbol{A}_i\right) \cdot \boldsymbol{x}_0 + \sum_{j=0}^{k-1}\left[\left(\prod_{i=j+1}^{k-1}\boldsymbol{A}_i\right) \cdot \boldsymbol{B}_j\boldsymbol{u}_j\right] + \sum_{j=0}^{k-2}\left[\left(\prod_{i=j+1}^{k-1}\boldsymbol{A}_i\right) \cdot \boldsymbol{e}_j\right] + \boldsymbol{e}_{k-1}\end{aligned}$$

$$J = \boldsymbol{U}_N^{\mathrm{T}}\boldsymbol{H}(x_0)\boldsymbol{U}_N + \boldsymbol{F}^{\mathrm{T}}(\boldsymbol{x}_0)\boldsymbol{U}_{\mathrm{N}} + J(\boldsymbol{x}_0, \boldsymbol{e}_0 \cdot \boldsymbol{e}_1, \cdots, \boldsymbol{e}_{k-1})$$

$$\boldsymbol{U}_N = [\boldsymbol{u}_0 \quad \boldsymbol{u}_1 \quad \cdots \quad \boldsymbol{u}_{N-2} \quad \boldsymbol{u}_{N-1}]^{\mathrm{T}}$$

3）最优控制的约束条件

换挡过程最优控制的约束条件包括等式约束和不等式约束，其中控制量的起点约束和终点约束可以用等式约束来表示，考虑仅在换挡控制过程中对电机转矩进行主动控制，其余时刻电机转矩仅与驾驶员对加速踏板的控制相关，因此升挡过程的控制量起点和终点分别为

$$\boldsymbol{u}_0(x_0) = [0 \quad 0 \quad T_{c,0}(\boldsymbol{x}_0)]^{\mathrm{T}} \quad 和 \quad \boldsymbol{u}_{N-1}(\boldsymbol{x}_0) = [0 \quad 0 \quad T_{c,N-1}(\boldsymbol{x}_0)]^{\mathrm{T}}$$

类似地，降挡过程的控制量起点和终点分别为 $[0 \quad T_{b,0}(\boldsymbol{x}_0) \quad 0]^{\mathrm{T}}$ 和 $[0 \quad T_{b,N-1}(\boldsymbol{x}_0) \quad 0]^{\mathrm{T}}$，状态量的终点约束也为等式约束。

升挡控制过程的终点约束条件为 $\boldsymbol{x}_N(1) - \boldsymbol{x}_N(2) = 0$。

降挡控制过程的终点约束条件为 $\boldsymbol{x}_N(1) = 0$。

对于换挡过程中状态量以及控制量的约束可以综合为一个不等式，可以对状态量 x_k 和控制量 u_k 的变化范围、变化快慢进行约束，考虑到最优控制的性能指标 J 是 x_0 与 U_N

的函数，该不等式约束同样也用 x_0 与 U_N 表示。此外，等式约束也可以用两个不等式约束来表示。因此，最优控制的约束用 x_0 与 U_N 表示为

$$\boldsymbol{E}\boldsymbol{x}_0 + \boldsymbol{L}\boldsymbol{U}_N \leqslant \boldsymbol{M}$$

4）带约束的换挡过程最优控制问题求解

将换挡过程的最优控制问题整理如下：

$$\begin{cases}\min\left[\boldsymbol{U}_N^{\mathrm{T}}\boldsymbol{H}(\boldsymbol{x}_0)\boldsymbol{U}_N + \boldsymbol{F}^{\mathrm{T}}(\boldsymbol{x}_0)\boldsymbol{U}_N\right] \\ \text{s. t. } \boldsymbol{E}\boldsymbol{x}_0 + \boldsymbol{L}\boldsymbol{U}_N \leqslant \boldsymbol{M}\end{cases}$$

求解这个带约束的凸优化问题即可求解出变速器换挡过程的最优控制量和最佳状态量轨迹。最优控制量 $\boldsymbol{U}_N*(\boldsymbol{x}_0)$随着 x_0 的改变而变化。换挡过程开始后，在转矩相时即可对 $\boldsymbol{x}_0$ 进行预测并对最优控制量 $\boldsymbol{U}_N*$ 进行求解计算，从而使在惯性相时在线使用最优控制方法得以实现。

5）仿真与结果

图 5-14 为 AMT 换挡控制的程序流程图。图 5-15、图 5-16 分别为电动汽车加速时一挡升二挡、减速时二挡降一挡的仿真结果。从仿值结果可以看出，最优控制下的换挡过程能够有效改善汽车的换挡舒适性，并使摩擦损失减小，提高汽车的经济性和动力性。

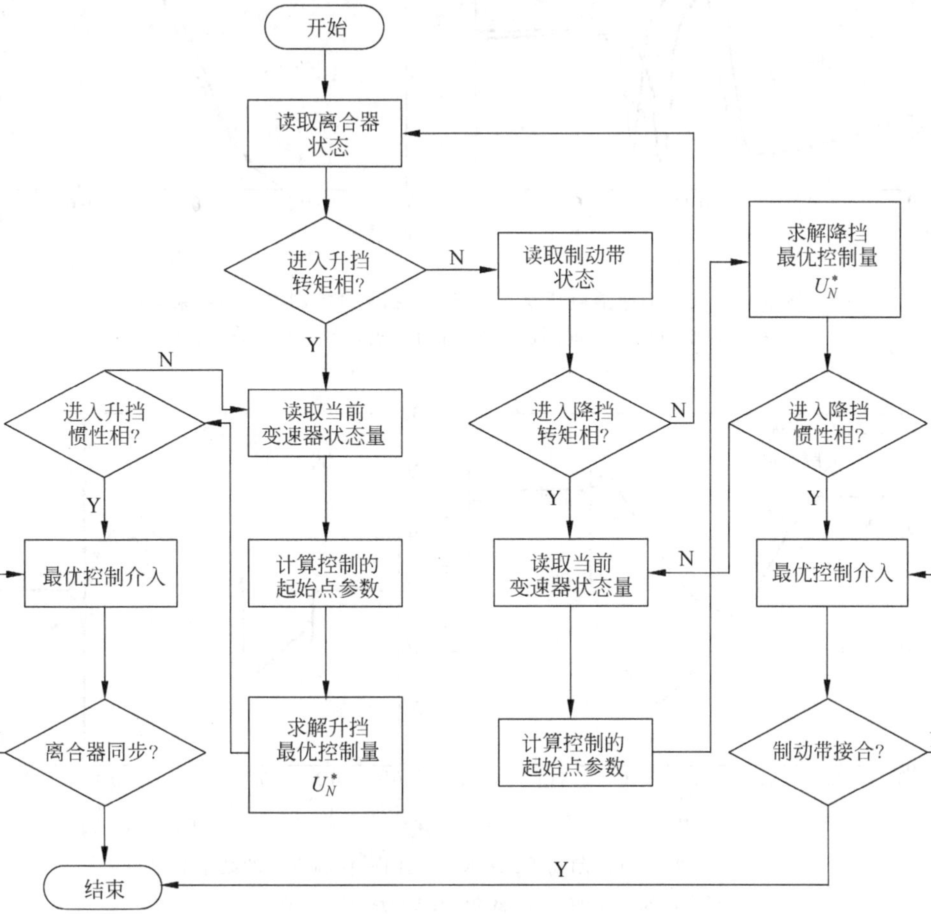

图 5-14　变速器的换挡控制程序流程图

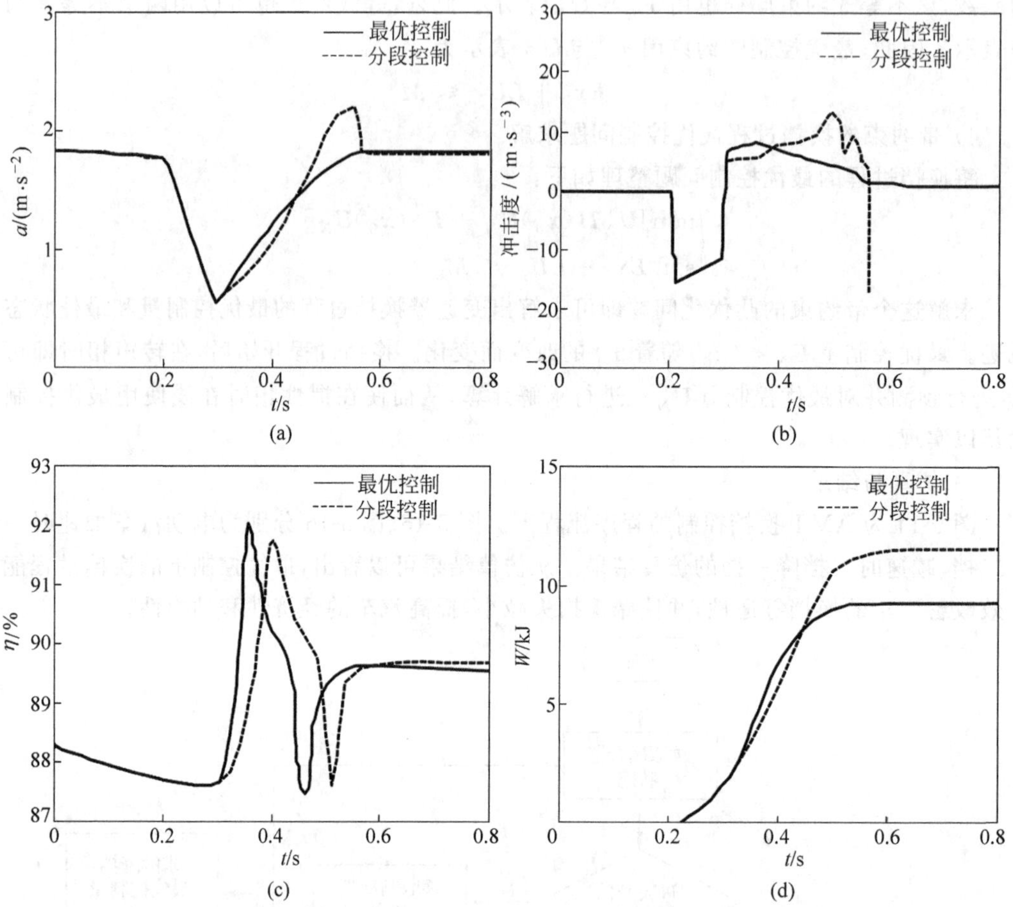

图 5-15　50%加速踏板开度下一挡升二挡两种控制方法的结果对比

(a) 加速度；(b) 冲击度；(c) 驱动电机工作点效率；(d) 离合器滑摩功

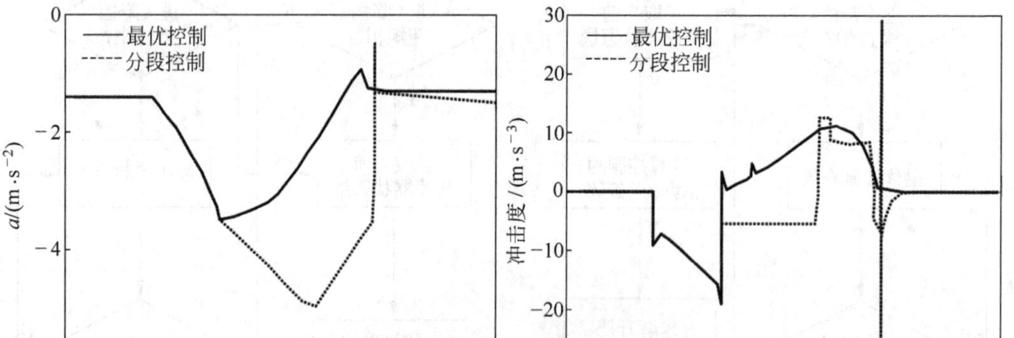

图 5-16　30%电机制动下二挡降一挡两种控制方法的结果对比

(a) 加速度；(b) 冲击度；(c) 驱动电机工作点效率；(d) 离合器滑摩功

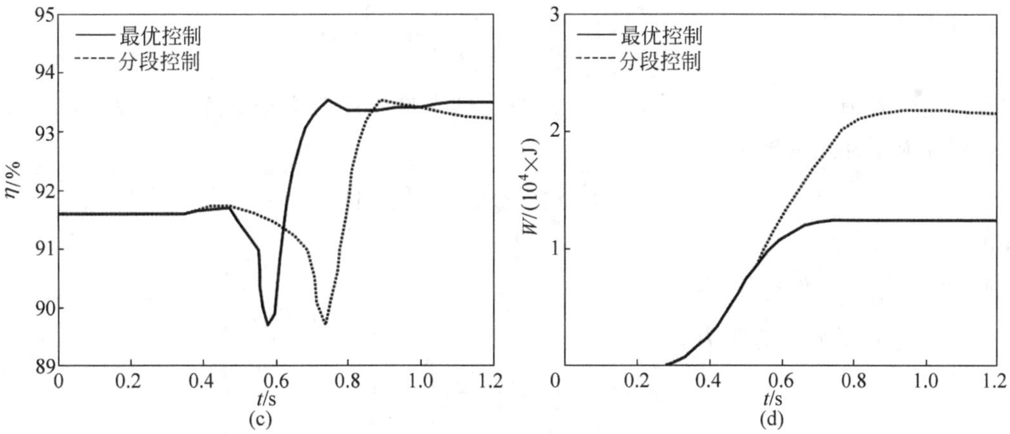

图 5-16 （续）

习 题

1. 设系统的状态方程为

$$\begin{bmatrix}\dot{x}_1\\ \dot{x}_2\end{bmatrix}=\begin{bmatrix}0 & 0\\ 1 & 0\end{bmatrix}\begin{bmatrix}x_1\\ x_2\end{bmatrix}+\begin{bmatrix}1\\ 0\end{bmatrix}u(t)$$

试求使性能指标

$$J=\int_0^{\infty}\left\{[x_1,x_2]\begin{bmatrix}5 & 0\\ 0 & 4\end{bmatrix}\begin{bmatrix}x_1\\ x_2\end{bmatrix}+u^2(t)\right\}\mathrm{d}t$$

达到极小值时的最优调节器。

2. 设某开环系统的状态方程为

$$\dot{x}=u$$

试求使系统从状态 $x(0)=x_0$ 转移到 $x(t_f)=x_f$ 时使性能指标

$$J=\int_0^{A_f}(x^2+u^2)\mathrm{d}t$$

达到极小值时的最优控制 u。

3. 试确定由状态方程

$$\begin{bmatrix}\dot{x}_1\\ \dot{x}_2\end{bmatrix}=\begin{bmatrix}0 & 1\\ 0 & -1\end{bmatrix}\begin{bmatrix}x_1\\ x_2\end{bmatrix}+\begin{bmatrix}0\\ 1\end{bmatrix}u$$

所描述的系统的最优控制函数，以使得性能指标

$$J=\int_0^{\infty}(x'x+u'u)\mathrm{d}t$$

取最小时的最优控制。

4. 某系统的状态方程为

$$\begin{bmatrix}\dot{x}_1\\ \dot{x}_2\end{bmatrix}=\begin{bmatrix}0 & 1\\ 0 & 0\end{bmatrix}\begin{bmatrix}x_1\\ x_2\end{bmatrix}+\begin{bmatrix}0\\ 1\end{bmatrix}u$$

假设控制信号为 $u(t)=-k_1x_1(t)-k_2x_2(t)$，试求最优反馈增益矩阵 $K=[k_1,k_2]$，要求使下列性能指标达到极小。

$$J=\int_0^{\infty}(X^{\mathrm{T}}QX+u^{\mathrm{T}}u)\mathrm{d}t$$

式中，$Q=\begin{bmatrix}1 & 0\\ 0 & u\end{bmatrix}u\geqslant 0$。

5. 若系统的状态方程为

$$\begin{bmatrix}\dot{x}_1\\ \dot{x}_2\end{bmatrix}=\begin{bmatrix}0 & 1\\ 0 & 1\end{bmatrix}\begin{bmatrix}x_1\\ x_2\end{bmatrix}+\begin{bmatrix}0\\ 1\end{bmatrix}u$$

设线性控制规律为 $u=-4x_1-kx_2$，试确定常数 k 以使得如下性能指标为极小，即

$$J=\int_0^{\infty}x^{\mathrm{T}}x\,\mathrm{d}t$$

6. 设系统的状态方程和初始条件分别为

$$\begin{bmatrix}\dot{x}_1\\ \dot{x}_2\end{bmatrix}=\begin{bmatrix}0 & 1\\ -1 & a\end{bmatrix}\begin{bmatrix}x_1\\ x_2\end{bmatrix}\qquad\begin{bmatrix}x_1(0)\\ x_2(0)\end{bmatrix}=\begin{bmatrix}1\\ 0\end{bmatrix}$$

试确定参数 a 使如下性能指标 J 为极小，即

$$J=\int_0^{\infty}(x_1^2+x_2^2+u^2)\mathrm{d}t$$

7. 设系统方程和性能指标为

$$\begin{bmatrix}\dot{x}_1\\ \dot{x}_2\end{bmatrix}=\begin{bmatrix}1 & 0\\ 0 & 2\end{bmatrix}\begin{bmatrix}x_1\\ x_2\end{bmatrix}+\begin{bmatrix}1\\ 1\end{bmatrix}u$$

$$y=\begin{bmatrix}1 & 0\end{bmatrix}\begin{bmatrix}x_1\\ x_2\end{bmatrix}$$

$$J=\int_0^{\infty}(3x_1^2+x_2^2+u^2)\mathrm{d}t$$

试确定使 J 为最小的控制作用函数 $u(t)$。

8. 一阶受控系统 $\dot{x}=x+u$，$x(t_0)=x_0$，性能指标函数取为 $J=\frac{1}{2}\int_{t_0}^{T}(2x^2+u)\mathrm{d}t$，试求使 J 为最小的最优控制规律 $u_{\mathrm{opt}}(t)$。

9. 图中所示二阶系统，其中 ξ 为阻尼比。已知 $t=0$ 时的初始条件是：$\dot{y}(0)=0$ 而 $y(0)$ 是不确定的，输入 y_r 是阶跃函数。指标为 $J=\int_0^{\infty}(\mathrm{e}^2+\beta\dot{e}^2)\mathrm{d}t$，其中 $\beta\geqslant 0$ 为给定的加权系数，问阻尼比 ξ 取什么值时指标 J 达到最小。

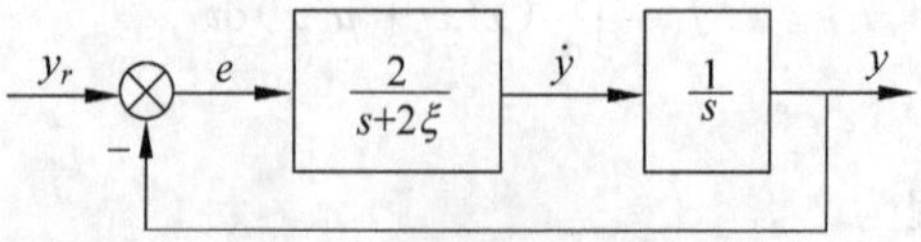

习题 9 图

10. 图中所示为汽车发动机悬置系统的2自由度模型，M_e 为发动机在单个悬置上的等效质量，F_e 为发动机的激振力，K_e 为悬置刚度，C_e 为悬置阻尼，x_e 为发动机的振动位移，F_u 为输入控制力，M_b 为车身的等效质量，K_b 为悬架的等效刚度，C_b 为悬架的等效阻尼，x_b 为车身的振动位移，不考虑悬置自身质量。

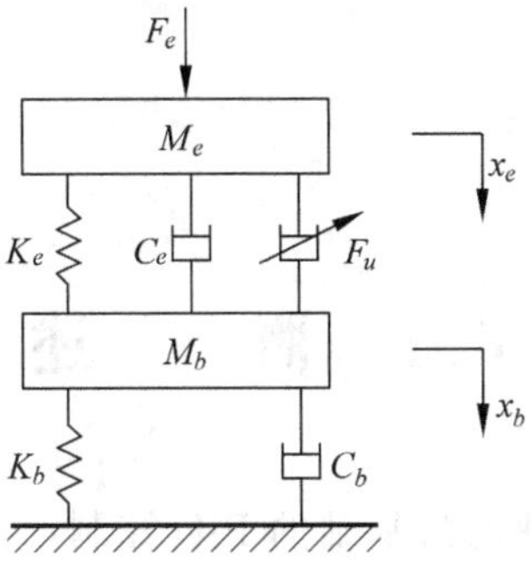

习题10图

(1) 试根据运动微分方程，写出系统的状态空间表达式；

(2) 设最优控制性能指标取二次函数积分型为：$J=\int_0^{\infty}[X^{\mathrm{T}}QX+Ru^2]\mathrm{d}t$，状态空间矩阵为：$A$、$B$、$C$、$D$，试写出最优控制器的设计过程。

状态变量：$x_1=x_e, x_2=\dot{x}_e, x_3=x_b, x_4=\dot{x}_b$

$$X=(x_1 \quad x_2 \quad x_3 \quad x_4)^{\mathrm{T}}$$

输出变量：$y_1=\ddot{x}_e, y_2=\ddot{x}_b, y_3=x_e-x_b$

第6章

PID控制及其在汽车工程中的应用

6.1 概　　述

这里主要介绍以经典控制理论为基础的PID控制。PID(比例,积分,微分)控制是连续系统中技术成熟、应用最广泛的一种控制方式。它最大的优点是不需了解被控对象的数学模型,只要根据经验进行调节器参数在线整定即可取得满意的结果。它的不足之处是对被控对象参数变化比较敏感。

PID控制器就是根据系统的误差,利用比例、积分、微分计算出控制量进行控制的。PID可用微机实现,称作数字PID调节器。由于用软件编程方法实现PID控制,参数变动十分灵活,因而获得广泛应用。PID控制,实际中也有PI和PD控制。

6.2 PID控制原理

PID控制系统的基本结构方案是由反馈原理组成的,如图6-1所示。其输出$y(t)$被反馈到输入端。输入与反馈信号比较后的偏差$e(t)$加给数字PID控制器,控制器调节控制量$u(k)$,向被控对象输出。所以数字PID控制器也称作数字PID调节器,它根据偏差的变化情况来调节控制量。例如偏差e大,则控制量u也应加大,这就是比例控制。考虑到偏差e一直存在,就把它累加起来,加大控制以消灭偏差e,这就是积分控制。而微分控制起预估作用:当$\dot{e}>0$,表示偏差在加大,就及时增加控制量,使它减小。$\dot{e}<0$,表示偏差在减小,则应减少控制量,以免当偏差e趋近于零时又反方向发展引起振荡。

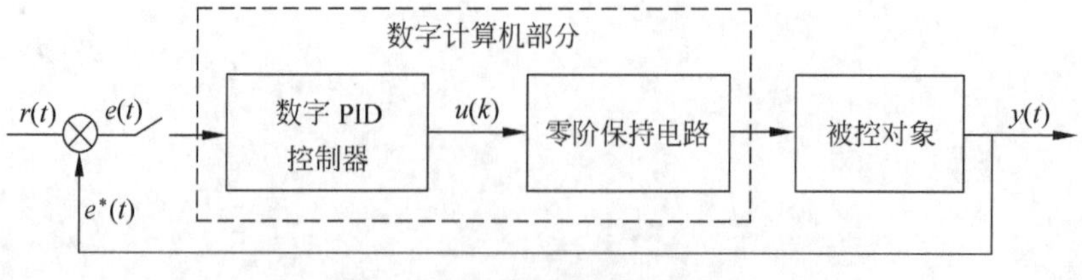

图6-1　PID控制系统基本原理

6.3　PID 控制规律

1. PID 控制规律的连续表达式

1）P(比例)控制

比例控制是一种最简单的控制方式。其控制器的输出与输入误差成比例关系。当仅有比例控制时,系统输出会存在稳态误差。其控制律为

$$u(t)=K_P e(t)+u_0 \tag{6-1}$$

式中,u 为被控对象的控制量；K_P 为比例系数；e 为偏差；u_0 为控制量的基准值,即 $e=0$ 时的控制量。

2）积分(I)控制与 PI 控制律

在积分控制中,控制器的输出与输入误差的积分成正比关系。为了消除稳态误差,在控制器中必须引入"积分项"。

积分项对误差的作用,取决于积分的时间,即便误差很小,随着时间的增加,积分项也会增大,它推动控制器的输出 u 增大,使稳态误差进一步减小直到等于零。因此,比例+积分(PI)控制器,可以使系统在进入稳态后无稳态误差。

其控制律为

$$u(t)=K_P\left[e(t)+\frac{1}{T_I}\int_0^t e(\tau)\mathrm{d}\tau\right]+u_0 \tag{6-2}$$

式中,T_I 为积分时间常数。

3）微分(D)控制与 PD 控制律

在微分控制中,控制器的输出与输入误差的微分(即误差的变化率)成正比关系。

控制系统在克服误差的调节过程中可能会出现振荡甚至失稳。其原因是存在有较大惯性(滞后)环节,具有抑制误差的作用,其变化总是落后于误差的变化。解决的办法是使抑制误差的作用"超前",即在误差接近零时,抑制误差的作用就应该是零。这就是说,在控制器中仅引入"比例"项往往是不够的,比例项的作用仅是放大误差的幅值,而目前需要增加的是"微分项",它能预测误差变化的趋势,这样,具有比例+微分的控制器,就能够提前使抑制误差的控制作用等于零,甚至为负值,从而避免了被控量的严重超调。

对有较大惯性或滞后的被控对象,比例+微分(PD)控制器能改善系统在调节过程中的动态特性。

其控制律为

$$u(t)=K_P\left[e(t)+T_D\frac{\mathrm{d}e}{\mathrm{d}t}\right]+u_0 \tag{6-3}$$

式中,T_D 为微分时间常数。

4）PID(比例,积分,微分)控制

控制律为

$$u(t)=K_P\left[e(t)+\frac{1}{T_I}\int_0^t e(\tau)\mathrm{d}\tau+T_D\frac{\mathrm{d}e}{\mathrm{d}t}\right]+u_0 \tag{6-4}$$

式中，u_0 为控制量的基准值，即 $e=0$ 时的控制量。

2. 离散化处理后的数字表达式

如前所述，计算机控制是采样控制系统，只能由采样时刻的偏差值来计算控制量，故控制律式(6-4)只能用数值计算的方法逼近，成为

$$u(k)=K_P\left\{e(k)+\frac{T}{T_I}\sum_{j=0}^{k}e(j)+\frac{T_D}{T}[e(k)-e(k-1)]\right\}+u_0 \tag{6-5}$$

式中，T 为采样周期。

如果 T 取得足够小，这种逼近可相当准确。

由于控制量 u 和执行机构的位置量(如电液伺服缸的位移)相对应，故式(6-5)表示的算法称作位置式 PID 控制算法。这种位置算法是非递推形式。计算 $u(k)$ 不仅需要本次及上次采样偏差值 $e(k)$ 和 $e(k-1)$，还需要 $e(0)$ 到 $e(k)$ 的所有值。当 k 很大时。要占用很多内存，计算机运算工作量也大，故出现了递推形式的增量算法。由式(6-5)得：

$$u(k-1)=K_P\left\{e(k-1)+\frac{T}{T_I}\sum_{j=0}^{k-1}e(j)+\frac{T_D}{T}[e(k-1)-e(k-2)]\right\}+u_0 \tag{6-6}$$

式(6-5)减去式(6-6)得：

$$\begin{aligned}\Delta u(k)&=u(k)-u(k-1)\\&=K_P[e(k)-e(k-1)]+K_P\frac{T}{T_I}e(k)+\\&\quad K_P\frac{T_D}{T}[e(k)-2e(k-1)+e(k-2)]\\&=K_P[e(k)-e(k-1)]+K_Ie(k)+\\&\quad K_D[e(k)-2e(k-1)+e(k-2)]\end{aligned} \tag{6-7}$$

式中，K_P、K_I、K_D 分别为比例系数、积分系数和微分系数，即：

$$K_I=K_P\frac{T}{T_I} \tag{6-8}$$

$$K_D=K_P\frac{T_D}{T} \tag{6-9}$$

为便于计算，式(6-7)经整理得：

$$\Delta u(k)=K_0e(k)-K_1e(k-1)+K_2e(k-2) \tag{6-10}$$

式中

$$K_0=K_P+K_I+K_D \tag{6-11}$$

$$K_1=-(K_P+2K_D) \tag{6-12}$$

$$K_2=K_D \tag{6-13}$$

控制量

$$u(k)=u(k-1)+\Delta u(k) \tag{6-14}$$

式(6-10)和式(6-14)组成了增量式 PID 控制算法。如执行机构需要的不是控制量的绝对值，而只是其增量，如驱动步进电机，则只采用式(6-10)即可。

PID 增量式算法的程序框图见图 6-2。

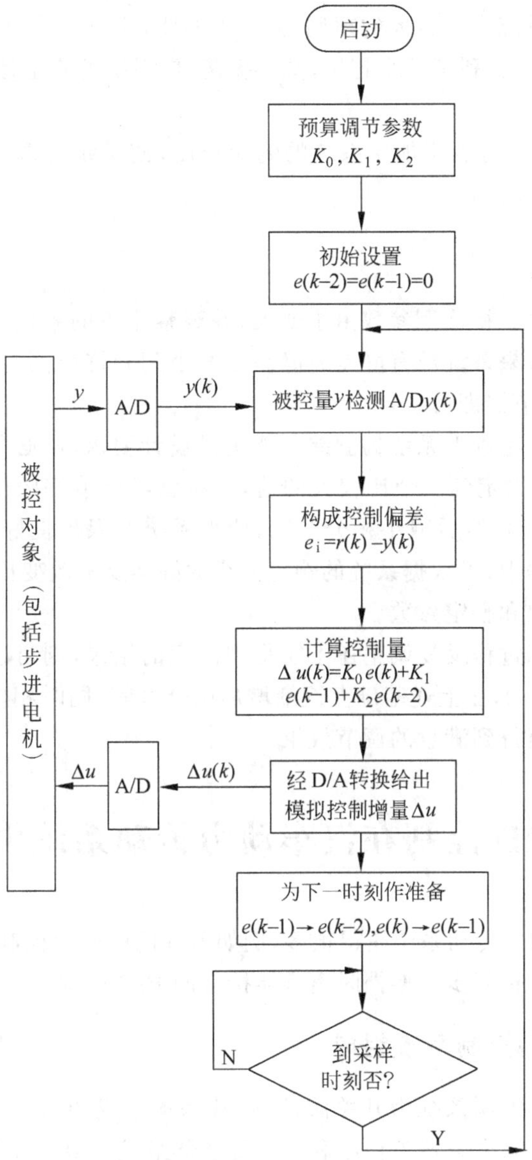

图 6-2　增量式 PID 控制算法流程

6.4　PID 控制器的参数整定

PID 控制器的参数整定是控制系统设计的核心内容。它是根据被控过程的特性确定 PID 控制器的比例系数、积分时间和微分时间的大小。

对 PID 参数进行整定，更多的是通过凑试法来确定 PID 的参数。

1. 整定的原则

增大比例系数 K_P。一般将加快系统的响应，在有静差的情况下有利于减小静差，但是过大的比例系数会使系统有比较大的超调,并产生振荡,使稳定性变坏。

增大积分时间 T_I。有利于减小超调,减小振荡,使系统的稳定性增加,但是消除系统静差时间变长。

增大微分时间 T_D。有利于加快系统的响应速度,使系统超调量减小,稳定性增加,但系统对扰动的抑制能力减弱。

2. 整定的方法

首先整定比例部分。将比例参数由小变大,并观察相应的系统响应,直至得到反应快、超调小的响应曲线。如果系统没有静差或静差已经小到允许范围内,并且对响应曲线已经满意,则只需要比例调节器即可。

如果在比例调节的基础上系统的静差不能满足设计要求,则必须加入积分环节。在整定时先将积分时间 T_I 设定到一个比较大的值,再将已经调节好的比例系数 K_P 略为缩小(一般缩小为原值的 0.8),然后减小积分时间,使得系统在保持良好动态性能的情况下,静差得到消除。在此过程中,可根据系统的响应曲线的好坏反复改变比例系数和积分时间,以期得到满意的控制过程和整定参数。

如果对系统的动态过程反复调整还不能得到满意的结果,则可以加入微分环节。首先把微分时间 T_D 设置为 0,在上述基础上逐渐增加微分时间,同时相应地改变比例系数和积分时间,逐步凑试,直至得到满意的调节效果。

6.5 PID 控制在汽车动力传动系统中的应用

PID 控制在汽车动力传动系中用得很多,例如节气门的开度控制、离合器的接合过程控制等。下面重点介绍车辆起步与换挡时离合器接合的 PID 控制。

1. 开关型离合器控制系统组成

目前常用的离合器控制系统为开关阀控制,其基本组成如图 6-3 所示,它由微机、脉宽调制放大器、高速开关阀、离合器工作缸和位移传感器组成。微机部分包括一个把离合器位移信号转换成数字信号的 A/D 转换器。离合器工作缸控制离合器的分离和接合。

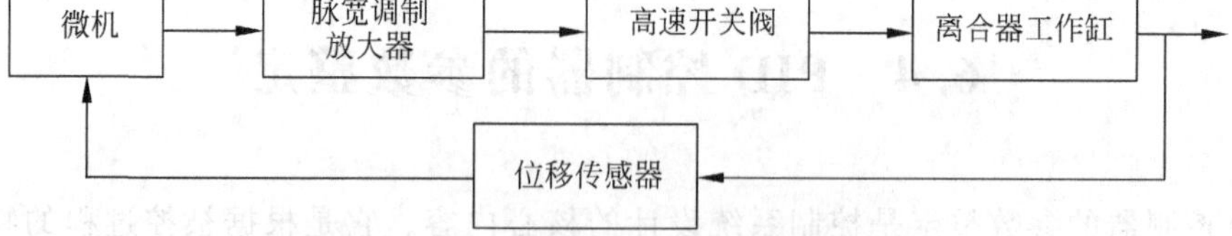

图 6-3　开关阀离合控制系统组成

控制离合器的液压系统组成如图 6-4 所示。图中 1 为进油电磁阀,2、3 阀分别为大、小电磁阀,用于控制离合器接合,4 为离合器工作缸,直接控制离合器的分离叉。当电磁阀 2、3 断电,而电磁阀 1 通电时,离合器工作缸在油泵提供的压力油作用下向右移动,使离合器分离。当电磁阀 1 断电,而电磁阀 2、3 通电时,离合器工作缸在弹簧反作用下左移,离合器接合。电磁阀 2、3 都为高速开关阀，计算机控制离合器接合主要是控制电磁阀 2、3，从而控制离合器的接合速度。电磁阀 2 具有大的节流孔直径，用于离合器的快速接合控制。电磁阀 3 具有小的节流孔，用于缓慢接合的精确控制。

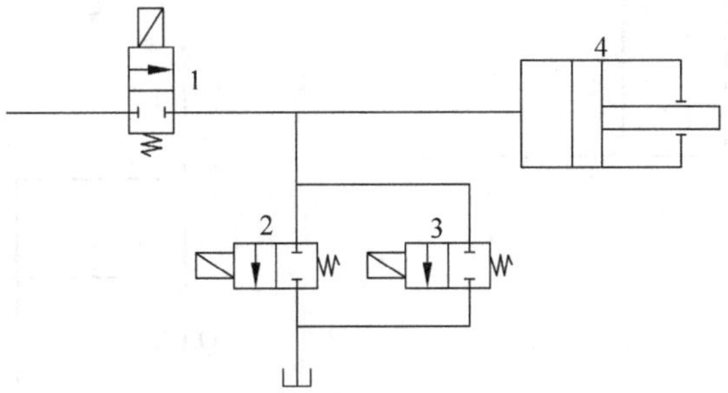

图 6-4 控制离合器的液压系统组成

开关阀只有开和关二种工作状态，计算机本身也是二进制方式输出，因此接口方便。

2. 开关阀控制离合器位移的原理

普通模拟阀控制工作缸是用阀开口大小来控制流进(出)工作缸的流量而实现的，进(出)工作缸的流量为 Q，工作缸速度可以表示为 $V=Q/A$，其中 A 是油缸面积。开关阀相当于一个继电器，它只有开和关两个状态，一般用来接通或切断油路。通电时，使油路接通，流量为通过阀的最大流量，即 $Q=Q_H$；而当断电时，阀口关死，流量变为零，即 $Q=0$，工作缸停止运动。因此，开关阀控制的液流是非连续流，流量只有两种状态，或最大，或为零。这样给出一个通电脉冲，阀就会通过一定体积的油，对应位移 ΔX，见图 6-5。如果给出一系列脉冲，每次通油时间为 t_W，周期为量 T_0，则每次通油体积 $\Delta V=t_W Q_H$，每一脉冲走过的位移为

$$\Delta X=\frac{\Delta V}{A}=\frac{t_W Q_H}{A}$$

每一周期内的平均速度则为

$$\bar{V}=\frac{\Delta X}{T_0}=\frac{t_W Q_H}{A T_0}$$

令

$$V_H=Q_H/A, f_0=1/T_0 ,\text{则}$$

$$\bar{V}=V_H t_W f_0 \tag{6-15}$$

式中，V_H 为通电时工作缸速度；f_0 为脉冲频率。

由式(6-15)知，如果 V_H 变化不大，则平均速度与脉冲宽度和脉冲频率成正比，改变 t_W 或改变 f_0 能控制工作缸平均速度 $\bar{V}$。改变脉冲宽度 t_W 来控制速度称为脉宽调制控制(PWM)，即计算机根据输入的位置信号经一些算法，计算出脉冲宽度，然后通过驱动电路推动电磁阀，控制离合器的位移，如图 6-6 所示。设有输入规律 $R(t)$，计算机根据各个采样点的目标值 $R(k)$与实际值 $X(k)$之差 $e(k)$，给电磁阀通电 $t_W(k)$的时间长度，工作缸则移动 $\Delta X(k)$的位移。这样，每一采样周期都有阀的开关来消除误差。理论上，采样周期 T_0 越小越好，但实际上采样周期受到电磁阀本身性能的限制，不可能太小。因为采样周期太小，阀无法跟上电信号的变化，阀或不开启，或开启后就关不上，且 T_0 小时由于动作频率高，使阀的寿命(使用时间)缩短。

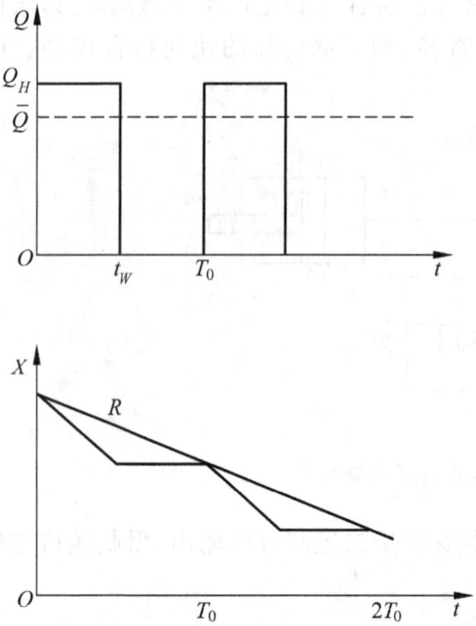

图 6-5 开关阀控制离合器位移原理

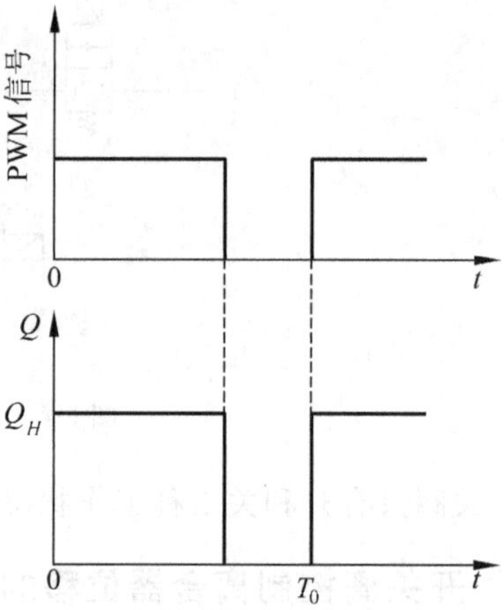

图 6-6 脉冲宽度控制位移

3. PID 控制器的设计

离合器接合过程的控制主要是根据最佳接合规律确定目标接合行程的时间历程，即离合器的平均接合速度 $\bar{V}$。

根据公式(6-15)，如果阀的参数 V_H 及采样周期量 T_0 已经选定，那么离合器的平均接合速度主要取决于 t_W 的大小。在采样周期 T_0 内，如果离合器工作缸的目标接合行程 $R(k)$与实际接合行程 $X(k)$间有误差 $e(k)$，为了减小或消除其误差，可采用 PID 调节器对电磁阀进行脉宽调制，作自动校正，脉冲宽度 t_W 为

$$t_W = K_P\left[e(t) + \frac{1}{T_I}\int_0^t e(\tau)\mathrm{d}\tau + T_D\,\frac{\mathrm{d}e(t)}{\mathrm{d}t}\right]$$

考虑到开关阀控制工作缸系统的输出是阶梯式的，故按离散理论对控制器进行直接设计，即：

$$\begin{aligned} t_W(k) &= K_P\left\{e(k) + \frac{T_0}{T_I}\sum_{j=1}^{k} e(j) + \frac{T_D}{T_0}\left[e(k) - e(k-1)\right]\right\} \\ &= K_P e(k) + K_I\sum_{j=1}^{k} e(j) + K_D\Delta e(k) \end{aligned} \tag{6-16}$$

式中，K_P 为比例系数；$K_I = K_P T_0/T_I$ 为积分常数；$K_D = K_P T_0/T_D$ 为微分常数。

根据上式算出的 t_W 值确定两个不同放油量电磁阀的工作脉宽(见图 6-7)。

这种控制算法要将所有的 $e(k)$存起来才能求知，因而如前所述，称为“位置算法”。由计算机经过软件编程实现 PID 调节，灵活性较大，能起到一般硬件不能起的作用，比如它能限制超调量，还能达到积分校正的效果。采用位置算法当偏差 e 较大时，容易引起被控量的大幅度超调和振荡。为此，可将公式(6-16)改成：

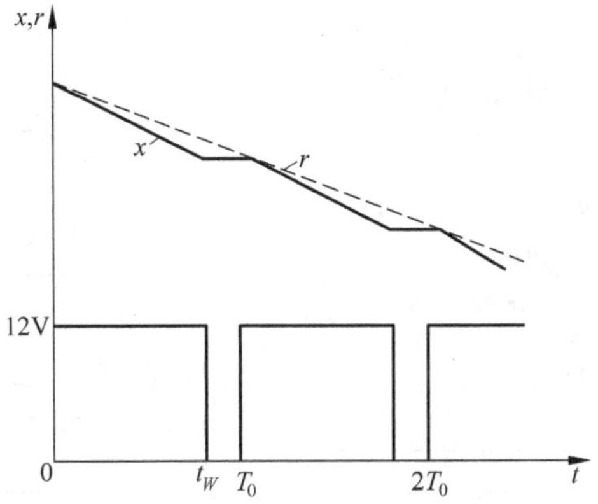

图 6-7　离合器行程式的脉宽调节

$$t_W(k)=K_P e(k)+K_1 K_I \sum_{j=1}^{k} e(j)+K_D[e(k)-e(k-1)] \tag{6-17}$$

式中，K_1 为逻辑系数，且

$$K_1=\begin{cases}1, & \text{当 } e(j)<A \text{ 时}\\ 0, & \text{当 } e(j)>A \text{ 时}\end{cases} \tag{6-18}$$

式中，A 为预定门限。当 $e(j)>A$ 时，公式(6-17)中的积分项不起作用，只在偏差 e 较小时，积分作用才加入，使控制性能得到改善。这种方法称为积分分离法。

6.6　PID 控制在智能车辆路径跟踪控制中的应用

路径跟踪控制是智能汽车研究方向的关键技术之一。路径跟踪控制算法是指能够使智能汽车按照预设路径，安全稳定行驶的控制方法。

1. 路径跟踪模型

智能汽车路径跟踪模型如图 6-8 所示，在惯性坐标系中，假设预设路径上有 A、B、C 三个相邻的预设点，坐标分别为(x_{g1},y_{g1})、(x_{g2},y_{g2})、(x_{g3},y_{g3})，预设点上的航向分别为 h_{g1}、h_{g2}、h_{g3}。某一时刻，通过全球定位系统(GPS)获取智能汽车在惯性坐标系中的当前位置为 $D(x_F,y_F)$，行驶的航向为 h_F。假设当前智能车正行驶于 A、B 两点之间，智能车的实际航向与目标航向差为

$$h_\Delta=h_F-h_{g2}$$

设定允许误差带范围为 Δd，将智能汽车看作一个质点，在车辆行驶过程中的任一时刻，当测得车辆当前位置与给定路径的垂直距离小于 Δd 时，则车辆所处位置在允许的误差范围内，如图 6-9 所示。此时，按照 PID 算法精确控制车辆行驶航向，且按照给定航向行驶。误差带内控制策略如图 6-10 所示，其中 e_k 为航向给定量和反馈量的差值。

在车辆行驶过程中，若测得车辆当前位置与给定路径的垂直距离 $d\geqslant\Delta d$，则车辆所处位置超出误差带范围，暂时性偏离给定路径，此时，应调整 PID 控制器输入值，期望 PID 控制器输出值使得车辆向靠近给定路径的一侧行驶。因此，PID控制器的输入值应调整为给

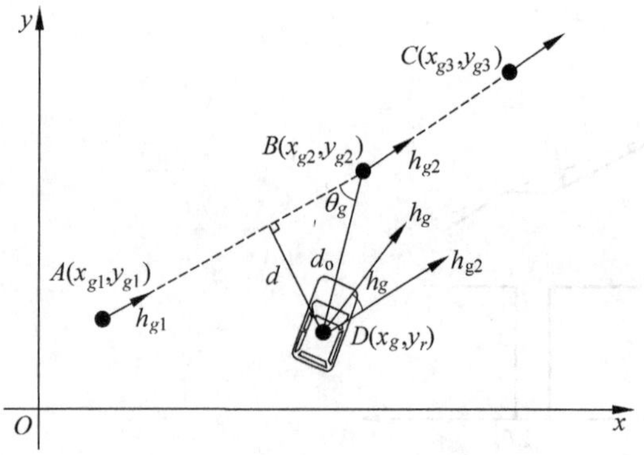

图 6-8 智能汽车路径跟踪模型

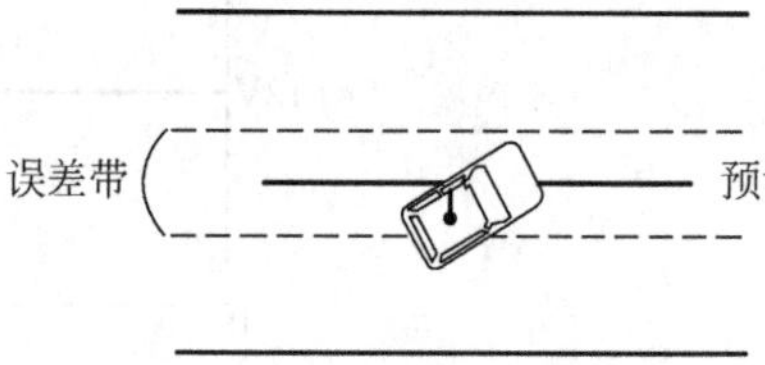

图 6-9 车辆位置误差带示意图

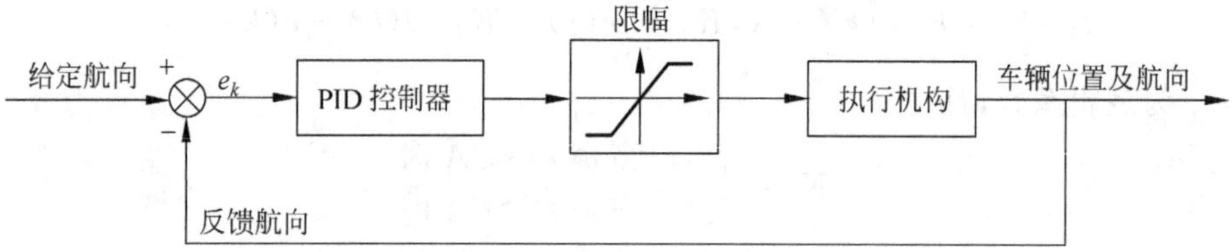

图 6-10 误差带内控制策略

定航向与反馈航向差值再减去一个给定的角度调整值，误差带外控制策略如图 6-11 所示。此角度调整值的作用就在于当车辆行驶至误差带范围外时，使得 PID 控制器的输入量发生变化，进而调整输出，使得车辆向靠近给定路径的一侧行驶。若无此角度调整值，当车辆行驶至误差带范围外时，还采用原来的控制方法，结果必然是在误差带范围外，车辆按照给定的航向行驶，虽然航向满足要求，但智能车位置并没有满足要求，即没有按照给定的路径行驶，不能实现准确的路径跟踪。故而，此角度调整值对于路径跟踪影响显著。

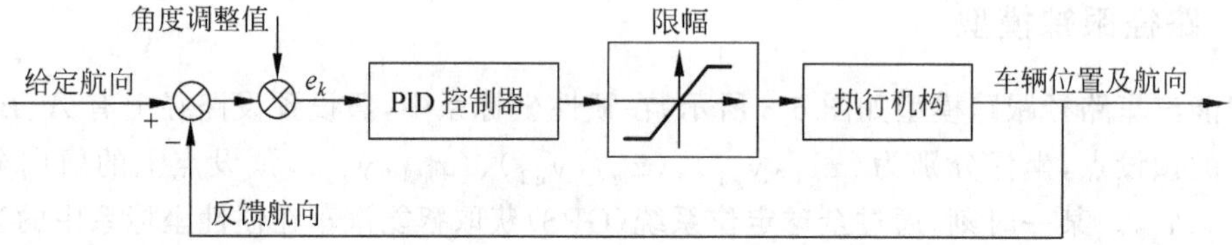

图 6-11 误差带外控制策略

2. 改进增量式 PID 控制器的设计

离散化增量式 PID 控制律为：

$$\Delta u = Ae_k + Be_{k-1} + Ce_{k-2} \tag{6-19}$$

式中，$A = K_P\left(1+\frac{T}{T_I}+\frac{T_D}{T}\right)$，$B=-K_P\left(1+\frac{2T_D}{T}\right)$，$C=K_P\ \frac{T_D}{T}$；$e_k$ 为控制器的输出；e_{k-1}，e_{k-2} 均为给定量和反馈量的差值；K_P 为比例系数；T_I，T_D 分别为积分时间和微分时间；T 为采样周期。

PID 控制器的参数不能跟随环境的改变而变化，当这种传统算法应用在高精度航向控制上会产生较大的超调。

在 PID 算法中引入积分环节的主要目的是为了减小系统静差，提高系统的控制精度，对于积分项的改进，这里仍采用积分分离法。

当 PID 控制器的输入量 e_k 的绝对值大于某一正临界值 $|e_k|$ 时，采取 PD 控制，令积分项系数 $K_I=0$，此时，积分项无作用；而当 $|e_k|\ll\varepsilon$ 时，采取 PID 控制，积分项系数 $K_I\neq 0$，根据系统特性可确定 K_I 的取值。T_I 为积分时间，K_I 和 T_I 为倒数关系，即 $K_I=1/T_I$。

微分系数的引入主要是为了改善闭环系统的稳定性和动态响应速度，这是由于微分系数主要影响系统误差变化速率。微分系数过大，就会使阻尼过大，导致系统调节时间过长；减小微分系数时，系统响应变得迟缓，动态特性变差。Δe^2 为偏差变化量平方值，当 Δe^2 较大时，微分项系数较小，微分作用减弱；而当 Δe^2 较小时，微分项系数较大，微分作用增强。

采用阶梯式微分系数自整定法来改进微分项。具体做法是将 Δe^2 分成若干段，每段对应不同的值，即每段对应不同微分项系数，每一段内系数固定不变。当然分段的段数和分段的宽度可进行调整，每一段的系数可先设定，执行程序时，查取微分系数。

设微分系数为 K_D，$K_D=T_D$，T_D 为微分时间。设定下限值为 L，上限值为 H，当 $\Delta e^2\ll L$ 时，$K_D=1$；当 $\Delta e^2\gg H$ 时，$K_D=0$。当 $L<\Delta e^2<H$ 时，K_D 的大小由查表法确定。阶梯式微分系数分段示意图如图 6-12 所示。A_1、A_2 均为分段限值。

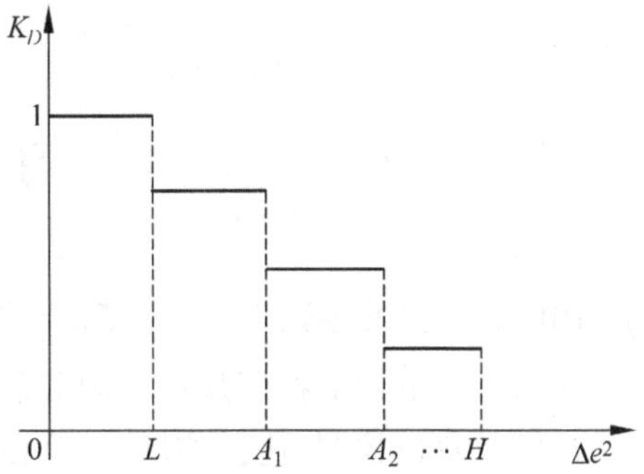

图 6-12 微分系数分段示意图

由于 PID 控制器的输出是控制车辆转向盘的转角，车辆方向的改变不会瞬时变化太大，因此对 PID 控制器采取输出限幅措施，使得控制器输出量 Δu 保持在某一范围内。设输出上限幅为 Y_H，下限幅为 Y_L，限幅律表达式为

$$\Delta u_i=\begin{cases}Y_H, & \Delta u>Y_H\\ \Delta u, & Y_L\ll\Delta u\ll Y_H\\ Y_L, & \Delta u<Y_L\end{cases}\tag{6-20}$$

其中 Δu_i 为限幅输出，根据以上所述的控制方法，可以得到控制算法步骤如下：

(1) 计算 e_k。读取给定值 r_k、反馈值 c_k，角度调整值 δ，读取车辆当前位置到预设路径的距离，判断车辆是否在误差带内。若在误差带内，$e_k=r_k-c_k$；否则，$e_k=r_k-c_k-\delta$。

(2) 确定积分系数。判断 e_k 的大小，若 $|e_k|\ll\varepsilon$，K_I 等于设定值；否则，$K_I=0$。

(3) 确定微分系数。定义误差变动量的平方值为 $\Delta e^2=(e_k-e_{k-1})^2$，判断 Δe^2 的大小，若 Δe^2 小于下限值 L，$K_D=1$；若 Δe^2 大于上限值 H，$K_D=0$；若 Δe^2 处于两者之间，K_D 的计算由微分系数分段函数确定。

(4) 计算控制器输出值 Δu。由 K_P，K_I，K_D 根据式(6-19)计算 Δu。

(5) 根据式(6-20)确定限幅输出 Δu_i。

如图 6-13 所示，改进后的 PID 控制算法使得系统的上升时间、调整时间均缩短，响应速度加快。即当给定航向发生变化时，车辆能够更加快速地调整输出，跟随给定航向。相对于传统的 PID 控制算法，改进后的 PID 控制算法使得系统的超调量减小，即车辆航向不出现过大的偏差，在路径跟踪实验中，车辆可稳定地沿预设路径行驶。

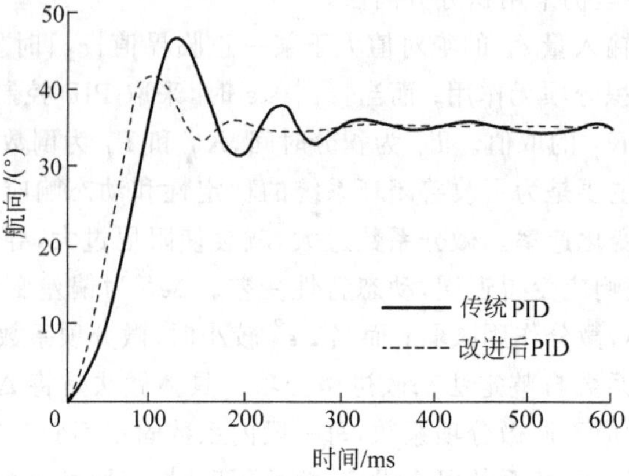

图 6-13　PID 控制响应曲线图

习　　题

1. PID 调节器的参数 K_P、T_I、T_D 对控制性能各有什么影响？

2. 什么是调节器的控制规律？调节器有哪几种基本控制规律？

3. 什么是双位控制、比例控制、积分控制、微分控制，它们各有什么特点？

4. 比例、积分、微分控制分别用什么量表示其控制作用的强弱？并分别说明它们对控制质量的影响。

5. 通常在什么场合下选用比例(P)、比例积分(PI)、比例积分微分(PID)调节规律？

6. 有一流量调节系统，信号传输管线很长，因此，系统产生较大的传送滞后。有人设想给调节器后加微分器来改善系统特性，试问这种设想合理否？为什么？若不合理，应采取什么措施合理？

7. 设计一个比例、积分(PI)调节器，控制一个温度调节系统。控制器的调节范围为 0～3000℃，控制器的输出为 4～20mA。当给定被控对象一个如图(a)所示的阶跃输入时，测定的被控对象响应曲线如图(b)所示(响应曲线法控制器参数整定经验公式见下表)。

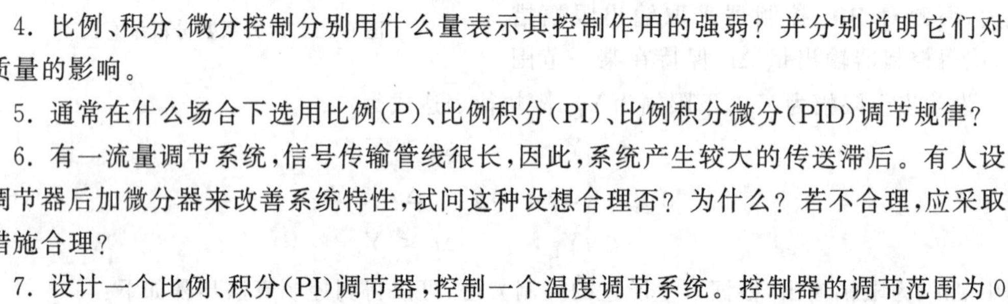

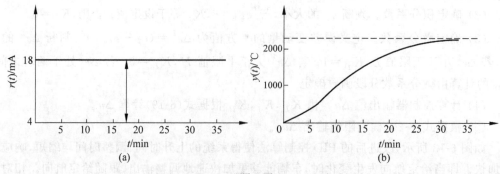

习题 7 图

调节规律	调节参数		
	比例度 δ/%	积分时间 T_I	微分时间 T_D
P	$(K_0\tau_0/T_0)\times 100\%$		
PI	$1.1(K_0\tau_0/T_0)\times 100\%$	$3.3\tau_0$	
PID	$0.85(K_0\tau_0/T_0)\times 100\%$	$2\tau_0$	$0.5\tau_0$

8. 已知模拟调节器的传递函数为

$$D(s)=\frac{1+0.17s}{0.085s}$$

试写出相应数字控制器的位置型 PID 算法和增量型 PID 控制算式，设采样周期 $T=0.2\text{s}$。

第7章

滑模控制及其在汽车工程中的应用

滑模变结构控制属于一类特殊的非线性控制系统。它根据系统当时的状态、偏差及其导数值，在不同的控制区域，以理想开关的方式切换控制量的大小和符号。使系统状态在切换线邻近区域来回运动，一直到系统状态的运动成了沿切换线的滑动。

7.1 滑模控制基本方法

为了叙述方便，以单输入、单输出(SISO)动态系统为例说明滑模控制方法。

对于一个典型的可控非线性系统：

$$\begin{cases}\dot{x}_1(t)=x_2(t)\\ \vdots\\ \dot{x}_{n-1}(t)=x_n(t)\\ \dot{x}_n(t)=f(x(t))+g(x(t))u(t)+d(t)\end{cases} \tag{7-1}$$

式中，$x(t)=[x_1(t),\cdots,x_n(t)]^{\mathrm{T}}$ 为状态向量；$u(t)$为控制量，$d(t)$为扰动量；$f(x(t))$和$g(x(t))$分别代表非线性函数关系。

设控制问题定义为 $x_1(t)$跟踪所需的轨迹 $x_{1d}(t)$，由于模型和扰动的不确定性，这样，跟踪误差为

$$e(t)=x_1(t)-x_{1d}(t)$$

误差的动态特性可以由状态空间的一个滑动表面来确定，设该面 $S(t)=0$，$S(t)$可以由下式确定：

$$S(t)=C_1e(t)+\dot{e}(t) \tag{7-2}$$

式中的系数 C_1 必须能使 $S(t)=0$ 时得到可以接受的误差瞬态特性。如果选择 $u(t)$使其满足 $S(t)\cdot\dot{S}(t)<0$，则闭环动态特性将在 $S(t)=0$ 面上"滑动"，并达到 $S(t)$趋近于零。

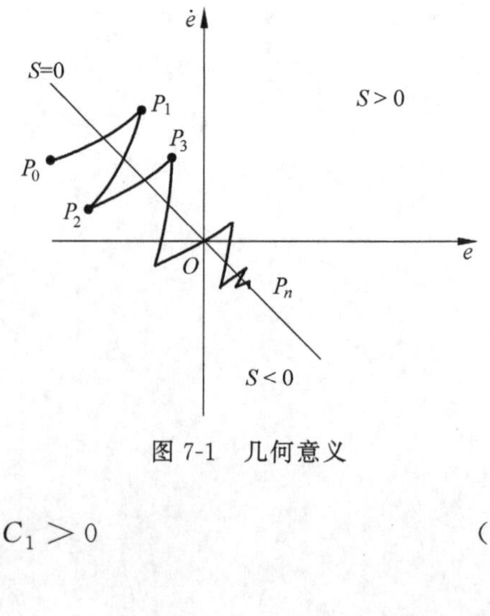

图 7-1 几何意义

图 7-1 是对上述滑模控制方法做出的几何解释。如果令 $S=0$ 则得到在相平面$(e,\dot{e})$中的切换线方程为

$$C_1e+\dot{e}=0,\quad C_1>0 \tag{7-3}$$

由图中可以看出：切换线 $S=0$ 将相平面$(e,\dot{e})$分成了两个部分，即 $S>0$ 和 $S<0$。

设系统状态从相平面上的 P_0 点出发，开始沿左区的相轨迹运动。从理论上讲，在切换线上，控制量 u 是不连续的，这必将引起当相轨迹与切换线相交时，系统应立即进行控制切换 $u^- \to u^+$ 即：

$$u=\begin{cases}u^-, & S<0\\ u^+, & S>0\end{cases} \tag{7-4}$$

但实际上由于切换过程无法在瞬时完成，因此切换的延迟作用将使系统状态继续沿原有的左区相轨迹运动至 P_1 点。此时，系统状态切换到右区的相轨迹上，且 $u=u^+$。随后，状态相轨迹沿右区运动，同样切换延迟，直至 P_2 点后才又一次完成切换 $u=u^-$，这时系统状态再次切换回左区的相轨迹上来。依此类推，系统状态就在切换线 $S=C_1e+\dot{e}=0$ 附近来回运动，经 $P_3,P_4,\cdots,P_n$ 一直运动到所期望的系统工作状态。当延迟作用非常小即系统控制切换速度非常快时，借助于 u^+ 和 u^- 之间的跳变控制，就可以将系统状态的相轨迹限定在切换线上。这时波动的相轨迹将逐渐成为一条直线，系统状态的运动也就成了沿切换线的滑动。因此切换线又被称之为滑移线。

为了保证在切换线 $S=0$ 任何一侧邻域中，系统状态的运动都趋向于切换线，显然控制系统要满足下列条件：

$$S\cdot\dot{S}<0 \tag{7-5}$$

此条件被称之为滑模控制的可达条件。在运用滑模控制方法时，首先需要选择控制切换函数 S 和控制变量 u，以满足可达条件式(7-5)。

7.2　滑模控制在车轮防抱死制动系统中的应用

由车轮动力学分析(图 7-2)可以得到车轮在制动过程中的运动微分方程为

$$\begin{cases}M\dot{V}=-F_t=-\mu N\\ J\dot{\omega}=F_t-M_b\end{cases} \tag{7-6}$$

式中，M,J 分别为车轮质量及其对轮轴的转动惯量。

根据定义，轮胎与路面间的水平纵向滑移率为

$$\lambda=1-\omega R/V \tag{7-7}$$

轮胎与路面间的水平纵向摩擦系数 μ 与纵向滑移率 λ 之间的关系见图 7-3。在图中与 $\mu(\lambda)$ 曲线峰值相对应的滑移率 λ_T 称之为制动过程中滑移率 λ 的期望值。所以车轮的防抱死制动控制实质上是对纵向滑移率偏离 λ_T 的误差控制。

当 $\lambda\leqslant\lambda_T$ 时，$\mu=\dfrac{\mu_k}{\lambda_T}\cdot\lambda$

当 $\lambda>\lambda_T$ 时，$\mu=\dfrac{\mu_k-\mu_g\lambda_T}{1-\lambda_T}-\dfrac{\mu_k-\mu_g}{1-\lambda_T}\cdot\lambda$

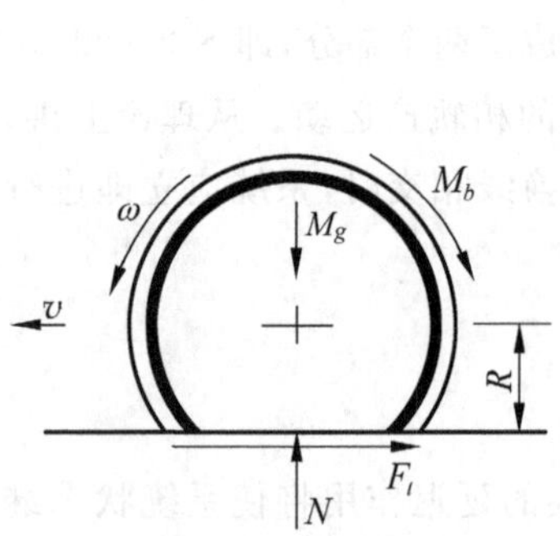

图 7-2　车轮受力分析

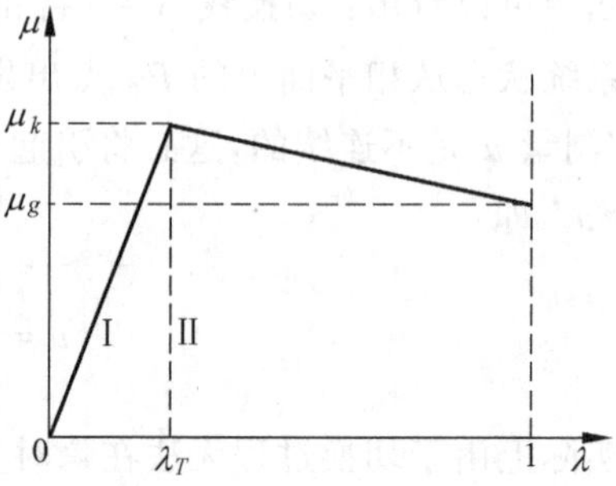

图 7-3　简化 μ-λ 曲线

式中，μ_k 为最大附着系数；λ_T 为最大附着系数时的滑移率；μ_g 为车轮完全抱死时($\lambda=1$)的附着系数。

1. 切换函数选择

在实现车轮防抱死制动系统的滑模控制时可选切换函数为

$$S=\dot{e}+C_1 e \tag{7-8}$$

式中，e 为误差变量，即：

$$e=\lambda-\lambda_T \tag{7-9}$$

为了方便起见，仅考虑路况不变的情形，故 λ_T 假设为一常量：

$$S=\dot{\lambda}+C_1(\lambda-\lambda_T) \tag{7-10}$$

如果纵向滑移率 λ 及其导数 $\dot{\lambda}$ 构成一相平面，则切换线是一斜率为 $-C_1$ 且过点的 $(\lambda_T,0)$ 的直线 $S=0$，如图 7-4 中虚线所示。

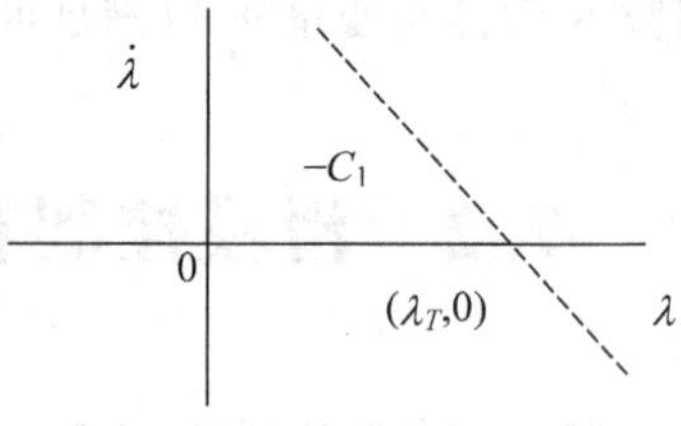

图 7-4　切换线

2. 控制变量确定

为了保证车轮在制动过程中，轮胎相对于地面的滑移状态相轨迹 $(\lambda,\dot{\lambda})$ 能够沿切换线滑向控制设计目标，可选取制动力矩 M_b 为控制变量，并对系统式(7-6)进行不连续开关控制：

$$M_b=\begin{cases} M_b^-, & S>0 \\ M_b^+, & S<0 \end{cases} \tag{7-11}$$

式中，M_b^- 和 M_b^+ 分别为由控制器、电磁阀及车轮制动器组成的调节系统所决定的两种不同的制动力矩状态(如减小和增加状态)。

控制变量 M_b 的选择应满足条件式(7-5)，即 $S\cdot\dot{S}<0$，满足此条件有两种情况。

(1) $S>0$，且 $\dot{S}<0$ 此时由式(7-8)和式(7-9)可得：

$$\dot{\lambda}+C_1(\lambda-\lambda_T)>0,\quad C_1>0 \tag{7-12}$$

以及

$$\ddot{\lambda}+C_1\dot{\lambda}<0,\quad C_1>0 \tag{7-13}$$

对式(7-7)求一、二阶导数，再将式(7-6)代入，并注意此时 $M_b=M_b^-$，则可以得到：

$$\dot{M}_b^- + \left(C_1 + \frac{2N\mu}{MV}\right)M_b^- - \frac{2(\mu N)^2 R}{MV} - (1-\lambda)\left[(C_1\mu + \dot{\mu}) + \frac{2N\mu}{MV}\right]\frac{NJ}{MR} - RN(C_1\mu + \dot{\mu}) < 0 \tag{7-14}$$

选取待定参数 C_1，使其满足：

$$C_1\mu + \dot{\mu} > 0 \tag{7-15}$$

则式(7-14)可写成：

$$\dot{M}_b^- + f_1(V)M_b^- < f_2(V) + (1-\lambda)f_3(V) \tag{7-16}$$

式中

$$\begin{cases} f_1(V) = C_1 + 2\dfrac{\mu N}{MV} \\ f_2(V) = \dfrac{2(\mu N)^2 R}{MV} \\ f_3(V) = \dfrac{2N^2\mu J}{M^2 RV} \end{cases} \tag{7-17}$$

(2) $S<0$，且 $\dot{S}>0$ 同理可得：

$$\dot{\lambda} + C_1(\lambda - \lambda_T) < 0, \quad C_1 > 0 \tag{7-18}$$

和

$$\dot{M}_b^+ + f_1(V)M_b^+ > f_2(V) + (1-\lambda)f_3(V) + (C_1\mu + \dot{\mu})\left[(1-\lambda)\frac{NJ}{MR} + RN\right] \tag{7-19}$$

3. 参数 C_1 的选取

由图 7-3，μ 与纵向滑移率 λ 之间的关系及(7-15)式可得：

$$\begin{cases} \dot{\lambda} < \dfrac{C_1\mu}{-\dfrac{d\mu}{d\lambda}} = \dfrac{C_1\mu}{\left|\dfrac{d\mu}{d\lambda}\right|} = \dfrac{C_1\mu}{\dfrac{\mu_k}{\lambda_T}}, & \lambda < \lambda_T \\ \dot{\lambda} < \dfrac{C_1\mu}{-\dfrac{d\mu}{d\lambda}} = \dfrac{C_1\mu}{\left|\dfrac{d\mu}{d\lambda}\right|} = \dfrac{C_1\mu}{\dfrac{\mu_k - \mu_g}{1-\lambda_T}}, & \lambda > \lambda_T \end{cases} \tag{7-20}$$

式(7-12)～式(7-20)是可达条件式(7-5)发出的具体表达式，只有当制动力矩 M_b^+ 或松动力矩 M_b^- 依据由式(7-18)或式(7-12)的控制指令，而满足式(7-16)、式(7-17)以及式(7-19)、式(7-20)时，才能保证水平纵向滑移率在制动过程中逐渐趋向其期望值 λ_T。

4. 滑模控制系统实现

滑模控制系统由受控对象和一个变结构控制器组成。控测器中含有一个逻辑环节，它操纵控测器结构的变更。

在组成实际系统中采用加权最小二乘法估计，对路况进行识别。根据路况确定出相应的最佳 λ_T 值(见图 7-5)。电磁阀是通断式的，用脉宽调制(PWM)实现制动力比例控制。

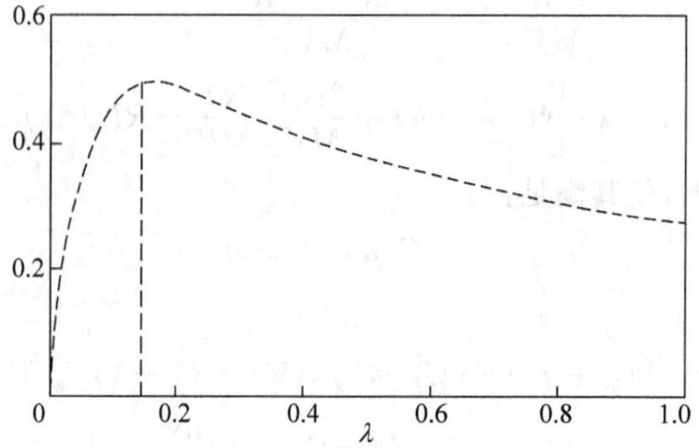

图 7-5 $\mu(\lambda)$曲线

滑模控制需要同时测量车轮轴线速度 v 及转速 ω，并计算出偏移率及其随时间的变化，如图 7-6 和图 7-7 所示。

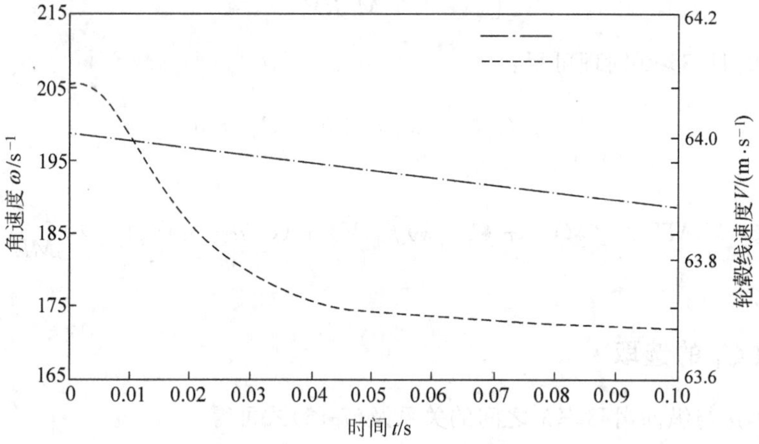

图 7-6 $v(t)$，$\omega(t)$曲线

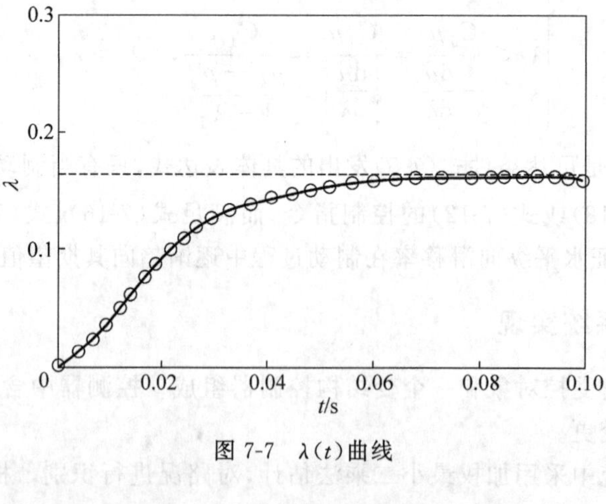

图 7-7 $\lambda(t)$曲线

由式(7-8)得：

$$S = \dot{e} + C_1 e = \dot{\lambda} + C_1(\lambda - \lambda_T)$$

并依据来自传感器的信息 λ、$\dot{\lambda}$，就可得知 S 是大于零或小于零。然后通过逻辑环节，控制变量 M_b，如图 7-8 所示。

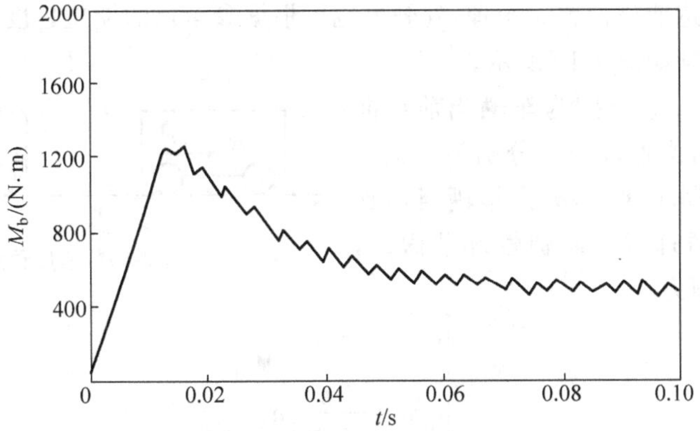

图 7-8　制动力矩 $M_b(t)$ 曲线

这里特别需要指出的是：参数 C_1 值的选择对控制质量有较大影响。这可从图 7-9 看出。

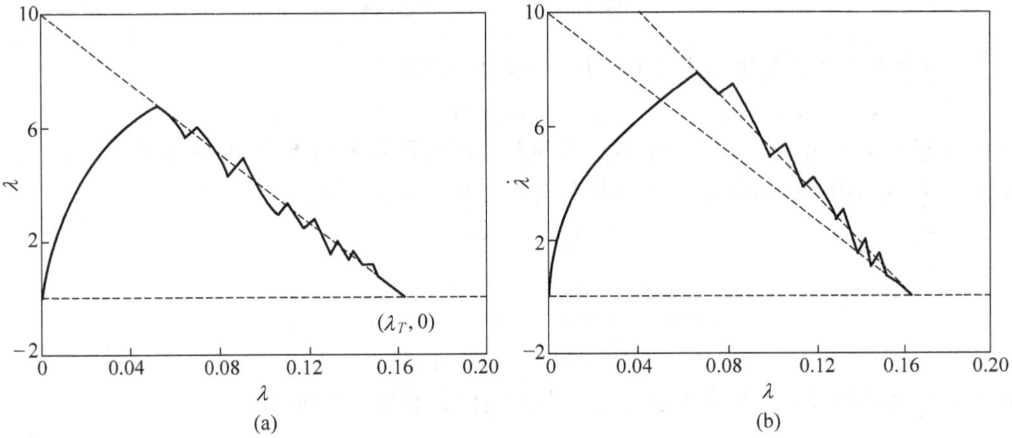

图 7-9　滑移状态相轨迹

图 7-9(a)表明：在制动过程中，轮胎相对于地面的滑移状态相轨迹$(\lambda,\dot{\lambda})$将迅速趋于切换线，并在到达切换线之后将沿切换线滑向预期设计目标$(\lambda_T,0)$。由于摩擦系数峰值点在制动过程中是一非稳定点，因而在制动过程中，水平纵向滑移状态相轨迹在滑到预目标之后，将在该目标附近作微小抖动。图 7-9(b)表明，式(7-10)中待定参数 C_1 值的选取对相轨迹$(\lambda,\dot{\lambda})$滑向切换线的过程影响较为显著，这是因为 C_1 值本身的几何意义就是切换线的斜率。关于如何选取待定参数 C_1 是一个有待进一步研究的课题。

7.3 基于预瞄偏差的车速跟踪滑模控制器设计

在实际驾驶过程中，驾驶员会根据道路情况在前方找到一个参考点，然后对车辆行进姿态进行调整，以到达期望位置。同理，驾驶员也可根据参考点的期望速度对行进车速进行调整，其速度预瞄模型如图 7-10 所示。

图 7-10 中，x、x_p 分别为车辆当前纵向位置和预瞄点纵向位置，v、v_p 分别为车辆当前速度和预瞄点期望速度，a 为车辆当前加速度。基于执行器理想一阶惯性环节假设，可建立运动学模型为

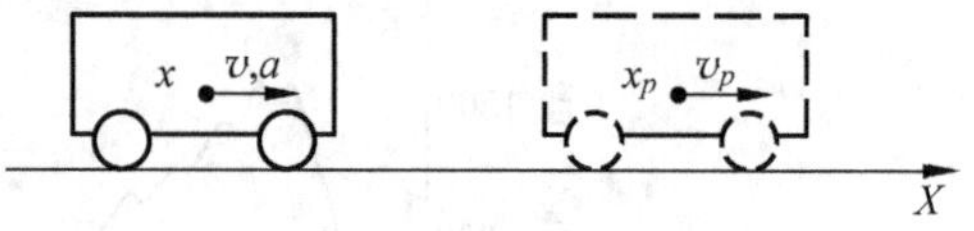

图 7-10 速度预瞄模型

$$\begin{cases} e_v = v - v_p \\ a = \dfrac{K_L}{T_L s + 1} a_{\text{des}} \end{cases} \tag{7-21}$$

式中，e_v 为预瞄速度误差；a_{des} 为期望加速度输入；K_L、T_L 分别为一阶惯性系统增益与时滞。由此可得车辆速度与加速度的变化率为

$$\begin{cases} \dot{e}_v = a \\ \dot{a} = -\dfrac{1}{T_L} a + \dfrac{K_L}{T_L} a_{\text{des}} \end{cases} \tag{7-22}$$

以速度误差及其变化率为控制目标，可设计滑膜面为

$$s = c\dot{e}_v + \ddot{e}_v \tag{7-23}$$

式中，滑模参数 c 为一大于 0 的常数。滑模趋近率选用等速趋近率，此外为了消除滑模控制器的高频抖振，拟用饱和函数 sat(s)代替符号函数 sgn(s)，即：

$$\dot{s} = -g\,\text{sat}(s)$$

$$\text{sat}(s) = \begin{cases} 1, & s \geqslant \Delta \\ qs, & |s| < \Delta, \quad q = 1/\Delta \\ -1, & s \leqslant -\Delta \end{cases} \tag{7-24}$$

式中，g 为切换增益；Δ 为边界层厚度。则滑膜控制器的控制率为

$$\dot{s} = c\dot{e}_v + \ddot{e}_v = -g\,\text{sat}(s) \tag{7-25}$$

由式(7-22)可知：

$$\ddot{e}_v = \dot{a} \tag{7-26}$$

由此可得：

$$\dot{s} = ca + \dot{a} = -g\,\text{sat}(s) \tag{7-27}$$

由此求得滑模控制率，即输入期望加速度：

$$a_{\text{des}} = \frac{-g\,\text{sat}(s) - ca + \dfrac{1}{T_L} a}{\dfrac{K_L}{T_L}} \tag{7-28}$$

采用 Simulink-Carsim 联合仿真平台对设计的控制器的跟踪性能进行验证。用正弦变化的速度曲线进行仿真测试，车辆输出响应如图 7-11 所示。由图 7-11 可知：车辆速度与参考速度的最大误差约为 0.06m/s，说明车辆能够对参考速度曲线进行实时精准跟踪，所设计的纵向速度控制有效。

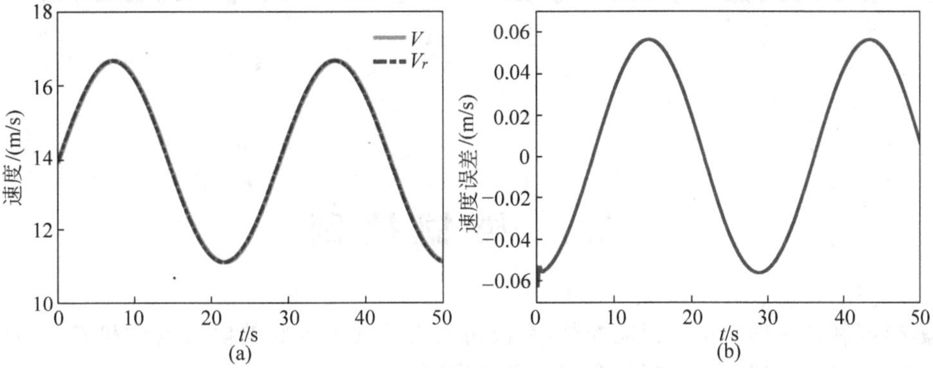

图 7-11 车辆输出响应

(a) 参考速度曲线与车辆实时速度曲线；(b) 速度跟踪误差

习 题

1. 什么是滑模控制？
2. 什么是滑模控制的可达性条件？
3. 滑模控制的几何意义是什么？
4. 在切换面上的点有几种情况？
5. 什么是切换函数？
6. 滑模控制的设计目标是什么？
7. 如图所示为单轮汽车制动受力模型，车轮质量为 m，车轮中心速度为 u，车轮角速度为 ω，车轮滚动半径为 r，轮胎对地面的法向反作用力为 F_z，地面附着力为 F_b，路面附着系数为 φ，制动力矩为 T_b，滚动力矩为 T_f，车轮转动惯量为 J，试写出车轮制动模型运动微分方程，并简述汽车防抱死制动系统滑模控制器的设计过程。

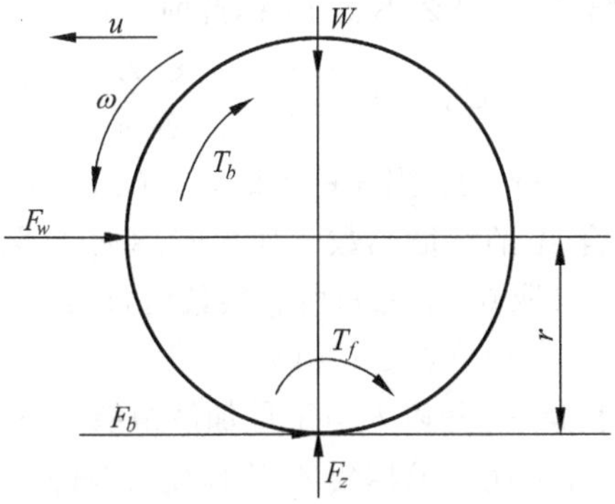

习题 7 图

第8章

模糊控制及其在汽车工程中的应用

8.1 模糊控制

模糊控制是一种新型的智能控制，它模仿人工活动中人脑的模糊概念和成功的控制策略，运用模糊数学，把人工控制策略用计算机实现。

模糊控制不依赖系统的精确数学模型，因而对系统参数变化不敏感，且有很强的鲁棒性。另外，它的控制算法是基于若干条控制规则，算法非常简捷，特别适合于像汽车这一类动态系统。

8.1.1 模糊数学的基础知识

模糊数学是研究和处理模糊现象的数学，所以在研究模糊控制之前，有必要简要介绍模糊数学的基础知识。

人们在日常生活中碰到的大量事物都具有模糊性，如"大与小""高与矮"……很难在它们之间划分出一条截然分明的界线，模糊数学就是研究这一类模糊现象的数学。

1965年，美国控制论专家L. A. Zadeh教授发表了"模糊集论"的论文。主张用"隶属函数"来描述模糊现象差异的中间过渡性。这样，模糊概念就可以定量表示了。模糊集论奠定了模糊数学的基础。

1. 模糊集合的基本概念

模糊集合用下列方式来定义：引入特征函数 $C_A(x)$，对于一般集合 A 来说，它的元素是完全确定的。即 x 要么属于 A，要么不属于 A，此时

$$C_A(x)=\begin{cases}1, & x\in A\\ 0, & x\notin A\end{cases}$$

就是说，当 $x\in A$ 时，$C_A(x)=1$；当 $x\notin A$ 时，$C_A(x)=0$。$C_A(x)$表征了 x 对 A 集合的隶属情况，我们称之为集合 A 的特征函数。如果 $C_A(x)$只取0、1两个值，那么对应的集合是非模糊的；反之如 $C_A(x)$取0～1之间所有实数值，即：

$$0\leqslant C_A(x)\leqslant 1$$

那么，对应的集合就称为模糊集合，并以大写字母加波浪线表示，如 $\underset{\sim}{A}$ 模糊集合的特征函数称为隶属函数，以 $\mu_{\underset{\sim}{A}}(x)$表示 x 属于模糊集 $\underset{\sim}{A}$ 的程度，或称隶属度。

模糊集合的隶属函数的确定带有一定主观性，通常根据经验或统计方法确定。如"老年

人”集合的隶属函数可表达为

$$\mu_{老}(x)=1-\left[1+\left(\frac{x-50}{5}\right)^{2}\right]^{-1} \tag{8-1}$$

由式(8-1)得：

$$\mu_{老}(50)=0\quad \mu_{老}(55)=0.5$$

$$\mu_{老}(60)=0.8\quad \mu_{老}(65)=0.9$$

这表明 50 岁不算老人，55 岁半老半不老，60 岁以上刚算老人了。这样用隶属函数式(8-1)就把“老”和“不老”的模糊界限用数学方法定量表达得很清晰。式(8-1)是以 55 岁作为老年人而确定的。如以其他年龄作为老年人，则可得到另外的公式。

2. 模糊子集的运算

在研究一个具体问题时总是把议题限制在某一范围内，称为论域。论域用符号 U、V、X、Y 等表示，论域中每个元素，通常用小写字母 u、v、x、y 等表示。例如在研究老年人问题时，把议题限制在 50～100 的范围内称为论域，论域中包含有很多元素$(x_1,x_2,\cdots,x_n)$，如以年龄表示则为 $x_1=50,x_2=55,x_3=60,x_4=65,\cdots,x_{11}=100$。

给定一个论域 U，U 中某一部分元素的全体叫作子集。模糊集合往往是一论域 U 的子集，故常习惯地称为模糊子集。如模糊子集 $\underset{\sim}{A}$ 包含有限个元素，则表示为

$$\underset{\sim}{A}=\frac{\mu_1}{x_1}+\frac{\mu_2}{x_2}+\cdots+\frac{\mu_n}{x_n} \tag{8-2}$$

式中，$\mu_i=\mu_A(x_i)$。

注意式(8-2)中的加号不表示加法，而是 $\underset{\sim}{A}$ 的一种表示法。因模糊子集的特征参数是它的隶属函数，故进行两个模糊子集的运算时，要逐点对其隶属度进行相应的运算。

1) 模糊子集的并集

两个模糊子集 $\underset{\sim}{A}$ 与 $\underset{\sim}{B}$ 的并集 $\underset{\sim}{C}=\underset{\sim}{A}\cup\underset{\sim}{B}$ 的隶属函数定义为

$$\mu_{\underset{\sim}{C}}(x)=\max[\mu_{\underset{\sim}{A}}(x),\mu_{\underset{\sim}{B}}(x)] \tag{8-3}$$

或写成

$$\mu_{\underset{\sim}{C}}(x)=\mu_{\underset{\sim}{A}}(x)\vee\mu_{\underset{\sim}{B}}(x)$$

式中，“max”“∨”都表示取大运算。

2) 模糊子集的交集

两个模糊子集的交集 $\underset{\sim}{C}=\underset{\sim}{A}\cap\underset{\sim}{B}$ 的隶属函数定义为

$$\mu_{\underset{\sim}{C}}(x)=\min[\mu_{\underset{\sim}{A}}(x),\mu_{\underset{\sim}{B}}(x)] \tag{8-4}$$

或写成

$$\mu_{\underset{\sim}{C}}(x)=\mu_{\underset{\sim}{A}}(x)\wedge\mu_{\underset{\sim}{B}}(x)$$

这里，“min”“∧”都表示取小运算。

例如，设论域为

$$U=\{x_1,x_2,x_3,x_4,x_5\}$$

$\underset{\sim}{A}$与 $\underset{\sim}{B}$ 是 U 的子集，即：

$$\underset{\sim}{A}=\frac{0.2}{x_1}+\frac{0.7}{x_2}+\frac{1}{x_3}+\frac{0}{x_4}+\frac{0.5}{x_5}$$

$$\underset{\sim}{B}=\frac{0.5}{x_1}+\frac{0.3}{x_2}+\frac{0}{x_3}+\frac{0.1}{x_4}+\frac{0.7}{x_5}$$

由式(8-3)，$\underset{\sim}{A}$和 $\underset{\sim}{B}$ 的并集为

$$\underset{\sim}{A}\cup\underset{\sim}{B}=\frac{0.2\vee 0.5}{x_1}+\frac{0.7\vee 0.3}{x_2}+\frac{1\vee 0}{x_3}+\frac{0\vee 0.1}{x_4}+\frac{0.5\vee 0.7}{x_5}$$
$$=\frac{0.5}{x_1}+\frac{0.7}{x_2}+\frac{1}{x_3}+\frac{0.1}{x_4}+\frac{0.7}{x_5}$$

由式(8-4)，$\underset{\sim}{A}$和$\underset{\sim}{B}$的交集为

$$\underset{\sim}{A}\cap\underset{\sim}{B}=\frac{0.2\wedge 0.5}{x_1}+\frac{0.7\wedge 0.3}{x_2}+\frac{1\wedge 0}{x_3}+\frac{0\wedge 0.1}{x_4}+\frac{0.5\wedge 0.7}{x_5}$$
$$=\frac{0.2}{x_1}+\frac{0.3}{x_2}+\frac{0}{x_3}+\frac{0}{x_4}+\frac{05}{x_5}$$

并集相当于逻辑运算中的“或”运算。$\mu_{\underset{\sim}{A}\cup\underset{\sim}{B}}(x)$即该元素 x 属于$\underset{\sim}{A}$和$\underset{\sim}{B}$中任意一个集合(把两个集合作为一个整体)的隶属函数，当然应取 $\mu_{\underset{\sim}{A}}(x)$和 $\mu_{\underset{\sim}{B}}(x)$中的大者计算。

交集相当于逻辑运算中的“与”运算。$\mu_{\underset{\sim}{A}\cap\underset{\sim}{B}}(x)$即该元素 x 既属于$\underset{\sim}{A}$又属于$\underset{\sim}{B}$的隶属函数，当然应取 $\mu_{\underset{\sim}{A}}(x)$和 $\mu_{\underset{\sim}{B}}(x)$中的小者计算。

3. 模糊关系

关系是集合论中最基本的概念之一，在模糊集合论中，模糊关系占有更重要的地位。

1) 普通集合的关系

在探讨模糊关系之前，先回顾一下普通集合的关系。

(1) 集合的直积。设 A、B 是两个普通集合。在普通集合论中，记

$$A\times B=\{(x,y)\mid x\in A,y\in B\}$$

称为 A 与 B 的直积。用通常语言来说，就是在 A 中取一个元素 x，又在 B 中取一个元素 y，把它们搭配，结合成为序偶(x,y)，所有这样序偶(x,y)的全体构成的集合就是直积。它是两集合间元素无约束的搭配。

例如，王二、张三、李四三个参加一次考试，每人所得的成绩可能是优、良、中、及格、不及格。如果设

$$A=\{王二,张三,李四\}$$
$$B=\{优,良,中,及格,不及格\}$$

则 A 中任一元素可以和 B 中任一元素无约束搭配，结合成为序偶如(王二，优)、(张三，良)、(李四，中)等全部序偶构成的集合就是直积 $A\times B$。

(2) 集合的关系。在普通集合论中，所谓从 $A\sim B$ 的一个关系 R 是指直积 $A\times B$ 中有关系的序偶所组成的集合，它是 $A\times B$ 的一个子集记 $A\xrightarrow{R}B$。例如，一次考试中，王二得优，张三、李四得中，则从 $A\sim B$ 的关系为

$$R=\{(王二,优),(张三,中),(李四,中)\}$$

R 可用矩阵来表示，如上述关系可列成表 8-1。

表 8-1 普通集合的关系

集合 B / 集合 A	优	良	中	及格	不及格
王二	1	0	0	0	0
张三	0	0	1	0	0
李四	0	0	1	0	0

表 8-1 中，（王二，优）$\in R$，可用 R 的特征函数“1”表示；（王二，优）$\notin R$，可用特征函数“0”表示；……这样，就得到从 A 到 B 的关系矩阵为

$$M_R = \begin{bmatrix} 1 & 0 & 0 & 0 & 0 \\ 0 & 0 & 1 & 0 & 0 \\ 0 & 0 & 1 & 0 & 0 \end{bmatrix}$$

2）模糊集合的关系

模糊集合关系和普通集合关系的含义是一样的，只要把普通集合 A、B 代以模糊集合 $\underset{\sim}{A}$、$\underset{\sim}{B}$，关系矩阵中的元素用隶属函数来代替特征函数即可。

下面举一个对科研课题评价的例子。

因素集 $A=${技术先进性，学术价值，必要性，经费来源}

评价集 $B=${很好，好，一般，差}

$M_R(x_i,y_i)$ （A \ B）	很好	较好	一般	差
技术先进	0.6	0.3	0.1	0
学术价值	0.5	0.4	0.1	0
必要性	0.4	0.2	0.3	0.1
经费	0.2	0.2	0.3	0.3

相应的模糊矩阵为

$$R = \begin{bmatrix} 0.6 & 0.3 & 0.1 & 0 \\ 0.5 & 0.4 & 0.1 & 0 \\ 0.4 & 0.2 & 0.3 & 0.1 \\ 0.2 & 0.2 & 0.3 & 0.3 \end{bmatrix}$$

3）模糊关系的合成

设 $\underset{\sim}{A}\sim\underset{\sim}{B}$ 的关系为 $\underset{\sim}{R}$，$\underset{\sim}{B}\sim\underset{\sim}{C}$ 的关系为 $\underset{\sim}{S}$，则 $\underset{\sim}{A}\sim\underset{\sim}{C}$ 的关系为 $\underset{\sim}{R}$ 和 $\underset{\sim}{S}$ 的合成关系，记为 $R^O S$，并且

$$Q = R^O S = \underset{\sim}{R} \times \underset{\sim}{S} \tag{8-5}$$

称作 $\underset{\sim}{R}$ 对 $\underset{\sim}{S}$ 的模糊关系。

模糊关系的合成也可用矩阵来表示

$$M_{R^O S} = M_R \cdot M_S \tag{8-6}$$

定义模糊矩阵

$$\begin{aligned} M_{\underset{\sim}{R}} &= [a_{ik}]_{p\times n} \\ M_{\underset{\sim}{S}} &= [b_{kj}]_{n\times r} \\ M_{\underset{\sim}{R}^O\underset{\sim}{S}} &= [c_{ij}]_{p\times r} \end{aligned} \tag{8-7}$$

因为模糊矩阵的乘法与普通矩阵乘法相比较，运算过程一样，只不过是将实数加法改成 $\vee$（逻辑加），将实数乘法改成 $\wedge$（逻辑乘）。所以

$$c_{ij} = \bigvee_{k=1}^{n} (a_{ik} \wedge b_{kj}) \tag{8-8}$$

下面举一例以说明之。设

$$R=\begin{bmatrix}0.3 & 0.7 & 0.2\\ 1 & 0 & 0.4\end{bmatrix}_{2\times3}$$

$$S=\begin{bmatrix}0.1 & 0.9\\ 0.9 & 0.1\\ 0.6 & 0.4\end{bmatrix}_{3\times2}$$

则

$$Q=R^{O}S=\begin{bmatrix}0.3 & 0.7 & 0.2\\ 1 & 0 & 0.4\end{bmatrix}_{2\times3}\begin{bmatrix}0.1 & 0.9\\ 0.9 & 0.1\\ 0.6 & 0.4\end{bmatrix}_{3\times2}=\begin{bmatrix}0.7 & 0.3\\ 0.4 & 0.9\end{bmatrix}_{2\times2}$$

例如，其中 $Q_{11}=(0.3\wedge 0.1)\vee(0.7\wedge 0.9)\vee(0.2\wedge 0.6)=0.1\vee 0.7\vee 0.2=0.7$。

8.1.2 模糊控制的工作原理

模糊控制系统的框图见图 8-1。模糊控制的基本方法是：

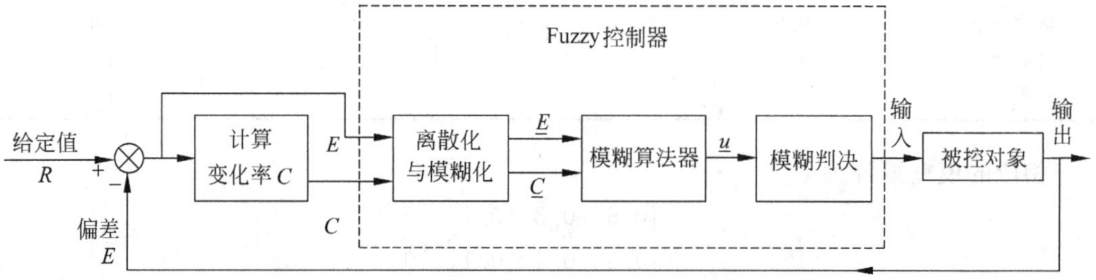

图 8-1　模糊控制系统框图

1. 将精确量模糊化

此处的精确量是指模糊控制器的输入量和控制量的基本论域。常用的论域是系统偏差 e、偏差变化率 $\dot{e}$ 和控制量 u。

精确量模糊化的规则是一样的。现以偏差 e 为例，设偏差 e 的基本论域为 $[-x,x]$，偏差 e 所取的模糊论域为 $[-n,-n+1,\cdots,0,n-1,n]$，即可得精确量模糊化的量化因子 $K_P=n/x$。

实际一般做法是将 n 值设定为 6。如偏差 e 的变化不在 $[-6,6]$，而在 $[a,b]$，则可通过变换式

$$y=\frac{12}{b-a}\left[x-\frac{a+b}{2}\right] \tag{8-9}$$

把 $[a,b]$ 间变化的变量 x 转化为 $[-6,6]$ 之间变化的变量 y。

2. 将模糊变量分解成模糊子集

将精确量模糊化后的模糊变量分解成几个不同的模糊子集。模糊子集如何划分有一定的主观性，一般根据经验来定，但习惯上多分成 8 个子集，即相应地为：正大(PL)，正中(PM)，正小(PS)，正零(PO)，负零(NO)，负小(NS)，负中(NM)，负大(NL)等 8 档。

在模糊子集划分以后，模糊隶属函数也就构成了，模糊隶属函数将 0～1 之间的变数值分配给每一个子集，如表 8-2 所示。

表 8-2　精确量离散化所得模糊子集的隶属函数

隶属度 元素 变量档	−6	−5	−4	−3	−2	−1	0	1	2	3	4	5	6
负大(NL)	1.0	0.8	0.7	0.4	0.1	0	0	0	0	0	0	0	0
负中(NM)	0.2	0.7	1.0	0.7	0.3	0	0	0	0	0	0	0	0
负小(NS)	0	0.1	0.3	0.7	1.0	0.7	0.2	0	0	0	0	0	0
负零(NO)	0	0	0	0	0.1	0.6	1.0	0	0	0	0	0	0
正零(PO)	0	0	0	0	0	0	1.0	0.6	0.1	0	0	0	0
正小(PS)	0	0	0	0	0	0	0.2	0.7	1.0	0.7	0.3	0.1	0
正中(PM)	0	0	0	0	0	0	0	0	0.2	0.7	1.0	0.7	0.3
正大(PL)	0	0	0	0	0	0	0	0	0.1	0.4	0.7	0.8	1.0

模糊隶属函数既可以用列表的形式表示，也可以具有三角形与梯形等形状。图 8-2 即为三角形式。

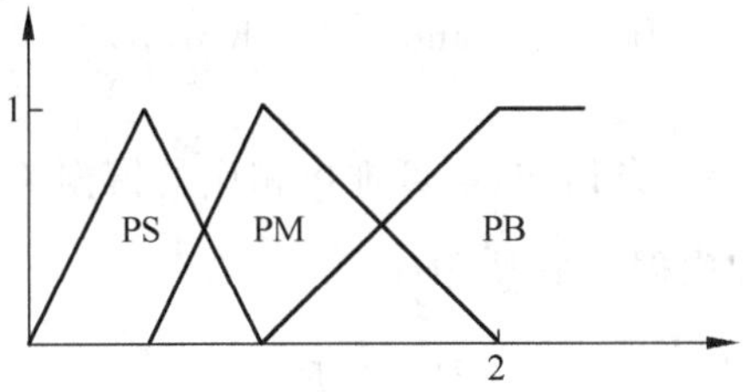

图 8-2　三角形式模糊隶属函数

3. 构造模糊控制规则集

设 E、C、U 分别表示偏差 e、偏差变化率 $\dot{e}$ 及控制量 u 的模糊量，那么典型的模糊控制规则集如表 8-3 所示。

表 8-3　典型控制规则集

$\underset{\sim}{U}$ $\underset{\sim}{E}$ $\underset{\sim}{C}$	NL	NM	NS	NO	PO	PS	PM	PL
NL	X	X	PL	PL	PL	PL	NM	NL
NM	PL	PL	PS	PM	PM	PM	NM	NL
NS	PL	PM	PS	PS	PS	PS	NM	NL
0	PL	PM	PS	0	0	NS	NM	NL
PS	PL	PM	NS	NS	NS	NS	NM	NL
PM	PL	PM	NM	NM	NS	NS	NL	NL
PL	PL	PM	NL	NL	NL	NL	X	X

注：表中“X”号表示不可能出现的情况。

控制规则集是实践经验的总结，它是由若干模糊条件语句组成，如 $E=NL$，则无论 C 为何值，都应使 e 迅速下降，故取 $U=PL$；如 $E=NO$，$C=PS$，则取 $U=NS$ 以消除偏差……这些规则的原则是既要迅速消除偏差，又要防止超调和振荡。

4. 确定系统的模糊输出量

上述模糊控制规则集中每一条语句，即：

$$\text{If}\quad \underset{\sim}{E}\quad \text{and}\quad \underset{\sim}{C},\text{then}\quad \underset{\sim}{U}$$

都可用前面讲过的方法得出模糊关系 $\underset{\sim}{R}$ 为

$$\underset{\sim}{R}=(\underset{\sim}{E}\times\underset{\sim}{C})\times\underset{\sim}{U} \tag{8-10}$$

定义为

$$\mu_R(x,y,z)=[\mu_{\underset{\sim}{E}}(x)\wedge\mu_{\underset{\sim}{C}}(y)]\wedge\mu_{\underset{\sim}{U}}(z) \tag{8-11}$$

实际上，优秀操作人员的控制经验可归结为一系列条件语句：

$$\text{If}\quad \underset{\sim}{E_1}\quad \text{and}\quad \underset{\sim}{C_1},\text{then}\quad \underset{\sim}{U_1}$$

$$\text{If}\quad \underset{\sim}{E_2}\quad \text{and}\quad \underset{\sim}{C_2},\text{then}\quad \underset{\sim}{U_2}$$

$$\vdots$$

$$\text{If}\quad \underset{\sim}{E_n}\quad \text{and}\quad \underset{\sim}{C_n},\text{then}\quad \underset{\sim}{U_n}$$

有了控制规则表，根据每一条语句，都可推出相应的模糊关系，即可得 $\underset{\sim}{R_1},\underset{\sim}{R_2},\cdots,\underset{\sim}{R_n}$，而整个系统总的控制规则的模糊关系 $\underset{\sim}{R}$ 为

$$\underset{\sim}{R}=\bigvee_{i=1}^{n}\underset{\sim}{R_i} \tag{8-12}$$

有了 $\underset{\sim}{R}$，则当任意输入为 $\underset{\sim}{E_i}$、$\underset{\sim}{C_i}$ 时，相应的输出 $\underset{\sim}{U_i}$ 为

$$\underset{\sim}{U_i}=(\underset{\sim}{E_i}\times\underset{\sim}{C_i})\cdot\underset{\sim}{R} \tag{8-13}$$

5. 进行模糊判决，得出控制量的精确值

由模糊控制器得出的输出量 $\underset{\sim}{U}$ 是个模糊子集，需把其转化成一个精确的控制量 u。常用的方法有最大隶属度法、取中位数法和重心法等。

(1) 最大隶属度法：取模糊子集 $\underset{\sim}{U}$ 中隶属度最大的元素作为输出量 u，如

$$\underset{\sim}{U}=\frac{0.1}{2}+\frac{0.4}{3}+\frac{0.7}{4}+\frac{1.0}{5}+\frac{0.7}{6}+\frac{0.3}{7}$$

则取 $u=5$。

(2) 取中位数法：最大隶属度法完全排除了其他一切隶属度较小的元素的影响和作用。为了充分利用模糊子集所有的信息量，可以求出把隶属函数曲线与横坐标围成区域的面积平分为两部分的数，以此数作为输出量，作为判决的结果。

(3) 重心法：求出隶属函数曲线和横坐标之间包含面积的重心位置，以此得出控制量的精确值，这和取中位数法基本相似。

8.2 半主动悬架的模糊控制

8.2.1 半主动悬架动力学模型

如图 8-3 所示为简化了的汽车四自由度半车模型。

其中 m_s 是簧载质量，m_{uf} 和 m_{ur} 分别是前悬架和后悬架的非簧载质量；I_y 是簧载质量俯仰运动的转动惯量；K_{sf} 和 K_{sr} 是前后悬架弹簧的刚度；C_{sf} 和 C_{sr} 是前后悬架阻尼器的阻尼系数；K_{tf} 和 K_{tr} 前后轮胎的垂直刚度；θ 表示簧载质量的俯仰角度；a 和 b 是前后车轴到簧载质量质心的距离；z 表示簧载质量垂直方向的位移；z_{uf} 和 z_{ur} 表示前后非簧载质量垂直方向的位移；z_{rf} 和 z_{rr} 表示路面的垂直扰动输入位移信号；F_f 和 F_r 是前后悬架阻尼器提供的控制力。

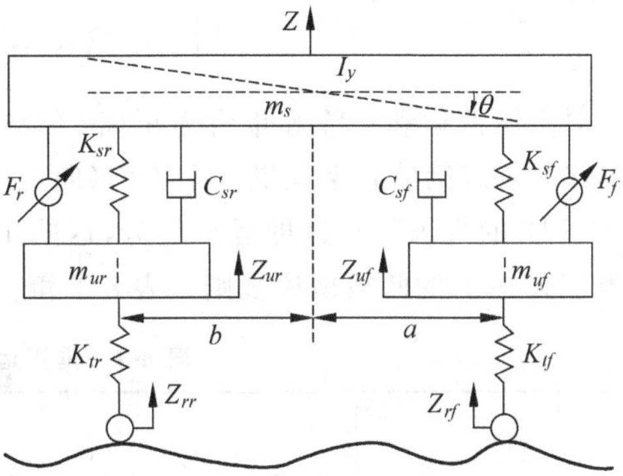

图 8-3 四自由度半车模型

把车身垂直加速度、俯仰角、悬架动挠度和轮胎动变形的均方根值，以及加权加速度均方根值作为衡量指标对悬架的性能进行评价。就主观愿望而言，希望这几个性能指标都能达到最优，但是客观上它们之间是存在矛盾的，因此在设计控制律时必须对它们进行一定程度上的折中，希望能够在保证行驶安全性的前提下，尽可能地提高乘坐舒适性。

8.2.2 半主动悬架系统的模糊控制器设计

1. 输入与输出变量

根据四自由度半车模型的特点，其车身姿态的变化主要有垂向上下振动、车身前后的俯仰运动，考虑到乘坐舒适性，以车身的垂向加速度作为主要的评价指标，俯仰角作为次要的评价指标。设计两个模糊控制器，均采用两输入变量和一输出变量。选取车身垂直速度 $\dot{z}$ 和垂直加速度 $\ddot{z}$ 作为一组输入变量，俯仰角 θ 和俯仰角速度 $\dot{\theta}$ 作为另一组输入变量。输出变量为控制力 F_1 和 F_2，它们和前后悬架的半主动力 F_f、F_r 之间的关系为 $F_f=F_1+F_2$，$F_r=F_1-F_2$。

对于输入输出变量，都采用 7 个语言模糊子集来确定，即{NB(负大)、NM(负中)、NS(负小)、ZE(零)、PS(正小)、PM(正中)、PB(正大)}。输入变量和输出变量的论域均为{−6,6}。所有模糊子集的隶属度函数都采用三角形函数，见图 8-4。

2. 控制规则的确定

根据实际经验编制模糊规则。对于车身垂直运动：当车身速度为负向(向下)较大(NB)，且加速度为零(ZE)时，应该提供一个正向(向上)较大(PB)的力来阻止这种运动趋

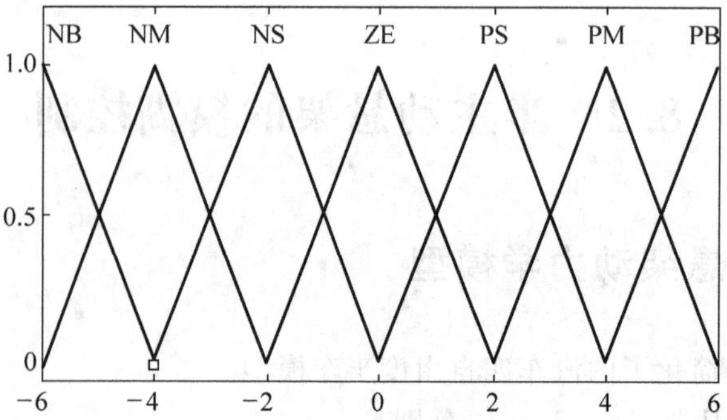

图 8-4　输入和输出变量的隶属度函数

势；对于俯仰运动：当俯仰角为正向(车身前低后高)较大(PB)，且角速度也为正向较大(PB)时，应该给前悬架提供一个正向(向上)较大(PB)的力，给后悬架提供一个负向(向下)较大(PB)的力来阻止这种运动趋势，这两个力可以设为大小相等、方向相反。针对垂直运动和俯仰运动的两组模糊规则见表 8-4 和表 8-5。

表 8-4　垂直运动模糊控制规则表

U_1		ΔE_1						
		NB	NM	NS	ZE	PS	PM	PB
E_1	NB	PB	PB	PB	PB	PM	PS	ZE
	NM	PB	PB	PB	PM	PM	PS	ZE
	NS	PB	PM	PS	PS	ZE	NS	NS
	ZE	PM	PM	PS	ZE	NS	NM	NM
	PS	PS	PS	ZE	NS	NM	NM	NB
	PM	ZE	NS	NM	NM	NB	NB	NB
	PB	ZE	NS	NM	NB	NB	NB	NB

表 8-5　俯仰运动模糊控制规则表

U_2		ΔE_2						
		NB	NM	NS	ZE	PS	PM	PB
E_2	NB	NB	NB	NB	NM	NS	ZE	ZE
	NM	NB	NB	NB	NM	NS	ZE	ZE
	NS	NM	NM	NM	NS	ZE	PS	PS
	ZE	NM	NM	NS	ZE	PS	PM	PM
	PS	NS	NS	ZE	PS	PM	PM	PM
	PM	ZE	ZE	PS	PM	PB	PB	PB
	PB	ZE	ZE	PS	PM	PB	PB	PB

在输入、输出变量和模糊规则都确定了之后，就要选择推理决策的方法。模糊推理的过程最常用的方法是采用极小运算法。

模糊控制器设计的最后一步是采用工程中常用的面积重心法，对输出变量进行解模糊化。此外，因为模糊变量的论域并不一定与实际的目标控制量相符，所以需要给输入和输出变量加上量化因子，量化因子的选择没有具体的规则，要根据经验和控制效果而定。

半主动悬架模糊控制系统仿真框图如图 8-5 所示。主要包含的模块有：路面信号模块、系数矩阵(A、B、C、D)、模糊控制器模块(1、2)、输出变量观测模块、积分器和加法器等。

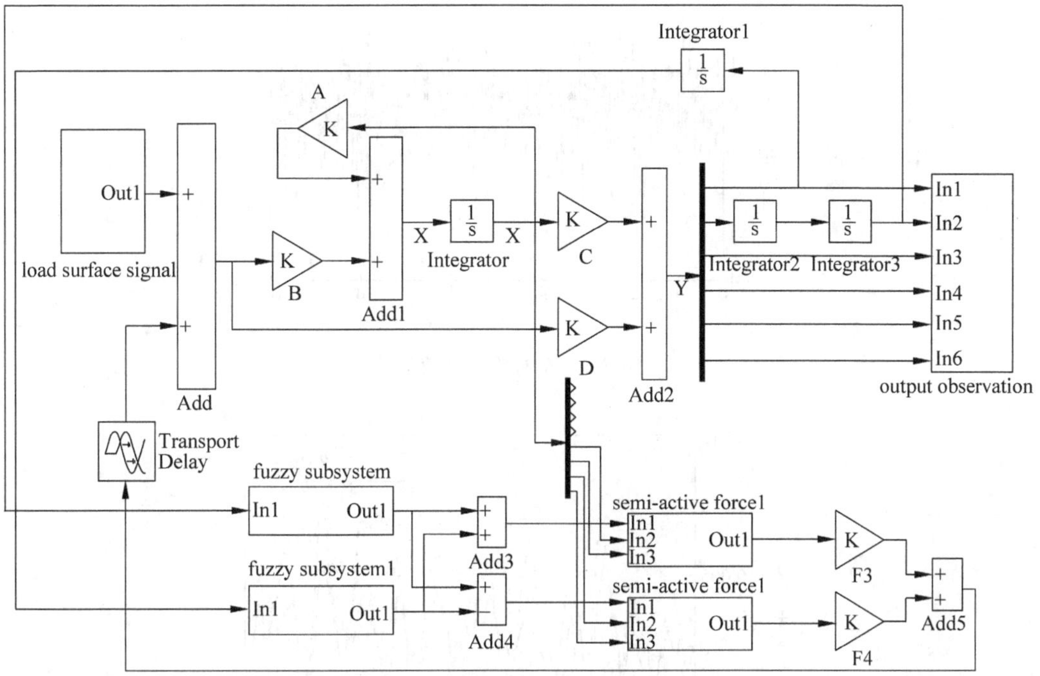

图 8-5　半主动悬架模糊控制系统仿真模型

8.2.3　仿真结果与分析

针对某一款国产轿车，悬架模型参数见表 8-6。利用上述在 Matlab/Simulink 中建立的仿真模型和模型参数，对被动悬架和半主动悬架分别进行仿真。求解器步长选为变步长，算法为 oed45，仿真时间为 10s。仿真结果见图 8-6～图 8-11。

表 8-6　四自由度半车模型参数值

参　　数	数　　值	单　　位
m_s	405	kg
I_y	892.6	kg·m^2
m_{uf}	26.5	kg
m_{ur}	24.4	kg
K_{sf}	23600	N/m
K_{sr}	19700	N/m
C_{sf}	1080	N·s/m
C_{sr}	1770	N·s/m
K_{tf}, K_{tr}	138000	N/m
a	1.05	m
b	1.45	m

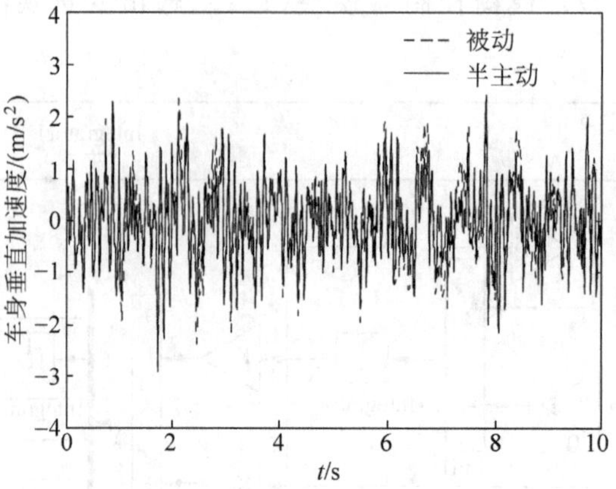

图 8-6 车身垂直加速度

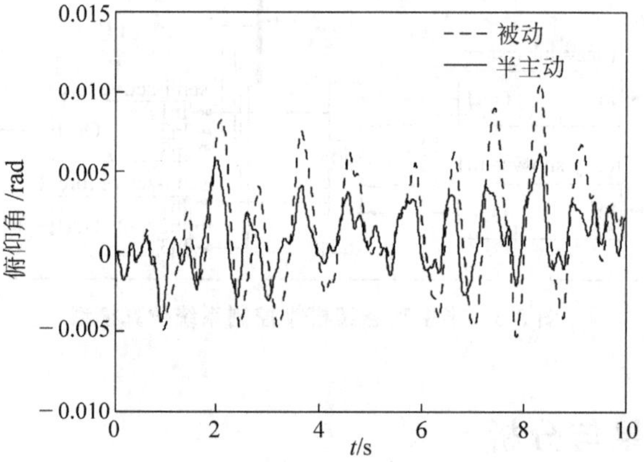

图 8-7 车身俯仰角

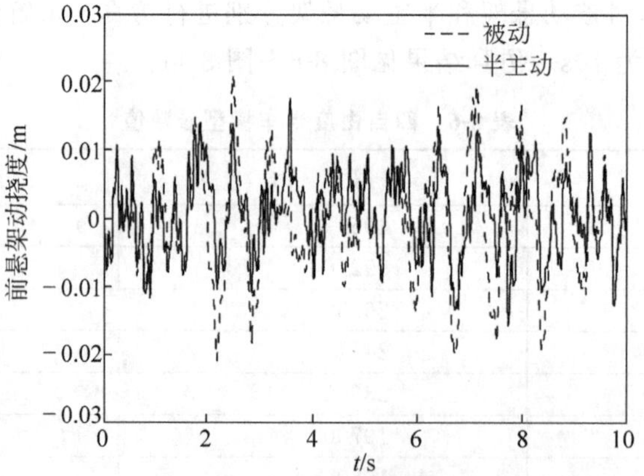

图 8-8 前悬架动挠度

从图 8-6 中可以看到，模糊控制器使汽车半主动悬架的车身加速度幅值相对于被动悬架有一定程度的下降，只是有少数峰值的控制效果不理想；在整个时间域内俯仰角度大幅度减小，另外前悬架和后悬架的动挠度也均有较明显的改善。

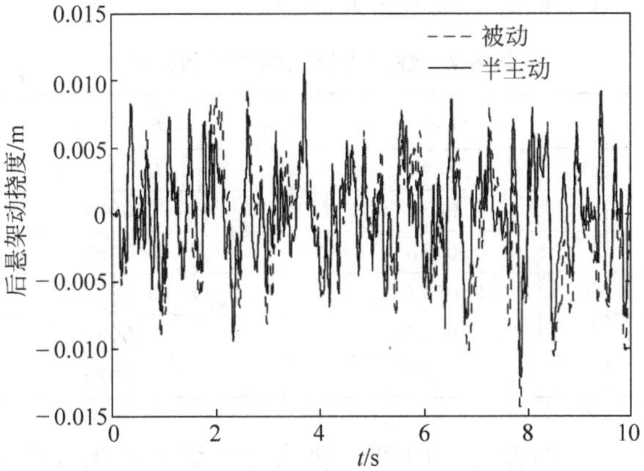

图 8-9　后悬架动挠度

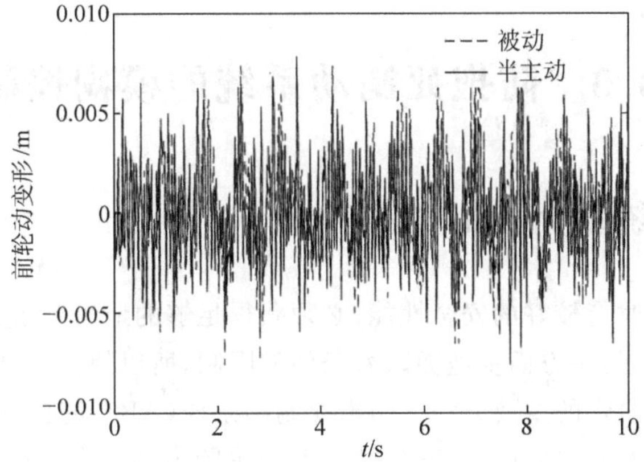

图 8-10　前轮动变形

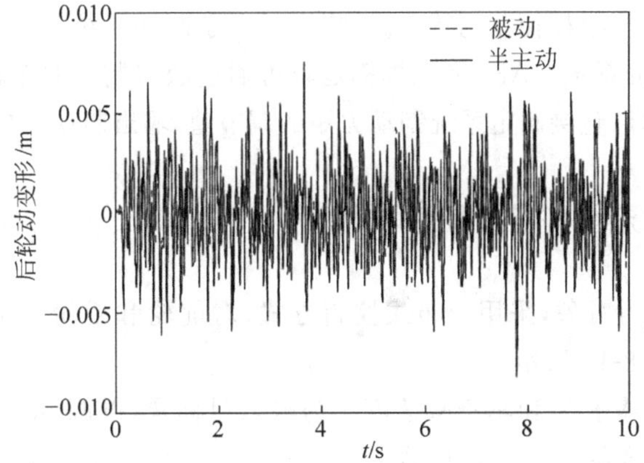

图 8-11　后轮动变形

相关性能指标的均方根值见表 8-7。从均方根值对比表中可以看到，除了后轮动变形没有降幅外，其他的性能指标降幅均超过 10%，尤其车身俯仰角降幅达到了 40%以上，说明所设计的控制器特别适合于调整车身的俯仰姿态。

表 8-7 性能指标的均方根值对比

性能指标	被动	模糊控制	降幅
车身垂直加速度	0.8444	0.7505	11.1%
车身俯仰角	0.0038	0.0022	42.1%
前悬架动挠度	0.0080	0.0059	26.3%
后悬架动挠度	0.0047	0.0037	21.3%
前轮动变形	0.0027	0.0024	11.1%
后轮动变形	0.0023	0.0023	0

可以认为：采用模糊控制器之后的半主动悬架系统的各项性能指标都有较好的改善，说明设计的控制器在提高汽车行驶平顺性和乘坐舒适性方面是有效的，这种控制效果已经满足了设计要求。

8.3 防抱死制动系统的模糊控制

8.3.1 制动系统模糊控制方法

汽车要想在制动时有较好的安全性能，必须获得足够的地面制动力，地面制动力一方面取决于制动器制动力，另一方面受地面附着条件的限制，所以使汽车具有较高的轮胎附着系数是提高汽车制动安全性的重要方法。防抱死制动系统(ABS)的控制目标就是通过让滑移率保持在某一目标值左右(如 0.2)，来获得较大的轮胎附着系数。以车轮加减速度和滑移率为主要控制量的控制方式，由于能够比较准确地直接控制滑移率，一直是 ABS 控制的首选方式。

在控制方法上，由于模糊控制的特点，它特别适合于制动系统这类非线性、控制难度大而目标控制量又很明确的系统。ABS 利用模糊逻辑可通过获取制动时车辆运动相关特征量，依据制动系统的工作原理，直接确定系统制动力矩的调节值，输出制动力矩，改善制动性能。

8.3.2 制动系统模糊控制器设计

以半车制动模型为对象，采用分布式控制方式，对前轮和后轮分别设计单独的控制器。模糊控制器结构如图 8-12 所示。

模糊控制器以滑移率 S 和车身减速度 a 为输入目标量，以调节力矩 T_c 为输出控制量。各变量的论域和隶属度函数见图 8-13 所示。

所有的隶属度函数都采用灵敏度较高的三角形函数。表示减速度的语言变量有 7 个：NB 表示负值很大，NS 表示负值较小，ZN 表示负值很小接近零，ZE 表示零附近，ZP 表示正值很小接近零，PS 表示正值较小，PB 表示正值较大。但由于实际上减速度始终为负值，这些语言变量并非表达它们的字面意义，而是表示相对的 7 个数值：−50、−35、−28、−25、

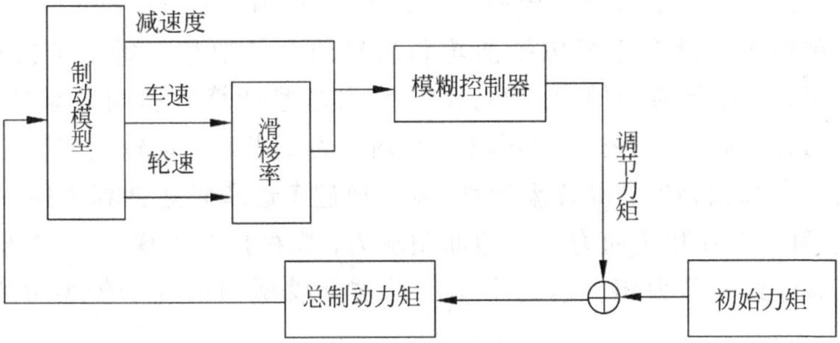

图 8-12　ABS 模糊控制器结构

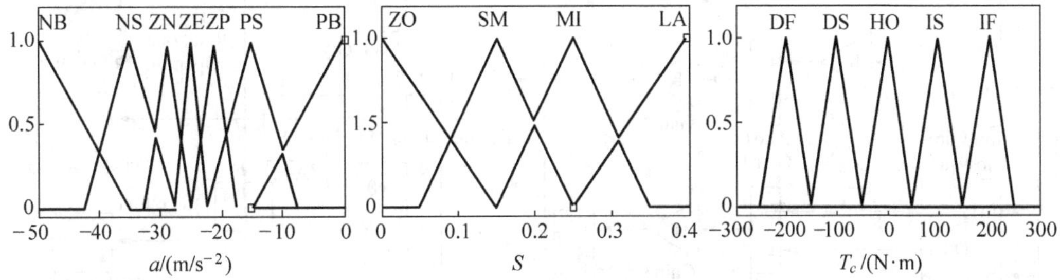

图 8-13　输入输出变量的隶属度函数

−20、−15 和 0。对于小于−50 和大于 0 的输入分别处理为 NB 和 PB，隶属度都为 1。在中间位置附近划分较细，这是因为在仿真时发现减速度大部分时间会处在这个区域。

表示滑移率的语言变量有 4 个，Zero 表示滑移率在零附近，Small 表示滑移率较小，Middle 表示滑移率中等，Large 表示滑移率很大，大于 0.4 的滑移率都属于 Large，且隶属度为 1。

表示调节力矩变化状态的语言变量有 5 个：DecFast(DF)表示快减，DecSlow(DS)表示慢减，Hold(HO)表示保持，IncSlow(IS)表示慢增，IncFast(IF)表示快增。

模糊规则共有 13 条(a 和 S 分别为 input1 和 input2，T_c 为 output1)：

1. If(input1 is NB)or(input2 is LA)then(output1 is DF)
2. If(input1 is NS)or(input2 is MI)then(output1 is DF)
3. If(input1 is ZN)or(input2 is MI)then(output1 is DS)
4. If(input1 is ZE)or(input2 is MI)then(output1 is HO)
5. If(input1 is ZP)or(input2 is MI)then(output1 is HO)
6. If(input1 is PS)then(output1 is HO)
7. If(input1 is PB)or(input2 is MI)then(output1 is HO)
8. If(input1 is NS)or(input2 is SM)then(output1 is IS)
9. If(input1 is ZN)or(input2 is SM)then(output1 is IS)
10. If(input1 is ZE)or(input2 is SM)then(output1 is IS)
11. If(input1 is ZP)or(input2 is SM)then(output1 is IS)
12. If(input1 is PB)or(input2 is SM)then(output1 is IF)
13. If(input2 is ZO)then(output1 is IF)

根据制动系统力学模型和以上模糊控制器的结构，在 Matlab/Simulink 环境中创建制动仿真模型。制动仿真模型主要包括前轮和后轮两个子模型。每个子模型中主要包含的模块及其功用是：轮胎模型模块，通过滑移率和车速计算轮胎附着系数；制动力矩生成模块，产生初始制动力矩并和控制器输出的调节力矩求和；单轮旋转模型模块，计算在制动力矩作用下的车轮转速；滑移率计算模块，通过车速和轮速计算滑移率；地面制动力生成模块，通过附着系数和法向力生成地面制动力；模糊控制器模块，依据模糊规则，通过减速度和滑移率得到调节力矩。总的半车制动仿真模型和前轮子模型分别见图 8-14 和图 8-15。

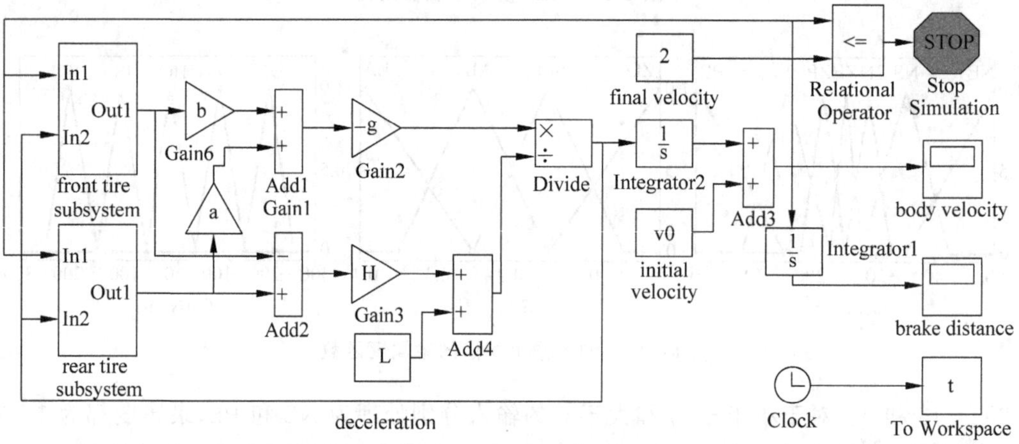

图 8-14　半车制动仿真模型

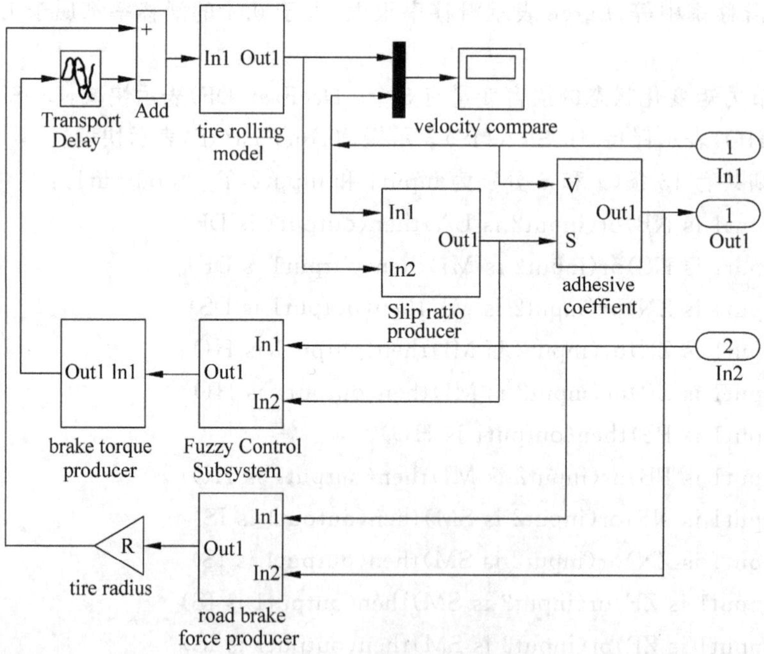

图 8-15　前轮制动仿真子模型

仿真结束判断条件为车速，当车速降到 2m/s 时，仿真结束。制动力矩施加延迟时间设为 0.05s。在仿真模型中设置的可观测量包括：制动距离、车身速度、车轮转速、车身纵向加速度、滑移率、附着系数、地面制动力、总制动力矩和调节力矩等。

8.3.3　仿真结果与分析

制动系统模型的参数见表 8-8。重力加速度 g 取为 9.806N/kg，制动初速度设为 72km/h，即 20m/s。前后轮的初始制动力矩分别为 1100N・m 和 1000N・m。目标滑移率取为 0.2。

表 8-8　制动系统参数

参　　数	数　　值	单　　位
m	455.9	kg
J_f，J_r	1.7	kg・m^2
R	0.3	m
H	0.5885	m
a	1.05	m
b	1.45	m

在 Matlab/Simulink 环境中分别对常规制动系统模型和 ABS 模型仿真，求解器步长为变步长，算法为 oed45。仿真结果见图 8-16～图 8-20。

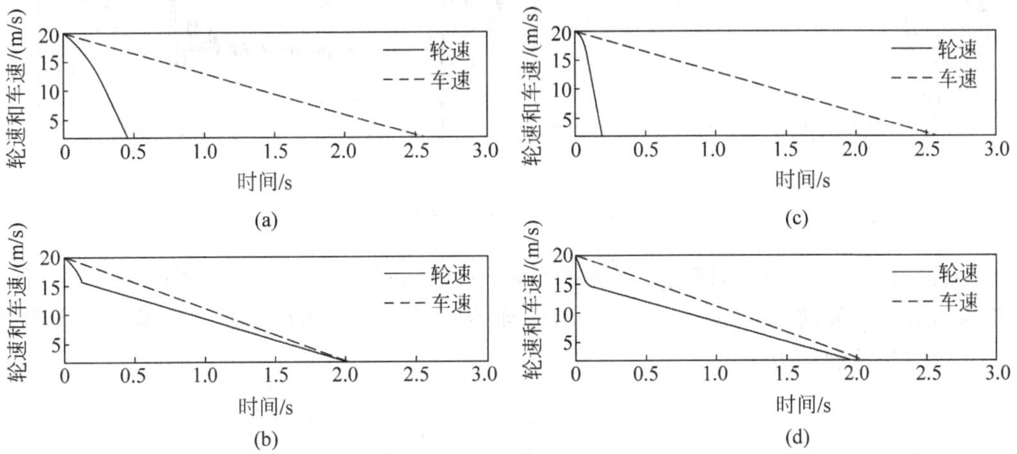

图 8-16　轮速和车速的对比

(a) 前轮，无 ABS 系统；(b) 前轮，有 ABS 系统；(c) 后轮，无 ABS 系统；(d) 后轮，有 ABS 系统

从图 8-16 中可以看到，常规制动系统中，轮速很快下降到零，车轮迅速抱死。而采用模糊控制的 ABS 使前后轮的轮速较好地接近于车速，从而避免了在较早时刻就发生抱死的情况。常规制动系统中，后轮抱死明显快于前轮，表明对于分别施加给前轮和后轮的初始力矩，后轮更容易发生抱死。另外还可以看到，ABS 使停车时间缩短了 0.5s 左右。

从图 8-17 中可以看到，ABS 使制动距离和停车时间明显缩短，这样将大大地提高制动安全性。减速度趋于平稳，并且平均减速度的绝对值变大。

从图 8-18 中可以看到，ABS 使前后轮的滑移率都保持在 0.2 的目标滑移率左右。前轮

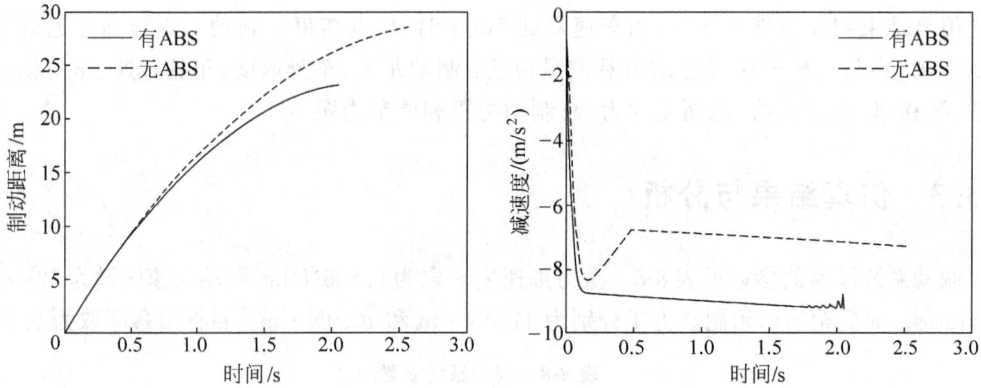

图 8-17 制动距离和减速度

滑移率波动较小，控制效果良好。后轮滑移率有些偏大，且在后期波动较大，控制效果没有前轮滑移率理想。

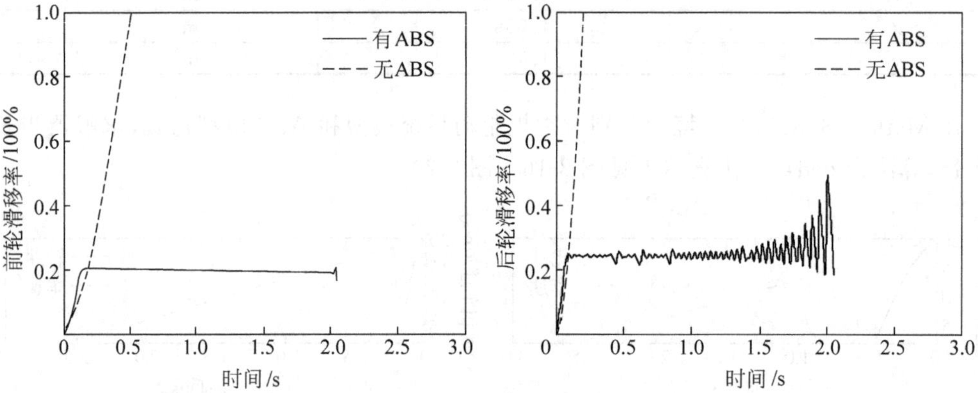

图 8-18 纵向滑移率

从图 8-19 中可以看到，前轮和后轮的总制动力矩在控制后均达到它们的最优值，但是后轮制动力矩不如前轮的稳定，波动较大，而且还明显小于它的初始制动力矩。这表明，施加给后轮的初始制动力矩偏大。

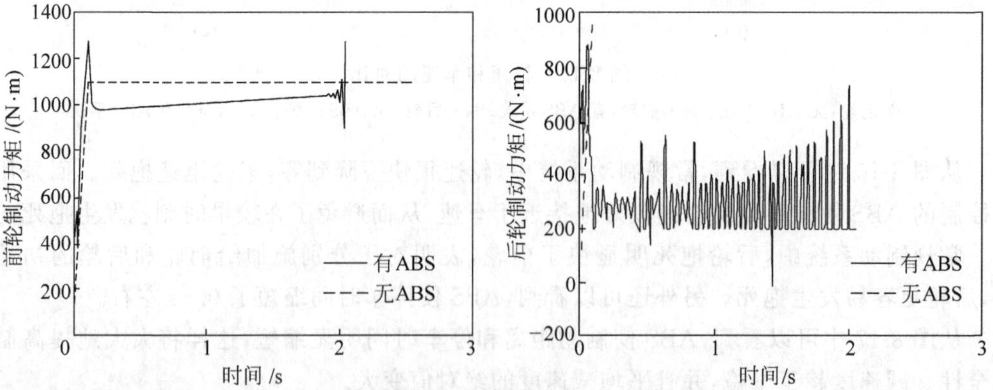

图 8-19 制动力矩

从图 8-20 中可以看到，控制后的前后轮路面附着系数明显大于控制前的，且比较稳定。这表明，ABS 能显著提高车轮附着系数，增大地面制动力。

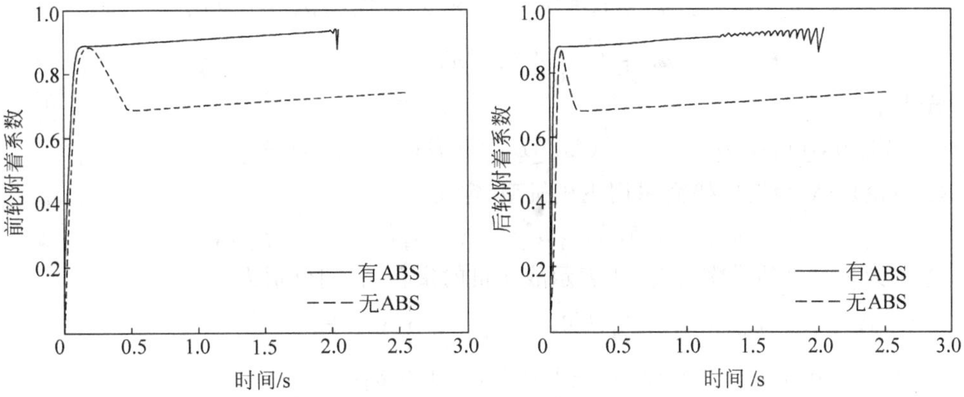

图 8-20　轮胎附着系数

仿真结果的相关统计数据——制动性能指标的均值和标准差，在表 8-9 中给出，数值单位均为国际标准单位。

通过表 8-9 可以看出，在上述两种情况下，汽车以同样的行驶初速度进行制动，使用 ABS 模糊控制器的汽车能在较短的时间内以较短的距离完全制动。通过对制动减速度、滑移率和轮胎附着系数等在均值和标准差上的数值对比，也很容易看出，采用模糊控制方法的 ABS 对汽车的制动性能有较大的改善，制动安全性得到显著的提高。

表 8-9　制动性能对比

性能参数		无 ABS	有 ABS
停车时间	最大值	2.5785	2.0555
制动距离		28.5949	23.0949
减速度	均值	−5.2894	−8.5262
	标准差	3.1728	1.3624
前轮滑移率	均值	0.4468	0.1687
	标准差	0.4649	0.0518
后轮滑移率	均值	0.5466	0.2538
	标准差	0.4623	0.0754
后轮附着系数	均值	0.5451	0.8902
	标准差	0.3231	0.1075

习　题

1. 经典集合论的并、交、补运算与直积运算有什么联系，又有什么本质的区别？为什么要定义集合的直积运算？

2. 给定一个模糊集合 $\underset{\sim}{A}=0.2/u_1+0.6/u_2+1/u_3+0.4/u_4+0.2/u_5$，试确定模糊集

合 $\underset{\sim}{A}$ 的论域 U；并指出 $\mu_{\underset{\sim}{A}}(M_4)$及 $\mu_{\underset{\sim}{A}^C}(u_5)$的值。

3. 设论域 $U=\{u_1,u_2,u_3,u_4,u_5\}$上有两个模糊子集，分别为

$$\underset{\sim}{A}=0.2/u_1+0.6/u_2+0.8/u_3+0.5/u_4+0.1/u_5$$

$$\underset{\sim}{B}=0.5/u_2+1/u_3+0.8/u_4$$

试计算：

(1) $\underset{\sim}{A}\cup\underset{\sim}{B}$，$\underset{\sim}{A}\cap\underset{\sim}{B}$，$B^C$；　(2) $\underset{\sim}{A}\underset{\sim}{B}$，$\underset{\sim}{A}+\underset{\sim}{B}$；　(3) $\underset{\sim}{A}_{0.6}$。

4. 设论域 X 为所要研究军用飞机机型，定义

$$X=\{a_{10},b_{52},b_{117},c_5,c_{130},f_4,f_{14},f_{15},f_{16},f_{111},kc_{130}\}$$

设 $\underset{\sim}{A}$ 为轰炸机的模糊集合，$\underset{\sim}{B}$ 表示战斗机的集合，它们分别为

$$\underset{\sim}{A}=0.2/f_{16}+0.4/f_4+0.5/a_{10}+0.5/f_{14}+$$

$$0.6/f_{15}+0.8/f_{11}+1.0/b_{11}+1.0/b_{52}$$

$$\underset{\sim}{B}=0.1/b_{117}+0.3/f_{111}+0.5/f_4+0.8/f_{15}+0.9/f_{14}+1.0/f_{16}$$

试求 $\underset{\sim}{A}$、$\underset{\sim}{B}$ 的下列组合运算：

(1) $\underset{\sim}{A}\cup\underset{\sim}{B}$；　(2) $\underset{\sim}{A}\cap\underset{\sim}{B}$；　(3) $\underset{\sim}{A}^C$；　(4) $\underset{\sim}{B}^C$；

(5) $\overline{\underset{\sim}{A}\cup\underset{\sim}{B}}$；　(6) $\overline{\underset{\sim}{A}\cap\underset{\sim}{B}}$；　(7) $\overline{\underset{\sim}{A}^C\cup\underset{\sim}{B}}$。

5. 说明模糊集合的直集与模糊关系之间的联系。

6. 设论域 X、Y 均为有限模糊集合，它们分别为

$$X=[x_1,x_2,\cdots,x_n]$$

$$Y=[y_1,y_2,\cdots,y_m]$$

模糊矩阵 R 表示从 $X\sim Y$ 的一个模糊关系，试说明模糊矩阵 R 的元素 r_{ij} 的含义是什么？

7. 设有两个模糊矩阵 A、B 分别为

$$A=\begin{bmatrix}0.8 & 0.6\\ 0.5 & 1\end{bmatrix}\ ;\ B=\begin{bmatrix}0.2 & 0.4\\ 0.9 & 0.6\end{bmatrix}$$

试计算：

(1)$A\cup B$；(2)$A\cap B$；(3)$A\cup B^C$；(4)$A^O B$。

8. 试说明一个基本的模糊逻辑控制器由几部分组成？其中哪几个部分是基于模糊逻辑的？

9. 模糊控制器中的模糊语言变量、模糊关系和模糊推理三者之间是如何联系的？

10. 图示为汽车巡航控制系统的框图，试阐述其原理。

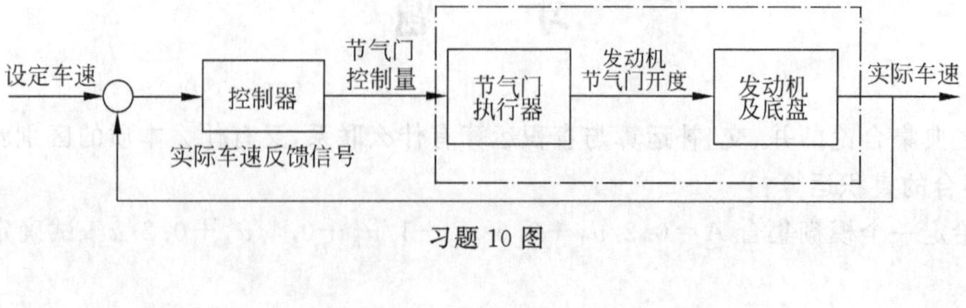

习题10图

第 9 章

鲁棒控制及其应用

9.1 鲁棒控制

鲁棒控制(Robust Control)方面的研究始于 20 世纪 50 年代。在过去的 20 年中,鲁棒控制一直是国际自控界的研究热点。所谓"鲁棒性",是指控制系统在一定(结构,大小)的参数摄动下,维持某些性能的特性。根据对性能的不同定义,可分为稳定鲁棒性和性能鲁棒性。以闭环系统的鲁棒性作为目标设计得到的固定控制器称为鲁棒控制器。由于工作状况变动、外部干扰以及建模误差的缘故,实际工业过程的精确模型很难得到,而系统的各种故障也将导致模型的不确定性,因此可以说模型的不确定性在控制系统中广泛存在。如何设计一个固定的控制器,使具有不确定性的对象满足控制品质,也就是鲁棒控制。

1981 年,加拿大学者 Zames 提出了以控制系统某些信号间的传递函数 H_∞ 范数作为优化性能指针的设计思想。1982 年,美国学者 Doyle 针对 H_∞ 性能指标发展了一种称为奇异值的有力工具来检验鲁棒性,这种方法极大程度促进了以范数为性能指针的控制理论的发展。其后,H_∞ 控制理论取得了蓬勃发展,经历了从时域到频域,从定常系统到时变系统,从线性系统到非线性系统,从连续系统到离散系统,从确定系统到不确定系统,从无时滞系统到时滞系统,从单目标的控制到多目标控制的发展历程。

主要的鲁棒控制理论有:①Kharitonov 区间理论;②H_∞ 控制理论;③结构奇异值理论(μ 理论)等。

9.1.1 最优 H_∞ 控制器

H_∞ 鲁棒控制的基本思想是通过抑制传递函数幅频特性的最大幅值来减小输入信号对系统评价信号的影响。

对于大多数的鲁棒控制问题,可以转化为 H_∞ 标准问题,其框图如图 9-1 所示。

图 9-1 中,$\boldsymbol{z}\in\boldsymbol{R}^m$,表示被控输出信号;$\boldsymbol{y}\in\boldsymbol{R}^q$,是测量信号;$\boldsymbol{w}\in\boldsymbol{R}^p$,表示外部输入信号,包括干扰、噪声、参考输入等不确定外部扰动,但具有有限能量,即 $\boldsymbol{w}\in L_2$;$\boldsymbol{u}\in\boldsymbol{R}^r$,是控制信号;$\boldsymbol{P}(s)$表示广义被控对象,包括实际被控对象和加权函数;$\boldsymbol{K}(s)$表示设计的控制器的传递函数。

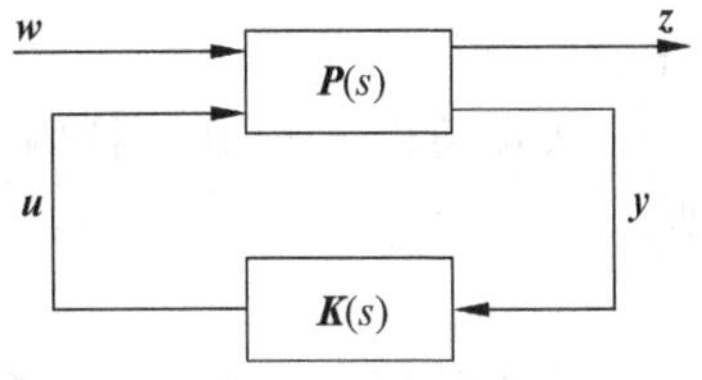

图 9-1 H_∞ 控制

广义被控物件 $\boldsymbol{P}(s)$ 的状态方程描述为

$$\begin{cases}\dot{\boldsymbol{x}}=\boldsymbol{A}\boldsymbol{x}+\boldsymbol{B}_1\boldsymbol{w}+\boldsymbol{B}_2\boldsymbol{u}\\ \boldsymbol{z}=\boldsymbol{C}_1\boldsymbol{x}+\boldsymbol{D}_{11}\boldsymbol{w}+\boldsymbol{D}_{12}\boldsymbol{u}\\ \boldsymbol{y}=\boldsymbol{C}_2\boldsymbol{x}+\boldsymbol{D}_{21}\boldsymbol{w}+\boldsymbol{D}_{22}\boldsymbol{u}\end{cases} \tag{9-1}$$

其中 $\boldsymbol{x}\in\boldsymbol{R}^n$ 表示状态向量。

传递函数形式为

$$\begin{aligned}\boldsymbol{P}(s)&=\begin{bmatrix}\boldsymbol{P}_{11}^{m\times p} & \boldsymbol{P}_{12}^{m\times r}\\ \boldsymbol{P}_{21}^{q\times p} & \boldsymbol{P}_{22}^{q\times r}\end{bmatrix}\begin{bmatrix}\boldsymbol{w}\\ \boldsymbol{u}\end{bmatrix}^{\substack{p\times 1\\ r\times 1}}=\begin{bmatrix}\boldsymbol{D}_{11} & \boldsymbol{D}_{12}\\ \boldsymbol{D}_{21} & \boldsymbol{D}_{22}\end{bmatrix}+\begin{bmatrix}\boldsymbol{C}_1\\ \boldsymbol{C}_2\end{bmatrix}(s\boldsymbol{I}-\boldsymbol{A})^{-1}\begin{bmatrix}\boldsymbol{B}_1 & \boldsymbol{B}_2\end{bmatrix}\\ &=\begin{bmatrix}\boldsymbol{A} & \boldsymbol{B}_1 & \boldsymbol{B}_2\\ \boldsymbol{C}_1 & \boldsymbol{D}_{11} & \boldsymbol{D}_{12}\\ \boldsymbol{C}_2 & \boldsymbol{D}_{21} & \boldsymbol{D}_{22}\end{bmatrix}=\begin{bmatrix}\boldsymbol{A} & \boldsymbol{B}\\ \boldsymbol{C} & \boldsymbol{D}\end{bmatrix}\end{aligned} \tag{9-2}$$

输入输出描述为

$$\begin{bmatrix}\boldsymbol{z}\\ \boldsymbol{y}\end{bmatrix}=\boldsymbol{P}\begin{bmatrix}\boldsymbol{w}\\ \boldsymbol{u}\end{bmatrix}=\begin{bmatrix}\boldsymbol{P}_{11} & \boldsymbol{P}_{12}\\ \boldsymbol{P}_{21} & \boldsymbol{P}_{22}\end{bmatrix}\begin{bmatrix}\boldsymbol{w}\\ \boldsymbol{u}\end{bmatrix} \tag{9-3}$$

控制器 $\boldsymbol{K}(s)$ 表示为

$$\boldsymbol{u}=\boldsymbol{K}(s)\boldsymbol{y} \tag{9-4}$$

将式(9-3)代入式(9-4)，消去 y，得循环系统传递函数为

$$\boldsymbol{T}_{wz}(s)=\boldsymbol{P}_{11}+\boldsymbol{P}_{12}\boldsymbol{K}(\boldsymbol{I}-\boldsymbol{P}_{22}\boldsymbol{K})^{-1}\boldsymbol{P}_{21} \tag{9-5}$$

1. 标准 H_∞ 控制问题

标准 H_∞ 控制问题就是求取一正则控制器 $\boldsymbol{K}(s)$，使得该循环系统满足以下的性质：

(1) 循环系统是内部稳定的，即该循环系统状态矩阵的所有特征值均在左半开复平面中。

(2) 从扰动输入 $\boldsymbol{w}$ 到被控输出 $\boldsymbol{z}$ 的此循环传递函数 $\boldsymbol{T}_{wz}(s)$ 的 H_∞ 范数小于 1，即：

$$\|\boldsymbol{T}_{wz}(s)\|_\infty<1 \tag{9-6}$$

具有这样性质的控制器 $\boldsymbol{K}(s)$ 称为系统(9-1)的一个 H_∞ 控制器。

2. γ-次优 H_∞ 控制器

γ-次优 H_∞ 控制就是设计控制器 $\boldsymbol{K}(s)$，使得该循环系统满足以下的性质：

(1) 该循环系统是内部稳定的，即使该循环系统状态矩阵的所有特征值均在左半开复平面中。

(2) 从扰动输入 $\boldsymbol{w}$ 到被控输出 $\boldsymbol{z}$ 的此循环传递函数 $\boldsymbol{T}_{wz}(s)$ 的 H_∞ 范数小于 $\gamma(\gamma>0)$，即：

$$\|\boldsymbol{T}_{wz}(s)\|_\infty<\gamma \tag{9-7}$$

通过将系统模型中的系数矩阵分别乘以一个适当的常数，可以使得此循环系统具有给定 H_∞ 性能 γ，即使得 γ-次优 H_∞ 控制问题转化为标准 H_∞ 控制问题。具有给定 H_∞ 性能

γ 的 H_∞ 控制器称为系统(9-1)的 γ-次优 H_∞ 控制器。

3. 最优 H_∞ 控制器

最优 H_∞ 控制就是设计控制器 $\boldsymbol{K}(s)$，使得此循环系统满足以下的性质：

(1) 此循环系统是内部稳定的，即循环系统状态矩阵的所有特征值均在左半开复平面中。

(2) 从扰动输入 $\boldsymbol{w}$ 到被控输出 $\boldsymbol{z}$ 的循环传递函数 $\boldsymbol{T}_{wz}(s)$ 的 H_∞ 范数极小，即：

$$\min \| \boldsymbol{T}_{wz}(s) \|_\infty \tag{9-8}$$

通过对 γ-次优 H_∞ 控制问题中 γ 的搜索，可以求得使循环系统的扰动抑制度 γ 最小化的控制器，这样的控制问题称为系统(9-1)的最优 H_∞ 控制问题，由最优 H_∞ 控制问题得到的 H_∞ 控制器称为系统的最优 H_∞ 控制器。

9.1.2 输出反馈 H_∞ 控制器

系统的 H_∞ 控制器可以采用状态反馈和输出反馈两种方法。但在许多实际问题中，系统的状态往往是不能直接测量的，故难以应用状态反馈控制律来对系统进行控制。有时即使系统的状态可以直接测量，但考虑到实施控制的成本和系统的可靠性等因素，如果可以用系统的输出反馈来达到循环系统的性能要求，则更适合于选择输出反馈的控制方式。

假定系统(9-2)中$(\boldsymbol{A},\boldsymbol{B}_2,\boldsymbol{C}_2)$是能稳定检测的，且 $\boldsymbol{D}_{22}=0$。$(\boldsymbol{A},\boldsymbol{B}_2,\boldsymbol{C}_2)$能稳定检测是系统(9-1)的输出反馈镇定的充分必要条件，而 $\boldsymbol{D}_{22}=0$ 的假定并不失一般性，因为一般系统的 H_∞ 控制问题可以转化成这样一种特殊的情况。

对于系统(9-1)，设计输出反馈 H_∞ 控制器的问题可以描述为：设计输出反馈控制器 $\boldsymbol{u}=\boldsymbol{K}(s)\boldsymbol{y}$，使得相应的循环系统是渐近稳定的，且循环传递函数 $\boldsymbol{T}_{wz}(s)$ 的 H_∞ 范数小于 1。具有这样性质的控制律称为系统(9-1)的一个输出反馈 H_∞ 控制律。

设计输出反馈 H_∞ 控制器 $\boldsymbol{u}=\boldsymbol{K}(s)\boldsymbol{y}$ 的状态空间形式为

$$\begin{cases} \dot{\boldsymbol{x}}_c = \boldsymbol{A}_K \boldsymbol{x}_c + \boldsymbol{B}_K \boldsymbol{y} \\ \boldsymbol{u} = \boldsymbol{C}_K \boldsymbol{x}_c + \boldsymbol{D}_K \boldsymbol{y} \end{cases} \tag{9-9}$$

其中，$\boldsymbol{x}_c \in \boldsymbol{R}^{n_K}$，是控制器的状态；$\boldsymbol{A}_K$、$\boldsymbol{B}_K$、$\boldsymbol{C}_K$、$\boldsymbol{D}_K$ 是待确定的控制器参数矩阵。

将控制器(9-9)应用到系统(9-1)后得到的循环系统是：

$$\begin{cases} \dot{\boldsymbol{\xi}} = \boldsymbol{A}_{cl} \boldsymbol{\xi} + \boldsymbol{B}_{cl} \boldsymbol{w} \\ \boldsymbol{z} = \boldsymbol{C}_{cl} \boldsymbol{\xi} + \boldsymbol{D}_{cl} \boldsymbol{w} \end{cases} \tag{9-10}$$

其中，$\boldsymbol{\xi} = \begin{bmatrix} \boldsymbol{x} \\ \dot{\boldsymbol{x}}_c \end{bmatrix}$，$\boldsymbol{A}_{cl} = \begin{bmatrix} \boldsymbol{A}+\boldsymbol{B}_2\boldsymbol{D}_K\boldsymbol{C}_2 & \boldsymbol{B}_2\boldsymbol{C}_K \\ \boldsymbol{B}_K\boldsymbol{C}_2 & \boldsymbol{A}_K \end{bmatrix}$，$\boldsymbol{B}_{cl} = \begin{bmatrix} \boldsymbol{B}_1+\boldsymbol{B}_2\boldsymbol{D}_K\boldsymbol{D}_{21} \\ \boldsymbol{B}_K\boldsymbol{D}_{21} \end{bmatrix}$，

$$\boldsymbol{C}_{cl} = [\boldsymbol{C}_1+\boldsymbol{D}_{12}\boldsymbol{D}_K\boldsymbol{C}_2 \quad \boldsymbol{D}_{12}\boldsymbol{C}_K]，\boldsymbol{D}_{cl} = \boldsymbol{D}_{11}+\boldsymbol{D}_{12}\boldsymbol{D}_K\boldsymbol{D}_{21}$$

要使该循环传递函数 $\boldsymbol{T}_{wz}(s)$ 的 H_∞ 范数小于 1，它的充分必要条件是存在一个对称正定矩阵 $\boldsymbol{X}_{cl}$，使得：

$$\begin{bmatrix} \boldsymbol{A}_{cl}^{\mathrm{T}}\boldsymbol{X}_{cl}+\boldsymbol{X}_{cl}\boldsymbol{A}_{cl} & \boldsymbol{X}_{cl}\boldsymbol{B}_{cl} & \boldsymbol{C}_{cl}^{\mathrm{T}} \\ \boldsymbol{B}_{cl}^{\mathrm{T}}\boldsymbol{X}_{cl} & -\boldsymbol{I} & \boldsymbol{D}_{cl}^{\mathrm{T}} \\ \boldsymbol{C}_{cl} & \boldsymbol{D}_{cl} & -\boldsymbol{I} \end{bmatrix} < 0 \tag{9-11}$$

通过求解上述矩阵不等式可得出系统的输出反馈 H_∞ 控制器，即可得到控制器参数矩阵 $\boldsymbol{A}_K$、$\boldsymbol{B}_K$、$\boldsymbol{C}_K$、$\boldsymbol{D}_K$。

9.2 汽车 EPS 的 H_∞ 鲁棒控制

电动助力转向系统(Electrical Power Steering，EPS)是一种由电动机提供助力转矩的动力转向系统，它通过电动机提供辅助转矩，减少了发动机的能量消耗。根据电动机驱动部位的不同，通常将 EPS 分为转向轴式、齿轮轴式和齿条轴式三类。本章根据齿条式电动助力转向系统的特点，建立 EPS 动力学模型、线性三自由度的汽车转向模型、直流电动机模型以及轮胎的转向侧偏力模型。对于简化的转向系统模型，考虑到参数的不确定性和汽车在转向过程中所受到的各种激励和干扰，设计 H_∞ 鲁棒控制器，对电动助力转向系统的 H_∞ 鲁棒控制效果进行仿真评价。

9.2.1 转向系统动力学模型的建立

1. EPS 模型

根据汽车转向系统的原理，采用牛顿定律建立运动方程如下：

$$J_{\mathrm{eq}}\ddot{\theta}_p + c_p\dot{\theta}_p + k_s(\theta_p - \theta_h) = T_r - T_m \tag{9-12}$$

式中，J_{eq} 为转向机构的当量转动惯量；c_p 为转向机构的当量阻尼系数；k_s 为扭转刚度；T_r 为路面通过前轮作用于转向轴上的转矩；T_m 为电动机的输出转矩；θ_p 为转向小齿轮转角；θ_h 为转向盘转角。

从前轮到转向机构的传动关系比较复杂，从实际应用的角度，可以把二者之间的关系简化为线性比例关系：

$$n_m = N_1\dot{\theta}_p \tag{9-13}$$

$$\theta_p = N_2\delta \tag{9-14}$$

式中，δ 为前轮转角；n_m 为电动机转速；N_1 为电动机到转向轴的传动比；N_2 为转向轴到前轮的传动比。

2. 转向运动模型

当汽车处于转向工况时，有侧倾转向的效应，可以采用线性三自由度的角输入操纵运动模型。假设离心加速度较小，不考虑轮胎的非线性，则运动的微分方程为

$$I_z\dot{w}_z + I_{xz}\dot{p} = -aF_{y1} + bF_{y2} \tag{9-15}$$

$$mv(w_z + \dot{\beta}) - m_s h\dot{p} = -(F_{y1} + F_{y2}) \tag{9-16}$$

$$I_x\dot{p} - m_s hv(w_z + \dot{\beta}) + I_{xz}\dot{w}_z = -(c_f + c_r)p - (k_{\phi 1} + k_{\phi 2} - m_s hg)\phi \tag{9-17}$$

$$\dot{\phi} = p \tag{9-18}$$

式中，m，m_s 分别为整车与悬架系统的质量；I_{xz} 为惯性积；a，b 分别为质心到前轴和后轴的距离；c_f，c_r 为前后悬架侧倾角阻尼；$k_{\phi 1}$，$k_{\phi 2}$ 为前后悬架侧倾角刚度；h 为侧倾力臂长度；g 为重力加速度；w_z 为横摆角速度；β 为汽车质心侧偏角；v 为汽车前进速度；ϕ 为车身侧倾角。

$$F_{y1}=k_f\delta_1 \tag{9-19}$$

$$F_{y2}=k_r\delta_1 \tag{9-20}$$

$$\delta_1=\beta+\frac{a}{v}w_z-E_f\phi-\delta \tag{9-21}$$

$$\delta_2=\beta-\frac{b}{v}w_z-E_r\phi \tag{9-22}$$

式中，F_{y1}，F_{y2} 为前后轮的侧偏力；k_f，k_r 为前后轮有效侧偏刚度；E_f，E_r 为前后侧倾转向系数。

3. 电动机模型

在本文中使用直流电动机，其输出转矩的表达式如下：

$$U=L\dot{I}+R_1I+k_bn_m \tag{9-23}$$

$$T_m=k_aI \tag{9-24}$$

式中，U 为直流电动机的端电压；L 为线圈的电感；R_1 为电枢电阻；I 为电动机的电流；k_b 为电动机反电动势；n_m 为电动机转子的转速；k_a 为电动机转矩系数。

4. 转向侧偏力模型

在小转角条件下，轮胎侧偏特性可认为是线性的，绕主销作用于轮胎转矩为

$$T_r=2ek_f\delta_1 \tag{9-25}$$

式中，e 为前轮拖距。

5. 状态方程

系统的状态向量为 $\boldsymbol{X}=\begin{bmatrix}w_z & \beta & p & \phi & \dot{\theta}_p & \theta & I\end{bmatrix}^{\mathrm{T}}$；

系统的控制向量为 $\boldsymbol{U}=[0\quad 0\quad 0\quad 0\quad 0\quad 0\quad U]^{\mathrm{T}}$；

系统的输入为转向盘的转角为 θ_h。

则系统的状态方程为

$$\dot{\boldsymbol{X}}=\boldsymbol{A}_1\boldsymbol{X}+\boldsymbol{B}_1u+\boldsymbol{G}w \tag{9-26}$$

当转向盘转过一定的角度时，把持转向盘所需要的力矩为

$$T_{\mathrm{sw}}=k_s(\theta_p-\theta_h)+c_p\dot{\theta}_p \tag{9-27}$$

由于阻尼力很小，可忽略不计，所以把持转向盘所需要的力矩可简化为

$$T_{\mathrm{sw}}=k_s(\theta_p-\theta_h) \tag{9-28}$$

由于 EPS 的控制目标是改善汽车的转向轻便性和操纵稳定性，故选取转向盘转矩、汽车横摆角速度以及车身质心侧偏角为输出变量。则系统的输出方程为

$$Y = CX + Du \tag{9-29}$$

系统矩阵如下：

$$H = \begin{bmatrix} I_z & 0 & I_{xz} & 0 & 0 & 0 & 0 \\ 0 & mv & -m_s h & 0 & 0 & 0 & 0 \\ I_{xz} & -m_s hv & Ix & 0 & 0 & 0 & 0 \\ 0 & 0 & 0 & 1 & 0 & 0 & 0 \\ 0 & 0 & 0 & 0 & J_{\text{eq}} & c_{ff} & 0 \\ 0 & 0 & 0 & 0 & 0 & 1 & 0 \\ 0 & 0 & 0 & 0 & 0 & k_b N_1 & L \end{bmatrix}$$

$$A_{11} = \begin{bmatrix} \dfrac{2(-a^2 k_f - b^2 k_r)}{v} & 2(-ak_f + bk_r) & 0 \\ 2(-ak_f + bk_r)/v - mv & -2(k_f + k_r) & 0 \\ m_s hv & 0 & -(c_f + c_r) \end{bmatrix}$$

$$A_{12} = \begin{bmatrix} 2(ak_f E_f - bk_r E_r) & 0 & 2ak_f/N_2 & 0 \\ 2(k_f E_f + k_r E_r) & 0 & 2k_f/N_2 & 0 \\ -(k_{fai1} + k_{fai2} - m_s hg) & 0 & 0 & 0 \end{bmatrix}$$

$$A_{21} = \begin{bmatrix} 0 & 0 & 1 \\ \dfrac{2aek_f}{N_2 v} & \dfrac{2ek_f}{N_2} & 0 \\ 0 & 0 & 0 \\ 0 & 0 & 0 \end{bmatrix} \qquad A_{22} = \begin{bmatrix} 0 & 0 & 0 & 0 \\ \dfrac{-2ek_f E_f}{N_2} & 0 & -k_s - \dfrac{2ek_f}{N_2^2} & 3k_a N_1 \\ 0 & 1 & 0 & 0 \\ 0 & 0 & 0 & -R_1 \end{bmatrix}$$

$$A_0 = \begin{bmatrix} A_{11} & A_{12} \\ A_{21} & A_{22} \end{bmatrix}, \quad A_1 = H^{-1} A_0, \quad B_0 = [0 \quad 0 \quad 0 \quad 0 \quad 0 \quad 0 \quad 1]^{\mathrm{T}},$$

$$B_1 = H^{-1} B_0, \quad G = [0 \quad 0 \quad 0 \quad 0 \quad 1 \quad 0 \quad 0]^{\mathrm{T}}$$

$$C = \begin{bmatrix} 0 & 0 & 0 & 0 & 0 & k_s & 0 \\ 1 & 0 & 0 & 0 & 0 & 0 & 0 \\ 0 & 1 & 0 & 0 & 0 & 0 & 0 \\ 0 & 0 & 0 & 1 & 0 & 0 & 0 \end{bmatrix} \qquad D = [0 \quad 0 \quad 0 \quad 0]^{\mathrm{T}}$$

9.2.2 鲁棒控制器设计

如图 9-2 所示，电动助力转向系统的模型输入有转向盘的转角、路面干扰、传感器的噪声等。输出有观测变量 $z = [p \quad \theta_p \quad I]^{\mathrm{T}}$，测量变量 $y = [T_{\mathrm{sw}} \quad w_z \quad \beta \quad \phi]$。$H_\infty$ 控制器就是设计一个可以使系统稳定的控制器 $K(s)$，使广义传递矩阵 $\| G(s) \|_\infty < 1$，这个广义的传递矩阵实际包含了被控对象、加权函数及评估函数等。

选择一个恰当的加权函数 $W(s)$：

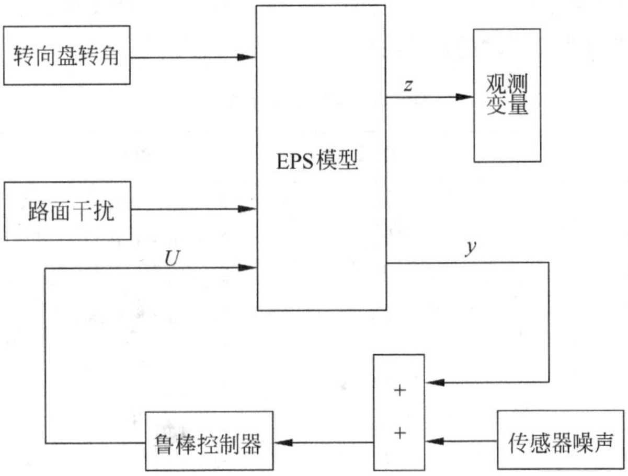

图 9-2 EPS 控制框图

$$\boldsymbol{G}(s)=\boldsymbol{W}(s)\boldsymbol{\Phi}(s) \tag{9-30}$$

$$\boldsymbol{\Phi}(s)=\boldsymbol{G}_{11}(s)+\boldsymbol{G}_{12}(s)\boldsymbol{K}(s)[\boldsymbol{I}-\boldsymbol{G}_{22}(s)\boldsymbol{K}(s)]^{-1}\boldsymbol{G}_{21}(s) \tag{9-31}$$

由以上式子可知,通过调节加权函数可以使广义的传递函数达到要求的性能。

考虑到 EPS 的性能要求,需要提供迅速准确的助力转矩,即转向盘的操纵转矩,以小齿轮的转矩 T_{sw} 来估计;需要保持良好的操纵稳定性,以汽车的横摆角 w_z 速度来评价;需要提供一个比较好的路感,即保证从路面干扰到转向盘把持力矩之间应有一个频率低通的作用。

为保证驾驶员路感,取加权函数为

$$W_1(s)=\frac{30.5}{0.000196s^3+0.013333s^2+0.2s+1} \tag{9-32}$$

为保证 EPS 的灵敏度,取加权函数:

$$W_2(s)=\frac{0.015s+0.00015}{0.001s+1.056} \tag{9-33}$$

对于 EPS 控制系统中所涉及的路面干扰信号 w_1 和传感器的噪声 w_2,为保证系统的稳定性和可控性,提出如下设计思想:

对于任意给定的时间 $T>0$,干扰信号满足以下条件:

$$\int_0^T w_1^{\mathrm{T}}(t)w_1(t)\mathrm{d}t<\infty \tag{9-34}$$

$$\int_0^T w_2^{\mathrm{T}}(t)w_2(t)\mathrm{d}t<\infty \tag{9-35}$$

即确保在整个系统的运行的过程中,干扰信号始终能量有界。

9.2.3 仿真分析

汽车的操纵稳定性同汽车行驶时的瞬态响应有密切关系,故常用转向盘阶跃输入下的瞬态响应来表征汽车的操纵稳定性。对于上述的 EPS 系统,假设汽车在水平的 B 级路面上进行匀速转向运动,不考虑侧向风、轮胎气压、侧向滑移等干扰因素,建立 Matlab/Simulink

仿真框图，转向系统的参数见表 9-1。得到性能参数图 9-3～图 9-6 是汽车以 60km/h 行驶、驾驶员转向盘输入转角为 90°时的汽车响应。

表 9-1 转向系统参数

名称	符号	单位	数值
前悬架侧倾角刚度	$k_{\phi1}$	$N\cdot m\cdot rad^{-1}$	100548
后悬架侧倾角刚度	$k_{\phi2}$	$N\cdot m\cdot rad^{-1}$	32732
绕 z 轴的转动惯量	I_z	$kg\cdot m^2$	10432
前悬架侧倾角阻尼	c_f	$N\cdot m\cdot s\cdot rad^{-1}$	3430
前侧倾转向系数	E_f	1	3430
后侧倾转向系数	E_r	1	−0.114
前轮有效侧偏刚度	k_f	$N\cdot rad^{-1}$	0
后轮有效侧偏刚度	k_r	$N\cdot rad^{-1}$	23147
惯性积	I_{xz}	$kg\cdot m^2$	38318
侧倾力臂	h	m	0
转向机构当量转动惯量	J_{eq}	$kg\cdot m^2$	0.488
转向机构当量阻尼系数	c_1	$N\cdot m\cdot s\cdot rad^{-1}$	0.06
扭转刚度	k_s	$N\cdot m\cdot rad^{-1}$	0.03
电动机转矩系数	k_a	$N\cdot m\cdot A^{-1}$	90
反电动势常数	k_b	$V\cdot s\cdot rad^{-1}$	0.02
电动机到传动轴的转向比	N_1	1	18
转向轴到前轮的传动比	N_2	1	25
电枢电阻	R_1	Ω	0.1
电感	L	H	0.01
前轮拖距	e	m	0.1

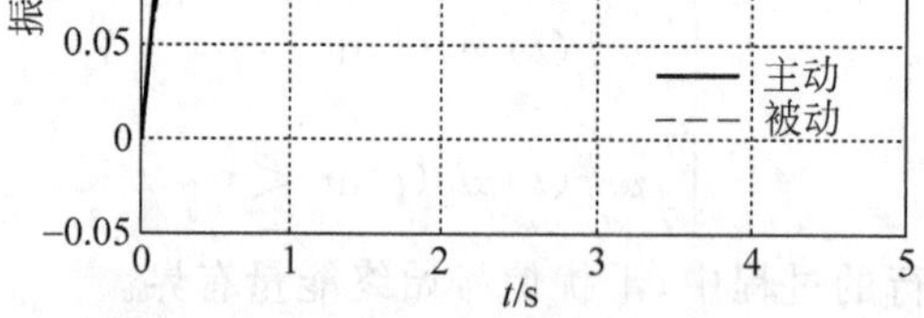

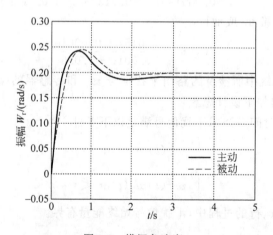

图 9-3 横摆角速度

图 9-3 是横摆角速度，反映了汽车在转向盘角阶跃输入下的瞬态特性，其峰值、反应时间和超调量与汽车操纵稳定性息息相关。从图中可以看出：经控制后，横摆角速度的第一峰值有所降低，第一峰值出现的时间也有提前。从表 9-2 可知，横摆角速度的超调量降低了 0.83%，表明对 EPS 进行鲁棒控制，明显改善了汽车的转向性能。

图 9-4 为车身质心侧偏角。从图中可见，在 1s 时刻左右，质心侧偏角的峰值为该曲线的最大值，控制与未控制相比，峰值较小，反应时间缩短，幅值超调量也有所降低。

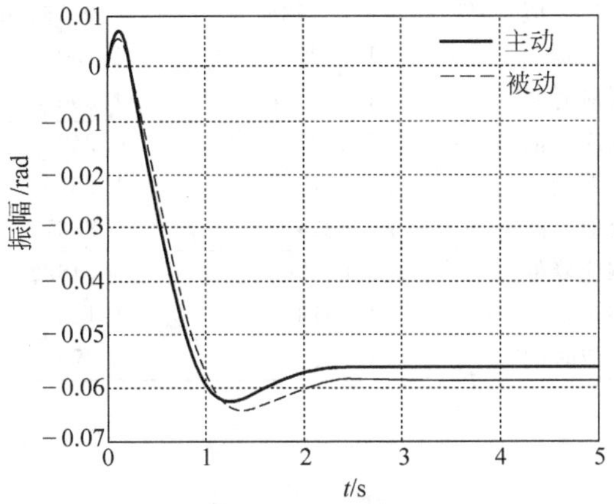

图 9-4　侧偏角

图 9-5 为车身的侧倾角。反映了在转向盘角阶跃输入后，车身侧向姿态变化情况。由图可见，鲁棒控制使侧倾角响应峰值降低，反应时间缩短，超调量减少，说明鲁棒控制器设计是有效的。

图 9-6 为系统的频域传递函数。可以看出，在 100Hz 以下，主动控制的频域传递函数明显低于被动系统，表明电动助力转向系统的响应比较稳定，受路面信号的干扰影响比较小。转向盘角阶跃输入下转向系统响应的定量计算见表 9-2。

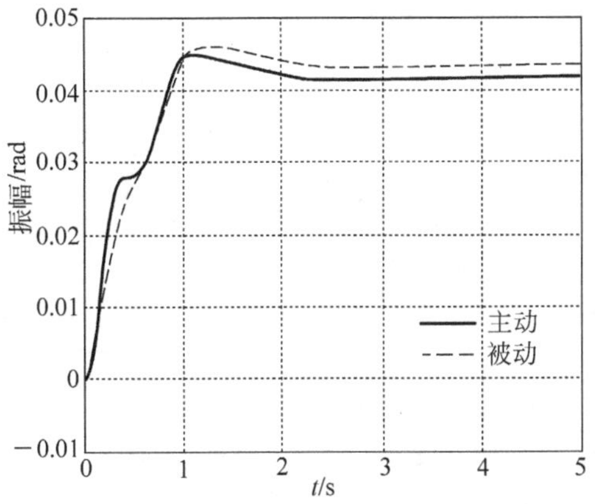

图 9-5　侧倾角

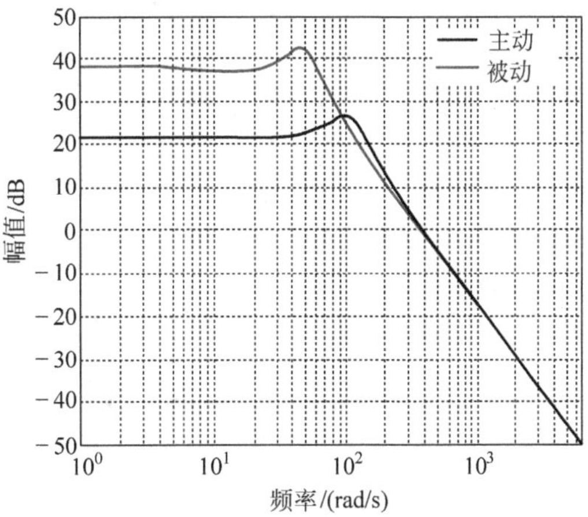

图 9-6　系统的频域传递特性

根据所建立的电动助力转向系统的动力学模型，考虑到模型参数的不确定性和汽车在转向过程中所受到的各种干扰，设计 H_∞ 鲁棒控制器。结果表明：H_∞ 鲁棒控制对汽车转向盘角阶跃输入的瞬态响应有很好的抑制作用，不仅有效降低了车身横摆角速度、侧倾角和侧偏角的幅值，而且可以使系统尽快恢复平稳，保证了转向操纵的灵敏性和稳定性。从频域角度来看，控制系统相当于一个低通滤波器，可以使驾驶员获得好的路感。

表 9-2　汽车转向性参数

		EPS 控制	被动控制	降幅
质心侧偏角	响应峰值	−0.06264	−0.06456	2.97%
	超调量	1.2225	1.230	0.6%
	反应时间	1.108	1.398	20.74%
横摆角速度	响应峰值	0.2427	0.2469	1.7%
	超调量	1.247	1.2575	0.83%
	反应时间	0.6324	0.8367	24.47%
整车侧倾角	响应峰值	0.04508	0.04622	2.47%
	超调量	1.1418	1.1423	0.9%
	反应时间	1.065	1.279	16.73%

习　　题

1. 什么是鲁棒性？什么是鲁棒控制以及鲁棒控制器？
2. 什么是 H_∞ 鲁棒控制？什么是 H_∞ 控制器？
3. 为什么 H_∞ 控制器常采用输出反馈的控制方式？
4. 什么是输出反馈 H_∞ 控制律？

第10章

模型预测控制及其在汽车工程中的应用

模型预测控制(Model Predictive Control,MPC)又称为滚动时域控制(Moving Horizon control,MHC)、后退时域控制(Receding Horizon Control,RHC),根据所用模型不同,分为模型算法控制(Model Algorithm Control,MAC)、动态矩阵控制(Dynamic Matrix Control,DMC)和广义预测控制(Generalized Predictive Control,GPC)等,是近年来被广泛讨论的一种反馈控制策略。由于MPC在处理非线性、时变、强耦合以及不确定性系统上的优势,被诸多学者广泛关注和研究,近年来在石油、电力、航空和汽车等众多领域中获得应用。

为了保证控制对象稳定运行,维持良好的性能,会在实际控制过程中施加多种约束,例如,执行器饱和是对控制量的约束,执行器动作不允许过大是对控制增量的约束,为了维持系统性能,要求状态量不得高于一定的阈值是对状态量的约束。在系统控制设计时,如果简单地忽略这些约束,则可能导致系统的控制性能变差,甚至不稳定。传统控制方法在处理这些问题时,通常是在计算控制量之后再添加约束限制;而MPC在处理约束系统控制问题更具有优势,它可以将约束施加在对系统输入或状态变量预测上,从而将一个最优化控制问题转化成一个在线求解的带约束的二次规划问题。

10.1 模型预测控制基本理论

模型预测控制思想如图10-1所示。在每一采样时刻,根据获得的当前测量信息,在线求解一个有限时域开环优化问题,并将得到的控制序列的第一个元素作用于被控对象。在下一个采样时刻,重复上述过程,即用新的测量值刷新优化问题并重新求解,故MPC控制可以归纳总结为模型预测、滚动优化以及反馈校正三个部分。在线求解开环优化问题获得开环优化序列是模型预测控制和传统控制方法的主要区别,因为后者通常是离线求解一个反馈控制律,并将得到的反馈控制律持续作用于系统。

MPC控制原理框图如图10-2所示,主要包含了MPC控制器、状态测量以及被控对象三个部分。状态测量模块会对当前时刻的被控对象的状态$x(t)$进行观测,对于无法直接观测或观测成本较高的信息可通过估计算法对其进行估计;将测量得到的状态量$\tilde{x}(t)$输入到MPC控制器中,控制器根据预先设定的参考轨迹$x_r(t)$、目标函数以及预测模型进行在线优化求解,得到当前的最优控制序列$u^*(t)$,然后将其输入给被控对象,被控对象按照当前的控制量进行控制,如此循环,就形成了一个完整闭环的模型预测控制过程。

这三步是在每个采样时刻重复进行的,且无论采用什么样的模型,每个采样时刻得到的测量值都作为当前时刻预测系统未来动态的初始条件。

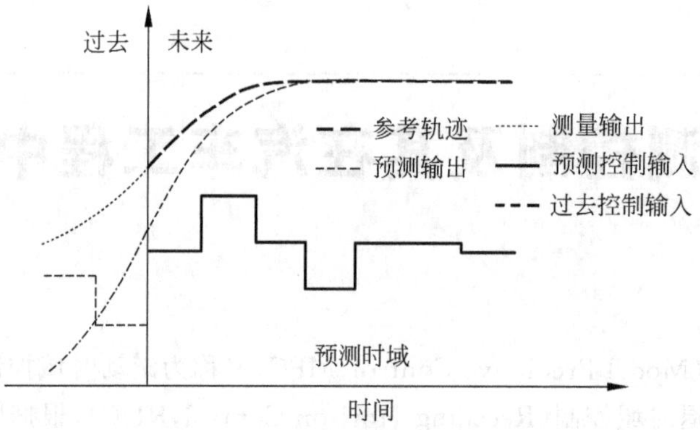

图 10-1 模型预测控制原理

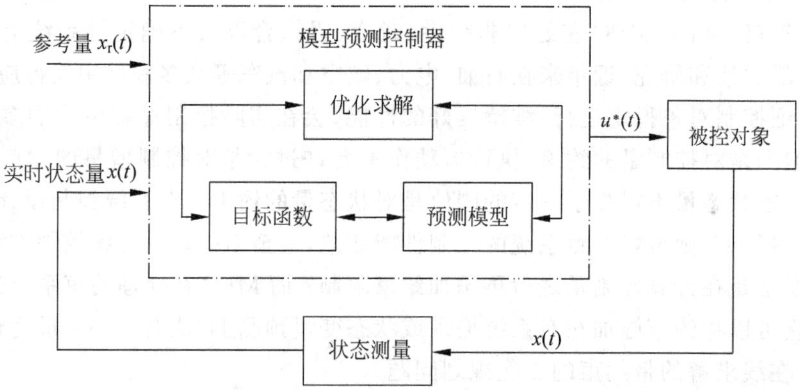

图 10-2 MPC 控制原理框图

10.1.1 模型预测

预测模型是 MPC 的基础。在预测控制中，需要一个描述对象动态状态行为的模型，这个模型的作用就是预测系统未来的动态，因此被称之为预测模型。在模型预测中，对模型的形式并不关注，重点是模型的作用，也就是说，不管在设计控制器时采用的是卷积模型、机理模型或者是神经网络模型，只要选用的模型能够根据系统的当前状态信息和未来的控制输入，准确预测得到系统未来的输出，就达到了模型预测的效果。而"未来的控制输入"就是改变系统的预测输出使其最大限度地接近期望输出的优化独立变量。

10.1.2 滚动优化

滚动优化是通过预先设定的某一目标函数来在线优化求解控制输入，以尽可能减小预测模型输出与参考轨迹的误差。由于外部干扰、模型系统误差等原因，预测输出与实际输出总是存在偏差，滚动优化就是找到每个时刻下的局部最优解。损失目标函数为

$$J(k)=\sum_{j=1}^{N}x(k+j\mid k)^{\mathrm{T}}\boldsymbol{Q}x(k+j\mid k)+$$

$$u(k+j-1 \mid k)^{\mathrm{T}} \boldsymbol{R} u(k+j-1 \mid k) \tag{10-1}$$

式中，N 为预测时域；$\boldsymbol{Q}$，$\boldsymbol{R}$ 为正定的权重矩阵；x，u 分别为状态变量和控制变量。其中，$x(m|n)$表示在 n 时刻下预测的 m 时刻的 x 值。

目标函数的第一项反映了系统对参考轨迹的跟踪能力，第二项反映了对控制变量变化的约束。优化求解的问题可理解为在每一个采样点 k，寻找一组最优控制序列 u^* 和最优目标代价 $J^*(k)$。通过在线求解得到最优控制变量序列 u^*，将控制变量序列中的第一个参数作为控制量，输入给被控系统。

10.1.3　反馈校正

系统在新的采样时刻，基于被控对象的实际输出，可以对预测模型的输出进行校正，再进行新一轮的优化，这一过程被称为反馈校正。模型基于当前与过去信息预测未来输出，那么未来时刻的输出就是反馈信息。由此可知，MPC 本质上还是一种反馈控制，通过最优化方法得到一组控制输出后，系统执行控制指令，同时继续以一定的频率接收表示当前被控系统的状态。这个状态会输入控制器模块，根据新的参考轨迹和系统当前状态进行新一轮的预测控制。

在每个控制周期中都会往复循环进行模型预测、滚动优化以及反馈校正，且无论采用什么样的模型，每个采样时刻得到的测量值都作为当前时刻预测系统未来动态的初始条件，通过在线优化得到最优控制序列，再将其第一个元素施加给被控对象，由此往复进行。由于 MPC 对控制率的在线求解，其相较于传统控制方法更加灵活，能够获得更好的控制性能。

10.2　基于状态空间的模型预测控制

10.2.1　预测方程

考虑线性连续时间系统的状态空间模型如下

$$\begin{cases} \dot{\boldsymbol{x}}(t)=\boldsymbol{A}_c\boldsymbol{x}(t)+\boldsymbol{B}_{cu}\boldsymbol{u}(t)+\boldsymbol{B}_{cd}\boldsymbol{d}(t) \\ \boldsymbol{y}(t)=\boldsymbol{C}\boldsymbol{x}(t) \end{cases} \tag{10-2}$$

式中，$x(t)\in\boldsymbol{R}^{n_x}$ 是状态向量；$u(t)\in\boldsymbol{R}^{n_u}$ 是控制输入向量；$y(t)\in\boldsymbol{R}^{n_c}$ 是被控输出向量；$\boldsymbol{d}(t)\in\boldsymbol{R}^{n_d}$ 是可以测量的外部干扰向量。通过式(10-3)可将系统进行离散化处理得到如式(10-4)所示的离散系统

$$\begin{cases} \boldsymbol{A}=\mathrm{e}^{\boldsymbol{A}_c T_s} \\ \boldsymbol{B}_u=\int_0^{T_s}\mathrm{e}^{\boldsymbol{A}_c\tau}\mathrm{d}\tau\cdot\boldsymbol{B}_{cu} \\ \boldsymbol{B}_d=\int_0^{T_s}\mathrm{e}^{\boldsymbol{A}_c\tau}\mathrm{d}\tau\cdot\boldsymbol{B}_{cd} \end{cases} \tag{10-3}$$

$$\begin{cases} \boldsymbol{x}(k+1)=\boldsymbol{A}\boldsymbol{x}(k)+\boldsymbol{B}_u\boldsymbol{u}(k)+\boldsymbol{B}_d\boldsymbol{d}(k) \\ \boldsymbol{y}(k)=\boldsymbol{C}\boldsymbol{x}(k) \end{cases} \tag{10-4}$$

式中，T_s 为系统的采样时间。

假设系统的全部状态都是可测量的，将式(10-4)改写为增量形式：

$$\begin{cases}\boldsymbol{x}(k+1)=\boldsymbol{A}\boldsymbol{x}(k)+\boldsymbol{B}_u(\Delta u(k\mid k)+\boldsymbol{u}(k-1))+\boldsymbol{B}_d\boldsymbol{d}(k\mid k)\\ \boldsymbol{y}(k)=\boldsymbol{C}\boldsymbol{x}(k)\end{cases}\tag{10-5}$$

根据预测控制的基本原理，以最新测量值为初始条件，基于式(10-5)预测系统未来的动态。可设定预测时域为 p，控制时域为 m 且 $m\leqslant p$。为推导系统的预测方程，做如下的假设：

假设 1 控制时域之外，控制量不变，即 $\Delta u(k+i|k)=0, i=m,m+1,\cdots,p-1$。

假设 2 可测干扰每个预测步长不变，即 $d(k+i|k)=d(k|k), i=1,2,\cdots,p-1$。

在当前时刻 k 的状态测量值为 $x(k)$，这个 $x(k)$ 将作为预测系统未来动态的起点。由式(10-5)可以预测 $k+1$ 到 $k+p$ 时刻的状态迁移。其状态迁移过程为

$$\boldsymbol{x}(k+1\mid k)=\boldsymbol{A}\boldsymbol{x}(k)+\boldsymbol{B}_u\boldsymbol{u}(k-1)+\boldsymbol{B}_u\Delta\boldsymbol{u}(k\mid k)+\boldsymbol{B}_d\boldsymbol{d}(k\mid k)\tag{10-6}$$

$$\begin{aligned}\boldsymbol{x}(k+2\mid k)&=\boldsymbol{A}\boldsymbol{x}(k+1\mid k)+\boldsymbol{B}_u\boldsymbol{u}(k+1)+\boldsymbol{B}_d\boldsymbol{d}(k+1\mid k)\\&=\boldsymbol{A}^2\boldsymbol{x}(k)+\boldsymbol{A}\boldsymbol{B}_u\boldsymbol{u}(k-1)+\boldsymbol{A}\boldsymbol{B}_u\Delta\boldsymbol{u}(k\mid k)+\\&\quad\ \boldsymbol{B}_u\Delta\boldsymbol{u}(k+1\mid k)+(\boldsymbol{A}\boldsymbol{B}_d+\boldsymbol{B}_d)\boldsymbol{d}(k\mid k)\end{aligned}\tag{10-7}$$

$$\vdots$$

$$\begin{aligned}\boldsymbol{x}(k+p\mid k)&=\boldsymbol{A}\boldsymbol{x}(k+p-1\mid k)+\boldsymbol{B}_u\boldsymbol{u}(k+p-1)+\\&\quad\ \boldsymbol{B}_d\boldsymbol{d}(k+p-1\mid k)\\&=\boldsymbol{A}^p\boldsymbol{x}(k)+\boldsymbol{A}^{p-1}\boldsymbol{B}_u\boldsymbol{u}(k-1)+\boldsymbol{A}^{p-1}\boldsymbol{B}_u\Delta\boldsymbol{u}(k\mid k)+\\&\quad\ \boldsymbol{A}^{p-2}\boldsymbol{B}_u\Delta\boldsymbol{u}(k+1\mid k)+\cdots+\\&\quad\ \boldsymbol{A}^{p-m}\boldsymbol{B}_u\Delta\boldsymbol{u}(k+m-1\mid k)+\\&\quad\ (\boldsymbol{A}^{p-1}\boldsymbol{B}_d+\boldsymbol{A}^{p-2}\boldsymbol{B}_d+\cdots+\boldsymbol{B}_d)\boldsymbol{d}(k\mid k)\end{aligned}\tag{10-8}$$

进一步，由不同时刻的状态，可以预测 $k+1$ 至 $k+p$ 的被控输出：

$$\begin{aligned}\boldsymbol{y}(k+1\mid k)&=\boldsymbol{C}\boldsymbol{x}(k+1\mid k)\\&=\boldsymbol{C}\boldsymbol{A}\boldsymbol{x}(k)+\boldsymbol{C}\boldsymbol{B}_u\boldsymbol{u}(k-1)+\boldsymbol{C}\boldsymbol{B}_u\Delta\boldsymbol{u}(k\mid k)+\boldsymbol{C}\boldsymbol{B}_d\boldsymbol{d}(k\mid k)\end{aligned}\tag{10-9}$$

$$\begin{aligned}\boldsymbol{y}(k+2\mid k)&=\boldsymbol{C}\boldsymbol{x}(k+2\mid k)\\&=\boldsymbol{C}\boldsymbol{A}\boldsymbol{x}(k+1\mid k)+\boldsymbol{C}\boldsymbol{B}_u\boldsymbol{u}(k+1)+\boldsymbol{C}\boldsymbol{B}_d\boldsymbol{d}(k+1\mid k)\\&=\boldsymbol{C}\boldsymbol{A}^2\boldsymbol{x}(k)+\boldsymbol{C}\boldsymbol{A}\boldsymbol{B}_u\boldsymbol{u}(k-1)+\boldsymbol{C}\boldsymbol{A}\boldsymbol{B}_u\Delta\boldsymbol{u}(k\mid k)+\\&\quad\ \boldsymbol{C}\boldsymbol{B}_u\Delta\boldsymbol{u}(k+1\mid k)+(\boldsymbol{C}\boldsymbol{A}\boldsymbol{B}_d+\boldsymbol{C}\boldsymbol{B}_d)\boldsymbol{d}(k\mid k)\end{aligned}\tag{10-10}$$

$$\vdots$$

$$\begin{aligned}\boldsymbol{y}(k+p\mid k)&=\boldsymbol{C}\boldsymbol{x}(k+p\mid k)\\&=\boldsymbol{C}\boldsymbol{A}\boldsymbol{x}(k+p-1\mid k)+\boldsymbol{C}\boldsymbol{B}_u\boldsymbol{u}(k+p-1)+\boldsymbol{C}\boldsymbol{B}_d\Delta\boldsymbol{d}(k+p-1\mid k)\\&=\boldsymbol{C}\boldsymbol{A}^p\boldsymbol{x}(k)+\boldsymbol{C}\boldsymbol{A}^{p-1}\boldsymbol{B}_u\boldsymbol{u}(k-1)+\boldsymbol{C}\boldsymbol{A}^{p-1}\boldsymbol{B}_u\Delta\boldsymbol{u}(k\mid k)+\\&\quad\ \boldsymbol{C}\boldsymbol{A}^{p-2}\boldsymbol{B}_u\Delta\boldsymbol{u}(k+1\mid k)+\cdots+\boldsymbol{C}\boldsymbol{A}^{p-m}\boldsymbol{B}_u\Delta\boldsymbol{u}(k+m-1\mid k)+\\&\quad\ (\boldsymbol{C}\boldsymbol{A}^{p-1}\boldsymbol{B}_d+\boldsymbol{C}\boldsymbol{A}^{p-2}\boldsymbol{B}_d+\cdots+\boldsymbol{C}\boldsymbol{B}_d)\boldsymbol{d}(k\mid k)\end{aligned}\tag{10-11}$$

定义 p 步预测输出向量和 m 步输入向量如下：

$$
\boldsymbol{Y}(k)=\begin{bmatrix}\boldsymbol{y}(k+1\mid k)\\ \boldsymbol{y}(k+2\mid k)\\ \vdots\\ \boldsymbol{y}(k+p\mid k)\end{bmatrix}_{p\times 1} \tag{10-12}
$$

$$
\Delta\boldsymbol{U}(k)=\begin{bmatrix}\Delta\boldsymbol{u}(k\mid k)\\ \Delta\boldsymbol{u}(k+1\mid k)\\ \vdots\\ \Delta\boldsymbol{u}(k+m-1\mid k)\end{bmatrix}_{m\times 1} \tag{10-13}
$$

注意,矩阵下标表示的是矩阵中向量(或标量)的个数。

系统未来 p 步预测的输出可由以下预测方程来计算

$$
\boldsymbol{Y}(k)=\boldsymbol{S}_x\boldsymbol{x}(k)+\boldsymbol{S}_{u1}\boldsymbol{u}(k-1)+\boldsymbol{S}_{u2}\Delta\boldsymbol{U}(k)+\boldsymbol{S}_d\boldsymbol{d}(k) \tag{10-14}
$$

式中

$$
\boldsymbol{S}_x=\begin{bmatrix}\boldsymbol{CA}\\ \boldsymbol{CA}^1\\ \vdots\\ \boldsymbol{CA}^p\end{bmatrix}_{p\times 1} \tag{10-15}
$$

$$
\boldsymbol{S}_{u1}=\begin{bmatrix}\boldsymbol{CB}_u\\ \boldsymbol{CA}^1\boldsymbol{B}_u\\ \vdots\\ \boldsymbol{CA}^{p-1}\boldsymbol{B}_u\end{bmatrix}_{p\times 1},\quad \boldsymbol{S}_d=\begin{bmatrix}\boldsymbol{CB}_d\\ \sum_{i=1}^{2}\boldsymbol{CA}^{i-1}\boldsymbol{B}_d\\ \vdots\\ \sum_{i=1}^{p}\boldsymbol{CA}^{i-1}\boldsymbol{B}_d\end{bmatrix}_{p\times 1} \tag{10-16}
$$

$$
\boldsymbol{S}_{u2}=\begin{bmatrix}\boldsymbol{CB}_u & 0 & 0 & \cdots & 0\\ \boldsymbol{CAB}_u & \boldsymbol{CB}_u & 0 & \cdots & 0\\ \vdots & \vdots & \vdots & \ddots & \vdots\\ \boldsymbol{CA}^{m-1}\boldsymbol{B}_u & \boldsymbol{CA}^{m-2}\boldsymbol{B}_u & \cdots & \cdots & \boldsymbol{CB}_u\\ \vdots & \vdots & \vdots & \ddots & \vdots\\ \boldsymbol{CA}^{p-1}\boldsymbol{B}_u & \boldsymbol{CA}^{p-2}\boldsymbol{B}_u & \cdots & \cdots & \boldsymbol{CA}^{p-m}\boldsymbol{B}_u\end{bmatrix} \tag{10-17}
$$

上式中 $\boldsymbol{S}_{u2}$ 的下三角形式直接反映了系统在时间上的因果关系,即 $k+1$ 时刻的输入对 k 时刻的输出没有影响,$k+2$ 时刻的输入对 k 和 $k+1$ 时刻的输出没有影响。

10.2.2　目标函数

目标函数的选取反映了对系统性能的设计要求,如希望被控输出接近于参考输入。最简单的目标函数形式为

$$
J=\sum_{i=1}^{p}(\boldsymbol{Q}(\boldsymbol{y}(k+i\mid k)-\boldsymbol{y}_{\mathrm{ref}}(k+i)))^2 \tag{10-18}
$$

式中，$y_{ref}(k+i), i=1,2,\cdots,p$ 为给定的参考输入序列；$\boldsymbol{Q}$ 预测控制输出误差的加权因子矩阵。$\boldsymbol{Q}$ 越大，表明我们期望对应的控制输出越接近给定的参考输入。此外，我们还希望控制动作变化不要太大，目标函数可进一步写为

$$J = \sum_{i=1}^{p} \| \boldsymbol{Q}(\boldsymbol{y}(k+i \mid k) - \boldsymbol{y}_{ref}(k+i)) \|^2 + \sum_{i=1}^{m} \| \boldsymbol{R}\Delta \boldsymbol{u}(k+i-1) \|^2 \quad (10\text{-}19)$$

式中，$\boldsymbol{R}$ 是在预测时刻 i 控制增量的加权因子矩阵。$\boldsymbol{R}$ 越大，表明期望对应的控制动作变化越小。

10.2.3 迭代更新

通过 Matlab 工具箱对式(10-19)进行优化求解得到最优控制增量序列 ΔU^*，继而通过 $U^*=u(k-1)+\Delta U^*$ 获得系统最优控制序列，将第一个元素 $U^*(k)$ 施加给被控系统而得到新的测量值 $x(k+1)$，将由预测方程式(10-14)重新计算系统未来的输出，并且由式(10-19)计算最优控制序列 U^*。最后，由预测控制基本原理中的“滚动时域、重复进行”的机制，给出预测控制的算法如下：

(1) 初始化：设定预测时域 p 和控制时域 m，初始值 $u(-1)$、$x(0)$、$d(0)$；由式(10-15)～式(10-17)计算 S_x、S_{u1}、S_{u2} 和 S_d；

(2) 通过 Matlab 工具箱对式(10-19)进行优化求解，获得最优控制增量序列 ΔU^*；

(3) 通过 $U^*=u(-1)+\Delta U^*$ 得到系统最优控制序列；

(4) 将 $U^*(1)$ 输出作用于系统；

(5) 在下一时刻，通过测量得到状态量 x 与干扰量 d，重复第 2～4 步。

10.3 基于模型预测的车辆速度控制器

10.3.1 车速误差模型

在实际驾驶过程中，驾驶员会根据道路情况在前方找到一个参考点，然后对车辆行进速度进行调整，以到达期望位置，其速度预瞄模型如图 10-3 所示。

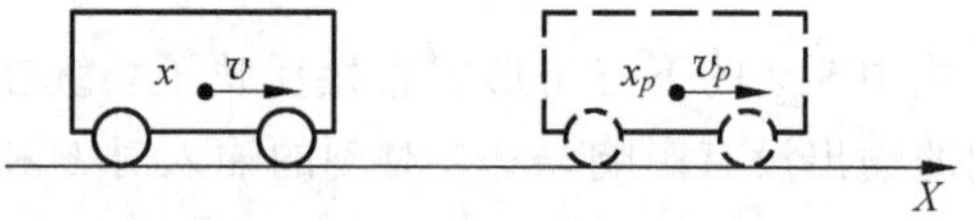

图 10-3 速度预瞄模型

图中 x、x_p 分别为车辆当前纵向位置和预瞄点纵向位置，v、v_p 分别为车辆当前速度和预瞄点期望速度，可建立误差模型为

$$e_v = v - v_p \quad (10\text{-}20)$$

式中，e_v 为预瞄速度误差。车辆速度误差变化率为

$$\dot{e}_v = a \quad (10\text{-}21)$$

式中，a 为自车加速度输入。将式(10-21)转化为状态空间为

$$\begin{cases} \dot{x}(t) = \boldsymbol{A}x(t) + \boldsymbol{B}\boldsymbol{u}(t) \\ y(t) = \boldsymbol{C}x(t) \end{cases} \quad (10\text{-}22)$$

式中

$$\boldsymbol{A}=[0]，\quad \boldsymbol{B}=[1]，\quad \boldsymbol{C}=[1] \tag{10-23}$$

$$\boldsymbol{x}^{\mathrm{T}}=[e_v]^{\mathrm{T}}，\quad \boldsymbol{u}=[a] \tag{10-24}$$

为了使该模型应用于控制器的设计，对式(10-22)进行离散化处理，可得

$$\boldsymbol{x}(t+1)=\boldsymbol{A}_t\boldsymbol{x}(t)+\boldsymbol{B}_t\boldsymbol{u}(t) \tag{10-25}$$

式中，$\boldsymbol{A}_t=\boldsymbol{I}+T\boldsymbol{A}$；$\boldsymbol{B}_t=T\boldsymbol{B}$；$T$ 为采样时间；$\boldsymbol{I}$ 为适当维度的单位矩阵。

10.3.2　模型预测控制器设计

速度跟踪控制器的目标函数是为了在尽量不改变期望加速度的前提下使车辆尽可能地跟踪上期望速度，故将期望加速度的变化量以及车辆速度与期望速度的偏差通过加权的方式同时纳入到目标函数中，目标函数为

$$\begin{aligned}J(t)=&\sum_{i=1}^{N_p}(\boldsymbol{y}(t+i\mid t)-\boldsymbol{y}_{\mathrm{ref}}(t+i\mid t))^{\mathrm{T}}\boldsymbol{Q}(\boldsymbol{y}(t+i\mid t)-\boldsymbol{y}_{\mathrm{ref}}(t+i\mid t))+\\&\sum_{j=0}^{N_c}(\boldsymbol{u}(t+j\mid t)-\boldsymbol{u}(t+j-1\mid t))^{\mathrm{T}}\boldsymbol{R}(\boldsymbol{u}(t+j\mid t)-\boldsymbol{u}(t+j-1\mid t))\end{aligned} \tag{10-26}$$

式中，y_{ref} 为期望速度误差，速度控制的目的是在使车辆速度能够跟踪上期望速度，即 $e_v=0$，故此处的期望速度误差设置为 $y_{\mathrm{ref}}(t+i|t)=[0]$；$N_p$，$N_c$ 分别为预测步长数和控制步长数；$\boldsymbol{Q}$，$\boldsymbol{R}$ 分别为跟踪性能权重和控制平稳性权重。对式(10-25)中进行如下变换：

$$\boldsymbol{\xi}(t+k\mid t)=\begin{bmatrix}\boldsymbol{x}(t+k\mid t)\\\boldsymbol{u}(t+k-1\mid t)\end{bmatrix} \tag{10-27}$$

从而可以得到一个新的状态空间方程

$$\begin{cases}\boldsymbol{\xi}(t+k+1\mid t)=\boldsymbol{A}_{kt}\boldsymbol{\xi}(t+k\mid t)+\boldsymbol{B}_{kt}\Delta\boldsymbol{u}(t+k\mid t)\\\boldsymbol{y}(t+k\mid t)=\boldsymbol{C}_{kt}\boldsymbol{\xi}(t+k\mid t)\end{cases} \tag{10-28}$$

式中

$$\boldsymbol{A}_{kt}=\begin{bmatrix}\boldsymbol{A}_t & \boldsymbol{B}_t\\0 & \boldsymbol{I}\end{bmatrix}，\quad \boldsymbol{B}_{kt}=\begin{bmatrix}\boldsymbol{B}_t\\\boldsymbol{I}\end{bmatrix}，\quad \boldsymbol{C}_{kt}=[\boldsymbol{C}\quad 0] \tag{10-29}$$

预测输出表达式为

$$\boldsymbol{Y}(t)=\boldsymbol{\Psi}\boldsymbol{\xi}(t\mid t)+\boldsymbol{\Theta}\Delta\boldsymbol{U}(t) \tag{10-30}$$

式中

$$\boldsymbol{Y}(t)=\begin{bmatrix}y(t+1\mid t)\\y(t+2\mid t)\\\vdots\\y(t+N_c\mid t)\\\vdots\\y(t+N_p\mid t)\end{bmatrix}，\quad \boldsymbol{\Psi}=\begin{bmatrix}\boldsymbol{C}_{kt}\boldsymbol{A}_{kt}\\\boldsymbol{C}_{kt}\boldsymbol{A}_{kt}^2\\\vdots\\\boldsymbol{C}_{kt}\boldsymbol{A}_{kt}^{N_c}\\\vdots\\\boldsymbol{C}_{kt}\boldsymbol{A}_{kt}^{N_p}\end{bmatrix}，\quad \Delta\boldsymbol{U}(t)=\begin{bmatrix}\Delta u(t\mid t)\\\Delta u(t+1\mid t)\\\vdots\\\Delta u(t+N_c-1\mid t)\end{bmatrix} \tag{10-31}$$

$$
\boldsymbol{\Theta}=\begin{bmatrix}
\boldsymbol{C}_{kt}\boldsymbol{B}_{kt} & 0 & 0 & 0\\
\boldsymbol{C}_{kt}\boldsymbol{A}_{kt}\boldsymbol{B}_{kt} & \boldsymbol{C}_{kt}\boldsymbol{B}_{kt} & 0 & 0\\
\vdots & \vdots & \ddots & \vdots\\
\boldsymbol{C}_{kt}\boldsymbol{A}_{kt}^{N_c-1}\boldsymbol{B}_{kt} & \boldsymbol{C}_{kt}\boldsymbol{A}_{kt}^{N_c-2}\boldsymbol{B}_{kt} & \cdots & \boldsymbol{C}_{kt}\boldsymbol{B}_{kt}\\
\boldsymbol{C}_{kt}\boldsymbol{A}_{kt}^{N_c}\boldsymbol{B}_{kt} & \boldsymbol{C}_{kt}\boldsymbol{A}_{kt}^{N_c-1}\boldsymbol{B}_{kt} & \cdots & \boldsymbol{C}_{kt}\boldsymbol{A}_{kt}\boldsymbol{B}_{kt}\\
\vdots & \vdots & \ddots & \vdots\\
\boldsymbol{C}_{kt}\boldsymbol{A}_{kt}^{N_p-1}\boldsymbol{B}_{kt} & \boldsymbol{C}_{kt}\boldsymbol{A}_{kt}^{N_p-2}\boldsymbol{B}_{kt} & \cdots & \boldsymbol{C}_{kt}\boldsymbol{A}_{kt}^{N_p-N_c}\boldsymbol{B}_{kt}
\end{bmatrix}
\tag{10-32}
$$

将式(10-30)代入式(10-26)中,将目标函数转化为如式(10-33)所示的以 $\Delta\boldsymbol{U}(t)$ 为优化变量的目标函数

$$
J(t)=\Delta\boldsymbol{U}(t)^{\mathrm{T}}(\boldsymbol{\Theta}^{\mathrm{T}}\boldsymbol{Q}\boldsymbol{\Theta}+\boldsymbol{R})\Delta\boldsymbol{U}(t)+2(\boldsymbol{\xi}(t\mid t)^{\mathrm{T}}\boldsymbol{\Psi}^{\mathrm{T}}\boldsymbol{Q}\boldsymbol{\Theta}-\boldsymbol{Y}_{\mathrm{ref}}^{\mathrm{T}}\boldsymbol{Q}\boldsymbol{\Theta})\Delta\boldsymbol{U}(t) \tag{10-33}
$$

在车辆实际行驶过程中,实施驱动/制动动作的执行器都存在一定的工作区域,不可能提供过大的制动力或者是驱动力,考虑到车辆自身的物理限制,需要对车辆的控制输入施加适当的约束:

$$
a_{\min}<a<a_{\max} \tag{10-34}
$$

式中,$a_{\min}$、$a_{\max}$ 分别为自车加速度上下限。根据输出量等式可将对式(10-34)转换为

$$
\boldsymbol{u}_{\min}\leqslant\boldsymbol{U}_t\boldsymbol{u}(t-1\mid t)+\Delta\boldsymbol{U}(t)\leqslant\boldsymbol{u}_{\max} \tag{10-35}
$$

式中,$\boldsymbol{U}(t)=[\boldsymbol{u}(t|t);\ \boldsymbol{u}(t+1|t);\ \boldsymbol{u}(t+2|t);\ \cdots;\ \boldsymbol{u}(t+N_c-1|t)]$,为控制量序列;$\boldsymbol{U}_t$ 为非零元素全为1的下三角 N_c 维方阵,$\boldsymbol{U}(t)=\boldsymbol{U}_t\boldsymbol{u}(t-1|t)+\Delta\boldsymbol{U}(t)$,即:

$$
\begin{cases}
\boldsymbol{u}(t\mid t)=\boldsymbol{u}(t-1\mid t)+\Delta\boldsymbol{u}(t\mid t)\\
\boldsymbol{u}(t+1\mid t)=\boldsymbol{u}(t-1\mid t)+\Delta\boldsymbol{u}(t\mid t)+\Delta\boldsymbol{u}(t+1\mid t)\\
\boldsymbol{u}(t+2\mid t)=\boldsymbol{u}(t-1\mid t)+\Delta\boldsymbol{u}(t\mid t)+\Delta\boldsymbol{u}(t+1\mid t)+\Delta\boldsymbol{u}(t+2\mid t)\\
\qquad\vdots\\
\boldsymbol{u}(t+N_c-1\mid t)=\boldsymbol{u}(t-1\mid t)+\Delta\boldsymbol{u}(t\mid t)+\Delta\boldsymbol{u}(t+1\mid t)+\\
\qquad\Delta\boldsymbol{u}(t+2\mid t)+\cdots+\Delta\boldsymbol{u}(t+N_c-2\mid t)+\Delta\boldsymbol{u}(t+N_c-1\mid t)
\end{cases}
\tag{10-36}
$$

结合式(10-33)和式(10-35)可将速度跟踪控制问题转化为带有线性不等式约束的二次规划问题

$$
\begin{aligned}
&\min J(t)=\Delta\boldsymbol{U}(t)^{\mathrm{T}}(\boldsymbol{\Theta}^{\mathrm{T}}\boldsymbol{Q}\boldsymbol{\Theta}+\boldsymbol{R})\Delta\boldsymbol{U}(t)+\\
&\qquad 2(\boldsymbol{\xi}(t\mid t)^{\mathrm{T}}\boldsymbol{\Psi}^{\mathrm{T}}\boldsymbol{Q}\boldsymbol{\Theta}-\boldsymbol{Y}_{\mathrm{ref}}^{\mathrm{T}}\boldsymbol{Q}\boldsymbol{\Theta})\Delta\boldsymbol{U}(t)\\
&\mathrm{s.t.}\ \Delta\boldsymbol{U}(t)\leqslant\boldsymbol{u}_{\max}-\boldsymbol{U}_t\boldsymbol{u}(t-1\mid t)\\
&\qquad -\Delta\boldsymbol{U}(t)\leqslant-\boldsymbol{u}_{\min}+\boldsymbol{U}_t\boldsymbol{u}(t-1\mid t)
\end{aligned}
\tag{10-37}
$$

10.3.3 仿真分析

采用 Simulink-Carsim 联合仿真平台对设计的控制器的跟踪性能进行验证。其中,仿真采样时间为0.02s,预测步长 N_p 为50,控制步长 N_c 为30,$Q=[100]$,$R=[1]$。用正弦变化的速度曲线进行仿真测试,车辆输出响应如图10-4所示。由图10-4可知:车辆速度与参考速度的最大误差约为0.27m/s,说明车辆能够对参考速度曲线能进行实时精准跟踪,所设计的纵向速度控制有效。

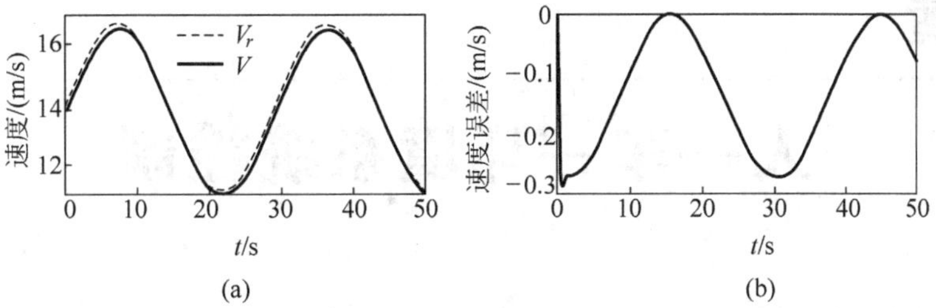

图 10-4　车辆输出响应

(a) 参考速度曲线与车辆实时速度曲线；(b) 速度跟踪误差

习　　题

1. 什么是模型预测控制？有什么特点？
2. 简述模型预测控制的基本原理。
3. 什么是反馈校正？
4. 简述模型预测控制算法的基本流程。
5. 举例说明模型预测控制器设计的基本过程。

第11章

人—车—环境系统控制

11.1 人—车—环境系统

在以“人、车、路”为要素的道路交通中，事故发生的概率受到诸多因素的影响。在“人”的方面，人是交通活动的主体，在交通安全中居于关键的、核心的地位。驾驶员的驾驶技能、个性特征、生理心理状态等决定了驾驶员处理紧急状况的能力，从而影响了事故发生的可能性；在“车”的方面，车辆的制动性、通过性、稳定性以及其他运动学性能决定了车辆在紧急状况下的应对能力，从而影响其规避事故的可能性；“路”即道路，是交通安全的基础，也是驾驶员驾驶环境的主要组成部分。路面附着系数、坡度、道路曲率、能见度等道路条件的好坏在很大程度上决定了车辆遇险时的制动效果，从而影响了车辆紧急避撞的能力。因此，在车辆行驶过程中，交通事故的发生与驾驶员特性、车辆性能以及环境特性密切相关。

11.1.1 驾驶员特性

驾驶员在行车过程中，通过各种感官来接收车辆的外界信息，并操纵汽车转向盘或加速踏板、制动踏板控制汽车按照自己的意图行驶，同时接收汽车和交通环境的反馈信息，不断修正指令控制汽车，使人—车—环境系统统一协调并达到安全行驶的目的。

驾驶员特性可分为视觉特性、反应特性和注意力特性。

视觉特性：视觉是眼睛对外界事物影像产生的生理反应，它给驾驶员提供80%的交通信息。驾驶员的视觉特性包含视力、视野和色感。视力指眼睛辨别物体大小的能力，分为静视力和动视力。静视力即驾驶员静止时的视力，如中国中小型车辆驾驶员要求两眼裸视力或矫正视力达到对数视力表4.9以上。动视力是汽车运动过程中驾驶员的视力，动视力随速度的增大而迅速降低，如车速为60km/h时，可看清240m处的交通标志；车速为80km/h时，只能看清160m处的交通标志。视力还与亮度有关，亮度下降，视力下降；特别要指出，黄昏对驾驶员的观察能力最为不利。此外，视力从暗到亮或从亮到暗都要有一个适应过程，其间会产生视觉障碍。

驾驶员两眼注视某一目标，注视点两侧可以看到的范围称为视野。视野与车速有关，随着车速增大，驾驶员的视野明显变窄，如车速为40km/h时，视野为90°～100°；车速为80km/h时，视野为60°。

驾驶员对不同颜色的辨认和感觉，称为色感。红色刺激性强，易见性高，使人产生警觉；黄色光亮度最高，反射光强度最大，易唤起人们的注意；绿色光比较柔和，给人以平静、安全感。因此，交通工程中将红色光作为禁行信号，黄色光作为警告信号，绿色光作为通行信号。驾驶员不得有红、绿色盲。

反应特性：反应是驾驶员感受外界刺激后，经分析判断，开始动作的过程。这个过程的时间就是反应时间，反应时间是反应特性的指标，一般是零点几秒。而反应时间的长短取决于驾驶员的训练水平、工作经验、年龄、性别、环境、情绪以及思想集中情况。反应特性是最重要的驾驶员特性。

注意力特性：注意力是对交通情况产生方向性的意识，是驾驶员特性的基本特性。注意力特性通过对交通情况的关注，能预测到可能产生的后果；还能够注意多个交通情况，同时预测它们的后果；可以根据情况迅速转移注意力。注意力的能力可以通过训练和经验积累来提高，但注意力会随注意时间的增长而衰减，特别在单一或枯燥的环境下，注意力衰减很快。所以长时间单调的驾驶环境，容易使驾驶员疲劳，注意力下降。

11.1.2　车辆性能

车辆性能包括动力性能、制动性能和弯道行驶性能。

动力性能：汽车动力性是指汽车在良好路面上直线行驶时由汽车受到的纵向外力决定的、所能达到的平均行驶速度。从获得尽可能高的平均行驶速度的观点出发，汽车动力性主要由三方面指标来评定，即汽车的最高车速、汽车的加速时间、汽车的最大爬坡度。

汽车的最高车速指在水平良好的路面(混凝土或沥青)上汽车能达到的最高行驶车速。

汽车的加速时间表示汽车的加速能力，包括原地起步加速时间和超车加速时间。原地起步加速时间指汽车由一挡或者二挡起步，并以最大的加速强度(包括选择恰当的换挡时机)逐步换至最高挡后到某一预定的距离或车速所需的时间。超车加速时间指用最高挡或者次高挡由某一较低车速全力加速至某一较高车速所需的时间。因为汽车超车是与被超车车辆并行，容易发生安全事故，所以超车加速能力强，并行行驶的时间就短，行程也短，行驶就安全。超车加速能力还没有一致的规定，采用较多的是用最高挡或次高挡由 30km/h 或 40km/h 全力加速行驶至某一高速所需的时间。此外，也可以用加速过程曲线即车速—时间关系曲线全面反映汽车加速能力。

汽车的最大爬坡度指一挡最大爬坡度。轿车最高车速高，加速时间短，经常在较好的道路上行驶，一般不强调它的爬坡能力。货车在各种地区的各种道路上行驶，所以必须具有足够的爬坡能力，一般在 30%即 16.7°左右。最大爬坡度代表了汽车的极限爬坡能力，它应比实际行驶中遇到的道路最大坡度超出很多，这是因为要考虑到在实际坡道行驶时，在坡道上停车后顺利起步加速、克服松软坡道路面的大阻力、克服坡道上崎岖不平路面的局部大阻力等要求的缘故。

汽车的行驶方程式为

$$F_t = \sum F \tag{11-1}$$

式中，F_t 为驱动力；$\sum F$ 为行驶阻力之和。

驱动力由发动机转矩经传动系传至驱动轮上。行驶阻力有滚动阻力、空气阻力、加速阻力和坡度阻力。作用在驱动轮上的转矩 T_t，会产生一对地面的圆周力 F_0，地面对驱动轮的

反作用力 F_t(方向与 F_0 相反)即是驱动汽车的外力,此外力称为汽车的驱动力。

$$F_t = \frac{T_t}{r} \tag{11-2}$$

式中,r 为车轮半径。

作用于驱动轮上的转矩 T_t 由发动机转矩 T_{tq} 经传动系传至车轮上。i_g 表示主减速器的传动比,i_0 表示传动系的传动比,η_T 为传动系统的机械效率。则有:

$$F_t = \frac{T_{tq} i_g i_0 \eta_T}{r} \tag{11-3}$$

汽车在水平道路上等速行驶时,必须克服来自地面的滚动阻力和来自空气的空气阻力。滚动阻力以符号 F_f 表示,空气阻力以符号 F_w 表示。当汽车在坡道上上坡行驶时,还必须克服重力沿坡道的分力,称为坡度阻力,以符号 F_i 表示。此外,汽车加速行驶时还需要克服加速阻力,以符号 F_j 表示。因此,汽车行驶的总阻力为

$$\sum F = F_f + F_w + F_i + F_j \tag{11-4}$$

上述阻力中,滚动阻力和空气阻力是在任何行驶条件下均存在的,坡度阻力和加速阻力仅在一定行驶条件下存在。在水平道路上等速行驶时没有坡度阻力和加速阻力。

对于滚动阻力而言,推荐用下面的公式估算轿车轮胎在良好路面上的滚动阻力系数

$$f = f_0 + f_1\left(\frac{u_a}{100}\right) + f_4\left(\frac{u_a}{100}\right)^4 \tag{11-5}$$

式中,u_a 为汽车行驶速度,以 km/h 为单位。f_0,f_1,f_4 为由试验值拟合而得到的系数。

对于空气阻力而言,无风条件下,空气阻力公式为

$$F_w = \frac{C_D A u_a^2}{21.15} \tag{11-6}$$

式中,C_D 为空气阻力系数;A 为迎风面积,以 m^2 为单位。

对于坡度阻力而言,当汽车上坡行驶时,汽车重力沿坡道的分力表现为汽车坡度阻力,即:

$$F_i = G\sin\alpha \approx Gi \tag{11-7}$$

式中,G 为作用于汽车上的重力,$G=mg$,m 为汽车质量,g 为重力加速度。道路坡度 i 是以坡高与底长之比来表示的。

对于加速阻力而言,汽车加速行驶时,需要克服其质量加速运动时的惯性力,就是加速阻力。汽车的质量分为平移质量和旋转质量两部分。加速时,不仅平移质量产生惯性力,旋转质量也要产生惯性力偶矩。为了便于计算,一般把旋转质量的惯性力偶矩转化为平移质量的惯性力,对于固定传动比的汽车,常以系数 δ 作为计入旋转质量惯性力偶矩后的汽车旋转质量换算系数,加速阻力公式为

$$F_j = \delta m \frac{\mathrm{d}u}{\mathrm{d}t} \tag{11-8}$$

式中,δ 为汽车旋转质量换算系数,$\delta>1$;$\frac{\mathrm{d}u}{\mathrm{d}t}$为行驶加速度,$m/s^2$。

综合以上,可以得到:

$$F_t = \frac{T_{tq} i_g i_0 \eta_T}{r} = \sum F = F_f + F_w + F_i + F_j$$

$$=Gf+\frac{C_D A u_a^2}{21.15}+Gi+\delta m\frac{\mathrm{d}u}{\mathrm{d}t} \tag{11-9}$$

由于坡度阻力与滚动阻力均属于与道路有关的阻力，而且均与汽车重力成正比，故可把这两种阻力合在一起称作道路阻力，以 F_Ψ 表示，即定义道路阻力系数 Ψ：

$$F_\Psi=G(f+i)=G\Psi\Rightarrow\Psi=f+i \tag{11-10}$$

令$\frac{F_t-F_w}{G}$为汽车的动力因素 D：

$$D=\frac{F_t-F_w}{G}=\Psi+\frac{\delta\,\mathrm{d}u}{g\,\mathrm{d}t} \tag{11-11}$$

一般所谓汽车的爬坡能力，是指汽车在良好路面上克服 F_f+F_w 后的余力全部用来(即等速)克服坡度阻力时能爬上的坡度，所以$\frac{\mathrm{d}u}{\mathrm{d}t}=0$。因此，在最大爬坡度时

$$D=\Psi \tag{11-12}$$

一般汽车最大爬坡度达 30%左右，因此利用汽车行驶方程式，确定一挡及低挡爬坡能力时，应采用 $G\sin\alpha$ 作为坡度阻力：

$$D_{\mathrm{Imax}}=f\cos\alpha_{\max}+\sin\alpha_{\max} \tag{11-13}$$

整理后可得：

$$\alpha_{\max}=\arcsin\frac{D_{1\max}-f\sqrt{1-D_{I\max}^2+f^2}}{1+f^2} \tag{11-14}$$

最大爬坡度计算公式为

$$i=\tan\alpha_{\max} \tag{11-15}$$

计算最大加速度时，$i=0$，即：

$$\frac{\mathrm{d}u}{\mathrm{d}t}=\frac{q}{\delta}(D-f) \tag{11-16}$$

制动性能：汽车的制动性能指汽车在行驶时，能在短时间内停车且维持行驶方向稳定性和在下长坡时能维持一定车速的能力。制动性能直接关系到交通安全，重大交通事故往往与制动距离太长、紧急制动时发生侧滑等情况有关。

制动距离与汽车的行驶安全有直接的关系，它指的是汽车速度为 u_0 时，从驾驶员开始操纵制动控制装置(制动踏板)到汽车完全停住为止所驶过的距离。制动距离与制动踏板力、路面附着条件、车辆载荷、制动器的热状况、发动机是否接合等许多因素有关。在测试制动距离时，应对踏板力或制动系压力、路面附着系数以及车辆的状态等做出规定。由于各种汽车的动力性不同，对制动效能也提出了不同要求：一般轿车、轻型货车行驶车速高，所以要求制动效能也高；重型货车行驶车速低，要求就稍低一点。

图 11-1 表示简化后的汽车制动过程中制动踏板力、汽车制动减速度与制动时间的关系曲线。驾驶员接到紧急停车信号时，并没有立即行动(图 11-1 的 a 点)，而要经过 τ_1' 后才意识到应进行紧急制动，并移动右脚，再经过 τ_1'' 后才踩着制动踏板。从 a 点到 b 点所经过的时间 τ_1 称为驾驶员反应时间。这段时间一般为 0.3～1.08s。在 b 点以后，随着驾驶员踩踏板的动作，踏板力迅速增大，至 d 点时达到最大值。不过由于制动蹄是由回位弹簧拉着，蹄片与制动鼓间存在间隙，所以要经过 τ_2'，即至 c 点，地面制动力才起作用，使汽车开始产生

减速度。由 c 点到 e 点是制动器制动力增长过程所需的时间 τ_2''。τ_2 总称为制动器的作用时间。制动器作用时间一方面取决于驾驶员踩踏板的速度,更重要的是受制动系结构形式的影响。τ_2 一般在 0.2～0.93s 之间。由 e～f 为持续制动时间 τ_3,其减速度基本不变。到 f 点时驾驶员松开踏板,但制动力的消除还需要一段时间,τ_4 一般在 0.2～1.0s 之间。这段时间过长会耽误随后起步行驶的时间。

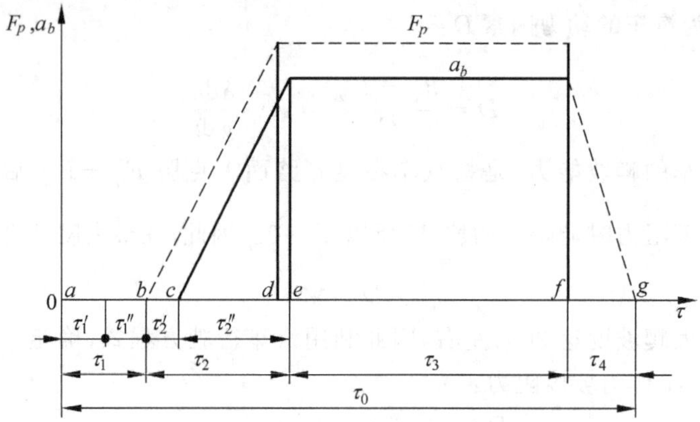

图 11-1 汽车的制动过程

从制动的全过程来看,总共包括驾驶员见到信号后作出行动反应、制动器起作用、持续制动和放松制动器四个阶段。一般所指制动距离是开始踩着制动踏板到完全停车的距离。它包括制动器起作用和持续制动两个阶段中汽车驶过的距离。

从以上分析可以看出,决定汽车制动距离的主要因素是：制动器起作用的时间、最大制动减速度即附着力(或最大制动器制动力)以及起始制动车速。附着力(或制动器制动力)越大、起始制动车速越低,制动距离越短。因此若想要减小制动距离,可以通过减小制动器的作用时间或者增大最大制动减速度即附着力(或最大制动器制动力)来实现。制动器的作用时间与制动系的结构形式有密切的关系。例如当驾驶员急速踩下制动踏板时,液压制动系的制动器起作用时间可短至 0.1s 或更短；真空助力制动系和气压制动系为 0.3～0.9s；货车有挂车时,汽车列车的制动器起作用时间有时竟长达 2s,但精心设计的汽车列车制动系可缩短到 0.4s。由此可见改进制动系结构,减少制动器起作用时间,是缩短制动距离的一项有效措施。最大制动减速度受到地面附着力的限制,合理分配前后轮制动力矩,防止车轮抱死可显著提高车辆的最大制动减速度。

制动时的方向稳定性：制动时汽车的方向是指稳定制动过程中维持直线行驶或按预定弯道行驶的能力。制动时汽车失去方向稳定性的形式有两种：制动跑偏和侧滑。

制动跑偏是指制动时汽车自动地向右或向左偏驶。造成这种情况的原因一般有两种：

(1) 汽车左、右车轮,特别是前轴左右车轮制动器的制动力不相等。

(2) 制动时悬架导向杆系与转向系拉杆在运动学上的不协调。

第一种原因是制造、调整误差造成的,汽车向左或向右跑偏,是具体情况而决定的；而第二种原因是设计造成的,制动时汽车总是向左(或向右)一方跑偏。

侧滑是指制动时汽车的某一轴或两轴发生横向移动。制动时发生侧滑,特别是后轴侧滑,将引起汽车剧烈的回转运动,严重时可使汽车掉头。在制动过程中,若只有前轮抱死或者前轮先抱死，汽车基本沿直线形式，汽车处于稳定状态，但丧失转向能力；但是后轮比前轮提前一段时间先抱死滑行，且车速超过某一数值，汽车在轻微的侧向力下就会发生侧滑。

弯道行驶能力：汽车的弯道行驶能力是指在驾驶员不感到过分紧张、疲劳的条件下，汽车能遵循驾驶员通过转向系及转向车轮给定的方向行驶，且当遭遇外界干扰时，汽车能抵抗干扰而保持稳定行驶的能力。弯道行驶能力的评价指标可分为两个方面：机动性和行驶稳定性。

汽车机动性是指汽车克服复杂道路、无路地区的障碍以及能在最小面积内回转的能力。汽车的转向机动性主要表示汽车能遵循驾驶员通过转向系及转向车轮给定的方向行驶的能力，可选择最小转弯半径来评价。汽车的最小转弯半径是指当转向盘转到极限位置，汽车以最低稳定车速转向行驶时，外侧转向轮的中心在支承平面上滚过的轨迹圆半径。它在很大程度上表征了汽车能够通过狭窄弯曲地带或绕过不可越过的障碍物的能力。转弯半径越小，汽车的机动性能越好。

汽车行驶稳定性是指汽车在行驶过程中，在外部因素作用下，汽车尚能保持正常行驶状态和方向，不致失去控制而产生滑移、倾覆等现象的能力。汽车的横向行驶稳定性主要表现是倾覆和侧滑。汽车沿曲线行驶时，会受到离心力的影响，使得前、后轴左、右两侧车轮的垂直载荷发生变化；车轮常有外倾角，且由于悬架导向杆系的运动及变形，外倾角将随之发生变化；此外，车轮上还作用有切向反作用力。这些因素改变了轮胎的侧偏刚度和外倾侧向力，从而影响到轮胎弹性侧偏角的大小，使得车辆向一边倾斜，汽车产生侧倾。

转弯时如果车轮所提供的侧向力 F_Y 不能满足车辆所需要的侧向力时，车辆就会向一侧滑动。因为车轮有侧向弹性时，即使 F_Y 没有达到附着极限，车轮行驶方向也将偏离车轮平面的方向，这就是轮胎的侧偏现象。轮胎发生侧向变形时，轮胎胎面接地印迹的中心线与车轮平面不重合，轮胎胎面接地印迹的中心线与车轮平面的夹角被叫作侧偏角 α。车轮所提供的侧向力 F_Y 与侧偏角 α 的关系曲线如图 11-2 所示。

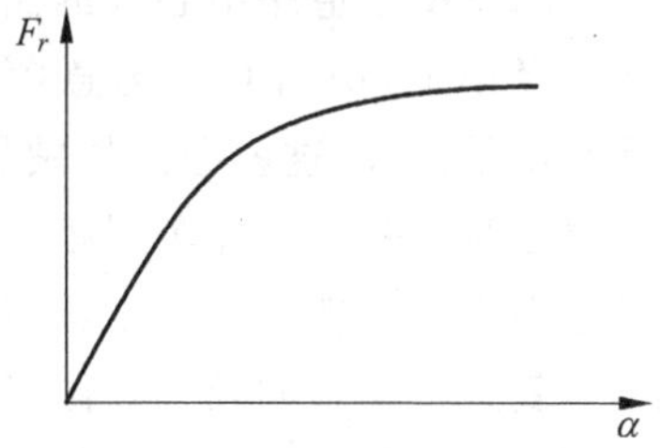

图 11-2　轮胎的侧偏特性

轮胎应有高的侧偏刚度(指绝对值)，以保证汽车良好的操纵稳定性。在有较大的侧偏力时，侧偏角以较大的速率增长，这时轮胎在接地面处已发生部分侧滑。最后，侧偏力达到附着极限时，整个轮胎侧滑。显然，轮胎的最大侧偏力取决于附着条件，即垂直载荷，轮胎胎面花纹、材料、结构、充气压力，路面的材料、结构、潮湿程度以及车轮的外倾角等。一般而言，最大侧偏力越大，汽车的极限性能越好，譬如按圆周行驶的极限侧向加速度就越高。

11.1.3　道路环境特性

影响车辆行驶安全性的道路环境特性包括道路表面的抗滑能力、道路的坡度和曲率半径、视距、路面的凹坑及照明等。

路面的抗滑能力是指反映道路路面能否防止车轮滑溜，保证安全行车的重要指标，以路表摩阻系数或粗糙度表示。路面的抗滑性能必须满足表面的抗滑性和耐久性两个方面要求。抗滑性与路面结构、表面的纹理和表面处理有关；耐久性则与路面的内在质量及与路面集料的耐磨性有关。通常抗滑性能被看作路面的表面特性，路面抗滑性能主要取决于路表的细构造和粗构造。细构造指路面集料表面构造（粗糙度）；粗构造指面层表面外露集料之间形成的构造。路面主要有水泥路面、沥青路面、砂石路面和农村土路等几种。不同的路面有不同的附着系数，直接影响着行车制动距离。水泥路面的行车安全性能最好，但由于造价高，在我国还属少数，主要分布在大中城市及交通干线。行车时，应根据不同路面正确选择合适的车速，合理使用制动。同一路面条件下雨天比晴天的附着系数小，尤以沥青路和泥土路更为明显。我国沥青的含蜡量高，雨水使蜡质溶解出来，使附着系数减小，制动距离增加。泥土路遇雨水浸泡变成泥浆路，不仅附着系数小，还增加前进阻力，容易侧滑，使操纵非常困难。

道路的坡度分为横向坡度和纵向坡度。一般道路都做成中间稍高的拱形，目的是避免路面积水，这种中间稍高两侧略低形成的道路横断面方向的倾斜度叫横向坡度。横向坡度的存在易造成车辆向右倾斜，使右轮压力增大，磨损增加，所以轮胎要定期左右对调。与安全行车关系较大的是纵向坡度，一般用道路两点间的高低差与这两点间的水平距离之百分比表示。纵向坡度是道路的重要指标，各等级公路的最大坡度值由国家标准来规范，大于8%的坡度即为陡坡。纵向坡度不仅会造成车辆速度差异比较大，还往往造成汽车上坡熄火，或下坡制动失灵，进而诱发事故。坡度过大，还增加驾驶员的操作强度，一旦遇有突发情况就可能酿成事故。

道路的弯度用道路中心线的曲率半径来表示。曲率半径越小，弯道越急，行车越危险。当曲率半径小于50m时，称为急弯。当公路转角小于或等于7°时，一般只有在交点附近的部分才看出是曲线，这就会给驾驶员造成急转弯的错觉。

道路行车视距包括停车视距、会车视距、错车视距和超车视距，另外还有弯道视距、纵坡视距及平面交叉口视距。对于城市道路，停车视距和会车视距较为重要；而对于公路，后四种视距对安全行车影响较大。停车视距是指驾驶员发现前方有障碍物，使汽车在障碍物前停住所需要的最短距离；会车视距是在同一车道上有对向的车辆行驶，为避免相碰而双双停下所需要的最短距离；超车视距是快车超越前面的慢车后再回到原来车道所需要的最短距离。会车视距为停车视距的两倍。中间无分隔带的道路应能保证会车视距，对有中间分隔带的较高级道路可仅保证停车视距。对向行驶的双车道道路，根据需要结合地形设置具有足够超车视距的路段。为此，在道路设计中，在平面弯道和交叉口处应注意清除内侧障碍，在纵断面的凸形变坡处，应注意采用足够大的竖曲线半径。为了行车安全，驾驶员应能随时看到汽车前面相当远的一段路程，一旦发现公路上有障碍物或迎面开来的车辆，能及时采取措施，防止汽车与障碍物或汽车与汽车相碰。不论在道路的平面弯道上或在纵断面的变坡处，都应保证这种必需的最短安全视距。行车最短安全视距的长度主要取决于车速和汽车在路面上的制动性能。

平整度是路面表面相对于真正平面的竖向偏差。它是道路路基质量和路面质量的直接反映，差的道路平整度会加剧车辆磨损、增大燃油消耗、影响行车舒适性、降低行车速度、危及行车安全。路面平整度不好主要反映在两个方面：①形成波浪或搓板；②有坑槽或凸起。车辆在有波浪或搓板的路面上行驶，车辆上下（或左右）起伏、摆动，时而行驶在短坡长、高频率、低振幅路段；时而在长坡长、低频率、高振幅的路面上行驶，造成驾驶员和乘客心理紧张，旅行劳累，在弯道上行驶或超车时，稍有疏忽，车辆便会驶离正常轨道，发生事故。汽车在有坑槽、凸起的道路上行驶，极易损坏轮胎和钢板（弹簧），造成驾驶员和乘客心理紧张，也容易引发行车安全事故。

夜间驾车较白天容易产生疲劳感，这是因为夜晚的照明条件不及白天，且夜晚城市道路光环境相对于白天的视觉光环境更为复杂，总体视觉能见度也不及白天，在这种情况下，驾驶员的视觉任务重，因此容易产生视觉疲劳。在夜间行车过程中，道路照明光环境一方面会对视觉适应产生影响；另一方面会对不同视标对比度的障碍物的发现、识别和驾驶行为的决策产生影响。良好的道路照明光环境可以缩短驾驶员的视觉适应时间，并且在适应后也会有一个较为舒适的视觉感受。

11.2　车—路系统控制

11.2.1　汽车驾驶三要素

人对汽车的驾驶主要应考虑三个因素：视觉、大脑和手足（图 11-3）。首先由视觉来捕捉道路状况（信号灯）；其次，基于眼睛所见到的道路状况，由大脑来思考应如何操作，于是利用手和足操纵转向盘和加速踏板或制动踏板，使汽车按照驾驶员的驾驶意图，在道路上安全行驶。

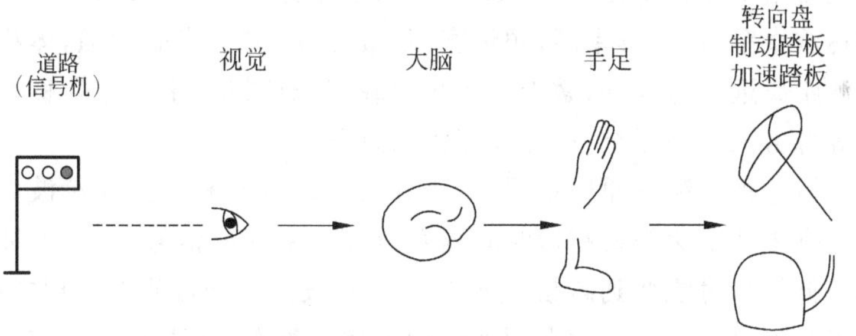

图 11-3　汽车驾驶三要素

由于驾驶员视野的局限性以及驾驶员状态的影响，要看清道路环境信息，并非易事。例如当你在车上玩手机，或向后看而大部分视线被挡住，或者驶入一个交叉路口有几个方向看不清楚的时候，可能就会发生车祸。

此外，在汽车周围还存在着所谓盲点，在此区域内的人或物体，车室内的驾驶员都看不见。例如一辆班车停在学校附近，但是班车司机却看不见站在盲点的几个小学生。这样，当车子开动时就很危险。

其次，驾驶员长期驾驶汽车，会出现驾驶疲劳，导致驾驶员反应能力下降，特别是夜间行驶时，视力下降，看不清周围的障碍物，加上疲劳引起的反应能力下降，不能及时对汽车进行制动避撞，就会大大增加交通事故发生的概率。

为了弥补人类驾驶员在视觉以及反应能力上的不稳定性，近年来，汽车开始加装智能驾驶辅助系统如自动紧急制动系统、自适应巡航系统、车道偏离预警系统、车道偏离保持系统以及自动泊车系统等。这些智能驾驶辅助系统采用传感器如视觉传感器、毫米波雷达等，感知车辆的外部道路和障碍物信息，辅助驾驶员及时采取制动避撞、速度保持、车道偏离预警以及纠正等操纵行为，以提升汽车驾驶的安全性。

11.2.2 认识道路环境的传感器

目前，在车上采用的车辆环境认识传感器主要有超声波传感器、红外线传感器、激光雷达、毫米波雷达以及视觉传感器。

1. 超声波雷达

超声波雷达是利用超声波的特性研制而成的传感器。超声波是一种振动频率高于声波的机械波，具有频率高、波长短、绕射现象小，特别是方向性好，能够成为射线而定向传播等特点。

超声波雷达的数据处理简单快速，检测距离较短，主要用于近距离障碍物检测。超声波在空气中传播时能量会有较大的衰减，难以得到准确的距离信息，一般不单独用于环境感知，或者仅仅应用于对感知精度要求不高的场合。

2. 毫米波雷达

毫米波雷达是指工作频率在30～300GHz频域(波长为1～10mm，即毫米波波段)的雷达。毫米波雷达波束窄，角分辨率高，频带宽，隐蔽性好，抗干扰能力强，体积小，重量轻，其最大优点是可测距离远。与红外、激光设备相比较，具有对烟、尘、雨、雾良好的穿透传播特性，不受雨、雪等恶劣天气的影响，抗环境变化能力强。

车载毫米波雷达根据测量原理不同，一般分为脉冲方式和调频连续波方式两种。采用脉冲测量方式的毫米波雷达需要在短时间内发射大功率脉冲信号，通过脉冲信号控制雷达的压控振荡器从低频瞬时跳变到高频；同时，在对回波信号进行放大处理之前，需将其与发射信号进行严格的隔离。这种雷达在硬件结构上比较复杂、成本高。目前大多数车载毫米波雷达都采用调频连续波方式。其测量原理如图11-4所示。

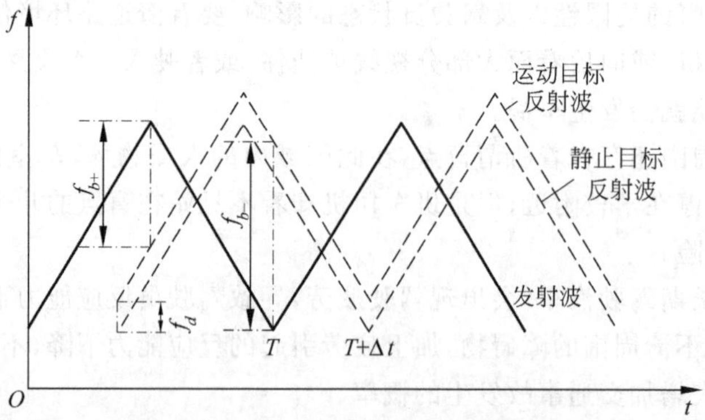

图11-4 毫米波雷达工作原理

毫米波雷达在发送连续波信号的同时，也会通过信号接收器接收由目标返回的信号，但发射波与回波会有一个频率差，即图中的频率差 f_d，然后通过相应的计算公式求得目标的相对距离和相对速度：

$$R=\frac{cT}{8\Delta f}(f_{b+}+f_{b-}) \tag{11-17}$$

$$v=\frac{c}{f_0}\cdot\frac{|f_{b-}-f_{b+}|}{4} \tag{11-18}$$

式中，R 为相对距离；T 为信号发射周期；Δf 为调频带宽；f_{b+} 为正向差频信号；f_{b-} 为负向差频信号；v 为相对速度；c 为光速；f_0 为中心频率。

3. 激光雷达

激光雷达是以发射激光束来探测目标位置的雷达系统。根据扫描机构的不同，激光雷达有二维和三维两种。它们大部分都是靠旋转的反射镜将激光发射出去并通过测量发射光和从物体表面反射光之间的时间差来测距。三维激光雷达的反射镜还附加一定范围内俯仰，以达到面扫射的效果。采用激光雷达测量时间差方法主要有脉冲检测法、相干检测法和相移检测法。激光雷达主要用于障碍物检测、三维场景重构以及高精地图的绘制等。其中高精地图不同于我们日常用到的导航地图，它是由众多的激光雷达产生的点云拼接而成，其精度可以达到厘米级别。此外，通过激光雷达反射的点云信息，我们可以对反射障碍物的远近、高低甚至是表面形状有较为准确的估计，进而大大提高障碍物检测的准确度。

4. 视觉传感器

视觉传感器要完成高级驾驶辅助系统（ADAS）任务，一般要实现测距（本车与前方障碍物的距离）和识别（障碍物是什么）两项工作。按照车载摄像头模组的不同，目前主流 ADAS 摄像头可以分为单目和双目两种摄像头。

单目摄像头的算法思路是先识别后测距：首先通过图像匹配进行识别，然后根据图像大小和高度进一步估算障碍物与本车距离。在识别和估算阶段，都需要和建立的样本数据库进行比较。例如，要识别各种车，就要建立车型数据库；若要识别行人，则要建立行人的数据库。

双目摄像头的算法思路是先测距后识别：首先利用视差直接测量物体与车的距离，原理和人眼类似。两只眼睛看同一个物体时，会存在视差，也就是分别闭上左右眼睛看物体时，会发现感官上的位移。这种位移大小可以进一步测量出目标物体的远近。然后在识别阶段，双目摄像头仍然要利用深度学习等算法，进一步识别障碍物到底是什么。

除了单双目摄像头之外，有些还会选用长焦和广角的视觉传感器与 ADAS 主摄像头进行配合，兼顾对周围环境与远处物体的探测。

11.2.3 汽车智能驾驶辅助系统

1. 自动紧急制动系统

自动紧急制动（Autonomous Emergency Braking，AEB）系统是一种能够实时监测车辆前方行驶环境，并在可能发生碰撞危险时，自动启动车辆制动系统使车辆减速，以避免或缓解碰撞的智能驾驶辅助系统。

AEB系统通过毫米波雷达、单目/双目摄像头等传感器来探测前方目标信息，并根据前方目标信息(如目标车速、相对距离等)实时计算碰撞危险程度。当系统计算的碰撞危险程度达到临界报警点时，系统首先会通过声音、图像等方式向驾驶员发出预警，提醒驾驶员做出避撞操作。如果驾驶员没有对预警做出正确反应时，系统会进行部分制动。当系统计算的碰撞危险程度达到临界制动点时，系统会进行自动全力制动来缓解碰撞。自动紧急制动系统的基本组成如图 11-5 所示。

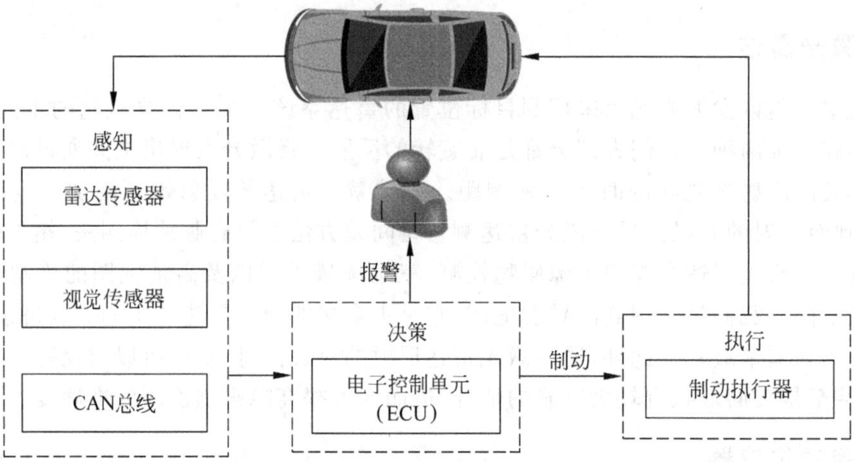

图 11-5　自动紧急制动系统基本组成

AEB系统由感知、决策和执行三个部分组成。感知单元分内部感知和外部感知，内部感知通过 CAN 总线获取自车的车速、加速度、转向盘转角、发动机转速等信息。外部感知通过摄像头和毫米波雷达来获取前车的车速、相对距离等信息；外部感知传感器可单独采用摄像头或毫米波雷达，也可以同时采用摄像头和毫米波雷达，以提升障碍物的识别准确性。

决策单元指 AEB 系统的控制策略，当自车与前车状态满足某种条件时触发报警或主动制动。AEB系统判断安全的决策依据主要有距离和碰撞时间(Time to Collision，TTC)两类。以距离作为决策依据时，需要根据感知所得的自车和前车信息计算出触发报警的报警距离，以及触发制动的最小安全距离，如 Mazda、Honda、Berkeley 等经典安全距离模型。以 TTC 为决策依据时，根据雷达获取的实际车间距与相对速度相除得到 TTC 值，并与事先标定好的预警 TTC 值和制动 TTC 值作比较，从而指导 AEB 系统做出预警和主动制动的避撞操作。

执行单元是指实现 AEB 系统主动制动功能的制动系统，如液压制动或气压制动系统以及压力调节器，主要以缩短主动制动响应时间和提高主动制动控制精度为目标。

2. 自适应巡航系统

自适应巡航系统(Adaptive Cruise Control，ACC)是在传统巡航控制基础上发展起来的新一代汽车驾驶辅助系统，它将汽车自动巡航控制系统(CCS)和车辆前向撞击报警系统

(FCWS)有机结合起来。根据自车与前车之间的相对距离及相对速度等信息预判,通过控制汽车的加速或制动踏板对车辆进行纵向速度控制,使本车与前车保持合适的安全间距。采用该系统大大降低了驾驶员的工作负担,提高了汽车行驶安全性。

汽车自适应巡航控制系统的基本组成如图 11-6 所示。

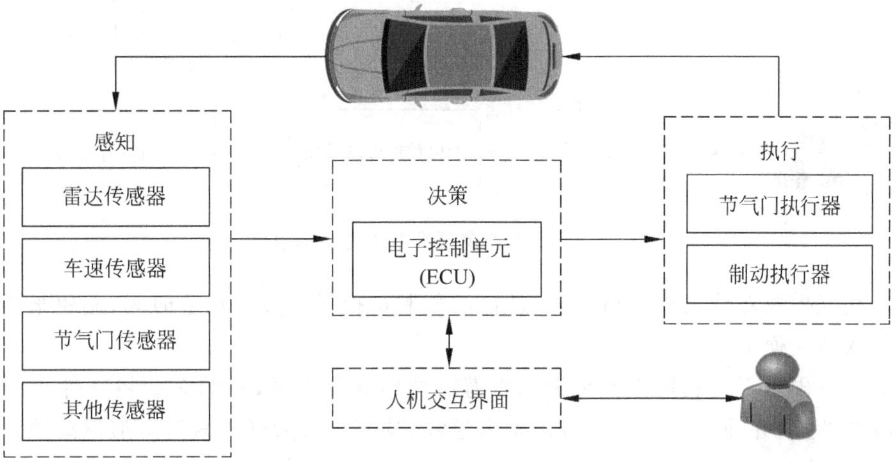

图 11-6　自适应巡航控制系统的基本组成

感知单元主要用于向电子控制单元(ECU)提供自适应巡航控制所需的车辆行驶状况及驾驶员的操作信号,包括雷达传感器、车速传感器、节气门位置传感器、制动踏板传感器和离合器踏板传感器等。决策单元以微处理器为核心,用于实现系统的控制功能。ECU 根据驾驶员所设定的安全车距及巡航行驶速度,结合雷达传送来的信息确定主车的行驶状态。当两车间的距离小于设定的安全距离时,ECU 计算实际车距和安全车距之比及相对速度的大小,选择减速方式,同时通过报警器向驾驶员发出警报,提醒驾驶员采取相应的措施。

执行单元包括节气门执行器和制动执行器,节气门执行器用于调整节气门的开度,使车辆作加速、减速及定速行驶;制动执行器用于紧急情况下的车辆制动。

人机交互界面用于驾驶员设定系统参数及系统状态信息的显示等。驾驶员可通过设置在仪表板上的人机交互界面(HMI)启动或清除 ACC 控制指令。启动 ACC 系统时,要设定主车在巡航状态下的车速和与目标车辆间的安全距离,否则 ACC 系统将自动设置为默认值,但所设定的安全距离不可小于设定车速下交通法规所规定的安全距离。

3. 车道偏离预警系统

车道偏离预警系统(Lane Departure Warning System,LDWS),是一种通过报警的方式辅助驾驶员减少汽车因车道偏离而发生交通事故的系统。目前,主流的车道偏离预警系统基于图像识别技术,主要由图像采集模块、中央数据处理模块、车辆状态传感器和人机交互模块四部分组成,如图 11-7 所示。

车道偏离预警系统开启后,通过安装在车辆上的图像采集模块(通常在后视镜位置或车身侧面)获取有关车道线的信息,如车辆在当前车道中的位置参数,同时利用车辆状态传感器及时收集车辆状态信息和驾驶员的操作状态,如转向信号灯,将这些信息输入到中央数据处理模块进行计算。当计算出本车有可能会偏离本车道而驾驶员没有采取相应的措施时,

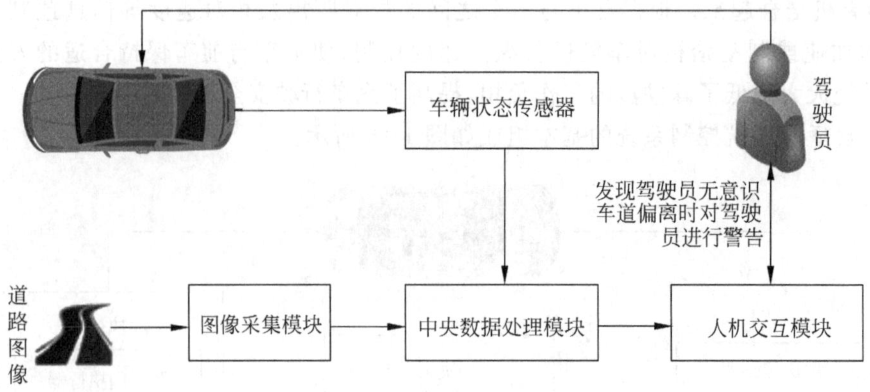

图 11-7 车道偏离预警系统的基本组成

通过人机交互模块对驾驶员进行警告，从而给驾驶员提供更多的反应时间，避免车辆偏离本车道所导致的交通事故。

考虑到在雨雪天气利用摄像头识别车道线准确度会下降，有的车型将红外传感器安装在前保险杠两侧，并通过红外线信号识别车道线，从而克服天气因素对车道偏离预警系统造成的困难。

4. 车道偏离保持系统

与车道偏离预警系统相比，车道偏离保持(Lane Keeping Assist，LKA)加入了执行机构。在系统发出警告后，如果驾驶员没有采取相应措施抑制车辆的偏离，车道偏离保持系统将通过执行机构使车辆回到正常行驶车道内。广义上的车道偏离保持系统包括车道偏离预警(LDW)、车道偏离预防(Lane Departure Prevention，LDP)和车道居中控制(Lane Centering Control，LCC)三项子功能。

车道偏离预警(LDW)：在车辆发生无意识偏离车道时，通过声音、视觉和振动等方式向驾驶员发出预警。车道偏离预防(LDP)：在车辆发生无意识偏离车道时，在快要驶离之前，通过施加适当的转向干预修正车辆位置。车道居中控制(LCC)：监控汽车与行车道中央的相对位置，主动辅助驾驶员保持在车道中心线附近行驶，减少驾驶员的转向负担。

为了使车辆能够保持在车道线附近行驶，需要设计横向运动控制器，使用的算法包括 PID 控制、预瞄控制、滑模控制、模型预测控制、模糊控制等。

5. 自动泊车系统

自动泊车系统主要由感知单元、中央控制器、横纵向运动执行机构和人机交互系统组成，如图 11-8 所示。

感知单元包括泊车环境信息感知和车辆运动状态感知。感知单元对环境信息感知主要包括车位检测和自车与周围物体相对距离测量，环境感知系统由车位检测传感器、避障保护传感器等组成。车辆运动状态感知主要通过轮速传感器、陀螺仪、挡位传感器等获取车辆行驶状态信息。泊车系统中央控制器在环境信息和车辆运动状态已知的前提下进行车辆运动控制。

中央控制器通过获取的环境信息，根据车辆实际泊车位姿与目标泊车位姿偏差，计算出

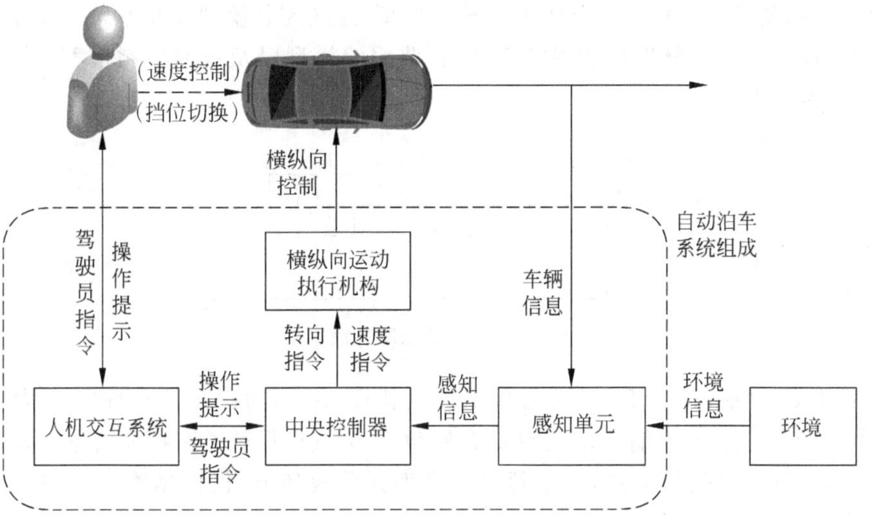

图 11-8　自动泊车系统的基本组成

合理的转向盘转角,并实时向转向执行机构发送转向指令。执行机构接收中央控制器发出的转向指令和速度指令后执行转向、换挡和加减速操作。自动泊车路径规划一般采用曲线插值或曲线拟合方法如若干段圆弧、直线连接泊车起点和终点,而运动控制常采用 PID 控制、预瞄控制、模糊控制等方法。

11.3　人—车系统控制

人—车系统的研究主要有两个方面,一是已知车辆特性,研究人如何对车辆进行操纵;二是人的特性大体上已知,如何设计出适合于人的特性的车辆特性。尽管上述两种场合研究的目的不同,但在同时处理人的特性和车辆特性这一点上是共同的。图 11-9 表示人和车辆构成的闭环系统。可以说,人—车系统控制的最终目的是搞清楚人的特性对车辆运动性能的影响,并以此来设计或控制车辆特性。

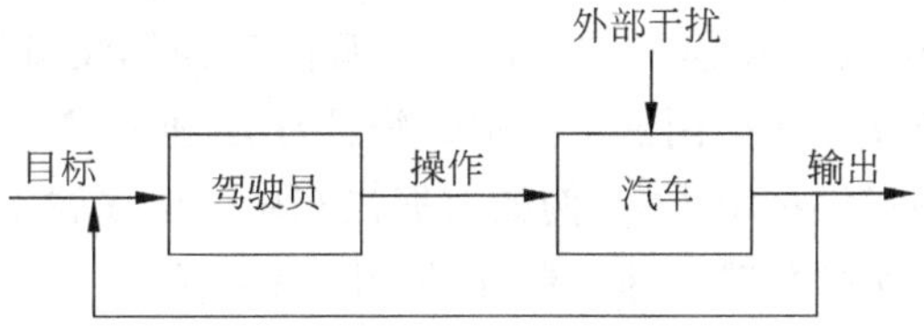

图 11-9　人—车闭环系统

11.3.1　驾驶员模型

研究人—车系统的首要问题是建立人的控制模型,为此,从所有驾驶员中抽出其共同的特性,并使其模型化,也就是建立驾驶员模型。

一般来说，驾驶员模型可以分为方向控制模型、速度控制模型以及方向速度综合控制模型。方向控制模型又可分为补偿跟踪模型、预瞄跟踪模型以及智能控制模型。图 11-10 是补偿跟踪控制模型。

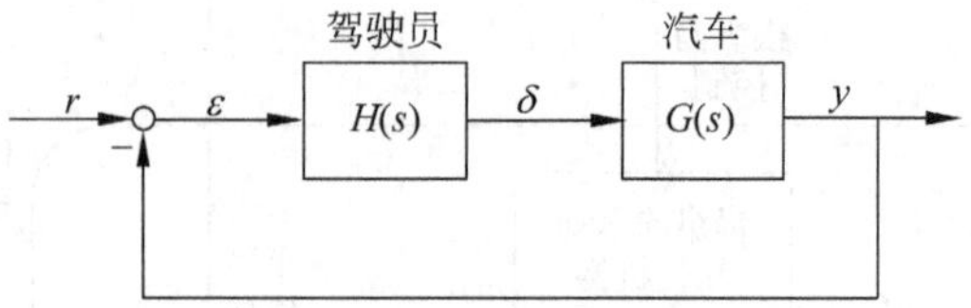

图 11-10　补偿跟踪控制模型

如图 11-10 所示，其中 $H(s)$为驾驶员控制特性，$G(s)$为汽车动态特性，s 为复变量，r 为预期道路特征信息，ε 为偏差，δ 为转向盘转角，y 为汽车行驶道路特征信息。补偿跟踪模型的输入为 r 和 y 之间的偏差，由于驾驶员模型无前视环节，仅根据输入偏差进行补偿校正，输出为汽车转向盘转角，适用于研究侧向风等外界作用对汽车行驶状态的影响。

预瞄跟踪模型在补偿跟踪模型的基础上加入预瞄环节，其根据预期路径获取预瞄点位置和路径方向的相关信息，以此作为偏差比较器输入量。预瞄跟踪模型控制框图如图 11-11 所示。

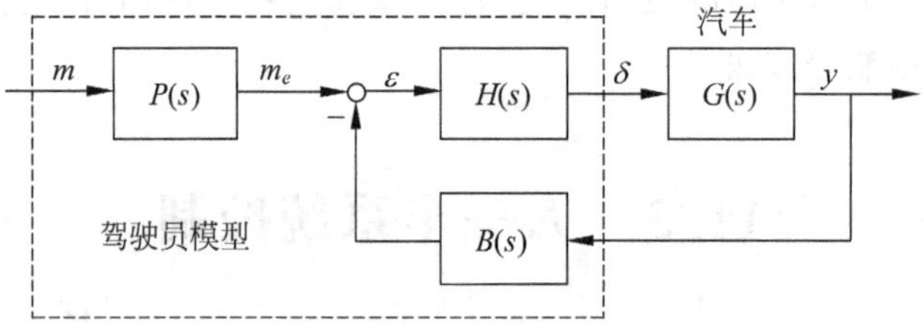

图 11-11　预瞄跟踪模型控制框图

预瞄跟踪模型控制框图如图 11-11 所示，其中 $P(s)$表示驾驶员的预瞄环节，$B(s)$为反馈预估环节，m 为预期道路特征信息，m_e 为汽车位置信息的预估值，y_p 为未来时刻汽车的状态信息。

智能控制模型是基于模糊控制理论和人工神经网络而建立的驾驶员模型，这种模型的出现有效促进了智能车辆驾驶员模型的发展。在智能车辆驾驶员模型中使用模糊控制理论，其核心是设计一种模糊逻辑控制器来模拟驾驶员行为，通过人—车—路闭环控制系统仿真试验，为汽车智能控制提供技术支持，例如根据汽车转向测试试验，利用模糊控制理论设计出驾驶员学习模型，可兼顾预瞄跟踪控制和补偿跟踪控制。

神经网络控制理论是将神经网络与控制理论相结合而提出的智能控制方法，其已成为智能控制一个新的分支，神经网络强大的自学习和非线性映射能力使其在智能控制系统中得到广泛应用，通过神经网络在线或离线训练，让预先建立的模型对所收集的信息进行学习，训练出相应的控制器网络，例如根据视觉传感器获取车辆位置信息，结合驾驶员的转向特性，可离线训练神经网络，实现对驾驶员转向行为的自学习和非线性映射，最终利用离线学习获得的神经网络，实现对车辆的方向控制。图 11-12 是长短时记忆神经网络模型。

驾驶员在驾驶过程中，除了方向控制，还要进行速度控制，速度控制模型通常应用于车

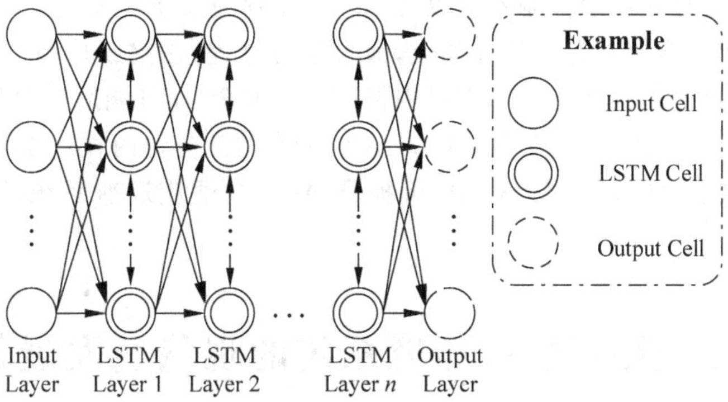

图 11-12 长短时记忆神经网络模型

辆自适应巡航等智能驾驶系统的设计中，例如以某一时刻的纵向加速度为前提，通过对比汽车当前位置和前方障碍的距离，得到距离差值，再通过分析距离差值，得到制动踏板的控制策略，实现车辆速度的控制，以模拟驾驶员对汽车的速度控制行为。此外，可利用理想速度与实际速度的差值来控制汽车的行驶速度，同时能够实现汽车前方间距的控制。

由于驾驶员的驾驶行为包括车辆速度控制与方向控制两个部分，因此单纯的驾驶员速度控制模型或是方向控制模型都不能准确反映真实驾驶员的驾驶行为。在预瞄跟踪驾驶员模型基础上加入速度控制因素，驾驶员根据汽车预瞄行驶轨迹进行方向与速度控制，以汽车侧向加速度为判断标准进行汽车方向与速度调节，在侧向加速度不超过危险值的情况下，使汽车方向与速度在尽可能大的范围内变化，可实现汽车速度与方向的综合控制。

11.3.2 个性化驾驶辅助系统

近年来，汽车驾驶辅助系统获得了广泛应用，包括已经普遍量产化的自适应巡航控制(ACC)系统、车道保持辅助(LKA)系统以及自动紧急制动(AEB)系统等，这些系统通过加装传感器来感知车辆的外部道路和障碍物信息，辅助驾驶员保持汽车车速、及时采取制动避撞以及车道保持等功能，大大提升了汽车驾驶的安全性。

但现有的驾驶辅助系统却很少考虑驾驶员自身因素，对于所有驾驶员采取相同的控制策略，难以符合驾驶员的真实驾驶习性，导致驾驶员对于驾驶辅助系统的接受度和使用率较低。

随着驾驶人群的多样化以及驾驶员非专业化的特点愈来愈突出，驾驶员的年龄、性别、驾龄、职业和生理与心理状况差异显著，导致了驾驶员的驾驶习性和技能等驾驶特性有着明显的不同。因此，驾驶辅助系统应尽可能地考虑驾驶员的驾驶特性，在保证汽车行驶安全的情况下，实现人性化和个性化的驾驶，以提高系统的适应性以及驾驶员的接受度。个性化的驾驶辅助系统一方面要求系统稳定可靠地辅助驾驶员工作，并能够在驾驶员判断或者操作失效的情况下及时对车辆进行自动控制，防止危险的发生；另一方面要求系统的控制特性和危险决策特性能够符合驾驶员的驾驶习性，既不能干扰驾驶员的正常驾驶，还要提升系统的驾驶舒适性和接受程度。例如，通过车辆接口获取参数信息，分析驾驶员操作和 ESC 起作用时的驾驶动作，基于概率模型将驾驶员分为谨慎型、一般型、专业型和激进型，对于不同类型的驾驶员，可设计相应的控制参数以实现个性化驾驶辅助系统。此外，通过一段时间的驾驶员自然驾驶来标定跟车行为特性参数，即自学习过程，在完成自动标定后，将自学习参数应用到控制算法中，不仅能在实际交通中保证行车安全，而且能适应驾驶员习性。设计监督类全速 ACC 自适应动态规划算法，可在 ACC 工作前几分钟内在线学习驾驶员的速度跟随行为，将其应用于 ACC 控制策略中，可提升 ACC 自适应巡航系统的驾驶舒适性和满意度。

11.4 人—车—环境系统的现状及发展趋势

11.4.1 研究现状

早在 20 世纪 50 年代，美国就开展了无人驾驶车辆研究。1950 年，美国贝瑞特电子公司研制出全球第一台自主导航车。美国无人驾驶车辆研究起源于美国国防部高级研究项目计划局(Defense Advanced Research Projects Agency，DARPA)。随后，美国政府支持了名为“走向 21 世纪”的智能车辆公路系统(简称 IVHS)的宏大计划。这个计划始于 20 世纪 80 年代末，包括公务部门、企业、专业机构和学术中心在内的组织和人员，进行了这项庞大计划的开创工作，共投资了 190 亿美元。这个计划的任务在于探索和完成一套完善的美国国家智能车辆高速公路系统。通过研究、发展和实验，开发出一套融道路、车辆、通信和驾驶员等复杂因素于一体的尖端技术，旨在提供一个更安全、更有效、无污染的地面运输系统。

这个“走向 21 世纪”的计划准备建立的 IVHS 包括 6 个相互联系的子系统，其中 3 个集中于技术，另外 3 个集中于应用。集中于技术的 3 个子系统是：高级交通管理系统、高级运输信息系统和高级车辆控制系统；集中于应用的 3 个子系统是：高级公共运输系统、商业车辆运输系统和高级乡村运输系统。所有这些系统均是高度电子技术密集型的，美国运输部为这项计划提供组织协调和资金。考虑到智能车辆公路系统研究的范围涉及汽车运输的各个方面，故这个系统也称为“智能运输系统”(ITS)。

德国于 1986 年开始普罗米修斯(Programme for a European Traffic of Highest Efficiency and Unprecedented Safety，PROMETHEUS)计划(“欧洲最高效最安全交通项目”的缩写，以下简称 P 项目)，是最早的人—车—环境系统，在世界范围内产生重大影响。该计划历时 8 年，耗资 50 亿美元，牵涉 6 个欧洲国家，很多汽车公司，16 个大学和 140 个高科技公司。P 项目分为三个子项目：

(1) PRO-CAR(车辆计划)：主要研究车辆内部的综合控制以及人在汽车控制中的作用。

(2) PRO-NET(车辆网计划)：主要研究车辆之间的控制。

(3) PRO-ROAD(车道计划)：主要研究车辆与道路之间的相互联系。

P 项目将驾驶员、汽车和环境这三点统一起来加以考察，并把重点放在进一步提高车辆之间即时通信传送的速度上，以避免车辆成串相撞情况的发生。P 项目的另一个重要组成部分是通过使车辆能相互间以更近的距离保持在公路上正常行驶的办法，来提高公路的运输能力。P 项目还研究在车上装用原来是为军用车设计的视力增强装置，使车辆的感觉装置更灵敏，行驶更安全。

“普罗米修斯”计划已于 1994 年结束，以德国、法国、英国和意大利等欧盟成员国为主，后续又进行了“PRO-ROADⅢ”(车道Ⅲ)计划，全面开发和应用交通通信与信息组合技术，以实现交通管理、交通控制、道路收费信息化等。

日本的智能车辆系统(IVS)研究项目自 20 世纪 90 年代开始，日本交通部门的高级驾驶辅助公路系统研究协会(Advanced Cruise-Assist Highway System Research Association，AHSRA)发起了高级安全车辆(Advanced Safety Vehicle，ASV)项目，以每 5 年为一个阶段开展无人驾驶技术研究，并侧重于车辆的智能化和控制，除了改善安全性和交通流以外，自动驾驶更是其最终目的之一。IVS 要求通过卫星向车内以及道路沿线的声频和视频接收装置传送指令，然后对有关路段立即实行控制，并设法解决交通堵塞问题。具体到车辆驾驶各个方面有：汽车过于接近某物体时，报警系统能够自行启动；遇到紧急情况时，制动装置能够自动制动；自动适应系统能根据路面情况，自动调节车速，使汽车总是处于最佳行驶位置。

IVS 是在日本国际贸易和工业部(MITI)的组织领导下进行工作，它包括规模较小的车辆控制研究以及由丰田、日立等大公司来实施的汽车导航规划。

我国无人驾驶技术的研究始于 20 世纪 80 年代后期，由国家“863 计划”和国防科工委相关研究计划支持。自 2008 年起，在国家自然科学基金委员会的支持下，开展智能车未来挑战赛，参赛队伍数量逐年增长，车企参与热情逐渐加强，为无人驾驶技术引入国产汽车打下了坚实基础。近年来，无人驾驶技术取得飞速进展。

2007 年，美国通用公司提出了“自适应车辆”的概念，采用自上而下理念，从全局控制角度设计“自适应车辆”(Adaptive Vehicle)。它具体表达了如何对人、汽车和环境等因素进行综合协调，以达到整个系统的性能最优。其控制方法是在线实时分析行驶环境、车辆运行状况以及驾驶员的操纵意图和能力，然后用计算机对车辆进行综合控制以期达到人—车—环境系统最优化的目的。

图 11-13 表示自适应车辆的示意图，它包括 6 个主要功能模块：感知模块、识别模块、状态分析模块、知识库模块、自适应模块和控制模块。

车辆不仅感知来自驾驶员的命令(例如转动转向盘、踩加速踏板等信号)，而且感知驾驶员的动力行为(这时把驾驶员看作控制环的一个单元)，例如反应时间、控制精确性以及生理数据等。车辆也直接或间接(通过通信媒介)感知地方的或全球的行驶环境，诸如气候、路面条件、别的车辆交通行为，以及其他类似信息。车辆也测知自己的性能和内部条件。

识别模块把传感器的数据与储存在知识库内的模型结合起来，从而给出有关驾驶员、行驶环境以及车辆的详尽描述。此信息进入状态分析模块，在那里把车辆的描述和驾驶环境的描述结合起来，从而给出现今车辆操纵条件的分析。此分析考虑气候、道路条件、交通情况、驾驶型式(城市、高速公路等)、车辆条件、燃料总量，以及从知识库提取的其他必需信息。再与驾驶员的识别信息和来自知识库的数据相结合，就可确定此特定驾驶员在现行操纵条件下的驾驶能力和可能选择。

上述状态分析结果是一组功能目标——即在现有驾驶员、环境和车辆条件下车辆应如何动作的数量描述。

自适应模块利用知识库的车辆模型和设计数据，确定满足性能目标的控制系统结构，同

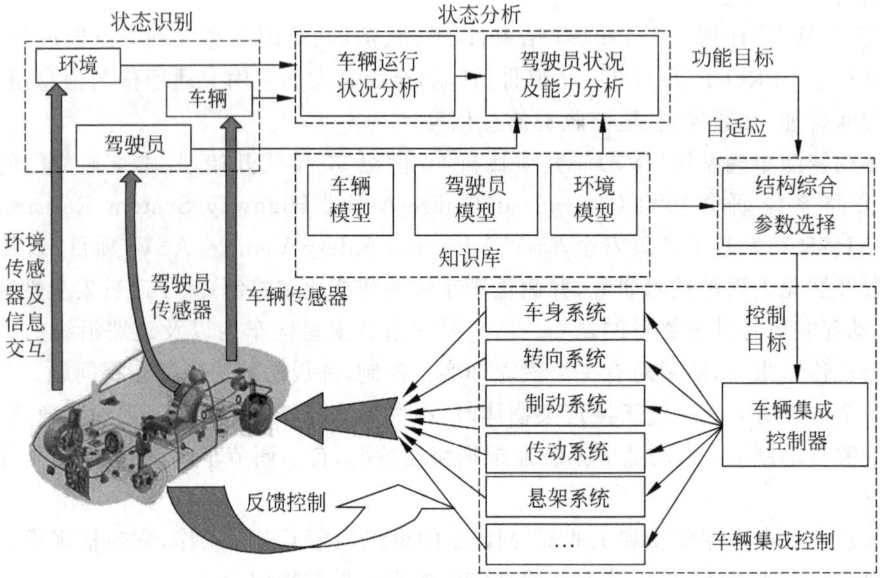

图 11-13 自适应车辆的示意图

时调整车辆的子系统参数至适当值，且建立一套控制目标。最后，综合控制模块协调车辆各单个系统的控制以实现控制目标。

11.4.2 发展趋势

人—车—环境系统的未来发展趋势就是实现一个高效、安全的智慧交通系统，主要包括四个方面：①交通运行态势精确感知和智能化调控；②载运工具智能化与人车路协同控制；③基于移动互联的综合交通智能化服务；④主动式交通安全保障与交通应急联动。

1. 交通运行态势精确感知和智能化调控

从目前的交通运行态势来看，虽然人们可以在百度地图或者是高德地图上实时查到交通拥堵情况，但实时交通数据的融合和精确的感知还远远没有完成。随着智能交通技术的进一步提升，会给交通数据的采集带来很大的变革，会逐步实现交通运行态势的精确感知和智能化控制。例如，公安部即将要推行的电子车牌，实际上就是在每辆车上装一个 FID 标签，这样在车辆的行驶过程中，就能够通过路侧的浏览器清楚地了解车主的行车轨迹，采集有效的交通数据，实现数据的共享和流转。通过交通运行态势的精确感知和智能化控制，还可以提高交通运行的效率。

2. 载运工具智能化与人车路的协同

随着汽车智能化程度的日益提升，适应智能汽车发展的交通也应该做出改变。就现阶段来说，部分车已经能够实现自动驾驶或者辅助驾驶，但这部分车在行驶过程中就不免受到其他非智能汽车的干扰，给行车过程造成危险。针对这样的问题，以后势必会在一些高速公路或者城市道路上专门为智能车设计专有的车道，缩短在行驶过程中智能车和车之间的距离，这样道路的通过能力就会提高一倍。所以说为了适应汽车智能化的改变，就必须将整个人车路的体系配套起来去做相应的变更，这也是智能交通技术需要研究的重要方向。

3. 基于移动互联的综合交通智能化服务

随着移动互联网应用的增多，目前出现了滴滴打车等出租车的招车软件以及定制化公交等服务，人们的出行模式在逐渐发生变化。如果未来自动驾驶汽车得到普及，或许买车就不再是一种必要，直接租赁方式将成为人们实现出行的重要方式，这样停车难的问题也能迎刃而解。根据国外的调查和实验，采用这种方式，可以节约 80%～90%的停车用地。此外，以后的交通信息服务会发展成像众包模式的信息服务，只是提供一个平台，具体交通信息由大家共同来提供。当然随着交通方式的改变，支付方式也会相应作出一定的变化，在未来无论是公交刷卡、高速收费还是停车收费都会通过一个统一的支付体系，更方便快捷地完成支付。在交通控制系统领域，交通控制策略会从最开始的模型驱动、区域控制向自动驾驶汽车的自主控制发展，现有的红绿灯系统也会相应地被取消。

4. 物流交通会向协同方向发展

目前来说，物流在 GDP 里面占的比重还很大，包括车辆集散、运输的协调以及动态信息的共享，都会向协同的方式发展。目前涉及最多的主动安全防控技术，已经实现了 GPS 的实时跟踪，接下来会向交通系统运行状态安全状态辨识、应急响应与快速联动技术几个趋势发展。此外，交通状态的研判和主动安全保障技术也是未来的发展方向。

习　　题

1. 为什么要进行人—车—环境系统控制？
2. 驾驶员特性指的是什么？
3. 什么是汽车驾驶三要素？
4. AEB 的基本组成有哪些？各起什么作用？
5. 什么是 ACC、LDWS？基本组成有哪些？
6. 自动泊车系统有哪些基本组成？
7. 驾驶员模型有哪几种形式？
8. 什么是个性化的驾驶辅助系统？有哪些要求？
9. 简述人—车—环境系统的未来发展趋势。

参考文献

[1] 何渝生.汽车控制理论基础及应用[M].重庆：重庆大学出版社，1995.
[2] 刘永信.现代控制理论[M].北京：北京大学出版社，2006.
[3] 程鹏，王艳东.现代控制理论基础[M].北京：北京航空航天大学出版社，2004.
[4] 吴麒.自动控制原理[M].北京：清华大学出版社，1990.
[5] 张孝祖.车辆控制理论基础及应用[M].北京：化学工业出版社，2006.
[6] 周云山.汽车电子控制技术[M].北京：机械工业出版社，2004.
[7] RAJAMANI R.车辆动力学及控制[M].王国业，江发潮，译.北京：机械工业出版社，2011.
[8] KLENCKE U，NIELSEN L.汽车控制系统[M].李道飞，俞小莉，译.北京：高等教育出版社，2010.
[9] 史文库，孙国春，田彦涛.汽车发动机主动隔振系统最优控制[J].车辆与动力技术，2004(2)：1-4.
[10] 方圣楠，宋健，宋海军，等.基于最优控制理论的电动汽车机械式自动变速器换挡控制[J].清华大学学报(自然科学版)，2016，56(6)：580-586.
[11] 谭宝成，王宾.无人驾驶车辆路径跟踪的增量式 PID 控制[J].西安工业大学学报，2016，36(12)：996-1000.
[12] 邵建.汽车版主的悬架与防抱死制动系统的集成控制研究[D].重庆：重庆大学，2008.
[13] 魏俊生.汽车电控悬架何电动助力转向系统的协调控制研究[D].重庆：重庆大学，2008.
[14] RICHALET J A，RAULT A，TESTUD J L，et al. Model predictive heuristic control[J]. Automatica，1978，14(5)：413-428.
[15] MACIEJOWKSI J M. Predictive Control with Constraints[M]. Harlow：Prentice Hall，2000.
[16] CUTLER C，RAMAKER B L. Dynamic matrix control—A computer control algorithm[C]//Joint Automatic Control Conference. San Francisco：CA，1980.
[17] 席裕庚.预测控制[M].北京：国防科技出版社，1991.
[18] CLARKE D W，MOHTADI C，TUFFS P S. Generalized Predictive Control—Part Ⅱ Extensions and interpretations[J]. 1987，23(2)：149-160.
[19] 王伟.广义预测控制理论及其应用[M].北京：科学出版社，1998.
[20] MAYNE D Q. Optimization in Model Based Control[J]. IFAC Proceedings Volumes，1995，28(9)：229-242.
[21] 陈虹.模型预测控制[M].北京：科学出版社，2013.
[22] KÜHNE F，FETTER W，et al. Model Predictive Control of a Mobile Robot Using Linearization[J]. Proceedings of Mechatronics and Robototics，2004(4)：525-530.
[23] 王秋，曲婷，陈虹.基于随机模型预测控制的自主车辆转向控制[J].信息与控制，2015，44(4)：499-506.
[24] 龚建伟，姜岩，徐威.无人驾驶车辆模型预测控制[M].北京：北京理工大学出版社，2014.
[25] 李红.自动泊车系统路径规划与跟踪控制研究[D].长沙：湖南大学，2014.
[26] 夏文旭.基于人机共驾的车道保持控制系统的研究[D].大连：大连理工大学，2019.
[27] 何仁，冯海鹏.自动紧急制动(AEB)技术的研究与进展[J].汽车安全与节能学报，2019，10(1)：1-15.
[28] 李霖，贺锦鹏，刘卫国，等.基于驾驶员紧急制动行为特征的危险估计算法[J].同济大学学报：自然科学版，2014，42(1)：109-114.

[29] 刘洪玮.汽车自适应巡航控制系统的研究[D].上海：东华大学，2010.
[30] 余志生.汽车理论[M].5版.北京：机械工业出版社，2009.
[31] 刘向阳，周淼，郭腾峰.公路行车视距分析与验证[J].中国公路学报，2010，023(0z1)：36-41.
[32] 杨飞.基于三维激光雷达的运动目标实时检测与跟踪[D].杭州：浙江大学，2012.
[33] 张威，陈慧岩，刘海鸥，等.并线工况下车载雷达有效目标快速检测方法[J].北京理工大学学报，2011，31(1)：29-32.
[34] 谌彤童.三维激光雷达在自主车环境感知中的应用研究[D].长沙：国防科学技术大学，2011.